第3版

志保田務・高鷲忠美
［編著］

情報資源組織法

志保田務・前川和子・家禰淳一
［改訂］

別冊・目録記入実例集

第一法規

［協力］西浦直子
［挿絵］向畑久仁

起源 ： 資料組織法 ／ 木原通夫・志保田務・高鷲忠美著. ─ 東
京 ： 第一法規出版, 1980

はしがき

　本書『情報資源組織法』の原版は，この分野が「図書分類法」，「図書目録法」と称された時期，1980年に司書養成の一科目に備えうるよう木原通夫教授が牽引して創刊された『資料組織法』を起源とします。その後，木原先生が逝去され，1996年に図書館法施行規則上の関係科目（省令科目）が，「資料組織概説」と改定されました。これは，私達が使用していたタイトルに倣ったかのような科目名改称でした。その後2009年，同科目は省令改正で，「情報資源組織論」となりました。

　ここで本書は，改正省令科目名に従い，一方旧題＜資料組織法＞との連携を示し，『情報資源組織法―資料組織法・改』と改題しました。また，2016年には省令の"内容"3）に関係する分類法『日本十進分類法』（NDC）の改訂（新訂10版：2014年）を入れ，副題に関してはこれを外し第2版としました。今般，省令科目"内容"2）の柱となる『日本目録規則』（NCR）の改訂（2018年版）を受け本書は第3版と改めました。

　ところで目録教育はNCRの旧版諸版が出力系に直通していたため，伝統的に，書誌記録入力に力点を置き演習を行ってきました。しかし同2018年版は従来の版と異なり，理論構造を重視した入力系の規則となりました。これに綿密に辿り演習することは，現行の省令科目内の司書教育において講義時間上厳しいと思われます。また今日の書誌記録の入力は個々の図書館，司書が行うのではなく，大部分の入力が書誌作成機関で行われています。図書館法に基づく司書養成途上の受講者のうち国立国会図書館（NDL）など書誌作成機関関係に就職する人はごく少数で，それ以外の各種図書館に勤める人が多いでしょう。彼らが図書館で行う書誌関係のサービスは利用者のための検索支援で，図書館現場のOPAC上の記録は大部分，蓄積された従来の目録記入の姿で現れるでしょう。今後は，改良系のMARC系やCiNii Booksのデータ仕組みや，伝票式の出力形態（インターフェイス）も現れるでしょう。しかしそうした多様な局面においても，書誌記録の要素は，従来の目録観念で十分理解できます。伝統的な記録法を踏まえた案内が必要です。本書に付記したNCR2018年版には，新たな要素が多々加えられ，書誌識別上有効に働きます。しかしそこでの出力形は，同版規則がその標題紙裏CIPの自書書誌記録に示した形のように，旧来

の目録理解で大部分可能です。

　今般の目録法教育で，Webでも自由に見ることができるNCR2018年版などの規則を張り付けるものは実効と無縁であり，テキストとは言えません。本書は出力形を目途に進め，NCR2018年版については条項の主要部分を掲げるにとどめました。洋書についても同様の理由から従来の『英米目録規則　第2版』（AACRⅡ）に拠り，その変身版ともいえるResource Description and Access（RDA）に関しては解説を中心とし，演習上は参考にとどめました。

　主題関係では前版同様『日本十進分類法』新訂10版，『基本件名標目法』第4版のお世話になり，これらについても規定の画一的な転写でなく，必要な部分を詳細に表示し，実例を挙げ解説しています。本書の構成は，概ね2009年省令の項目に従って展開します。付・資料も豊かにしています。

　永年，本書のタイトルに「法」と付記して，規則そのものの転載にとどまらず解説を積み，かつ「論」から「演習」に心して実例集を設けています。同様の意味で，コンビに『情報資源組織法　演習問題集』（今般これも第3版に改訂）を並行出版し，本書との連携を図っています。以上相まって活用いただけると幸いです。なお，学校図書館関係科目「メディアの構成」を主眼とされる向きには，同社刊の姉妹版『分類・目録法入門』（新改訂6版）のご活用もお願いします。

　当版の執筆陣は，旧版からの継続です。ただし，編者は平井尊士教授の死去や実態に即して変更・強化しました。

　改訂進行上第一法規株式会社，特に編集第三部の沼野好美様の細心のご助力にあずかりました。

　最後に，『日本十進分類法』新訂10版，『基本件名標目法』第4版および『日本目録規則』の関係部分の使用をお許し頂いた日本図書館協会に深甚の謝意を申し上げます。またAACR2等に関しては旧版どおりアメリカ図書館協会の御恩に与かっています。

　　　　2021年3月1日

　　　　　　　　　　　　桃山学院大学名誉教授　博士（図書館情報学）

　　　　　　　　　　　　志保田　務

目　　　次

目録記入実例集（別冊）

Ⅰ　序　　　説

　本書は図書館が，図書などの読書資源の検索に備えるために，いかに準備するか，その業務について学ぶためのテキストである。

1　情報資源組織法：情報資源組織論

　「情報資源組織法」は，上記の専門的業務の能力を身につけるように法令で定めた 2 科目『情報資源組織論』と『情報資源組織演習』を束ねるために当方で編み出したタイトルであった。これは，単なる規定集とは異なった，解説書である。無論規定は適正に導入している。

　内容は，利用者に情報資源を手際よく，OPAC（図書館目録）などで獲得できるよう，所蔵資料を図書中心に公開し[1)]，その配列等のため方法を学習する基本書である。ただし，その前に，図書館単独の域を超えた文献ワールドの資源の書誌検索理論や沿革などについて学習していただく。

　図書館が提供する資源は，時代とともに変遷してきた。

　①図書→②図書・記録→③図書館資料→④情報→⑤メディア→⑥情報資源

　こうした資源（読書素材）を迅速に利用可能とするための準備業務は，かつて "図書整理"，"資料整理" と呼ばれていた。"整理" とは "乱れた状態にあるものを［図書館利用者のために］整える" との意味にとどまるきらいがあるため，より積極性を示す "資料組織化"（organizing materials）表現がその後に使用された。さらに，提供資源を "情報" の域まで拡大した時代，この業務は「情報資源組織化」（organizing resources）とされた。

　まとめると，①は1899年「図書館令」における表現である。これは図書館について日本の法令（勅令）が規定した最初のものである。②は1933年に①を改正した改訂・図書館令上のもので，新聞・雑誌，文書など図書を超える対象を含もうとしたのだった。③1950年「図書館法」は，前記に視聴覚資料などを加え "図書館資料" とした。④は1968年「図書館法施行規則」の科目改正で「情報管理」なる科目名の内に登用された。⑤は1998年「学校図書館司書教諭講習規定」改正科目「学校図書館メディアの構成」等として現れた。⑥は2009年「図書館法施行規則」の改正に見る「情報資源組織論」等にみられる（下線はいずれも筆者）。

　以上で，図書館が，利用に提供する対象，資源の時代的な変化を振り返った。

　一方，配架，目録など，図書館関係で情報資源を組織化するワークの表現に

も変化のあとがある。

　「図書館法」第2条は「図書館とは［前略］資料を収集，整理，保存して一般公衆の利用に供する施設［後略］施設」と定義し，当関係の業務を"整理"と規定した。ちなみに，前時代の「図書館令」（改正1933）では図書館業務を「蒐集，保存，提供」と記しており，"整理"という業務に言及していない。その後身である「図書館法」には"整理"との規定化があり，書誌コントロールへ踏み入ったと評価できる。同法付属の「図書館法施行規則」では1969年改正

図1　図書館法第2条に拠る図書館業務

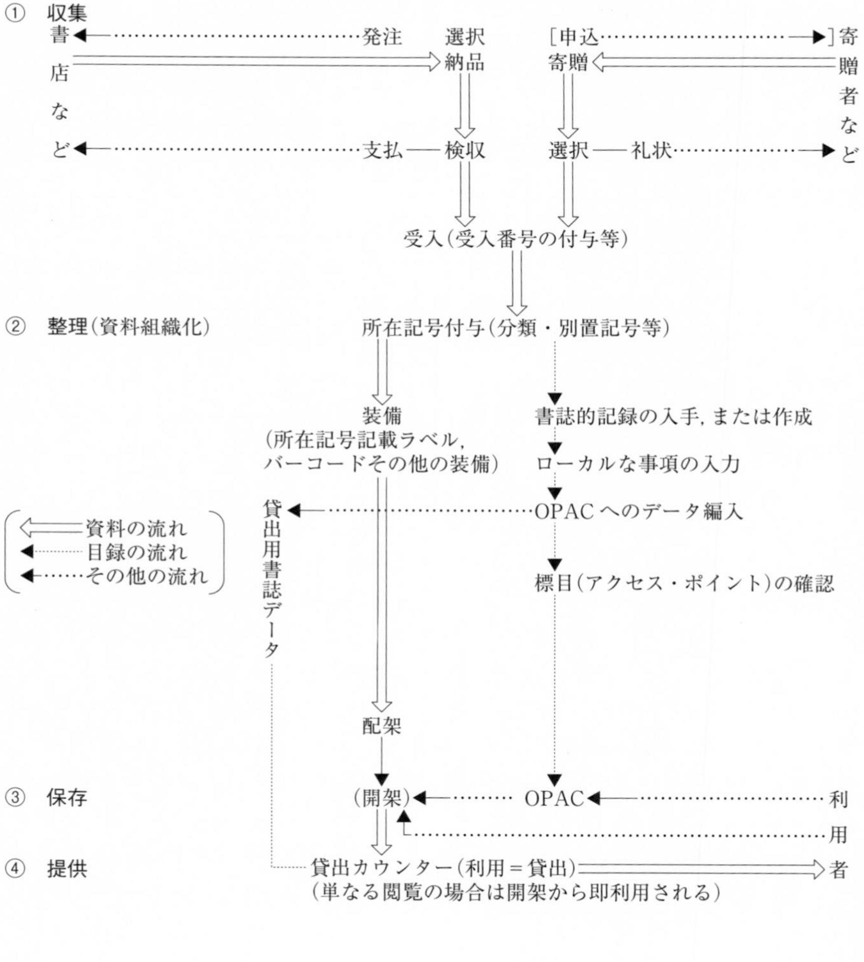

① 収集

書店など ←‥‥‥‥‥‥‥‥‥‥発注　選択　［申込‥‥‥‥‥‥‥‥‥‥‥→寄
　　　　＝＝＝＝＝＝＝＝＝＝＝＝＝＝⇒納品　寄贈←＝＝＝＝＝＝＝＝＝＝＝贈者など

　　　　←‥‥‥‥‥‥‥‥‥‥支払―検収　選択―礼状‥‥‥‥‥‥‥‥‥→

受入(受入番号の付与等)

② 整理(資料組織化)　　所在記号付与(分類・別置記号等)

装備　　　　　　　　　書誌的記録の入手，または作成
(所在記号記載ラベル，　ローカルな事項の入力
バーコードその他の装備)

貸出用書誌データ　←‥‥‥‥‥‥‥‥OPACへのデータ編入

｜← 資料の流れ
｜← ‥‥目録の流れ　　　　　　標目(アクセス・ポイント)の確認
｜← ‥‥‥その他の流れ

配架

③ 保存　　　(開架) ←‥‥ OPAC ←＝＝＝＝＝＝＝＝＝＝利
　　　　　　　　　　　　　　‥‥‥‥‥‥‥‥‥‥‥‥‥‥‥用

④ 提供　　‥‥貸出カウンター(利用＝貸出)＝＝＝＝＝＝＝＝⇒者
　　　　　　(単なる閲覧の場合は開架から即利用される)

からその用語を“資料組織［化］”に転じた。さらに2009年からは“情報資源組織［化］”としている。関係業務をダイナミックに表現しようとするものであろう。ただし，本元の「図書館法」にあっては現在に至るも“整理”のままで現在も維持している（同法第2条）。

「情報資源組織化」は図書館業務全体のなかでどのような位置にあるのであろうか。

2　現代と科目改正（大学における図書館に関する科目）

2006年12月に教育基本法が改正され，連関して図書館法の改正が進められた。そのなかで「大学における図書館における科目」（図書館に関する科目」）が新設され，「文部科学省令で定める」よう規定された。その実質を担った文部科学省（社会教育課）「これからの図書館の在り方検討協力者会議」は『司書資格取得のために大学において履修すべき図書館に関する科目の在り方について（報告）』（2009年2月）をまとめた（講習にも適用）。

科目の全体は，必修科目は11科目22単位。選択科目は2科目選択2単位。計24単位（旧は20単位）となった。

そのうち，当テキストでは，情報資源組織論（2単位），情報資源組織演習（2単位）を扱う。情報資源組織論関係では，電子資料とネットワーク情報資源からなる図書館情報資源の組織化の理論と技術について，書誌コントロール，書誌記述法，主題分析，メタデータ，書誌データの活用法等に至る。情報資源組織演習関係では，多様な情報資源に関する書誌データの作成，主題分析，分類作業，統制語彙の適用を中心とする。

図2　省令科目構成図（図書館サービス面から見た司書講習科目の構造）

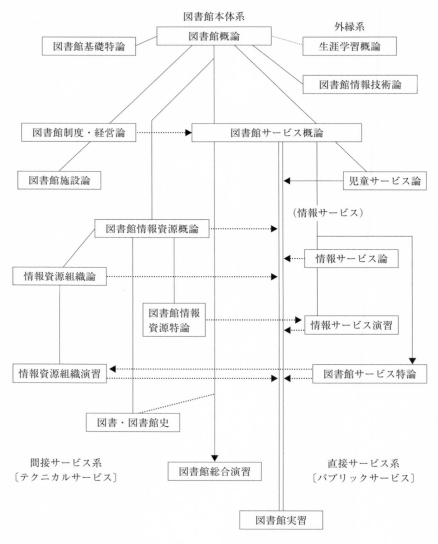

実線は直接関係。点線は間接関係。
二本線は中心的サービスの流れ。
〔　　〕囲みおよび囲みのない文字列は科目名ではない。

関係の「情報資源組織論」（2単位），「情報資源組織演習」（2単位）について見ておく。

<情報資源組織論>図書館資料にネットワーク情報資源を加え情報資源組織論となった。

［ねらい］印刷資料・非印刷資料・電子資料とネットワーク情報資源からなる図書館情報資源の組織化の理論と技術について，書誌コントロール，書誌記述法，主題分析，メタデータ，書誌データの活用法等を解説する。

［内容項目］

1）情報資源組織化の意義と理論
2）書誌コントロールと標準化書誌データ作成の実際
3）書誌記述法（主要な書誌記述規則）
4）主題分析の意義と考え方
5）主題分析と分類法（主要な分類法）
6）主題分析と索引法（主要な統制語彙）
7）書誌情報の作成と流通（MARC，書誌ユーティリティ）
8）書誌情報の提供（OPACの管理と運用）
9）ネットワーク情報資源の組織化とメタデータ
10）多様な情報資源の組織化（地域資料，行政資料等）

<情報資源組織演習>

［ねらい］多様な情報資源に関する書誌データの作成，主題分析，分類作業，統制語彙の適用，メタデータの作成等の演習を通し，情報資源組織業務について実践的な能力を養成する。

［内容項目］

1）書誌データ作成の実際
2）主題分析と分類作業の実際
3）主題分析と統制語彙適用の実際
4）集中化・共同化による書誌データ作成の実際
5）書誌データ管理・検索システムの構築
6）ネットワーク情報資源のメタデータ作成の実際

この改正は，ネットワーク時代に合わせたものといえる。学習対象（素材）も「資料」から「情報資源」に転じている。本書はこの枠で章を設計した。

なおここでいままでに用いた語について解説しておく。

整理　arrangement，またはtechnical service。：目録と配架。

資料組識[化]　Organization of library materials.　図書館資料の目録と配架

プロセスだが，蔵書構成，利用案内，活用と連関し，組織だてようとしてこの表現となった。

　　情報資源組織　Organizing information of resources : Organization information resources）扱う対象を，有形の資料だけでなく，ネットワーク情報資源にまで広げた。

　　配架　Shelving　書架等への配列。排架とも表示される。

　　目録　Cataloging　所蔵している資料の書誌記録。

3　情報資源組織化と検索法—既知検索（ネーム検索）と未知検索（テーマ検索）

　図書館で求める資料を探す場合，その手がかりは多様であるが，旧来，検索の手がかりとされてきたのは著者名，タイトルなどその図書に固有のネーム，あるいはそれが包含している主題・テーマである。図書館ではこうした手がかりのうち，いずれを基準として資料を書架上に配列するのが有効であろうか。

　まずタイトルや著者名で探すとする。それには求める資料の著者名か，タイトルを知っている必要がある既知検索（ネーム検索）。これは，特定資料検索にあたる。効果としては，求める資料がその図書館にあるか否かを知ることにある。資料はタイトル順に配列しているであろうか。著者名順に配列したとすると，さまざまな分野に同姓の著者がいる。たとえば「鈴木」という苗字の人で本を集めても，分野別に集まるわけでない。タイトル順に配列した場合には，少しは分野で集まるかもしれないが同意の別称が分かれる上，テーマを表す語がタイトルの冒頭にあるとは限らない。

　書店でもわかるように，公開書架では第一次的には分野別に配架するのが検索に向いているのである。

　主題からのアプローチは，求める主題について，その時点で最も要求にかなった情報を備えた資料を，著者名とかタイトルには関係なく，蔵書の中から選び出す検索法である。この検索法には，次の2点があると利用者にとって便利である。

①　資料に直接接することができること。（書架の公開—開架制の採用）

②　同じ主題の資料が書架上でまとまって配列されていること。この理由から，資料は著者名とかタイトルを基準に配列するよりも，主題を基準に配列する方法が相対的に優れ，近代図書館の一般的な配列法となった。これによって，主題からのアプローチは一応可能となった。

　著者名，タイトルからのアプローチはどうするか。先に述べたように，目録での検索に役立つ。目録で検索する場合は，資料の身がわりとしての記入を必要数作成し，著者名を手がかり（標目）として音順に配列した著者目録と，タイトルを標目として音順に配列したタイトル目録を備えて対応する。

　以上によって，主題からのアプローチは書架上で，タイトルからのアプローチは著者目録，タイトル目録によって可能となる。しかし，主題からのアプローチも，資料を主題の基準で配列しただけでは完全とはいえない。次のような問題がある。

①　一資料に二つ以上の主題が含まれている場合
②　同一主題の資料でも，開架室と書庫に分散していることがある
③　開架室内でも
　　ⅰ）同一主題の資料は，通常，一般資料群，参考資料群，小型本群などに分かれていて，一か所にまとまっていない
　　ⅱ）利用中の資料もあり，すべての資料が書架上にあるとは限らない
④　すべての利用者にとって，分類記号の理解は容易とはいえない

　これらの問題点を解決するために，主題からのアプローチに対しても，目録を作成して対応する必要がある。この目録を主題目録といい，①－②を解決する分類目録と，①－④を解決する件名目録が必要となる。

図3　情報資源の検索と組織化

＜情報資源の検索法と組織法＞

配架（図書の場合）目録（目録記入）

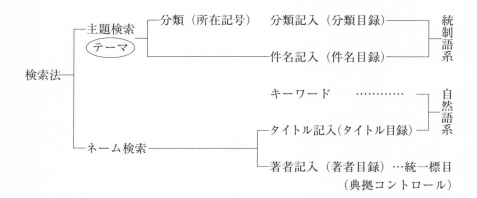

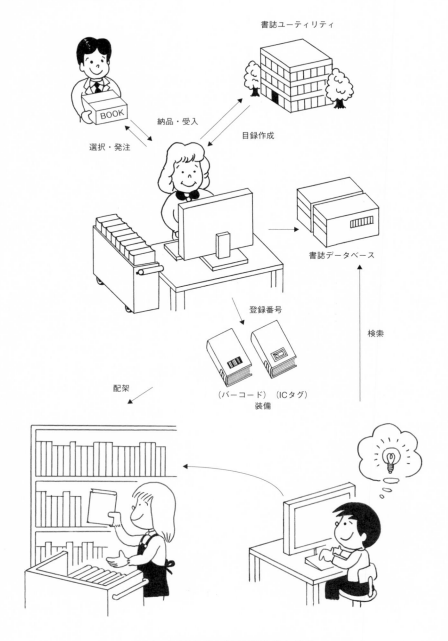

書誌ユーティリティ

納品・受入

目録作成

選択・発注

書誌データベース

登録番号

検索

配架

（バーコード）　（ICタグ）
装備

図4　図書館情報資源組織化と検索

4　書誌コントロール

（1）書誌コントロールと現代

　書誌コントロール（bibliographic control＝書誌調整）の概念は1949年，J.H. シェラなどによって確立された概念Bibliographic organizationを基礎とすると いわれる[1]。

　これについてL. M. Chanは下記のように定義している[2]。

　記録情報を組織化し，編成し，それによって容易に検索しうるようにする作 業を指している。

　つまり，書誌コントロールは，記録情報の総体から，特定の仕事に関係する 部分を効率性と経済性をもって取り出すことができるよう図る仕組みである。 世界中に存在しているあらゆる文献を利用することを目的とする，それらを管 理するための手段・方法である。こうした営為は次節（2）に記すように，古 来積み上げられてきた。

　近来，コンピュータ化の進展を元に，図書館間における資料・情報の交換が 国際的に重要となっている。国際図書館連盟（IFLA）は地球規模の「書誌コ ントロール」，「世界書誌調整」に精力的に取り組んできた。

　こうしたなか，文科省は，2008年に改正の図書館法の下の"大学における図 書館における科目"（図書館に関する科目）を図書館法施行規則（2009年改正） に具現し，その必須科目の一つ「情報資源組織論」の冒頭に「書誌コントロー ル」を据え，同科目を貫く中心概念としたのである。

　人類は，一定の群れごとに言語を織り成し，次に文字を構築した。やがて知 識の重要部は，紙などの媒体（メディア）に文字を用いて記録化された。さら に一定内容的のかたまりでまとめられ「図書」となった。図書によって知識は 保存，伝達され，年月の経過を超え逸失から守られる。「図書は人類の記憶（装 置）」である（1930年代のシカゴ大学ピアス・バトラーの言）[3]。

（2）情報の獲得と書誌検索史

　こうした既存知識の識別・同定，獲得・確認が新しい知識を生む。その検索 を助ける機能として下記のポイントがある。

　ある人が，欲する知識について検索するパターンを段階的に考察してみよ う。

① 　自分の求めている（分野の）文献，図書は世の中にあるか。それは誰の著 作か。その欲する資源（具体的な資料，あるいは求めているような知識が記

された資源）が世に存するか。インターネットで調べる。世の中にあるとわ
かったとして図書館に向かう。

② 　その図書は図書館で保有されているか。

③ 　その図書館のどこに所蔵，配架されているか。

④ 　その図書館が所蔵していない場合，図書館相互サービスを申請する。

（3）書誌コントロールの歴史

　こうした知識・文献の追究・検索を社会全体で維持，実現化せしめる働きを
書誌コントロールという。書誌コントロールは，文化史の早期から想起され，
そのために，概略次のような工夫が重ねられてきた。

①世の中にあるか：主題ごとに文献の記録を集める：書誌づくり

BC3C	ピナケス（カリマコス）分野別（体系的記号なしで分類）にまとめる。
BC2—3C	『七略』（蔵書目録）分野別（体系的記号なしで分類）にまとめる。
	六芸略・諸子略・詩賦略・兵書略・術数略・方技略・輯略
3世紀	武帝（西晋）命令で荀勗が書誌『中経新簿』を編纂。
	この書誌の分類は四部分類の原点となった。四部分類（経・史・子・集）は、漢籍分類の基本。
7世紀	『隋書』の「経籍志」で経・史・子・集の四部分類法完成。
16世紀	コンラッド・ゲスナー「世界書誌」（体系的記号なしで分類）にまとめる。
18世紀	清の乾隆帝による『四庫全書』にも四部分類が適用され今日に至る。
18世紀末	塙保已一『群書類従』　正編は1273種530巻666冊からなり，25部に分類（体系的記号なしで分類）にまとめる。
	神祇部，帝王部，補任部，系譜部，伝部，官職部，律令部，公事部，装束部，文筆部，消息部，和歌部，連歌部，物語部，日記部，紀行部，管弦部，蹴鞠部，鷹部，遊戯部，飲食部，合戦部，武家部，釈字部，雑部。続，群書類従。
19世紀初	ブリューネの販売用の書誌（カタログ）など（フレンチシステム）5分類（体系的記号なしで分類）にまとめる。

②図書館にあるか：目録（規則）づくり［→Ⅲ章］

　　1839　　　　　　大英博物館目録：パニッツイ91ケ条目録規（アントニオ　パ
　　　　　　　　　　ニッツイ　著者基本記入方式目録規則）

　　1876　　　　　　辞書体目録規則：ボストン・アセニアム（チャールス．A.
　　　　　　　　　　カッター）

③図書館のどこにあるか：書架分類（体系記号による）［→Ⅶ章2（2）②］

　　1870　　　　　　ウィリアム　T．ハリス分類表（100区分数字）書架分類表
　　　　　　　　　　の最初

　　1876　　　　　　D(D)C　メルビル　デューイ十進分類法　十進分類法の最
　　　　　　　　　　初

　　1891—1911　　　EC展開分類法（ABC記号法）ボストン・アセニアム（チャー
　　　　　　　　　　ルス．A．カッター）

　　1929　　　　　　NDC　日本十進分類法（もり・きよし）

　　1933　　　　　　CCコロン分類法（S. R. ランガナタン）

④どこかの機関から入手できないか

　　1971年　　　　　書誌ユーティリティ（OCLC）などの出現（どこかの図書館
　　　　　　　　　　を活用して入手できないか。）

注）
1 ）Shera, J. H. & Egan, M.E. "Bibliographic organization: papers presented before in Fifteen Annual Conference of Graduate Library School, July 24-29, 1950" Chicago, University of Chicago Press, 1951.
2 ）Chan, L. M. "Cataloging and classification: an intoroduction" NewYork, McGraw-Hill, 1981, p.12. ［チャン，L. M.『目録と分類』上田修一〔ほか〕訳，勁草書房，1987，p.14］
3 ）Buttler, Pierce "An introduction to library science" Chicago, University of Chicago Press, 1933, p.117

II　目録法総論

1　目録の意義

　図書館のカウンターやロビーに立った利用者がすぐ目にするのは，開架資料を主題別に配列した書架群である。開架方式のもとでは，館内案内図などに従って必要分野の書架に行き，関係分野の資料をまとめて閲覧することができる。書架は，通常，分類順に配列（配架）されている。「いい本はないかな」といった閲覧の場合（ブラウジング検索），書架に接し蔵書にあたるだけで，一応の目的を果たすことができよう。ただ，じかに書架に接する（接架）ことだけでは，厳密な蔵書検索はできない。理由は次のところにある。

- 書架では分類で配架されているので，タイトルや著者での検索ができない。タイトルや著者からの検索手段が不可欠である。
- 利用者は，図書館の用いる分類に通常詳しくない。分類が表す主題をコトバから探す手段が必要である。タイトルの一部や出版者などから検索できる仕組みも必要である。
- 分類に詳しい人でも，図書館での分類作業と合致した想定ができるわけではない。また，書庫に入れられた資料，別置資料は，一般開架場所には置かれていない。
- 資料の正確な配架場所を確認する。

　上記の点から図書館では，分類配架だけでなく，目録機能を提供する必要がある。目録においては下記のような検索ができるように図られる。

- 第1点，タイトル，著者など既知の事項による検索が可能（既知検索，ネーム検索）。
- 第2点，タイトルの一部などから検索が可能（キーワード検索を含む）。
- 第3点，主題検索が可能（未知検索，テーマ検索）。コトバでの未知検索を件名検索という。
- 第4点，未知検索のうち，分類を検索項目とする分類検索が可能。分類検索は，一般書架に表されていないシリーズなどの分類を目当てにしても検索できる。書庫にある同分野の資料を一律に検索できる（分類のこの面の働きを書誌分類という）。
- 第5点，上記の検索後，その資料の配架位置（所在記号）を把握することが可能。

（1）目録とは何か
①目録（Catalog）の語源
　ギリシア語のkataとlogosが語源であり，kataは"by"，"according to"，logosは"word"，"order"，"reason"を意味し，catalogは「コトバによって記録されたもの」を意味する。
②図書館目録の定義
　「一図書館または図書館グループが所蔵する図書館資料の目録記入を，各種の標目（タイトル，著者，件名，分類記号）を検索手段として，一定の順序で排列したもの。」（『日本目録規則1987年版』〈NCR1987版〉1987）
　「ある一定の順序で配列された，図書，地図およびその他の資料のリスト。一つのコレクションや一図書館，または図書館のグループの資料を記録し，説明し，全体的に索引づける。」（Harrod's librarians' glossary. 7th ed. c1990）
③図書館目録の構造
　図書館目録は，次のような要件を満たして作成されている必要がある。
・その図書館における資料検索に必要な目録をもって目録体系を組んで（タイトル目録，著者目録，件名目録，分類目録），検索の言語・記号によって個々の資料の記入を一定の順序で配列する。
・記入は，検索者が検索目的を合理的・能率的に果たすことができるように，一定の内容および秩序で記録されなければならない。
・目録の編成および記入の作成，配列は，明確な基準によって行うべきで，目録規則その他準拠する成文の規定をもって行う。
・検索上の案内と指示を十分に備えていること。

（2）図書館目録：目録記入，書誌記録
　目録は各資料につき1点の書誌記録で構成される。書誌記録はアクセスのキー（アクセス・ポイント，標目）から呼び出される。書誌レコード（bibliographic record）は電子的走査をもって多様なアクセス・ポイントと結ぶ。一方，カード状の目録（以下，カード目録）では標目（アクセス・ポイント）ごとに記述（description：書誌の記録）が表示される。こうした表示状態の記録を目録記入（記入ともいう）と称する。なお，コンピュータ系のそれを含む場合は書誌レコードと表現する。
①目録記入とその構成要素
　目録記入の構成要素は下記のとおりである。
　●アクセス・ポイント（検索項目，標目）

●書誌的記録
　　・書誌記述（記述）
　　・トレーシング（標目指示）
　　・所在記号（請求記号）
●資料受入番号
●その他

ⅰ）**検索とアクセス・ポイント（標目）**

　アクセス・ポイントとは，利用者が資源にアクセスする検索項目。カード目録では記入の見出し語，標目である。

a．タイトル検索（タイトル標目による検索）

　記録対象資源中に表示されたタイトルをアクセス・ポイント（検索項目，標目）とする検索。「キーワード」はタイトルの一部を検索項目とすることが多い。こうした記述中の一部をもって検索する機能をトランケーション（truncation）機能という。カード目録（時代）には「タイトル目録」が編成された。

b．著者検索（著者標目による検索）

　著者など著作の責任者をアクセス・ポイント（検索項目，標目）とする検索。一対象資源上の「著者」は複数あることがあり，著作へのかかわり方を異にする者もある。なお，同一人において複数の名称・別名を有する者があり，逆に同名で異人の場合もある。そこで，典拠ファイルを作り（用いて），著者を識別（同定）する。この作業を典拠コントロールという。カード目録（時代）には「著者目録」が編成された。

c．件名検索（件名標目による検索）

　記録対象資源の属する主題を，件名をアクセス・ポイント（検索項目，標目）として行う検索。複数の主題を持つ資源の場合は，必要なだけの件名をアクセス・ポイントとする。「件名」とは，「件名標目表」に照らして得たコトバ（件名標目）である。「件名」はタイトルと異なり，資源に含まれる主題を表すコトバで，同意語を一語にまとめている（統制語）。したがって不使用の同義語から統制語へ導く「参照」作業が必要である。これらの作業を件名典拠コントロールという。カード目録（時代）には「件名目録」が編成された。

d．分類検索（分類標目による検索）

　記録対象資源に含まれる主題を，分類記号をアクセス・ポイント（検索項目，標目）として行う検索。分類記号（分類標目）は，既成の有力な"図書館分類表"に基づいて組成した検索記号である。複数の主題を持つ資源の場合は，必要なだけの分類記号をアクセス・ポイントとする。カード目録（時代）には，件名

索引（事項索引）とともに「分類目録」が編成された。件名索引とは，主題を表す言葉から対応する分類記号を調べるための一種の参照カードである。

ⅱ）書誌記述（記述）

　個々の資源の記録（記入）の主体をなす部分。具体的には他の資源や別の版と識別するのに十分なタイトル，著者名，版，出版に関する事項，ページ数など数量，大きさの書誌的事項である。利用者は，必要とする資源をアクセス・ポイントによって検索し，記述の部分によって，自分の求める資源の記録であるかどうかを識別（同定）する。

ⅲ）トレーシング（標目指示）

　記述に付帯して記録されるアクセス・ポイントの記録。現行の『日本目録規則1987年版　改訂3版』（NCR1987Ⅲ）では「標目指示」と称され，『英米目録規則　第2版』（AACR2）ではトレーシングと称される。

ⅳ）所在記号（配架記号）

　当該資料がその図書館のどの書架にあるかを示す記号。分類記号と図書記号などからなることが多い。別置記号を伴うこともある。これらは目録記入における最もローカルな要素であり，「目録」が後述の「書誌」と異なる最たる特徴である。ただし，資料への現実のアプローチ（入手）のために欠くことのできない要素である。

　このように，図書館資料の検索は，配架（所在記号）と目録によってなされる。

ⅴ）資料受入番号

　資料1点ごとに与えられる物品管理上の番号で資料の登録番号である。個別化の記号として記入に記載されることが多い。図書館によってはこれをコンピュータ処理上の個別化記号としている。

②運用上から見た目録の種別とアクセス・ポイント

ⅰ）閲覧（用）目録

　利用者が，その図書館の資料を検索できるように閲覧室，目録室に備えつけられた公開の目録。備えるアクセス・ポイントの数と種類は館種・規模などによって異なるが，OPACシステム設計後にそれを増やすといった変更は非常に難しいので，初めに確かな計画を立てるべきある。

　その図書館に，求める資料があるかどうか，検索の手がかりを与える。

　　　　特定の著者によるアプローチ　→　著者目録
　　　　特定のタイトルによるアプローチ　→　タイトル目録
　　　　ある主題についてのアプローチ　→　件名目録，分類目録

　また，この目録には上記のアプローチによって探索した資源が，図書館のどこにあるか，所在位置を明示する。

ⅱ）事務用目録

　資源の収集・整理・点検などの能率的管理を行うために備えられる。閲覧（用）目録と兼用し，事務用目録を編成しない図書館もあり，事務用目録の実際は図書館の事情によってさまざまである。

ａ．書架目録

　記入を所在記号と同一の順序に配列した目録。一資源一記入が原則。分類記号決定の参考，図書記号の決定（一資源一記号の場合），蔵書構成の把握，蔵書点検などのために用いられる。また，分類目録の代用とされているケースもあるが，好ましくない。

ｂ．事務用基本目録

　特定資源が既に収集工程中にあるかどうかの調査のため，継続出版物・複本であるかどうか，あるいは同一タイトルの異版であるかなどの確認のために用いる。和資料ではタイトルの五十音順配列が，洋資料では基本記入の標目のアルファベット順配列が多い。

ｃ．典拠ファイル

③検索手段：簡易検索と詳細検索

　上述のタイトル，著者，件名，分類，キーワードなどの種類を分けて検索する仕組が考えられる。コンピュータ目録では詳細検索という表現がとられることが多い。こうした枠どりはカード目録時代において，タイトル目録，著者目録，分類目録，件名目録という形で分けられた個別目録と相似している。このような枠を設けず一括に検索できるものが，カード目録における辞書体目録である。OPAC（Online Public Access Catalog＝オンライン閲覧用目録）における簡易検索は一見，辞書体目録に似ているが，それは詳細検索にリンクする流れで概念上，個別目録につながる。伝統的な辞書体目録はタイトル記入，著者記入，件名記入で構成される。分類記入が含まれない点で，何からでも検索できる簡易検索とは概念的に一致しない。

③典拠コントロール（Authority control）―典拠ファイル（典拠リスト）―

　アクセス・ポイントが安定するよう図ることを典拠コントロールという。また，そのコントロールを記録化したものが典拠ファイル（典拠リスト）である。

ⅰ）著者名典拠ファイル

　同一著者において複数の名称・表示を有する場合，逆に同名異人の場合もある。前者では統一標目を設定する必要がある。後者では，生没年，職業などを

付記して区別し，典拠コントロールを図る。公刊されている典拠ファイルとして『国立国会図書館著者名典拠録：明治以降日本人』第2版，2000年版，CD-ROMなどがある。

　2003年，VIAF（Virtual International Authority File＝バーチャル国際典拠ファイル）が公開された。アメリカ議会図書館（Library of Congress＝以下LCとする），ドイツ図書館の人名典拠ファイルをOCLC（Online Computer Library Center＝以下OCLCとする）がマッチングして，Web上で，人名（著者名）典拠ファイルを無料で利用できるよう公開している。標目形とその典拠である書誌レコードを表示している。今後，全世界の典拠ファイルを統合する計画がある。

ii）件名典拠ファイル

　件名（主題検索用のコトバ）は既成の「件名標目表」を超えて増え続ける。各館は各自これを補い，この補充した件名を記録する「件名典拠ファイル」を設ける。典拠を示し，同意語からの参照を指示する。

iii）統一タイトル

　無著者名古典などで，出版上与えられるさまざまな形のものを統一して与えるタイトル。『日本目録規則1987年版　改訂3版』（NCR1987 III）付録4「無著者名古典・聖典統一標目表」参照。

　　　　例）アラビアンナイト　→　千一夜物語

（3）目録と書誌，索引との相違

①書誌（bibliography）との相違

　書誌は「書物の記録」の意味であり，実質的に図書館目録と酷似する。図書館目録は，書誌に所在箇所（配架書架など）を付記したものである。

②索引（index）との相違

　索引は本体へアプローチができるよう図った表であり，手がかり（検索語，見出し語）と所在指示（ページ数，分節）によって成立している。図書の巻末索引が代表である。雑誌記事を検索し，掲載雑誌，その巻号，所載ページへ案内する『雑誌記事索引』もその例である。図書館の蔵書へのアクセスを導く図書館目録は，上記同様に一種の索引である。ただし，索引がアクセス・ポイントと所在指示を中心要素とするのに比して，図書館目録は記述（書誌記録）部分を重視する点で相違する。なお，見出し語と所在指示の結びつきを詳細化した索引を相関索引（Relative index）という。『日本十進分類法新訂10版』（NDC）の相関索引がその例である〔→付 資料4〕。

2　目録機能とその種別

　図書館目録の種別は，次のような観点から見ることができる。

　図書館の目録としてはコンピュータ目録，特にOPACが現在一般的である。そのほかにカード目録，冊子目録と呼ばれる冊子体（図書状）の目録もある。後者は増加図書目録や蔵書目録として今日も作成されている。冊子目録は，図書館目録の原型である。カード目録の普及は19世紀末以降のことであり，コンピュータ活用以前の図書館目録の中心であった。

（1）冊子目録（book catalog）〔→ 付 資料7〕

　日本では，通常分類目録の形をとり，巻末にタイトル，著者名の索引を有することが多い。

　〈長所〉
　・各ページには，複数の資源に関する記事（記入）を掲載しているので，通覧することができる。この効果を「一覧性がある」という。
　・各ページに多数の記入を掲載するので，カード目録に比べて，全体としてかさが小さい。
　・相当部数印刷して，図書館外にも配布することができるので，いろいろな場所で利用することができる。

　〈短所〉
　・既成の目録記入の削除，訂正が難しい。
　・新規目録記入が別の冊子に編まれたら，同じ主題，著者，タイトルに関して，複数の冊子を検索しなければならない。ただし，冊子目録のデータ作成にコンピュータを使用することによって，再編成が比較的容易となる。

（2）カード目録（card catalog）

　〈長所〉　※冊子目録と比較した場合
　・新規の目録記入の挿入が自由に行える。
　・目録記入の削除，訂正が容易である。

　〈短所〉
　・一覧性に欠ける。それぞれのカードには，通常一単位の資源の記録しか記載されていないので，冊子目録に比べ一覧性の点で劣っている。
　・カード・ボックスが，閲覧室，目録室などで広い面積を占める。
　・カード配列に手間がかかる。

・目録設置の場所（図書館）でしか検索できない。

（3）OPAC（Online Public Access Catalog：オンライン閲覧用目録）〔→4（1）
　　　―（5）〕
〈オンライン目録〉
　共同目録作業により，目録作成のコスト削減，目録作業の標準化，目録の質
の向上，また情報資源の共有（resource sharing）による分担収集，相互貸借
など加盟館の経済効率を高めるが，技術的には次のような特性を持っている。
　　・コンパクトであり検索が迅速。
　　・検索語が豊富であり，組み合わせ検索も可能。
　　・外部からの直接検索が可能。
　　・１回だけ，完全で正確なデータを入力し蓄積すれば，何回でも多数の参加
　　　館が利用できる。
　　・データの入力ミスや選択項目の未入力などが次々に修正され，時間経過の
　　　中で，データの質が向上していく。
　　・アクセス・ポイントが豊富である。
　　・目録データの編集（追加，削除，訂正），ローカル情報（所在記号など）
　　　の追加がリアルタイムで処理できる。
　　・自館用のデータは，自館の目録方針により，カード目録，冊子目録，
　　　COM（Computer-Output-Microform），MARCなどの種々の形態によっ
　　　て利用できる。
　個々の図書館が独自に作成または書誌ユーティリティなど外部機能を利用し
て作成した目録は，自館の書誌データベースに構築される。これをオンライン
によって利用者に提供するシステムをOPACという。
　OPACにおいては著者名，タイトル，主題などから検索できるのは無論のこ
と，タイトル中の語，出版年，件名などから，あるいはこれらを組み合わせて
検索でき，多様な検索が可能である。発注中との情報（ステイタス情報）も示
すことができる。貸出中の場合は，返却期限情報を示し，予約処理ができる。

（4）総合目録（union catalog）
　複数の図書館の蔵書に関する記入を一括して収録し，それぞれの記入に所蔵
館を明示した目録である。
　図書館協力，中でも図書館における資料の相互利用（Inter Library Loanま
たはLending：ILL）に必要不可欠なものである。総合目録の編成にあたって

は，参加館が共通の目録規則に従って目録作業を実施すると効率がよい。種類
としては，全国総合目録，地域総合目録，特定主題，特定資料，特定地域別な
どの総合目録があり，"National Union Catalog"，かつての「新収洋書総合目
録」や「学術雑誌総合目録」がその代表例である。またOCLCや国立情報学研
究所などの書誌ユーティリティは，オンライン総合目録の機能を有している。

　2004年12月に国立国会図書館が公開した「ゆにかねっと」は都道府県立図書
館，政令指定都市立図書館所蔵和図書総合目録で，2019年8月末日現在，1,149
館が参加し，データ件数は約4,522万件である。

3　書誌情報ネットワークと図書館目録

　現在では，各図書館で独自に目録作業（本章では，目録・分類・件名作業を
一括して以下「目録作業」と呼ぶ）を行うこと（オリジナル・カタロギング：
自館で自前の目録作業を行うこと）は，一部の例外を除いてほとんどなくなり，
外部で製作された書誌レコード（目録データ）を何らかの形で利用するか，他
の機関・図書館と協力して書誌情報ネットワークを形成して効率的に自館の図
書館目録を構築・利用するようになっている（コピー・カタロギング：外部で
作成された書誌レコードに基づいて目録作業を行うこと）。

　そこで，図書館での目録作業のための書誌レコード提供機関，その計画，さ
らに書誌ユーティリティについて述べる。

（1）集中目録作業 ―書誌レコード提供機関の働き―

　すべての受入資源について，個々の図書館がそれぞれ原稿を作り記入を作成
することは，人的・経済的・時間的に非常に無駄が多く，効率も悪い。訓練の
ゆきとどいた職員と十分な参考図書などを有する国立図書館や書誌作成機関な
どが，各資源についての詳細で正確な書誌レコードを作成し，それを幅広い図
書館に提供すれば，各図書館は人手，整理能力，書誌レコードの正確さ，費用
などの点で非常な利益を受ける。こうした外部の力を活用することで利用者
に対するサービスにその人員を投入できる。さらに，オンラインその他の手
段でより円滑に総合目録を作成することができ，図書館相互貸借も可能とな
る。こうした意義を有する集中目録作業には，国際的・全国的・地域的などの
いくつかの段階がある。また，単に目録情報だけを提供する形態から受入・目
録・分類・件名作業，さらに装備までを一貫して行う形態，オンライン目録用
のMARCデータを作成・提供する形態もある。こうした作業を行う機関には，
公的な機関もあれば，企業として図書館の整理業務のすべてまたは一部を請け

負う，いわゆる図書館資料整理会社もある。今日の図書館の目録作業では，オリジナル・カタロギングよりもコピー・カタロギングが中心になっている。したがって，図書館員にはこうした外部の目録作業の成果を把握し，使いこなしていくこと，さらに自館の目録作業の質を常に高く維持する，という能力が不可欠である。また，そこで使用されている目録規則，分類表，件名標目表を理解・把握し，その変化，進展に配慮する必要がある。

①印刷カード（printed card）（実例集45）

　印刷カードは，図書館資料について一定の機関で作成・頒布される書誌記録を記したカードである。

ⅰ）LC印刷カード　（実例集45b）

　1901年，LCが館長G・H・パトナムのもとに世界で最初に印刷カードの頒布サービスを開始した。その後のアメリカ図書館界にとって印刷カードの果たした役割は大きい。だが，1969年のMARC〔→3（1）③〕の出現以降減退し，以下の理由によりLCカードは1997年に頒布を停止した。

　　・LCの目録情報がMARCを通して利用できるようになったこと
　　・カード目録を凍結・中止する図書館が出てきたこと
　　・オンラインでカード複製サービスを行う機関（書誌ユーティリティ）が現
　　　れたこと

　印刷カードの利用は確かに利点も多いが，LCや国立国会図書館の印刷カードといえども完全なものではなかった。LCの印刷カードの6％が誤りのため訂正を要するものであったという報告もある。図書館員が注意深く点検することが必要である。

ⅱ）国立国会図書館印刷カード　（実例集45a）

　1950年から国立国会図書館が頒布サービスを開始した。購入方式は必要部分をNDLC（国立国会図書館分類表）またはNDCの分類記号で指定注文する一括購入と，必要なカードを『日本全国書誌』のJP number（番号）で注文する選択購入であった。

　1980年に編集・印刷が機械化され，一定期間以前のカードの購入制限は解決し，入手に要する日数を短縮した。主な利用館は大学図書館であるが，普及率は低く，コンピュータ（MARC）化の中で激減し，頒布希望館減少のため1998年3月末で停止した。

ⅲ）その他の印刷カード　（実例集45c-e）

　日本図書館協会が図書整理全般を請け負う「整理委託」の一環として，1952年に印刷カード・サービスを始めたが，1980年，図書館流通センター（TRC）

に引き継がれた。

　このほか印刷カードの頒布サービスは，出版流通各社（取次）も行っていた。その特徴は出版後，当該カード入手までの日数が短いことであったが，コンピュータ化ですべて発展的に移行した。

②目録情報の提供（Cataloging in Publication：CIP）

　CIPとは出版前の資料に対して目録情報を掲載するもので，最も早く実施したのはLCである。1971年から出版社の協力を得て出版物の標題紙裏に基本記入の標目，タイトル，シリーズ名，注記，トレーシング，分類記号，件名標目（LCSH），LC番号などを印刷し，目録担当者の参考に供している。CIPの手順は，出版社がLCに送付したゲラ刷りなどによって，LCの目録担当者がその書誌データを作成し，その出版社に送付する。出版社は，その書誌データを標題紙裏に印刷して出版するというものである。なお，出版事項，ページ数や大きさは，ゲラ刷りの段階から実際に出版されるまでの間に変更されることがあり不安定なので，CIPデータに含めない。

　CIPデータは，資料の出版前にMARC21〔→3（1）③ⅰ〕にも収録されている。このデータは収集・選択作業のツールとして使用されるのはもちろんのこと，目録作業における"少し修正の多い原データ"として，またLC番号を

図5　LCのCIP表示例

Library of Congress Cataloging in Publication Data

　Conversations with catalogers in the 21st century / Elaine R. Sanchez, editor ; foreword by Michael Gorman.

　　p. cm. — (Libraries Unlimited library management collection)

　Summary: "Authored by cataloging librarians, educators, and information system experts, this book of essays addresses ideas and methods for tackling the modern challenges of cataloging and metadata practices" —Provided by publisher.

　Includes bibliographical references and index.

　ISBN 978-1-59884-702-4（pbk. : acid-free paper）

1. Cataloging. I. Sanchez, Elaine R. II. Title: Conversations with catalogers in the twenty-first century.

Z693.C65　2011

025.3—dc22　　　　　　2010048782

ISBN: 978-1-59884-702-4
EISBN: 978-1-59884-703-1

知るソースとして使用される。CIPデータをもとに，非専門職の目録担当者が，欠けているデータを当該資源から記載し，専門職にチェックしてもらって書誌データを完成させることもできる。さらに，LC番号やISBNを利用して書誌ユーティリティからの書誌情報の入手が簡便にでき，オンライン目録中に「処理中ファイル」として組み込み，利用者の便に供することも可能である。CIPの目的は，各図書館の目録作成にかける費用を低減させるとともに，出版物の情報をより早く図書館に提供することによって，図書館側，出版社側ともに利益を受けることにある。

　アメリカでは，現在,3,000社以上の出版社がCIP計画に参加し，アメリカ国内の図書館が受け入れている英語による国内出版物の多くにCIPデータが付与されている。

　アメリカ以外にも，イギリス，カナダ，オーストラリアなど多くの国が，CIP計画を実施している。

③MARC（Machine Readable Catalog＝機械可読目録）

ⅰ）MARC21

　LCでは従来行ってきた印刷カード頒布サービスに加えて,1969年から書誌レコードを機械可読形式に変換し磁気記録化した磁気テープを，毎週予約した図書館などに頒布するサービスを開始した。これがMARCⅡで，LC-MARCと呼ばれてきた。LC-MARCがアメリカだけではなく，広く使用されるようになったことからUS/MARCと改称されたが,1999年にCanada MARCと統合，MARC21となった。開始当時に対象とした英語のモノグラフ資料だけではなく，現在では130を超える他の言語や他の媒体の資源の書誌レコードも入力している。

　必要な容量を持つコンピュータを備えれば，MARCテープからカード目録，冊子目録，マイクロ形態の目録の作成ができ，印刷カードよりも早く目録情報が利用できることとなった。

　MARC21テープは，またOCLCなど，オンライン目録におけるデータベースの母体としても使用され，重要な役割を果たしている。

ⅱ）JAPAN/MARC

　1981年4月，国立国会図書館によって『日本全国書誌』の機械可読版として頒布サービスが開始された。

　JAPAN/MARCの収録データ数は年間約16万件（2018年度）。

　JAPAN/MARCの利用は購入の各機関単位になされるが，国立情報学研究所ではこれを参照ファイルとしてとり入れ，加入館に流すなどの活用をしてい

る。

　現在では納本後約 1 ヶ月で書誌情報が提供されている。2019年以後，誰もが申請せず無料で利用できることとなった。

（2）共同目録作業

　単にサービスを一方的に受けるのではなく，OCLCなどの書誌ユーティリティ・システムに加盟している各図書館が，書誌レコードを書誌ユーティリティに送り，オンラインで共同利用できるようにすることを共同目録作業という。これは目録作業の責任と成果を分かち合うところから，分担目録作業（shared cataloging）ともいわれる。共同目録作業の成果として，オンライン総合目録を築き上げることが可能となる。これを維持・運営する組織を書誌ユーティリティ（bibliographic utilities）という。この代表例としてOCLCと国立情報学研究所（National Institute of Informatics＝NII）を取り上げる。

①OCLC（Online Computer Library Center）

　1960年代，アメリカの図書館界では財政が悪化し，目録作業のコスト・ダウン，情報資源の共有化などに迫られていた。この時期にコンピュータとMARCを活用したコンピュータ目録が開発され急速に発展した。

　1967年，オハイオ州内の54の大学図書館がOhio College Library Centerを設立し，オンラインによる共同目録作業のネットワークづくりを始めた。主にUS/MARCを基本とする書誌データをセンターのコンピュータに入力して，データベースとして蓄え，個々の加盟館が端末機によって，センターのデータベースをオンラインで直接利用し，即座にコミュニケーションとフィードバックをすることができるという内容のものである。1999年に入念な典拠コントロールが特徴であるワシントン州立図書館中心のWLN（Western Library Network）を，2006年にRLIN（Research Libraries Information Network）を吸収した。

　加盟館が新着資源を入手すると端末機で資源の著者名，タイトル，著者名＋タイトル，LC件名標目，LC番号，ISBN，OCLC番号のいずれかの書誌要素から検索できる仕組みをとっている。目的の書誌データがセンターのファイルにあれば，そのデータが端末機のディスプレイ上に表示され，画面上で自館用にデータの追加，削除，訂正や，所在記号，受入番号の追記ができる。さらに，カードプリント，磁気テープ作成などもできる。目的の書誌データがOCLCに見つけられない場合，その加盟館はAACR 2 やDCなどによりMARCフォーマットに従ってオリジナル・カタロギングをしなければならない。入力された

書誌データは直ちに他の加盟館が利用できる。データベースはMARC21のような基本ファイルと加盟館が入力したファイルからなり，2018年末時点で，4億2,300万件（所蔵レコード件数でいうと，約26億件）のユニーク書誌レコードを有している。それぞれの書誌データには所蔵館が表示されており，オンライン総合目録として図書館相互貸借にも利用できるようになっている。近年，OCLC参加機関数は，172カ国約72,000機関，オンライン総合目録では年間2,000万件以上の書誌レコードが増加している。日本では1986年から紀伊國屋書店が代理店となっている。

ⅰ）目録システム

OCLCの目録システムは，他の書誌ユーティリティと比較しても最大規模であり，またアメリカ最初のオンライン目録システムである。

単に規模を誇るだけでなく，OCLCはLCの典拠ファイルを使用して，目録の品質管理に努めている。資源形態を見ると，図書だけでなく，逐次刊行物，録音資料，映像資料，楽譜，地図，コンピュータファイルなどの書誌レコードを含み，491言語の資源に及びその60％以上が英語以外の語による資料である。紀元前4800年から現在までの資源がある（OCLC Annual Report 2014-2015）。

ⅱ）相互貸借システム

OCLCは1979年からオンラインで資源の貸借や文献複写依頼ができるILL（Inter Library Loan）サービスを開始した。端末機を用いて申し込み，受け付けを処理するシステムである。9,000を超える図書館が参加し，グローバルな資源共有化を図っている。

ⅲ）遡及変換サービス

自館の目録カードをもとに，その図書館のコンピュータシステムで利用できるMARCにOCLCが一括変換するサービス。AACR 2 に準拠し，件名標目も入った高品質の目録に変換する。日本でも，早稲田大学図書館が，日本語図書33万件の遡及変換を行った。

ⅳ）レファレンス・サービス

1990年に開始されたオンラインによるレファレンス・サービス・システムは，主要なデータベースを件名，キーワード，著者，タイトル，目次，出版社などからブール演算子を使って検索できる。このデータベースには，OCLCオンライン総合目録も含まれ，図書館の蔵書データもインターネットでアクセス可能である。データには資料を所蔵している機関についての情報も含まれているので，いろいろな資料（絶版，品切れの資料）を加盟館から入手したり，文献複写という手段で入手したりすることもできる。

②国立情報学研究所（National Institute of Informatics：NII）旧称 学術情報
　センター（NACSIS）

　わが国の文部科学省は，大学等の研究者が必要とする国内外の多種多様な学術情報を迅速かつ的確に提供するため，全国的・総合的な情報流通システムである「学術情報システム」を推進・整備している。この学術情報システムの中枢機関が，1986年4月に設立された学術情報センターで，2000年4月に国立情報学研究所と改称している。

　国立情報学研究所は，学術情報の公開・共有に関する多用な事業を行っている。主なものとしては学術情報システムの通信基盤としての学術情報ネットワーク（SINET5）の整備，全国の大学図書館等を主な対象とする目録・所在情報サービス（NACSIS-CAT），相互貸借システム（NACSIS-ILL）を展開している。

　一般向けのサービスとしては，論文，図書，雑誌などの学術情報を検索できるデータベースであるNII学術情報ナビゲータ（CiNii Articles/Books/Dissertations）が代表的である。

　2019年1月現在，1,337の大学図書館などが国立情報学研究所のNACSIS-CATを利用してオンラインの共同目録作業による全国総合目録データベースの構築を行うとともに，自館のローカル目録データベースの形成を図っている。なお，相互貸借のためのNACSIS-ILLへの参加館は現在1,108である。

　NACSIS-CATは，JAPAN/MARC，MARC21，UK/MARCなどの各国MARCを独自の共通フォーマットに変換し参照ファイルとして持ち，その書誌データを利用して，総合目録データベースの形成を図る仕組みをとっている。

　また，この総合目録データベースは，主に書誌，所蔵，典拠などのファイル群から構成され，著者名などの典拠コントロールを行うとともに，書誌的な階層に基づいてレコードを作成し，最上位の書誌と単行書誌を相互にリンクさせるという独特の構造を持っている。

　なおNACSIS-CAT/ILLについては2015年よりサービスの見直しが進められ，2018年10月に『NACSIS-CAT/ILLの軽量化・合理化について（最終まとめ）』が出された。これに続き2020年6月より新たな体制の下でサービスの準備がなされ同8月よりCAT2020として稼動している（Ⅷ章参照）。

　「総合目録データベースWWW検索サービス（NACSIS-Webcat）」の本運用は1998年4月に始まったが，2011年11月よりCiNii Booksに移行した。CiNii Booksは，全国の大学図書館が所蔵している図書・雑誌の総合目録データベー

スをWWW上で24時間検索できるサービスで，タイトル，著者名，出版者，出版年，標準番号（ISBN, ISSN），フリーワード（タイトル，著者名，件名，分類記号）で検索できる。総合目録データベースの書誌情報と大学図書館等の所蔵情報が提供される。2002年に開始されたWebcat Plusは，各種図書館の蔵書，古書店や新刊書店の所蔵情報，電子書籍情報まで，現在入手可能な書籍情報を検索でき，連想検索，一致検索が可能である。

　書誌ユーティリティの働きのさきがけとして全国書誌の存在があった。全国的規模で，国内出版物を，資料の内容，形態を問わず網羅的に収録しようとして編纂されるものを，「全国書誌」（national bibliography）という。書誌情報の探索・確認などに有用である。代表的な全国書誌としては，日本の『日本全国書誌』（印刷体は2007年になくなった），アメリカの"National Union Catalog"，イギリスの"British National Bibliography"などがある。

4　OPAC（Online Public Access Catalog）

（1）OPACとは

　現代の目録は，ICT（Information and Communication Technology）技術の進展をもとに機械可読目録（Machine Readable Cataloging：MARC）化され，コンピュータ目録となっている。書誌データ（目録情報）は，コンピュータ目録の黎明期に，事務用として各館で構築された。これをオンライン状態にして利用者が検索できる形にしたものがオンライン閲覧用目録（OPAC）である。OPACは，「目録の可用性」を質量とも多彩化し，劇的に改善した。初期には，館内でしか検索できなかったOPACも，現在では多くの図書館においてインターネット上で検索できるようになってきている。

（2）OPACの歴史

　OPACは，1960年代に生まれたMARCによって成立の可能性を得た。1970年代に研究を重ね，1980年代に本格的に実用化し，世界中に広がった。わが国のOPACは，1970年代，図書館が自前で作成した目録情報を，図書館それぞれのホストコンピュータを介して提供することから始まった。1980年代，MARCなど，外部作成データの活用が可能となった（集中目録作業）。1990年代，書誌ユーティリティ（わが国では旧称学術情報センターのNACSIS-CAT　→3（2）②）による「共同目録作業」が実現した。各館OPACの書誌情報は標準化され，Web-OPACとして，相互貸借制度（Inter Library Loan：ILL）が大学図書館を中心に浸透した。国立情報学研究所（旧称学術情報センター）のシステムは，

目録・所在情報（NACSIS-CAT）サービスの提供や相互貸借（NACSIS-ILL）を中心に，機関リポジトリ（自機関の雑誌紀要等をWebに上げたもの）をも連携している。ちなみに慶応義塾大学の上田修一の調査によれば，2011年3月時点で758ある大学図書館のうち，85.5％にあたる648館がWeb上でOPACを公開している（機関リポジトリを提供している図書館は16.9％にあたる128館）。また，日本図書館協会の調査では，2012年11月時点で全国の公立図書館設置自治体1,300のうち，86.1％にあたる1,119がWeb上でOPACを公開している。

　公立図書館もOPAC化が進んだ。Web-OPACを軸に予約，ポータルサイト（情報源リストなどのホームページ）や情報検索サイトの編集も実現した。また情報通信技術やネットワーク，データベース構築技術の向上を基盤に，他館目録の横断的検索，外部情報資源・商用データベースの利用が実現した。

（3）OPACの構築

　OPACは，データベースを基盤に，容易に検索可能な画面を表示する。その導入・運用に際しては，OPACの構築に関する注意点を十分に把握しておかなくてはならない。

①データベースの構築

　OPACの基盤は，利用者のニーズに応じて情報提供できるように加工され，蓄積されたデータベースである。書誌レコードは，「カード目録」に書誌記述として記載していた内容や，アクセス・ポイント（標目）となる検索キーなどを収録し，その収録過程にはMARCを利用する。MARCの基準としては，各図書館の独自性を考慮し，共同作業を行っている他の図書館との整合性を十分に検討する。

②検索画面のデザイン

　利用者は，コンピュータを操作して目録検索を行う。利用者にしてみれば，充実した内容の情報をできるだけ簡単な操作で入手することが望ましい。ただし，図書館の利用者とは，コンピュータの利用が初めての人から手慣れた人まで千差万別であり，求める情報も多種多様である。こうした前提に立つと，検索画面はできるだけ単純な操作で複雑な検索ができるようにつくりこまなくてはならない。

　したがって，検索画面をどのようなものとするのか，キーボードから入力できる文字は片仮名か，アルファベットか，いずれも選択できるか，仮名の場合，文字配列は五十音順か，JIS基準配列かなど検討が必要である。整理してみよう。

・検索項目，アクセス・ポイント（標目）の設定（著者，タイトルなど，何から検索できるようにするか）
・検索手段（漢字検索，複合検索などをどのように設定するか）
・検索画面と検索手順（どのような検索画面を設定し，どのような手順で表示するか）
・検索結果の表示方法（各項目をどのような配置で表示させるのか）
・予約情報，配架情報，貸出情報の表示方法（ステイタス情報をどのように利用者に表示して伝えるか）
・記録化（検索結果のプリントアウトなどをどのように実現するか）

　なお，近年のOPACの使われ方を見ると，図書館に設置されているコンピュータ端末だけではなく，利用者が携帯するスマートフォンやタブレットなどからもOPACに接続するシステムが導入されている。より小さな画面で操作することも考えられ，検索画面デザインも検討していかなければならない。

③維持管理

　OPACの書誌レコードは随時追加するものであるため，その都度データの入力ミスをチェックし，さまざまなデータの維持と更新を常時行う必要がある。また，業務の電子化は，インターネットを介した情報源の管理にまで及ぶ。そこで，著作権や肖像権といった法的な配慮や，情報をめぐる世論などを察知しながら情報の維持管理に携わることも求められるようになっている。

　図書館員にはさらに，「機械の維持管理」も求められる。それに直接携わるか，技術者との連絡のやりとりを行うかの違いはあるが，他部門との連携を図ることもOPACを快適に作動させるための必要事項となっている。

（4）図書館情報管理システム

　現在，図書館情報管理システムの機能は二つに大別される。一つは，受入，目録作成，ILLなどの業務処理であり，二つには，インターネット（Web）上で数多くのシステム（サービス）を提供することである。各図書館は，OPACや各機関独自の図書館ポータル等により利用者にサービスを提供し，利用者は，それらのシステムを積極的に利用している。大半の図書館は，図書館情報管理パッケージシステム（以下，図書館システムとする）を導入し，業務処理のすべてと情報サービスの一部を処理している。図書館システムはすでに半世紀以上の実績を有するものもあり，IT技術やネットワーク，データベースの進歩に合わせたバージョンアップ，新たな機能の追加や操作性の向上のために改修が行われてきたので概観しておく。

　前述したOPACの歴史では，MARCの発展が今日の「共同目録作業」へと展開したように，図書館システムも1970—80年に大きく飛躍した。個々の図書館の業務を行うために，その図書館がベンダーの協力のもとで開発した固有のシステムは，長年にわたるカスタマイズの積み重ねで発達した。当時のコンピュータは，汎用型コンピュータと呼ばれる大型コンピュータが中心で，オンライン技術，文字コードの問題，データベースの技術，ハードディスクの容量など，多くの問題を抱えていた。その後，図書館システムのパッケージソフトが各ベンダーによって開発され，それらを導入し，コンピュータとそれをとり巻く環境は大きく変化してきた。

　さらに，1980年の学術審議会答申「今後における学術情報システムの在り方について」を基本として，1986年に学術情報センター（現国立情報学研究所）が設置され，それ以降，大学図書館を中心に，共同目録の利用を前提としたパッケージ型図書館システムが各ベンダーから提供された。現在，大多数の大学図書館がこの方法による図書館システムを採用し，日本の図書館システムの在り方に大きな影響を与えることになった。具体的には，各大学図書館に分散所蔵されている学術情報源（図書，雑誌等）の共有を促進するために，NACSIS-CAT, NACSIS-ILLに象徴される共同分担方式による総合目録の形成と相互利用手続きの迅速化という日本で最大の書誌ユーティリティが形成された。

　大学図書館システムは，このような1980年代からの図書館のシステムの流れを汲み，「目録管理」「閲覧管理」「発注受入」「雑誌管理」「相互貸借」「統計」「蔵書点検」等の各業務システムを経て作成された図書館資料の管理データをOPAC, ILLを通して利用者サービスに供するという，いわば図書館のハウスキーピングの視線で作成されたものだといえる。

　また，ここで図書館システムで活用される書誌フォーマット（MARC）について，館種別に活用されている主な事例を挙げながら，黒澤公人（2002年）が示した見解を基本に，整理することとする。

①国立国会図書館・公共図書館を中心としたJAPAN/MARCおよび民間MARC
　型システム
　図書館システムの基本をなす書誌データベースを構築するにあたり，和書システム，洋書システムの二つの異なる仕様のデータ構造をとり入れた図書館システムが構築された。このタイプのシステムは，一つのシステムでありながら，和書を管理するシステムと洋書を管理するシステムの二つから構成されている。和書，洋書の目録規則の違いから，図書の検索結果のデータ項目の表示

順序が異なることがある。洋書の書誌データは，アメリカの議会図書館が，図書目録データをコンピュータで処理するために，書名，著者名などの項目にtagと呼ばれる識別子をつけたLC-MARC（現在はMARC21に発展）フォーマットを採用している。

具体的には，和書については，国立国会図書館が提供するJAPAN/MARCや図書館業務と関係する民間企業の提供するMARC（図書館流通センターが提供するTRC MARCなど）を利用して，書誌データを蓄積している。

②国立情報学研究所・大学図書館を中心としたNACSISフォーマット型システム

学術情報センター（現国立情報学研究所）は，共同目録を作成するにあたり，JAPAN/MARCやUS/MARC（旧称LC-MARC）形式とは違う和洋同一の構造を持つ書誌フォーマットを提案した。多くの大学図書館が，共同目録に参加するために，自館システムにこの共同目録のフォーマットを採用した。NACSISフォーマットは，書誌階層，外字の共有化など，新しい仕様も組み込まれ，国立情報学研究所を利用する図書館システムの土台となった。目録所在情報サービス（NACSIS-CAT）は，設立当初よりオンライン接続を前提としており，大学図書館の所蔵登録数増加に伴って，日本で最も巨大な図書目録データベースとなった。その後も多言語化や統合漢字インデックスによる検索などの提案を生かし，現在まで進化を続けている。

当初，システムを和書，洋書別々のデータベースとして管理していたが，現在は統合され，多言語に対応する一つのデータベースとして運用している。

③US/MARC型システムほか

LC-MARCから発展した。多言語を扱うことのできる海外の図書館システムのフォーマットとして主に大学図書館で使われている（現在US/MARCはMARC21に継承）。ただし日本国内での導入例は少ない。

海外の図書館システムはOCLCといった書誌ユーティリティから書誌を取り込めるほか，Z39.50という機能を利用して，海外図書館システム同士で，書誌データのやりとりが可能である。US/MARCのデータ構造は，日本語や中国語などを記述するtagを持ち，書誌フォーマットは一つである。図書館が，どの書誌フォーマットを採用し，それに適した書誌データをどのように入手するのかによって，その図書館の書誌情報の管理システムは決定される。

以上のようにJAPAN/MARC，LC-MARC，US/MARCとNACSISフォーマットとは，tag形式が違うので，可逆変換が難しいという問題がある。そのため書誌フォーマットをどのように選択するのかは，大きな問題である。

　特に大学図書館では，各MARCフォーマットのデータとNACSISフォーマットのデータへの取り組み方が検討されてきた。

　また，国立国会図書館が2012年1月よりJAPAN/MARCおよび雑誌記事検索の書誌データフォーマットをMARC21に，文字コードをUnicodeに変更した。このような動きについても注目していかなければならない。加えて図書館同士の共同作業をいかにしていくかが重要となってくる。

（5）OPAC（Web-OPACも含む）の特性と今後（利便性）
①利点（特性）

　OPACの維持管理では，作成者は，1回だけ，完全で正確なデータを入力し蓄積すれば，何回でも多数の参加館が利用できることや，作成者のデータ入力ミスや選択項目の未入力などが次々に修正でき，時間経過の中で，データの質の向上を期待することができる。またアクセス・ポイントが豊富である。さらには目録データの編集（追加，削除，訂正），ローカル情報（所在記号など）の追加がリアルタイムで処理できるなどの利点が考えられる。以上のように図書館管理の面では，目録内容の標準化，省力化などを実現するものである。

　利用者は，著者名，書名（タイトル），主題（キーワード），分類などを指定して速やかに検索でき，タイトルの中の言葉や出版年，件名あるいはこれらを組み合わせたものや，書名の一部だけでも検索することが可能である。また，著者名のバリエーションにリンクを張ることができるものもあり，多様な方法での検索を実現した。電子化することによって身体障がい者（視覚障がい者，車いす使用者など）にもアクセスしやすい環境とすることを期待できる。

　さらには，探している資源が発注中あるいは貸出中である場合は，納入予定や返却期限情報（ステイタス情報）を示し，予約することができるなど，OPACは情報を入手したい利用者の利便性を格段に上げているのである。

②問題点と今後の課題

　利点の多いOPACであるが，決して問題点が少ないわけではない。

　まず，検索用のコンピュータ端末を多数そろえなければならないため，その設置場所の確保と購入に際しての多額の費用が必要である。さらに，OPACの検索方法や検索画面が標準化されていないため，システムを開発した業者（ベンダー）ごとに様式が異なり，システム管理や機器の更新（リプレース）などに問題が生じることが少なくない。

　また，今日一般的であるWeb-OPACについても，管理，特に外部からの大量，高速検索に対応できるよう，さらに，外部からの不正侵入や情報漏洩につ

ながらないよう，情報担当者や担当司書は，システム管理に関する正確な知識
や技術を習得してしっかり業務を行わなければならない。

このように，図書館システムはますます機能が多く複雑になり，導入の費用
が高額になっている。改良のスピードも遅く，情勢の変化に迅速に対応できて
いない。当然のことながら，これらの維持管理にも技術者の手が必要であり，
維持費も上乗せされることになる。

さらにもっと具体的な問題もある。外字問題（単純に文字種の不足の問題を
含む）や新旧JIS問題（開発時期や導入システムによる文字コード系の違いを
含む），漢籍目録の脱落（漢籍目録を編める図書館員が不足している問題を含
む），非日本語資料のOPAC化などである。また，データ形式の違いにより図
書館間横断検索システムの構築が困難なことに関しては，現在も未解決のまま
である。

③次世代OPAC（ディスカバリー・インターフェース）

2005年9月，Tim O'Reillyは新しいWebを総称する「Web2.0」という概念
を発表した。Web2.0には，はっきりとした定義はない。今までWeb上で情報
の送り手と受け手の一方通行もしくは双方向通信であったものを第一世代とす
ると，誰もが容易に情報を発信することができ，送り手と受け手が流動化し
て複数の人が一時に通信することなどを可能にする技術を第二世代，これを
Web2.0と称したのであり，GoogleやAmazonのサービスシステムがその代表格
とされる。この新しいWebサービスを図書館サービスに導入しようとするも
のが次世代OPAC（ディスカバリー・インターフェース）である。

一般的な利用者は，インターネットの操作に慣れ，Web上を自由に閲覧する
ことが普通になった。旧来の図書館OPACに対する不満，例えば，タイトルの
入力で一文字でも間違えればヒットせず，一般的な語句の入力だけでヒット
し，膨大な検索結果を前にして途方に暮れ，探すのをあきらめてしまう，ある
いは表示される内容が不十分で，Webで求める資源の詳細（書籍の表紙や具体
的な内容の一部，時には口コミなど）を確認してから図書館OPACでその資源
の有無を探るという二度手間，などの不満の声がある。こうした声を受けて，
先進諸国では新しい技術を入れた次世代OPACの開発が進んでおり，国内でも
いくつかの大学図書館が導入している。

特徴的な機能としては，以下のようなものがある。
- 書誌情報，所蔵情報（請求記号や貸出状況）のほかに表紙画像や目次情報
  を表示する機能
- Web APIや文献管理ツール用メタデータ出力機能

・入力されたキーワードのスペルミスや単・複数形の違いを指摘するスペルチェック機能
・同義語，統制語，他言語での表記など検索語として入力していないキーワードを表示してくれるサジェスト機能
・検索結果に現れたレコードを資料形態，主題，著者，言語，出版年などあらかじめ用意された項目により絞り込むファセットブラウジング機能
・出版年，タイトル，著者名によるソートに加え，適合度によるソート機能
・コメント，レビュー，ソーシャルタギングの書き込み機能
・検索結果のRSSフィールド出力機能

　以上，OPACおよび次世代OPACについて概観してきたが，図書館利用者にとってわかりやすい目録とは何だろうか？　これは目録作成者にとって永遠の命題である。日頃，目録作成者は資源を手に取り，目録を作成するわけだが，その資源が最終的に利用者の手元に届く。OPACを利用する図書館員および図書館利用者の視点に立つとまだまだ改善の余地が多いと思われる。目録作成者それぞれが図書館利用者の便宜を意識してデータの作成にあたると同時に，検索システムの機能改善を図ることなどによって，ユーザ・オリエンティドなOPACの実現が可能になるのではないだろうか。

Ⅲ　目 録 規 則

1　意義

　目録規則とは，図書館等（書誌ユーティリティ，全国書誌作成機関などを含む）における書誌記録作成の原則，方法について成文化した基準である。書誌記録の内容，形式等を安定・標準化するものであり，公刊され広く共通に使用されることによって，外部の目録システムとの融合や，それらとの総合目録を実現する基礎となる。目録規則の先駆については第Ⅰ章4（3）②で略記している。

2　構成

　目録規則では次の事項を扱う。
　・原則，総則
　・記述（各メディア，刊行形式）
　・アクセス・ポイント
　・その他（用語解説，表記法など）
　次に目録規則の実際を歴史的に確認することとする。

3　西洋における目録と目録規則の歴史

（1）書誌，目録とその発達

　著作，資料が多少とも蓄積されるようになった時代には，著作，資料を集めてリストにした書誌あるいは目録が存在したものと考えられる。
　カード目録の出現（19世紀末）以前は記録媒体に変化はあるが，一様に冊子目録の類であり，一資料に対して一記入を作成する形が中心であった。

①財産目録の時代

　紀元前2000年頃のバビロニアのニップール遺跡から出土した粘土板の中に，目録と思われるものが含まれている。
　また，アッシリアの国王アッシュールバニパル（在位BC668―626年頃）の王宮文庫の粘土板製目録には，蔵書である粘土板の番号，行数，所在位置等が記されていた。しかし配列は受入順など固定的であり，財産目録とでもいうべきものであった。

②書架目録の時代

　パピルスが記録媒体の主役となり，写本の作成が盛んとなった時期，文人カリマコス（Callimachus）はアレキサンドリア図書館の目録を作成した（BC260―240年頃）。彼の作（伝）に「ピナケス（Pinaches）」がある。これは対象の著作を主題別に分類し，著者名順に配列したものである。検索性へ一歩踏み込んだもので，同時に著者名による検索を主眼とする西洋目録法の遠い源といえよう。

　中世の修道院は写本の作成，収集に力を注ぐが，書架上の書物の配列は受入順で，目録は配架状態を写した書架目録の形が多かった。

③著者名をキーとする検索法の成立

　15世紀中葉，グーテンベルクが活版印刷機を開発し書物の大量生産化に進む。同世紀末にプロシャ（ドイツ）の修道僧トリタイムが作成した聖書に関する書誌は年代順に配列されていたが，著者索引を併せ持ち，著者からの検索をも意識している。またゲスナー〔→Ⅰ序説4（3）①〕は「世界書誌」の第1編に著者リストを置いた。

　この著者リストは著者（西洋人名）の姓を名よりも先に配する，今日の目録の世界で標目にとられているような形（転置）を採用している。

　西洋目録法の到達点は次のとおりである。

ⅰ）資料1単位に対し1個の記入を作成する。

ⅱ）各資料は，一人の著者から検索することを基本とする。これに備えて，記入は見出し（標目）に著者名を掲げ，そのアルファベット順に配列する。

ⅲ）上記をベースに下記によって文献単位に著作の集中を目指す。

　a．上記ⅱ）の「一人の著者」は原著者，中心の著者を軸とする。

　b．いろいろのペンネームを使用している著者においても著者名の形を一つに統一する（統一標目）。それ以外のペンネーム等が検索される箇所には，統一標目へ導く「を見よ参照」を置くことによって調整する。

④多元検索へ

　共著者，タイトル，主題からも検索できることが望まれるようになり，以下のような発達過程を経た。

ⅰ）初めは「一人の著者」へ導く「参照」の形がとられた。

ⅱ）副出記入の成立：19世紀末から「参照」の域を出て，独立的な「記入」という形をとるようになる。ただし，基本記入の補助の記録と位置づけられる。その流れの上に今日も西洋目録法では副出記入と呼ばれる。

　a．第一の段階では副出記入は簡略な記入という性格を持つ。

　ｂ．複製技術の発達で基本記入そのものを複製する時代となる。ただし基本
　　記入，副出記入という概念を西洋の目録規則，AACR 2 等は今日も残して
　　いる。
　ｃ．記述様式面を公平化して「基本」「副出」という差異を除くこととなっ
　　た。
　　・件名（副出）記入も採用され，コトバからの主題検索も実現する。
　　・それらを合体した辞書体目録がアメリカで発達した。

（２）　目録規則と国際目録原則
　「目録規則」といわれるには，成文化され公刊される必要がある。この条件
にかなう主要な目録規則について簡単に記しておく。
　書誌の範囲においては，その作成基準が明示，共有されるものでなかったが，
目録，特に図書館目録においては規則が明確化された。

〈個人編纂の目録規則〉
①パニッツイの目録規則（1839）
　大英博物館の蔵書目録用にパニッツイ（Antonio Panizzi）が作成した著者
名のアルファベット順目録を対象とする91カ条からなる目録規則で，［著者］
基本記入の概念を導入し近代目録法の最初の典型を提供した。
②カッターの辞書体目録規則（初版1876，第 4 版1904）
　カッター（Charles Ammi Cutter）が1876年に発表した辞書体目録を対象と
する目録規則。初版（1876年刊）は冊子体目録用であったが，第 2 版（1889年
刊）以降はカード目録を対象としている。件名記入に関する規定を備えている。
後世の目録規則・目録法に非常に大きな影響を与えた。

〈図書館協会等編纂の目録規則〉
③英米合同目録規則　1908年版
　1881年にイギリス図書館協会（LA）が，1883年にアメリカ図書館協会（ALA）
が目録規則を発表した。1901年 1 月からアメリカ議会図書館（LC）が印刷カー
ド頒布サービスを開始することとなり，ALAはLCと目録規則の調整を図る。
さらに1904年，LAから統一目録規則作成の提案がALAに寄せられ，両国の共
同作業の結果，若干の相違点を残して「アメリカ版」と「イギリス版」の形で
出版された。174カ条からなり，世界各国で広く使用された。
④プロシャ図書館アルファベット順目録規則　第 2 版（1908）

初版は1899年刊行。この規則はドイツ語圏で使用されるようになる。団体を著者標目とせず，タイトル記入の配列を，自然配列でなく，文法的配列（書名の配列で名詞を第一の要素にする形で配列）で行う等の特徴がある。

⑤アメリカ図書館協会著者タイトル目録規則　第2版（1949）

記入と標目だけに関する規則。③の「アメリカ版」改訂版本版にあたる。次の⑥と組み合わせて広く使用された。

⑥アメリカ議会図書館（LC）記述目録規則（1949）

LCが1946年に発表した「記述目録作業の研究」に基づく記述の規則。

〈国際目録原則，標準書誌記述〉

書誌記録の国際標準化が進み，目録規則に関しては，標目の選定と形式に関する「パリ原則」と，記述の枠組みである「国際標準書誌記述」（International Standard Bibliographic Description：以下，ISBDとする）に従って，各国で目録規則の改訂作業が行われた。現在は「国際目録原則」（ICP，2009）と「書誌レコードの機能要件」（Functional Requirements for Bibliographic Records：以下「FRBR」とする）に基づき，各国の目録規則（RDA：Resource Description and Access　など）が作成されつつある。国際標準についてはp.45―47参照。

〈国際目録原則等に基づく西洋各地域の目録規則〉

⑦英米目録規則［1967年版］（AACRl）

Anglo-American cataloging rules。「パリ原則」に基づきLA，ALA，カナダ図書館協会およびLCが協力して策定した。「北米版」と「英国版」に分かれる。図書以外の資料をも対象とする，標目（基本記入）と記述に関する規則。1974年，ISBDに従い「第6章　記述の部」を改訂した。

⑧アルファベット順目録規則（1977）

上記④をもとに「パリ原則」に従ってアルファベット順目録規則（Regeln für die alphabetische Katalogisierung：RAK）が団体標目の扱いを改め，タイトル記入の配列を自然配列とした。

⑨英米目録規則　第2版（AACR2）（1978）

コンピュータ導入や国際標準の具体化により，AACR1の改訂版として1978年刊行された。扱う資料種が網羅的。英米で版の別はない。記述を先に作成するが基本記入制を維持している。パリ原則，ISBDに準拠している。

1988年，1998年，2002年に改訂版が出版された（略称AACR2R）。

⑩RDA（Resource Description and Access）（2010）

　OPAC（オンライン閲覧用目録）を前提とし，扱う資料も電子資料やWeb資料などをも含むRDAが2010年に刊行された。FRBRと「典拠データの機能要件」（Functional Requirements for Authority Data：FRAD）の概念モデルを基盤としており，AACR系列でなく，「図書館」や「目録」に捉われない規則となった。

　書誌レコードの記述を扱う「実体の属性」と，アクセス・ポイントと典拠コントロールを扱う「実体間の関連」で構成されている。

　「基本記入や副出記入の標目」ではなく「アクセス・ポイント」を用語とする。

4　日本における目録と目録規則の歴史

（1）書誌，目録とその発達

　わが国においては，9世紀末（寛平年間）の『日本国見在書目録』が最も古い書誌と見られる。中国『隋書』の「経籍志」に倣って藤原佐世が編纂した漢籍書誌である。和書に関する書誌は『本朝書籍目録』（鎌倉期）が最初とされる。両書ともに分野別にまとめられており，分類別の書誌といえよう。各記入はタイトルから記載された。これをタイトル基本記入の伝統の源とみる考え方がある。

　日本初の近代図書館である書籍館は内規「和漢書目録十三条」を定め，「タイトル基本記入」の形をとった。以後にできた図書館はこれに倣った。

（2）目録規則と外国目録規則，国際原則の受容
〈タイトル基本記入の目録規則〉
①目録編纂法（西村竹間著『図書館管理法』日本文庫協会編，金港堂，1892，第4章）
　右横書きのカード目録様式。ただし実際例の紹介にとどまる。
②和漢図書目録編纂規則　太田為三郎著　日本文庫協会編　1893（『図書館管理法』金港堂，1900，付録）
　タイトル基本記入。いろは順，五十音順配列。
③和漢図書目録編纂概則　日本図書館協会（『図書館雑誌』8号，1910）
　基本記入方式。②の改訂版。以後，西洋目録規則の導入が図られた。
④和漢図書目録法・案　日本図書館協会（『図書館雑誌』26（4），1932）
　タイトル書目（書名基本記入），著者書目（著者基本記入）を並行して規定したので，いわゆる"基本記入論争"を引き起こし，案のままに終わった。

〈著者基本記入の目録規則〉

⑤日本目録規則（Nippon Catalog Rules：NCR）〔1942年版〕

　上記論争で著者基本記入論を唱えた青年図書館員聯盟（大阪，間宮不二雄主宰）が，洋書との一致を図り，英米合同目録規則1908年版に倣って1936年に機関誌『圕研究』に案を発表。1942年確定，1943年単行書で公刊した。

⑥日本目録規則（Nippon Cataloging Rules：NCR　以下同）1952年版

　日本図書館協会（JLA）編，1953年刊。1949年のALA目録規則，LC記述目録規則をにらんだ著者基本記入方式で，和書中心の規則。⑤の改訂版の形を装う。

⑦日本目録規則1965年版　日本図書館協会編

　パリ原則に従った著者基本記入方式の規則で，洋書にも適用される。

〈非基本記入の目録規則〉

⑧日本目録規則　新版・予備版（1977）日本図書館協会編

　明治以降刊行の和書を対象にユニット・カード（原稿カードによる複製）を前提とした非基本記入の方式，“記述ユニット・カード方式”（標目を記載しない状態でユニット・カードとする）による。この方式は1950年代半ばに確立した“記述独立方式”に基づく規則“図書館目録規則案”（日本図書館研究会・整理技術研究グループ，『図書館界』26（4），1974）を容れている。

　これは，記録対象を物理単位（1冊ごと）で把握し，記述を標目とは無関係に完結させ，記述下部に記載した標目指示の記録に従って，必要な数のカードを複製し，それぞれに標目を記載して各種の目録に配列・編成する方式である。このように標目と記述を分離する方法を採用し，1965年版までの著者基本記入方式を改めた。ただし冊子目録等単一記入目録用の基本記入選定表を付則に持ち，パリ原則との関連を残している。

⑨日本目録規則1987年版（1987）日本図書館協会編

　上記⑧の本版で，非基本記入方式。個別型目録をベースとするなど，基本原則は「予備版」に従っているが，下記の特徴があり，相違点を有している。なお，この規則の概要は第Ⅳ章参照。

・記述においては単行書誌単位を中心に据えている。（書誌単位の規則）
・機械可読，書誌データベースに適応するよう意図している。単なる機械処理ではなく書誌単位を組成するための書誌階層規定を持つ。
・ISBD区切り記号法を採用している。洋資料にも適用される。
・あらゆる資料媒体を扱おうとしている。
・上記を総轄する記述総則を設けている。
・任意規定ながら標目で統一タイトルを規定している。

　・方式名は「記述ユニット方式」となった。

⑩日本目録規則1987年版　改訂版（1994）日本図書館協会編

　1994年4月に上記⑨の改訂版として発行された。その特徴は以下のとおり。

　・1987年版で未完成だった三つの章を完成した。

　・実務のツールとして一層使いやすい規則にした。

　・各章，条項の配置，条文の表現，用語等について整合性を図った。

　ただし，規則の内容上の変更は最小限にとどめられた。

⑪日本目録規則1987年版　改訂2版（2001）日本図書館協会編

　第9章「コンピュータファイル」がISBD（ER）をもとに改訂され「電子資料」
と改称。他の部分における修正事項を含む。

⑫日本目録規則1987年版　改訂3版（2006）日本図書館協会編

　第13章「逐次刊行物」がISBD（CR）をもとに改訂され「継続資料」と改称。
さらに和古書，漢籍に関して第2，第3章が改訂され改訂3版となった。

⑬日本目録規則2018年版　日本図書館協会編

　JLA目録委員会はこの版の策定を2010年から本格化し、2013年からは国立
国会図書館（National Diet Library：NDL）収集書誌部との共同策定作業とし
た。この規則に対応した書誌レコードはNDLによって2021年からの実施が検
討されている。なお、書誌ユーティリティNIIは、同規則策定に組織的な関与
はしていないが、この規則を下地にNACSIS-CAT/ILLのデータ構造を変更し、
2020年8月からそれによって運用を開始している。NCR2020年版の策定方針
は概略次のとおりであった。

・ICP等の国際標準に準拠すること

・RDAとの相互運用性を担保すること

・NCR1987年版に配慮すること

・論理的でわかりやすく、実務面で使いやすいものとすること

・ウェブ環境に適合した提供方法をとること

さらなる部分は、第Ⅳ章で記す。

（3）日本目録規則（NCR）の変遷

　複製技術が未発達の時代には一資料に対して一種類の記入（カード）を作成
し，それらの記入を集めて目録に編成した。西洋では，この記入の冒頭（標目）
に著者名を記載する著者基本記入方式がとられた。これによると資料は著者名
で検索できるが，タイトルや主題からの検索は不可能である。そこで次にタイ
トルや件名を標目とする簡略な記入を作成し，上述のように著者基本記入に組

み合わせた。

　複製技術が発達すると，完全な記入を原稿として必要枚数を複製して，それにタイトル標目や件名標目を書き加えタイトル記入，件名記入とした。資料ごとの一組のカードをユニット・カードという。

　複製によって作成すると一つの資料に対する各種の記入（著者記入，タイトル記入，件名記入，分類記入）の記述（の情報量）は当然同一であって，標目が異なるにすぎない（実例集２）。どれが基本記入であり，どれが補助記入という区別はない。しかしユニット・カードの原稿に基本記入を使う方式（実例集１）が続いた（西洋目録法では未だに続いている）。

　著者基本記入を基本とする目録規則は，標目の規定に主力を置いた。しかも「パリ原則」（1961）以来，多数共著者による著作等でタイトルを基本記入の標目としたので，さらに複雑化した。つまり共著者などを標目とする著者（副出）記入では基本記入の標目が第２次配列の対象であるタイトルとの間に割り込んで邪魔になる（実例集１）と指摘された。

　これらの問題を解消すべく，1955年前後に提案された目録方式に関する理論が“記述独立方式”である。これは，基本記入の標目を記さずに作成した書誌記録を原稿として必要な枚数を複製し，それぞれの標目の欄に各種の必要な標目を片仮名（および数字）で記載する目録方法である。

　NCR新版・予備版（1977）は“記述ユニット・カード方式”で“記述独立方式”を導入。図書を物理単位で記録する。

　次に書誌単位を原則とするNCR1987年版が策定された（記述ユニット方式）。記述対象資料の種類が「第９章　機械可読目録」を含む13に広がった。

　NCR1987年版改訂版が1994年に出た。この版で第９章は「コンピュータファイル」（CF）に変わった。パッケージ型の電子情報全般を扱うためであるが，図書館が扱う電子情報の広さと深さはより高度化していった。

　1997年，国際標準書誌記述のISBD（CF）はISBD（ER）に変更された。これに従いNCRは1987年版改訂２版となり第９章を「電子資料」とした。媒体（ファイル）に限られる面がある“CF”を出て電子雑誌などをも扱う。“電子的資源”でなく「電子資料」とし，「図書館資料」内にある点を明示した（『図書館雑誌』1999，p.936）。こうした資源を検索するためのデータ，２次情報が図書館目録以外の世界でも多く出ている。電子上の２次情報はメタデータ，つまり“データのデータ”で，目録はその一つである。だが旧来の図書館目録規則は電子的資源検索に十分対応していない。そこで世界最大の書誌ユーティリティOCLCは，1995年，オハイオ州ダブリンでインターネット情報資源の発見

（resource discovery）を目的に，メタデータの記述規則づくりの会議を催した。同会議（博物館・美術館関係者も参加）の決定した記述項目枠が"ダブリン・コア"で，電子図書館関係者の関心，関与が強く示されている。またNCRのデジタル化が着手され，SGML（Standard General Markup Language）で文書型定義を設定し，2001年にXML（eXtensible Markup Language）文書に編集されている。これらをとり入れNCR1987年版改訂3版が2006年に刊行された。

　さらにこれを徹底的に改訂したNCR2018年版が成立している。

（4）書誌記録の国際標準化

　書誌レコードをコンピュータで扱うことが増え，それに対応して国際図書館連盟（International Federation of Library Associations and Institutions：IFLA）を中心に書誌の記録面に関し国際的原則や枠組みなどが作成された。そのいくつかを年代を追って紹介する。

①1961年「パリ原則」採択

　パリで国際目録原則会議（International Conference on Cataloguing Principles：ICCP）が開催され，「パリ原則」が採択された。これは，目録規則の条文ではなく，標目の選定と形式についての国際的原則であり，この原則に従って，各国の目録規則の制定・改訂作業を進めることが期待された。

②1971年　国際標準書誌記述（単行書用）（International Standard Bibliographic Description（Monographs）：ISBD（M））勧告案発表

　全米収書目録計画（NPAC）の経験から，標目と同様に記述に対しても国際的な枠組みが必要と認識された。書誌データを構成する要素，記載する順序を一定にし，データを識別する区切り記号を標準化することによって，さまざまな情報源からの記録に互換性を持たせ，記録が言語の障壁を越えて解釈されるようにし，機械可読形への変換を容易にした。

　以後，すべての資料に共通の枠組みを提供する総合（G：General）のほかに次のような資料別のISBDが策定された。

- ・CR：Continuing Resources　継続資料用（その元は「S：Serials　逐次刊行物」）
- ・NBM：Non-Book Materials　非図書資料用
- ・CM：Cartographic Materials　地図資料用
- ・A：Antiquarian　古刊本用
- ・ER：Electronic Resources　電子資料用

（2011年に統合版〈Consolidated edition〉が刊行された）

③1977年　UNIMARC（Universal MARC）

　MARCフォーマットの国際的交換用共通標準として役立てることを目的とした MARC 用の枠組みである。

④1997年　書誌レコードの機能要件（Functional Requirements for Bibliographic Records：FRBR）

　書誌記録と典拠記録の構成と関連を示すための概念モデル。目録利用者の関心対象を，著作，表現形，体現形，個別資料という四つの実体において把握するもので，現代の目録規則に影響を与えつつある。

⑤2009年　国際目録原則（ICP）

　OPACに目録形態が変わり，さらにOPACの先にあるものにふさわしくICCP（1961年）に代わる新しい原則の覚え書きとして作成された。記入の選定と形式のみではなく目録全体に適用される（書誌レコードおよび典拠データ）。C.C.カッターの主張を初めとする目録法の伝統と FRBR の概念モデルを基盤にしている。

（5）標準番号：国際標準図書番号（ISBN）と国際標準逐次刊行物番号（ISSN）

　現在，図書資料や逐次刊行物に対して，出版流通上の便宜を考え，膨大な数のタイトルの中からそのタイトルを識別できるようにコード化した符号を付与している。国際的な標準の一つとして，一番号一タイトルを原則に，同じ番号が発生しないように工夫されている。図書に対しては，国際標準図書番号（International Standard Book Number：ISBN），逐次刊行物に対しては，国際標準逐次刊行物番号（International Standard Serial Number：ISSN）が定められている。

①国際標準図書番号（ISBN）

　ISBNの基本概念は次のとおり。

　　・ISBNとは，個々の図書に国際的に調整された唯一の個別番号を印刷して，国際的・国内的な図書の流通や図書文献の整理・検索などに資するシステムである。

　　・ISBN番号は，それを国際的に唯一の番号とするため，「どこの国の，どこの出版者の，何番の図書」という番号とし，国際ISBN機関，各国ISBN機関，当該出版者の三者が役割分担して固有番号を作る。

　　・個々の図書を個別化するため，その付番の単位を「特定出版者の，特定タイトルの，特定版次」とする。

・ISBNはISO（国際標準規格）であると同時に，現実の商品のコード体系としては唯一のJIS（日本産業規格）であり，他のコードに優先する。（松平直壽著『コードが変える出版流通：ISBNのすべて』日本エディタースクール出版部,1995）

　日本では1981年1月，従来の「書籍コード」に代わって日本図書コードの一部としてISBNが採用され,2007年1月から13字になった。

　「ISBN」に続けて記された13桁のアラビア数字がISBN記号であり，固定の接頭コードの978，グループ記号，出版者記号，書名記号，チェック数字の5部から構成されている。

　グループ記号は0および1が英語圏に,2がフランス語圏に,3がドイツ語圏に,4が日本語圏に割り当てられている。

　出版者記号は，各国ISBN機関（日本は日本図書コード管理センター）が図書の発行者に割り当てる。個々の出版者の図書の発行点数により，長短の記号が割り当てられる（日本の場合2―7字）。書名記号（タイトルコード）は，出版者自身が自分に割り当てられた番号の範囲で一書名，一版次を単位として割り当てる。

　ISBNは，出版流通の手段として出版者，取次店，書店などで使用されているが，図書館でも発注，複写などに使用されている。

例）ISBN 978 － 4 － 474 － 02764 － 0

接頭コード　国（日本語圏）　出版者コード　タイトルコード　チェックデジット

②国際標準逐次刊行物番号（ISSN）

　学術情報の入手に不可欠な逐次刊行物は，発行点数が多く，休・廃刊，改題，合併・吸収，分離などが頻繁に生じるため，的確に情報を把握することが困難である。そこで，逐次刊行物一タイトルにつきアラビア数字8桁の固有の番号を付与し，識別手段とすることがユネスコにより提唱された。ISSNは，ユネスコのUNISIST（世界科学技術情報システム）計画の一環であるISSNネットワーク（旧称ISDS：International Serials Data System＝国際逐次刊行物データシステム）で使用されるコードである。パリに国際登録センターがあり，ISSNの付与は各国の国内センター（日本は国立国会図書館）が行っている。

　8桁の数字のうち最後の桁がチェック数字で，数字に意味はない。逐次刊行物のタイトルの改題・吸収・分離などで違ったコードが与えられる。

例）ISSN 0016-5948

Ⅳ　著者・タイトルからのアプローチ　1
―和資料記入の作成―

1　はじめに

　この章では著者，タイトル（書名）からのアプローチのうち，和資料の，書誌レコード（記入）の記述の理解ができるように説明する。NCRの規定そのものを引き写すのではなく，体系に整え，解釈，表，補足等を加えた。事例の詳しくは「別冊　目録記入実例集」を参照されたい。NCRは本章4に掲げたように2018年版が最新となっているが，同版が序説4―2によって別法とした同1987年版［改訂第3版］によって行う。既成の記録理解にも資するためである。

『日本目録規則1987年版　改訂3版』目次

　書誌レコード（記入またはMARCレコード）の作成に先立ち，NCRの規定に表れる主要な用語の解説を掲げる。

NCR用語解説（1987年依拠）
　　　目録一般　　p.50
　　　記録関係　　p.51
　　　アクセス・ポイント関係　　p.60
〈目録一般〉

目録規則	図書館の目録編成，記入作成の指針，基準。全国的，国際的な討議をもとに公刊され共通に利用されるものとしてNCR，AACRなどがある。
記述ユニット方式	一単位の記述対象について記述および所在記号，標目指示，事務事項を記したもの（つまり標目欄だけが空白）を基盤に各種の記入を複製する，非・基本記入の方式。NCRが採用。なおNCR新版・予備版（1977）では記述ユニット・カード方式と称した。
基本記入方式	一資料に関し作成する記入のうちで基本となる記入を決定し，これに補助記入を加えて検索に備える方式。NCRの1965年版以前の版，欧米の目録規則はこれに準拠した目録方式。
和資料	日本語または漢字圏の言語（文字）が用いられた資料。
和書	和資料のうち，図書。
洋資料	和資料以外の資料。
洋書	洋資料のうち，図書。
日本目録規則	→NCR
AACR	Anglo-American Cataloguing Rulesの略語。英米目録規則。1967年に第1版発行。1978年に第2版が刊行され，その改訂版が1988年，2002年に刊行された。AACR2に代わるものとしてRDAが2010年に刊行された。
FRBR	Functional Requirements for Bibliographic Recordsの略語。書誌レコードの機能要件。書誌記録と典拠記録の構成と関連を示すための概念モデル。
IFLA	International Federation of Library Associations and Institutionsの略語。国際図書館連盟。図書館に関する世界的組織でISBDなどを決議した。

ISBD	International Standard Bibliographic Descriptionの略語。国際標準書誌記述。国際的に書誌記述の標準化を図るもので，IFLAによって1969年以来検討され，図書・資料別に諸版が発表されてきた。統合版としてまとめられた。
MARCレコード	書誌的記録を，一定のフォーマットによって，機械可読媒体上に記録したもの。コンピュータ目録における書誌的記録の名称。レコードとも呼ぶ。
NCR	Nippon Cataloging Rulesの略語。「日本目録規則」。日本の標準的目録規則。1942,1952,1965の各年の版，新版・予備版（1977），1987年版およびその改訂版，改訂2版，改訂3版2018年版がある。
RDA	Resource Description and Accessの略語。2010年刊行。AACR2に代わるものとして作成された。

〈記述関係〉

ISBD区切り記号（法）	ISBDに基づき，記述において書誌的事項それぞれの前におく一定の記号（様式）で，一般の句読上の記号（法）とは異なる点がある。2018年版ではエレメント枠内に記し使用しない。
ISBN	International Standard Book Numberの略語。国際標準図書番号。出版流通業界で利用することを目的として，個々の図書に与えられる図書の国際的な製品番号。従来の10字表示を2007年1月より13字に変更。
ISSN	International Standard Serial Numberの略語。国際標準逐次刊行物番号。世界共通に逐次刊行物を識別できるコード番号。
異版	①標準とされる版本に対する別種の版本。②逐次刊行物で基本の版以外に刊行された版，翻訳雑誌など。
映像資料	→3（3）
奥付	図書の巻末に記載あるいは貼付され，書誌的事項を表示した部分。和資料の記述では主たる情報源の一つ。
改作	小説を戯曲，童話に変えるなど，原作とは別の文学形式に書き直すこと。
回次，年次	回，年を追って刊行される出版物における回数，年数の表示。広義には巻次に含まれる。

下位シリーズ	→シリーズ
解題	その資料の内容等に関する解説。
解説	本体の著作に加えた説明。視覚的著作の文章の部分を指すことがある。
楽譜	スコア，パート譜など。
加除式	加除が自由なルーズ・リーフ式の出版スタイル。更新資料の一種。
合刻	異なった2以上の資料を一つにまとめて刊行したもの。元の資料個々に相当するタイトルはあるが，総合のタイトルのないものが多い。
合集	複数の著作からなる。個人の合集と2以上の著者の合集とがある。
カバー	本来は図書の表紙をいうが，わが国では新刊書の装丁の保護等の目的で表紙を覆う紙をいう。ブック・ジャケット，ラッパーともいう。
刊記	和古書，漢籍で出版に関する事項を記した部分。おおむね巻末にある。
刊行頻度	→定期刊行物
巻次	逐次刊行物，非逐次刊行物の分冊等に表示された順序を表す数字など。「第1巻」「下巻」など。
監修	著者を指揮，監督すること。監修者は実質，代表編者であることがある。
冠称	→タイトル先行事項
漢籍	いわゆる漢文のうち，中国人の編著書で，かつ中国文で書かれたもの。
巻頭	巻物，図書などの本文の最初の部分。ここに表示されているタイトルを巻頭書名という。
監訳	翻訳を監督すること。
簡略多段階記述様式	記述様式の一つ。多段階記述を簡略化した様式（実例集21C）
キイ・タイトル	逐次刊行物に付与した個別化のためのタイトル。多くは本タイトルと同形であるが，本タイトルが個別化できない総称的なタイトルである場合，本タイトルの後に発行団体名等を付して構成する。

機械可読目録	一定のフォーマットによって，コンピュータで処理できる媒体に記録した書誌記述の集合。MARC，コンピュータ目録。
記述	→書誌記述
記述対象資料	→資料
記述の基盤	継続刊行レベル，集合レベルなどに関する記録において記録の基盤とする巻，号。
記述の情報源	→情報源
脚色	小説等を演劇，映画などとして上演・上映するために書き変えること。
紀要	学術，研究の機関，団体が研究成果として刊行する逐次刊行物。
共著	一つの著作を共同で著すこと。
区切り記号（法）	→ISBD区切り記号（法）
訓点	漢文を訓読するための記号（送り仮名，返り点，ヲコト点等）。
継続刊行書誌単位	→書誌単位
継続刊行書誌レベル	→書誌レベル
継続資料	完結を予定せずに継続して刊行される資料。逐次刊行物と完結を予定しない更新資料とがある。
原本	翻訳，複製，改訂などのもととして用いたテキスト，底本など。
校閲	他の者の原稿の正誤，適否等を確かめ，助言，指導すること。
更新資料	更新により内容に追加，変更はあっても，一つの刊行物としてのまとまりが維持されている資料であり，継続資料の一種。例えば，加除式資料，更新されるWebサイトなどがある。
構成書誌単位	→書誌単位
構成書誌レベル	→書誌レベル
校訂	古典などを異本とくらべあわせること。
コンピュータ・ファイル	→電子資料
刷次	同じ組版・原版で印刷を重ねた場合の順序数。和書では「版」と表示されることがある。
冊数	図書の数量。巻数とは異なることがある。
サブタイトル	→タイトル関連情報

字あけ	→スペース
私家版	著者が自身で出版する資料。
誌名・紙名	雑誌の題名，新聞紙名。
集合書誌単位	→書誌単位
集合書誌レベル	→書誌レベル
出版者	資料の出版に責任をもつ団体等。発行所。
出版者番号	①楽譜出版者が販売目録において付けた楽譜番号。一般に楽譜の標題紙上にも表示される。②ISBNの所定の項の番号で出版者名をコード化したもの。
出版年	資料が出版された年，発行年。その資料の属する版が最初に刊行された年。なおNCR新版・予備版（1977）では最新の刷りの年を出版年としている。
情報源	記述のよりどころとするその記述対象資料上の表示箇所，およびその資料以外の参考資料。
書誌記述	記入の本体。他の資料と識別するのに必要なタイトル，責任表示，出版，形態に関する書誌的事項の総体。
書誌階層	一つの書誌的記録を構成する書誌的事項の集合（書誌単位）間にある階層関係。
書誌単位	一つの書誌的記録またはその記述対象資料の書誌的事項全体中で，同一の階層に属する書誌的事項の集まり。単行書誌単位，集合書誌単位，構成書誌単位，継続刊行書誌単位の四つがある。なお単行書誌単位と継続刊行書誌単位を併せて基礎書誌単位という。

　　　　　　　　＊単行書誌単位：略して単行単位。1単行資料の全体面に
　　　　　　　　　与えられた固有のタイトルに始まる書誌的事項の集合の
　　　　　　　　　うち，最下位の書誌階層の書誌単位。
　　　　　　　　＊集合書誌単位：略して集合単位。単行単位の上位の書誌
　　　　　　　　　単位で複数の資料にまたがる。
　　　　　　　　＊構成書誌単位：略して構成単位。単行単位の下位の書誌
　　　　　　　　　単位。1資料の部分に与えられたタイトルに始まる書誌
　　　　　　　　　的事項の集合。
　　　　　　　　＊継続刊行書誌単位：略して継続刊行単位。1継続資料の
　　　　　　　　　全体に通じる最下位の書誌単位。

書誌的記録	書誌記述にアクセス・ポイント，所在記号を加えたもの。書

　　　　　　　　誌データと所在記号。書誌レコード。記入（entry），コン
　　　　　　　　ピュータ目録ではMARCレコード（またはレコード）と呼ぶ。
書誌的事項　　書誌記述の構成要素。
書誌的来歴　　原版，複製などの経緯。
書誌レベル　　①「○○書誌レベルの記録」と，一つの書誌的記録の総体
　　　　　　　　（出力）が，どの書誌階層の記録であるかを示すために使
　　　　　　　　用される語。②書誌階層の一つひとつの層。書誌単位が属
　　　　　　　　する書誌階層を，「階層」という他の層との相関ではなく，
　　　　　　　　その層自体として示す表現。単行書誌レベル，集合書誌レ
　　　　　　　　ベル，構成書誌レベル，継続刊行書誌レベルの４種がある。
　　　　　　　　なお単行書誌レベルと継続刊行書誌レベルを併せて基礎書
　　　　　　　　誌レベルという。
　　　　　　　＊単行書誌レベル：略して単行レベル。単行資料としての
　　　　　　　　記録の面。または書誌的事項のうちのある集まりが単行
　　　　　　　　資料そのものに直結する面。
　　　　　　　＊集合書誌レベル：略して集合レベル。セットものとし
　　　　　　　　ての記録の面。または書誌的事項のうちのある集まりが
　　　　　　　　セットものに直結する面。
　　　　　　　＊構成書誌レベル：略して構成レベル。構成内容としての
　　　　　　　　記録の面。または書誌的事項のうちのある集まりが構成
　　　　　　　　内容に直結する面。
　　　　　　　＊継続刊行書誌レベル：略して継続刊行レベル。継続資料
　　　　　　　　の記録の面。
書誌レコード　　→書誌的記録
所蔵事項　　　継続資料等の記録において所蔵を記録したもの。
序文　　　　　本文前に記載された短文で，記述記載のための情報源とな
　　　　　　　　ることがある。
書名　　　　　→タイトル
書写資料　　　写本など。
シリーズ　　　個々の資料を包含したセット。その当該の事項は集合書誌
　　　　　　　　単位を形成する。叢書とも呼ばれる。シリーズの書誌的事
　　　　　　　　項は次のとおり。
　　　　　　　　本シリーズ名　並列シリーズ名　シリーズ名関連情報　シ
　　　　　　　　リーズに関する責任表示　シリーズのISSN　シリーズ番

号 下位シリーズ

資料	書誌記述の対象とするもの。思想，知識，感情，情報など を伝達するため，紙その他の媒体に記録し形態的にまとめ たもの。図書が代表例。
資料種別	資料のメディアの種別を知らせるための記述上の表示。
スペース	記述で，事項間に設ける空間。ISBD区切り記号法での広 義の記号。
背	図書の背。主要な情報源の一つ。
静止画資料	写真，紙芝居など静止画（集）。
責任表示	記述でタイトルに続き記載される著者等の表示。記述対象 資料上に表示された著者（広義）の著作への関与の仕方を 表す「著」「訳」などの語とともに記述に記録される。
セットもの	異なる単行資料の集合で全体として固有のタイトルをもつ もの。事前に全体の刊行が完結することが予定されている もの（この点で継続資料と異なる）。
総合タイトル	複数の著作から成り立つ一単行資料（合集）の全体（共通） のタイトル。
叢書	→シリーズ
総称的なタイトル	継続資料のタイトルで継続資料の種類や刊行頻度などを表 す一般的な用語だけで構成されたタイトル（「報告」「紀 要」「年報」等）。
挿図	図書に挿入されている絵，図の類。
装丁	洋装本，和装本，ペーパー・バック，帙入りなど書物の形 態上の作りや体裁。
増補版	→版次
続編	既刊の資料（正編，本編）にその内容が続くものとして出 版された資料。
題字欄	タイトルや編者などが表示されている欄。新聞等では主要 な情報源。
代替番号	録音資料等の製造，販売者が製品の識別用に付ける番号お よび文字列。商品の場合は発売番号（レコード番号）と称 される。ISBN等の標準番号の代替となる番号。
タイトル	記述対象資料に表示され記述に記載する資料の固有の名 称。本タイトル，並列タイトル，別タイトル，タイトル関

連情報の総称。

タイトル関連情報	本タイトルを限定修飾している語句。サブタイトルなど。
タイトル先行事項	タイトルの前・上部にある各種の語句に対する総称（俗称は「冠称」）。タイトルの一部であるものと，タイトルとは別の書誌的事項である場合とがある。
畳もの	1枚の紙に表されたもののうち，畳んで保存されるもの。
縦長本	図書の縦の長さが横の長さの2倍以上あるもの。
単行書誌単位	→書誌単位
単行書誌レベル	→書誌レベル
逐次刊行書誌単位	→継続刊行書誌単位
逐次刊行書誌レベル	→継続刊行書誌レベル
逐次刊行物	一定のタイトル（書名，誌名，紙名）の下に巻号，年月日の順に継続出版される刊行物で，終期を予定しないもの。雑誌，新聞，年報，年鑑，紀要など。「継続資料」の一種。
地図（資料）	→3（3）
注記	記述の主たる部分の記載事項を補うため必要に応じて記載する記録事項。
著作	資料の内容を構成する知的生産物。
著作権表示年	図書を中心に表示される著作権確立の年紀。"Copyright"を略して「c1988」のごとく表示される。
著作の種類	著作への関与の仕方を示す語。「著」「編」「訳」等のことをNCRでは包括的にこのようにいう。
著者	資料を著した個人，団体。その資料の内容に第一義的な責任をもつもので，最狭義の著者のほか，編纂者，画集・写真集・楽譜などにおける画家・撮影者・作曲者などや翻案者，改作者等もこれにあたる。広義には，副次的関与者である編者，訳者，さし絵画家，校訂者等を含む。
著者表示	→責任表示
定期刊行物	定期（一定の刊行頻度）に刊行される継続資料。刊行頻度は，日刊，週刊，旬刊，月刊，季刊，年刊など。不定期刊行物の対。
点字資料	指先の触覚により読み書きする視覚障がい者用の記号（点字）で表現された資料。
電子資料	コンピュータ（その周辺装置を含む）によって利用可能と

	なるデータ，プログラム，または両者の組み合わせ。
特定資料種別	資料の属する資料種別を細分特定化した名称（録音資料における「録音カセット」「録音ディスク」等）。
内容細目	その図書（合集など）を構成する著作，項目等について記載する注記。単行書誌単位を本体とする原則的な記述においてはこの項目の記録が構成書誌単位にあたる。
２行書き	タイトルの一部が２行にわたり表示されているもの。冠称，角書(つのがき)，割書(わりがき)等。
年月次	継続資料の順序付けの表示で，年，月によってその順を示すもの。出版日付とは本来別のもの。順序表示。
抜刷	図書または雑誌・紀要の一冊を構成する著作のうちの一つを，その組版・印刷に従いつつ独立の冊子として簡易に製本したもの。
博物資料	→３（３）
抜粋	図書等のある部分を集めて独立の冊子としたもの。
版・版次	既刊の資料の大筋を変えずに内容の追加，訂正をした場合，もとの資料と区別するための表示。「２版」「改訂版」「増補版」など。
表紙	図書の前後のおおい。前が前表紙，後が後表紙。主要な情報源の一つ。
標準番号	→ISBN, ISSN
標題紙	図書の本体の初めにあって，その図書の書誌的事項を記載したページ。主要な情報源である。扉，タイトル・ページともいう。
付加的版表示	一つの版グループの中の特定の版であることを示す表示。
付記	標目および記述において事項を付加的に記載すること。
副次的関与者・副次的著者	→著者
複合媒体資料	２以上の記録媒体で構成されている資料。例えば，映写スライドと録音テープとで構成されているものなど。
複製物	印刷，写真，複写，録音，録画，その他の方法により原資料を復元し，または復元できるように再製したもの。原本の点訳図書，美術品のレプリカ，データベースの別媒体へのコピー等を含む。ただし本則では出版物の版，刷または

それに相当するもののコピーは，複製物として扱わない。

複製本	既存の図書の原型を模して再製した図書。復刻本など。
付属資料	本体に組み合わせ利用されるようになっている付属物。地図，カセット・テープなど。
物理レベル	資料の物的1点という状態。この規則では「物理単位」という語でも同内容のことが表現されている。
部編名	継続刊行物（または多巻で成立する資料）が，一つのタイトルの下にいくつかの部または編に分かれて発行されているときの部，編の名称。
付録	①資料の本体と内容上関連をもち，本体を補うものとして巻末にまとめられた部分。②継続刊行物の個々の冊や，非継続刊行物個々の内容を補うため，別冊等として形態的に別個の形をとる。
並列タイトル	別の言語または別の文字で本タイトルを表したタイトル。
ページ付	図書に印されたページ番号。その最終ページ番号。ページングの種類ごとの，複次のページだてをもつ資料もある。
別タイトル	タイトルの別名。「一名○○○」というように表示する。
変形本	一般の図書と，縦・横の割合が異なる図書。→縦長本，横長本
編纂	既存の著作，事項をまとめて新しい著作（目録，辞典など）を作り出すこと。"編"と表示され編集と区別されていないことが多い。
編集（編）	他の者の著作を出版物にまとめるために準備すること。
法量	博物資料の長さ・大きさ・広さ・重さなどの多次量的形態の数値。
補記	記述の記載上，資料上の表示を補って記載すること。
翻案	筋は原作のまま異なる著作形式に改作し，新たな著作とすること。
本シリーズ	→シリーズ
本タイトル	①その記述の本体のタイトルであり，②かつそのうちで最も中心となるタイトル。①の意味で，シリーズのタイトル，内容細目中のタイトルと区別され，②の意味でタイトル関連情報と区別される。さらにその中では，並列タイトル，別タイトルと区別される。

| マイクロ資料 | マイクロ画像を収めた資料の総称。 |

マイクロ資料　マイクロ画像を収めた資料の総称。
目首　図書・雑誌等の目次の初頭。
横長本　横の長さが縦の長さよりも長い図書。
〈アクセス・ポイント関係〉
アクセス・ポイント　検索の手がかりとなるもの。NCR1987年版においては「標目」。タイトル標目，著者標目，件名標目，分類標目。
タイトル標目　タイトル記入の見出語。
著者標目　著者記入の見出語，人名，団体名。
件名標目　件名記入の見出語。名辞。
分類標目　分類記入の見出語。分類記号をもってあてる。
標目指示　一つの原稿によって何枚，何種類の記入を作成するかを示す，それぞれの記入の標目とその形に関する記録。ユニット・カードの下部に記載される。基本記入方式（例えばAACR）ではトレーシングという。
トレーシング　→標目指示
統一標目　著者などが二つ以上の名称をもつ場合，その図書館の蔵書全体を通じて一定の名称に統一した形で標目を表そうとする，その標目。
統一タイトル　ある著作がさまざまなタイトルで刊行されている場合，統一された著作名の下に目録記入を集中するために用いる統一のタイトル。
表記　標目と実質同意味。標目を配列・検索用に文字（片仮名など），記号（分類記号）で表したもの。
参照　目録記入間にあって検索者を目録中の他の箇所へ導く役割をするもの。
＊「を見よ参照」：別の名称，名辞，記号から統一標目などへ導く参照。
＊「をも見よ参照」：他に関連の深い標目が存在することを示す参照。
典拠ファイル　標目（指示）決定作業を標準化するための事務用記録。著者名典拠ファイル，件名典拠ファイルなどがある。標目や参照形決定の根拠，それらがよってたつ目録規則等を併せて記録しているもの。典拠録ともいう。

　以下，NCR1987年版改訂3版（以下，NCR）によって簡略に示す。なお（　）内に示した§印に導かれた番号はNCRの条項番号である。記述に関しては，「第2章　図書」を中心に記す。ただしNCRは「古書」に関して詳細な特別規定を加えているが，本書ではこの部分を省略した。

2　書誌的記録（書誌レコード）の作成（§0）

　書誌的記録（記述，標目指示，所在記号等を記録したもの）を作成し，次に各種の目録に必要な枚数を複製する。複製段階の各組のカード（束）をユニット・カードという。各々に標目を付加し書誌レコード（記入）とする（実例集2）。

NCRによる書誌的記録の記載例

```
913.6
オ
      大江健三郎 ／ 大江健三郎著. ― 初版
      東京：河出書房新社,2015
      536p ; 20cm. ―（日本文学全集 ／ 池澤夏樹編；22）
      附属資料：1枚：月報2015.6.
      内容：人生の親戚. 治療塔. 鳥. 狩猟で暮らしたわれらの先祖. 人間の尊厳
         について. ナラティヴ, つまりいかに語るかの問題
      ISBN 978-4-309-72892-6

      t1. オオエケンザブロウ    t2. ニホン ブンガク ゼンシュウ 22   t3. ジンセイ ノ シンセキ   t4. チリョウトウ
      t5. トリ   t6. シュリョウ デ クラシタ ワレラ ノ センゾ   t7. ニンゲン ノ ソンゲン ニ ツイテ
      t8. ナラティヴ ツマリ イカニ カタルカ ノ モンダイ   a1. オオエ, ケンザブロウ   a2. イケザワ, ナツキ
```

参考）NCRの規定に合わせた書誌データシート作成例

```
ア）大江健三郎 ／ 大江健三郎著
イ）初版
ウ）なし
エ）東京：河出書房新社,2015
オ）536p；20cm ＋ 1枚
カ）日本文学全集 ／ 池澤夏樹編；22
キ）内容：人生の親戚. 治療塔. 鳥. 狩猟で暮らしたわれらの先祖. 人間の尊厳につい
   て. ナラティヴ, つまりいかに語るかの問題
ク）ISBN 978-4-309-72892-6

t1. オオエケンザブロウ   t2. ニホン ブンガク ゼンシュウ 22   t3. ジンセイ ノ シンセキ   t4. チリョウトウ   t5. トリ
t6. シュリョウ デ クラシタ ワレラ ノ センゾ   t7. ニンゲン ノ ソンゲン ニ ツイテ
t8. ナラティヴ ツマリ イカニ カタルカ ノ モンダイ   a1. オオエ, ケンザブロウ   a2. イケザワ, ナツキ
```

3　記述（§1）

　この規定（§1）は全メディアの記述についての基本的な規定。各メディアについては別（§2—§13）に規定しているが，ここでは次のような組み合わせに編成してまとめた。

　　・記述総則および図書の記述：点字図書，地図の図書形態のものにはこの規定を使用する。和古書については「図書」の規定によることとする。

　　・継続資料の記述

　　・その他の資料の記述：点字資料，地図資料，楽譜，録音資料，映像資料，電子資料，マイクロ資料

　図書の記述について修得することは必須のことであり，継続資料（逐次刊行物，更新資料）の記述はそれに次ぎ，重要である。それらを比較的ていねいに押さえ，その上で各メディアに特徴的な記述を学習することとする。なお書写資料，静止画資料，博物資料については都合で割愛した。

（1）記述総則および図書の記述（§1,§2）

　記述総則に則りつつ，かつ図書中心に述べることとする。

①通則（§1.0,§2.0）

ⅰ）記述の範囲（§1.0.1,§2.0.1）

　各資料の識別に必要な程度の書誌的事項を記録する。ただし記述に精粗の3水準を設けている。

ⅱ）記述の対象とその情報源（§1.0.2）

ａ．記述の対象

　すべてのメディアの資料を対象とし，和資料，洋資料のいずれも対象としている。ただし，本書では洋資料はAACR2R2002によることとする。〔→第Ⅴ章〕

ｂ．記述の書誌レベル

　記述の対象に応じて，次に示す書誌レベルの記録を作成する。

　　　単行書　　　　　単行レベル
　　　単行書の集合　　集合レベル
　　　構成部分　　　　構成レベル

　まず，どんなスタイルで記録を作り上げるかという指針が不可欠である。

　情報源には何らかのタイトル（書名）が表示されている。中には1冊の図書で2個以上のタイトルをもっているものがある。まずその図書（各巻）固有のタイトルをもち，ほかにシリーズのレベル（全集，文庫本名等）のタイトルを

もつ図書がある。さらにその図書の内容を構成している作品のタイトル，つまり分析レベルのタイトルが表示されていることがある。

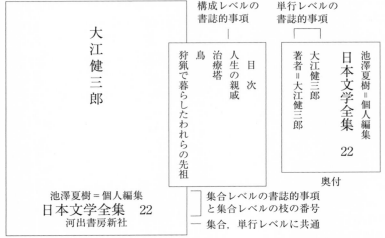

記録の対象とする資料に見られる，こうした異なったレベルの書誌的事項のうち，どのレベルの事項を記述の冒頭に記録するかを決定しなければ記述ユニット方式の記録は始められない。さらにまた，どの事項とどの事項を同じレベルのものとして集めて記録するか，目録規則はこのあたりのことを，明快に規定し，示すものでなければならない。

　NCRは詳細な規定をもっている。それらの規定の前提として，上記に見た書誌的事項間に存在するレベルの相違を「書誌レベル」という尺度で表そうとしている（§1.0.2.2）。先の例によって考察する。

　先に見た書誌的事項のうちの，あるものとあるものはつながりをもっている。例えば「単行レベルの書誌的事項」という補い書きを付けた「大江健三郎」というタイトルと「大江健三郎著」という著者の表示はつながりをもっている。また「構成レベルの書誌的事項」と説明した内容タイトルと著者に関する項目は，いずれも「内容」というレベルが同じでありつながりをもっている。さて「日本文学全集」と「池澤夏樹編」という編集者の表示は，ともに「集合レベルの書誌的事項」と説明したように結びつくものである。

　整理すると次のようになる。

　　例）日本文学全集／池澤夏樹編　　　　　　　　　　　　　　（集合レベル）
　　　　大江健三郎／大江健三郎著　　　　　　　　　　　　　　（単行レベル）

内容：人生の親戚. 治療塔. 鳥. 狩猟で暮らしたわれらの先祖. 人間の威厳について. ナラティヴ, つまりいかに語るかの問題 　　　　　　（構成レベル）

それぞれの書誌レベルに属する書誌的事項の各集合を次のように呼ぶ.
・集合レベルに属する書誌的事項群を, 集合［書誌］単位（レベル）
・単行レベルに属する書誌的事項群を, 単行［書誌］単位（レベル）
・構成レベルに属する書誌的事項群を, 構成［書誌］単位（レベル）

上記の例のように複数の書誌単位を含んでいる対象資料の場合, どの書誌レベルの記録を作成するか, つまりどの書誌単位を記述ユニットの冒頭に表示するかの規定がまず必要である.

ア. 原則—単行書誌レベル

NCRでは単行書誌レベルの記録を作成することを原則としている. 単行書誌レベルとは, 固有のタイトルをもち単独で用を果たす単行書等に直結した書誌的事項（単行書誌単位）の階層面を表す表現である. 単行書誌単位は単行書誌レベルの記録の本体を形成する（その記述の第一の部分となる）.

上下本で各冊に固有のタイトルのないものは, 上巻, 下巻を通して共通に一つの単行書誌単位を維持していることになる. このことから「上下本は上下あわせて一つの記述を作成する」ということができる. 規定上も, いわゆる上下本は次のようにまとめて記録するのが原則である.

例）火宅の人 ／ 檀一雄著
　　東京 ： 新潮社,1981
　　2冊 ： 16cm. ―（新潮文庫 ： た-5-3,た-5-4）

ところで, 図書館では分冊で受け入れることも多い. 例えばこの本の上巻だけを受け入れたとする. その時点で, 「あわせて一つの記述を作成する」"原則"を守って記述を作成しようとすると下記のような方法がとられる.

例）新リア王 ／ 高村薫著
　　東京 ： 新潮社,2005
　　2冊 ： 20cm

未着の部分を空白にしておき, 受け入れた段階で当該部分を埋めるという方法であり, 伝統的にオープン・エントリー（未完記入）と呼ばれる形である. これによって一応の対策は講じられる. しかし第何巻が受け入れられ, 配架ずみかといったことはわからない. また途中の巻から購入を始めたような場合は, 出版年の全体がつかみにくく, 単行書誌レベルの記録がむずかしいことがある. 「冊」数も, 最初の予定を記録するが, そのとおりに納まるという保証があるとはいえない. 1冊1冊記録を作成すれば, この問題は生じない.

さて先に上下本は「上巻, 下巻を通して共通に一つの単行書誌単位を維持」

と述べた。しかしこのことは「あわせて一つの記述を作成する」ということに直結するものではない。つまり単行書誌レベルで記録を作成する原則に従うことと，物理レベルで記録を作成することは矛盾しないで並行できる。このことは，下記のウ．3）で詳しく述べ，ここではNCRが単行書誌レベルを記述の基本のレベルとしていることだけを確認しておく。

　イ．継続資料は継続刊行書誌レベルで記述部分を作成する。

　ウ．特例

　上記の原則の例外として，次のレベルで記述部分を作成することができる。

1　　集合書誌レベル

　　　集合書誌単位を記述の本体とする記録。

2　　構成書誌レベル

　　　単行資料1点内の1作品，論文等を本体とする記録。

3　　物理レベル

　　　物的各1点に関する記録。

　先に記したように「一つの単行書誌単位を維持」していることは「あわせて一つの記述を作成すること」に結び付くわけではない。物理レベルの記録様式は3（1）⑪ⅱ）でみるようにいくつかのものがあるが，論理性の確かな様式においては書誌単位の概念は生かされているのであり，物理的な記録もまた書誌単位で構成されているのである。

　ここでは単行書誌レベルの記録方法によって，下巻だけを購入した場合の記録を作成してみる。

　　例）新リア王　／　髙村薫著　　　　　　　　　　　　　単行書誌単位
　　　東京　：　新潮社，2005
　　　2冊　：　20cm　　　　　　　　　　　　　　　　　集合書誌単位
　　　下：　396p.　　ISBN 4-10-378405-9　　　　　物理単位

　これは概念的には単行書誌レベルの記録の枝であり，同時に，物理レベルの記録ともなっているのである。

　c．記述の情報源（§1.0.3.1）

　図書における主たる情報源は次のとおりである（点字本，地図帳，楽譜等のうちの図書形態のものを含む。ただし逐次刊行形態のものを除く）。

　標題紙（標題紙裏を含む），奥付，背，表紙〔→付 資料6〕。和古書，漢籍は巻頭による（§2.0.3.1）。

　複製本は原本でなく，新しい標題紙などを情報源とする。

ⅲ）記録すべき書誌的事項とその記録順序および情報源（§1.0.4）

　下記の書誌的事項を，以下の順序で記録する。

　ISBD区切り記号法を用いて記録する（2018年版では使用を求めていない）。

　　　ア）タイトルと責任表示に関する事項　　―　標題紙，奥付，背，表紙
　　　イ）版に関する事項　　　　　　　　　　―　同上
　　　ウ）資料（または刊行方式）の特性に関する事項（図書の場合は使用しない）
　　　エ）出版・頒布等に関する事項　　　　　―　同上
　　　オ）形態に関する事項　　　　　　　　　―　その対象図書から
　　　カ）シリーズに関する事項　　　　　　　―　同上
　　　キ）注記に関する事項（*注記の種類ごとに改行）　―　どこからでもよい
　　　ク）標準番号，入手条件（任意事項）に関する事項　―　同上

ⅳ）記述の精粗とISBD区切り記号法（§1.0.5，§1.0.6.7）

　ISBDに定める区切り記号法を用いて記録する。ただし記述に精粗の水準を設けている。通常第2水準を採用する。本書も第2水準に従って述べる。

　※␣という表示は1字あけを意味する。ただし2018年版は精粗の水準を設けていない。また，区切り記号法を用いない。

　ａ．第1水準（必須の書誌的事項：改行を用いる方法）（略）

　ｂ．第2水準（標準。改行を用いる方法。上記ⅲの原則による表し方）

本タイトル␣［資料種別］：␣タイトル関連情報␣／␣責任表示.　␣―␣版表示␣／␣特定の版にのみ関係する責任表示.　␣―␣資料（または刊行方式）の特性に関する事項

出版地，頒布地等␣：␣出版者，頒布者等，␣出版年，頒布年等

特定資料種別と資料の数量␣：␣その他の形態的細目␣；␣大きさ␣+␣付属資料.　␣―␣（本シリーズ名␣／␣シリーズに関係する責任表示，␣シリーズのISSN␣；␣シリーズ番号.　␣下位シリーズの書誌的事項）

注記

標準番号

　ｃ．第3水準：すべての書誌的事項

ⅴ）記録の方法（§1.0.6）

ａ．転記の原則（§1.0.6.1）

　次の事項は原則として記述対象資料に表示されているとおりに記録する。

　　・タイトルと責任表示に関する事項

　　・版に関する事項

　　・出版・頒布等に関する事項

　・シリーズに関する事項

b．文字・言語（§1.0.6.2）

　原則として対象資料の言語で記録する。形態や注記に関する事項は日本語で記録する。

c．文字の転記（§1.0.6.3）

　情報源のとおりに転記することを原則とする。

　　・楷書体以外の漢字は楷書体に改める。常用漢字を使用することができる。
　　・変体仮名は平仮名に改める。外国の文字は，その言語の大文字使用法に従って大文字，小文字を使い分け活字体で記録する。文字の大小は再現せずすべて同一の大きさで記録する。

d．数字（§1.0.6.4）

　固有名詞，タイトルの数字はそのまま記録する。数量，順序関係の数字はアラビア数字に改める。ただし二様以上の数字を書き分ける場合は，そのままの数字を併用してよい。

e．記号等（§1.0.6.5）

　記号等は原則としてそのまま記録する。再現不能の場合は説明的な語句に置き換え角がっこに入れる。

f．誤記，誤植，脱字（§1.0.6.6）

　誤記を訂正して記録する。訂正して記録したときは元の表示に関して必ず注記する。脱字は角がっこに入れて補記するが，一対の角がっこの前後にスペースをおかない。

g．区切り記号法（§1.0.6.7）

　ISBD区切り記号の使用法は先に記したが，ここで多少の補足をしておく。

　ISBD区切り記号の前後にスペースをおく。

　　例）東京　：　岩波書店,2006

　ただし，改行した場合は，行頭にスペースをおかない。

　ISBD区切り記号法以外として用いる場合のすべての記号は，本来のその記号の表示法に従う。

　　例）標題紙の書名：　哲学入門

　「スペース」はいわゆる「字あけ」であり，区切り記号やそれ以外として使用される記号において一定の意味あいをもっているが，単語，文節等の切れ目を示すためにも用いられる。ISBD区切り記号法に基づく以外の字あけは，情報源の表示に従うものとする。

　　例）標題紙の書名：　Kenkyusha's new Japanese-English dictionary

②タイトルと責任表示に関する事項（§1.1）

ⅰ）通則（§1.1.0, §2.1.0）

ａ．この関係の書誌的事項と記録順序（§1.1.0.1, §2.1.0.1）

　記録すべき書誌的事項とその記録順序は次のとおりである。

　1）本タイトル（§1.1.1, §2.1.1）

　2）資料種別（§1.1.2）。図書の場合は記載しない（§2.1.2）。

　3）並列タイトル（§1.1.3, §2.1.3）

　4）タイトル関連情報（§1.1.4, §2.1.4）

　5）責任表示（§1.1.5, §2.1.5）

ｂ．区切り記号法（§1.1.0.2）

　　本タイトル␣［資料種別］␣=␣並列タイトル␣:␣タイトル関連情報␣/␣責任表示

ⅱ）本タイトル（§1.1.1, §2.1.1）

　タイトルのうち記述の本体としたレベルの書誌単位のタイトルで，原則は単行書誌単位のタイトル。（実例集2, 4）

ａ．本タイトルとするものの範囲

　単行書誌単位のタイトルとは単行資料の物的に独立した最下位書誌階層のタイトルである。部編（名）およびそれに類するもの，巻次，年月次，辞書・書誌類の収載表示（例えば第1巻：「あ―う」とある場合の「あ―う」）等の付随的な表示は，タイトルとみなさない。資料が複数のタイトルをもつ場合，そのうちのどのタイトルが単行書誌単位のタイトルであるか判断することがむずかしい場合がある。

　1）本タイトルとするものの中には，次に示すようなものが含まれる。

　　・総称的な語，イニシアル，著作者名のみのもの。

　　　例）詩集　/　中村真一郎著

　　　　　夏目漱石　/　夏目漱石著

　　・識別上必要，不可欠な数や文字（例：地図の縮尺表示など）。

　　　例）5万分の1地形図における栃木県の地名索引　/　稲川彰一［ほか］編

　　・別個に刊行された部編や付録などのタイトル名で，本体をなす共通タイトル名と部編や付録などの従属タイトル名からなるもの。

　　　例）日本の陶磁. 古代中世編

　2）和古書，漢籍においては写本，印刷原板等の相違で，巻の付け方が異なるので，タイトルに含め記述対象の総巻数を記録する。（§2.1.1.1A）

　3）タイトルと言語：本文が日本語で外国語のタイトルしか表示のない場合，

そのタイトルを本タイトルとし,「本文は日本語」と注記する。(実例集7)

　　例) An introduction to Brazil　／　C. ワグレー著　；　山木正三訳(注記「本文は
　　日本語」)

4) タイトルの上部または前方に表示された事項(タイトル先行事項,冠称)。

・本タイトルの一部とみなされるもの(著作の構成や形式,特色)は本タイトルに含める。

　　例)『図解 コンピュータ用語辞典』 →　図解コンピュータ用語辞典

・上記以外は,該当書誌的事項のエリアに記録する。

　　例)『四訂　新編　学校図書館通論』図書館教育研究会編 →
　　　　新編学校図書館通論　／　図書館教育研究会編. ― 4訂

5) タイトルが情報源によって異なる表示形をとっている場合(上記3)または上記4)にあたるものはそれによって決定した後),共通するものがあればそれを記録し,共通のものがなければ標題紙,奥付,背,表紙の順に情報源として優先する。この場合注記を要する。〔→ 3 (1) ⑧ iii) a.1) p80〕(実例集5,6)

　　例) 哲学NEW門　／　串田孫一著
　　　　…p　；　…cm
　　　　タイトルは奥付と背による,標題紙には「哲学入門」とあり

6) 既存の資料の別編,続編,補遺,索引として,刊行された資料のタイトルが正編または本編のタイトルと異なるときは,別編のタイトルを本タイトルとして記録し,正編または本編のタイトルを注記する。〔→ 3 (1) ⑧ iii) a.5)〕

7) 別タイトルは本タイトルの一部として記録する。

　　例) ジュリエット物語,あるいは,悪徳の栄え　／　マルキ・ド・サド著　；　渋沢龍彦訳
　　ただしタイトル関連情報(サブタイトル)として扱ってもよい。

　　例) ジュリエット物語 ： 悪徳の栄え　／　マルキ・ド・サド著　；　渋沢龍彦訳

b. 本タイトルの記録 (§1.1.1.2)

当該資料の所定の情報源に表示されているままに記録することを原則とする。本タイトルが2行書きの場合は1行書きに,小さい文字で表されているものも,同じ大きさの文字で記録する。

ただし,前項4)に留意すること。

1) ルビはそれが付されている語の直後に丸がっこで付記する。(実例集8)

　　例)「ムカつく」子どもの本当の心理(わけ) →「ムカつく」子どもの本当の心理(わけ)

2) 記述対象資料中のどこにもタイトルの表示のない場合は,信頼度の高い

　参考資料によってタイトルを付ける。適当な参考資料の得られないときは，その目録作成機関においてタイトルを記録する。

　3）資料全体に対する総合タイトルがない場合は，列挙して表示されている構成タイトルすべてを，それぞれの責任表示を伴って本タイトルとする。

　　例）播州平野 ； 風知草 ／ 宮本百合子著

　　　　今物語 ／ 藤原信実［著］. 隆房集 ／ 藤原隆房［著］. 東斎随筆
　　　　／ 一条兼良［編］

ⅲ）資料種別（§1.1.2）

　「［　］」（角がっこ）に入れて，タイトルの後に記録する。ただし図書の場合は記載しない。

ⅳ）並列タイトル［第3水準の記録事項］（§1.1.3）

a．（並列タイトルとするものの範囲）

　本タイトルとして選定するタイトルの別言語および別の文字（またはその一方）のタイトルで，所定の情報源に表示されているもの。次に挙げる場合に記録する。

　1）本タイトルに対応する別言語および別の文字（またはその一方）のタイトルで，この言語および別の文字（またはその一方）の本文があるもの。

　2）本タイトルと別言語の原タイトル（翻訳書などの場合）で，別言語の原文はないが所定の情報源に表示されているもの。

　3）相当する言語の本文はないが，所定の情報源において本タイトルと同等に表示されているもの。

b．並列タイトルの記録（§1.1.3.2，§2.1.3.2）（実例集9）

　本タイトルの後に，「＝」の区切り記号をおいて記録する。

　　例）ヴァイオリン協奏曲 ＝ Violin concerto

　ただし，第2水準（標準の方法）では，並列タイトルは注記する。

ⅴ）タイトル関連情報（限定語句等）（§1.1.4，§2.1.4）

　本タイトルに関連した情報。

a．タイトル関連情報とするものの範囲（§1.1.4.1，§2.1.4.2）

　本タイトルを限定する語句，サブタイトル等。

b．記録の方法（§1.1.4.2，§2.1.4.2）

　それのかかわる本タイトル，並列タイトルの後に，「：」をおいて記録する。（実例集10）

　1）複数のタイトル関連情報があるとき，情報源上の表示の順に従う。

　2）総合の本タイトルのない場合，タイトル関連情報は本タイトルを組成す

る構成タイトルのうちの最後のもののあとに記録する。

　　　例）オールド・ファッション␣：␣普通の会話␣：␣東京ステーションホテルにて
　　　　␣／␣江藤淳，蓮實重彦
　　　「オールド・ファッション」「普通の会話」は各々本タイトルである。
　3）長いタイトル関連情報（サブタイトル）は，注記としてもよい。

vi）**責任表示**（§1.1.5, §2.1.5）
　資料の内容の創造，具現に責任・関係をもつ著者等，個人，団体についての表示。
a．**責任表示とするものの範囲**（§1.1.5.1, §2.1.5.1）
　1）主たる情報源（標題紙，奥付，背，表紙）に表示された著者ほか編者，訳者等の関与者が記録の対象となる。
　　　例）『古事記神名の謎』著者　山下信庸　→　古事記神名の謎　／　山下信庸著
　　　監修者，監訳者，校閲者，解説者，序文執筆者，スポンサー，著作権者等もこの対象となるが，これらについては注記エリアに移して記録してもよい。（§2.1.5.1別法）（実例集11）
　2）資料のタイトル中に表示されている著者名等は責任表示としても記録する。（§1.1.5.1A, §2.1.5.1A）
　　　例）ペイネ愛の本　／　ペイネ著　；　串田孫一解説
　　　彌吉光長著作集　／　彌吉光長著
　3）記述対象資料になく，他の情報源から得た責任表示は注記する。（§1.1.5.1B, §2.1.5.1B）
　　　例）源氏物語　／　谷崎潤一郎訳
　　　……　：　……，……
　　　…p　：　…cm
　　　原著者：　紫式部
　4）2以上の個人や団体が表示されている場合は，次のようにする。
　　　・同一の役割を果たしているときは，一つの責任表示としてコンマ「，」で継いで記録する。
　　　・異なった役割のものは，別個の責任表示として，セミコロン「；」で区切って記録する。
　　　例）E. J. ヒュイット, T. A. スミス共著　；　鈴木米三，高橋英一共訳
　5）同一の役割を果たしている著者等はその数が2までのときはそのまま記録する。
　　　3以上のときは，主なものまたは最初のものだけを記録し，［ほか］と補記してほかは省略する。

　　例）社会史的思想史　／　三木清［ほか］著

b．記録の方法（§1.1.5.2，§2.1.5.2）

　本タイトルに（並列タイトルがあればそれに，サブタイトルがあればそれに）続けて，その資料の著者（個人または団体）あるいはその著作に関与した副次的な著者（編者，訳者，校訂者等）に著作への関与の仕方を示す語（著，共著，作，文，画，撮影，作曲，編等）を情報源上の表示に従いつつ，できるだけ簡明な形で記録する。

　　例）著者　西田幾多郎　→　西田幾多郎著
　　　　乗物万歳　／　阿川弘之，北杜夫対談
　　　　生きる意味を問う　／　三島由紀夫著　：　小川和佑編・解説
　　　　教育を奪われた障害者の叫び　／　岩楯恵美子著　：　岩楯恵美子学校へ入る会編

1）責任表示は，主たる情報源における表示のうちから最も適切な表示を選んで記録する。（実例集3）

　・責任関係自体の表示が相違する場合は，選ばなかったものを注記する。
　・表示形が相違する場合，例えば標題紙に原綴で表示され，奥付に片仮名で表示されている場合は，片仮名の表示がより適切な場合は片仮名形で記録する。

　　　例）分子化合体とその触媒作用　／　Janos H. フェンドラー，
　　　　　E. J. フェンドラー著　：　妹尾学，木瀬秀夫訳
　　　　　…　：　…，　…
　　　　　…p　：　…cm
　　　　　標題紙の著者の表示：　Janos H. Fendler，Eleanor J. Fendler

　・表示形がすべての情報源に原綴である場合は，原綴で記録する。

2）主たる情報源において責任表示が2以上ある場合の記録順序は，原則として規定の情報源における表示の順序とする。もし一つの情報源だけでは完全な形とならない場合は，他の情報源の表示から補って完全な形とする。この場合の記録の順序は，その著作の成立過程からみて一定の順序があればその順による。著者，編者，訳者，編訳者，校訂者等の順である。

3）主たる情報源に表示のない責任表示を補記した場合〔→3（1）②ⅵ）a.
　3）〕は角がっこに入れる。著者等の表示に，著作への関与の仕方を示す語句がなく，タイトルとの関連を明示する必要のある場合は，補記する。

　　　例）微生物を追う人々　／　ド・クライフ［著］
　　　　　風景　／　土門拳［撮影］　：　菅野梅三郎編

4）識別上特に必要のない場合，次のようなものは責任表示から省略する。

　・人名の場合の省略：学位，役職名等の肩書，所属団体名やそのイニシア

ル，漢籍における郷貫，号，字，和古書の場合の居住地など

> 例）湯川秀樹博士著 → 湯川秀樹著

・団体名の場合の省略：団体名の冒頭の法人組織名等

> 例）株式会社伊藤伊編 → 伊藤伊編
> 味の素株式会社編 → 味の素株式会社編

5）総合タイトルがなく，収録されている各作品等に共通の責任表示があるときは，すべての著作のタイトルの後に責任表示を記録する。

> 例）にごりえ ： たけくらべ ／ 樋口一葉著

6）収録されている著作ごとに異なる著者表示があるときは，各著作のタイトルの後にそれぞれの著者表示を記録する。

> 例）今物語 ／ 藤原信実［著］. 隆房集 ／ 藤原隆房［著］.
> 東斎随筆 ／ 一条兼良［編］

③版に関する事項（版表示）（§1.2, §2.2）

版とは，同一の原版を用いて同一出版者によって刊行された刷りの全体。

書誌的事項と区切り記号法は，次のとおり。

．␣—␣版表示␣／␣特定の版にのみ関係する責任表示

ⅰ）版表示（§1.2.1, §2.3.1）

版表示は原則として情報源に表示されたとおりに記録する。特殊な版もこのエリアに記録する。

> 例）第2版 改訂版 新訂3版 豪華版 縮刷版 新装版

ただし，初版に関しては情報源に表示されている場合には記録するが，ほかは記録しないこととしてよい。

> 例）図書館六法 ／ 全国学校図書館協議会編. — 第1版

版と表示されていても他の書誌的事項にあたる場合（例えば○○年版）等は版でなく，その事項として記録する。

> 例）新潮社版 → 東京 ： 新潮社,1991

ⅱ）特定の版にのみ関係する責任表示（§1.2.2, §2.2.2）（実例集12）

本タイトルの責任表示と差異がある場合，その版に関与した者を記録する。

> 例）やさしい法学通論 ／ 穂積重遠著. — 新版 ／ 中川善之助補訂

ⅲ）付加的版表示（§1.2.3, §2.2.3）

主体の版表示に加えて表示された版表示。主たる版表示または特定の版にのみ関係する責任表示に続けて「,」（コンマ）で継いで記録する。

> 例）漢字入門 ／ 杉本つとむ編著. — 改訂増補版, 新装版

④資料（または刊行方式）の特性に関する事項（§1.3）

図書に関しては記録しない。「（3）その他の資料の記述」で述べる。

⑤出版・頒布等に関する事項（§1.4, §2.4）

　出版物としての成立状況等を示す，出版地，出版者，出版年等。

　複製本の場合は記述対象資料の出版・頒布等に関する事項を記録するとともに，原本の出版・頒布等に関する事項を注記として記録する。（実例集13）

　書誌的事項と区切り記号法は，次のとおり。

　　　出版地，頒布地等␣：␣出版者，頒布者等，␣出版年，頒布年等

ⅰ）出版地，頒布地等（§1.4.1, §2.4.1）

ａ．出版地，頒布地とするものの範囲（§1.4.1.1, §2.4.1.1）

　下記ⅱ）によって出版者または頒布者（図書の場合は発売者）として記録されるものの所在地名（市町村名）。1出版者等に2以上の出版地等がある場合は，顕著なもの，最初のものの順で一つを記録する。

ｂ．記録の方法（§1.4.1.2, §2.4.1.2）

　出版者等が所在する市町村名を記録する（市名の「市」は省略。東京都特別区は「東京」とする）。識別上必要があるときは，都道府県名，州名，国名等を付記または補記する。

　　例）東京　：　岩波書店,2006
　　　　府中（東京都）…情報源に「東京都」の表示がある場合
　　　　府中［広島県］…情報源に「広島県」の表示がない場合
　　　　仁川（韓国）
　　　　江戸
　　　　洛陽［京都］

　出版地等がその資料に表示されていないときは，調査もしくは妥当な推定による出版地等を角がっこに入れて記録する（実例集14）。推定も不可能のときは「［出版地不明］」と記録する。

ⅱ）出版者，頒布者等（§1.4.2, §2.4.2）

ａ．出版者，頒布者等とするものの範囲（§1.4.2.1, §2.4.2.1）

　対象資料の出版，頒布（図書の場合は発売），公開，発行等について責任がある個人もしくは団体の名称，あるいはそれが識別できる表示（以下出版者等という）。出版関係の機能と著作あるいは物としての製作の機能が混在していることがあるが，出版関係の機能にあたるもの，あるいはそれに代わるものをこのエリアに記録する。

　　1）2以上の出版者等が表示されている場合は，顕著なものを記録する。顕
　　　　著なものがない場合は最初に表示されているものを記録する。ただし，和
　　　　古書の場合は，奥付に表示されている最後の出版者か見返しに表示されて

　　いる最初の出版者を記録する。
　2）出版者と頒布者の双方の表示があるときは，頒布者は原則として記録しない。ただし，任意規定として，発売者を出版者に続けて記録することができる。その場合，役割を示す語句を付記または補記する。（§2.4.2.1E）
　　　例）京都　：　京都大学図書館情報学研究会　：　日本図書館協会（発売）
　　　　　　　　　　　　　　　　　　　　　　　　　　　　　　　（実例集15）

b．記録の方法　（§1.4.2.2，§2.4.2.2）
　資料に表示されている名称を出版地等に次いで記録する。出版者等の前後に付されている法人組織を示す語は記録しない。ただし，出版者名と不可分に結び付いている場合はこの省略は行わない。なお情報源の一部において簡略な表示が用いられているときは，その簡略な形を採用する。
　　　例）東京　：　紀伊國屋書店，2006
　私家版は個人名を記録する。
　　　例）音羽町（愛知県）　：　山口卓郎，1973
　1）和古書の出版者は個人名のみの場合はそれを記録し，屋号のあるものは屋号に続けて名を記録する。
　　　例）皇都［京都］　：　伊勢屋正三郎，正徳4　…奥付は伊勢屋額田正三郎
　2）出版者が対象資料に表示されていない場合
　　・頒布者（発売者）があれば「（発売）」等の付記をして記録する。
　　　　例）東京　：　三弥井書店（発売），1962
　　・頒布者の表示のない場合は製作者，印刷者を記録する。
　　　　例）神戸　：　福田印刷所（印刷），1986
　　・それらが不明の場合は「［出版者不明］」と記録する。

iii）出版年，頒布年等　（§1.4.3.1，§2.4.3.1，§2.4.3.1任意規定）
a．出版年，頒布年等とするものの範囲　（§1.4.3.1，§2.4.3.1）
　対象資料の出版，頒布等の年または日付。その資料の属する版が最初に刊行された年をもってその年とする。ただしその資料に付された最新の出版年を付記することができる。
　　　例）東京　：　第一法規，　2002（5刷2006）
b．記録の方法　（§1.4.3.2，§2.4.3.2）
　ア．原則
　西暦紀年で記録する。「年」の文字は付けない。
　　　例）岩波書店　平成15年刊　→　東京　：　岩波書店，2003
　　　　大日本講談会　紀元2600年　→　東京　：　大日本講談会，1940

イ．別法

和古書，漢籍等では表示されている年を記録することができる。

　例）皇都［京都］ ： 伊勢屋正三郎，正徳4

ウ．出版年が2年以上にわたるものに関する処置

完結しているものについては，刊行開始の年と終了の年を「-」（ハイフン）でつないで記録する。

　例）1981-1985

未完の場合は刊行開始年を記し，その後に「-」（ハイフン）を付す。

　例）1986-

エ．対象資料に出版年の表示がない場合

1）対象資料に，出版年に代替しうる年代，日付等がある場合は，対象資料上に表示されている次の情報を，下記に列挙の優先順位で代替情報として記録する。

①頒布年が表示されているときは，頒布年を記録する。

②著作権表示年（著作権年）が表示されているときは，著作権，Copyrightを表す「c」を冠してその年を記録する。

　　例）c1986

　　なお，出版年が明らかな場合でも，出版年に著作権表示年を併記することができる。

③印刷年。「印刷」の文字を付加する。

　　例）2005印刷

④序，跋，あとがき等。「序」「跋」「あとがき」等の文字を付加する。

　　例）図書館経営論 ／ 高山正也［ほか］著
　　　　 — 東京 ： 樹村房，［序2002］（5刷2005）

2）上記の情報がない場合は，本文等により出版年代を推定し，角がっこに入れて記録する。

　　例）［2005］
　　　　［192-］

出版年についてはあくまでも記録し，「出版年不明」との表示を避ける。

ⅳ）製作に関する事項（§1.4.4，§2.4.4）

　製作，印刷等にかかわる個人・団体とその所在地，関係年紀等については原則として記録しない。しかし出版に関する事項の表示に欠けるものがある場合は，代替情報として記録する。

　　例）東京 ： 小葉政吉（印刷），1963

⑥形態に関する事項（§1.5，§2.5）

数量，大きさ，付属資料等。

ⅰ）通則（§1.5.0，§2.5.0）

書誌的事項と区切り記号法は，次のとおり。

　　資料の数量␣；␣大きさ␣＋␣付属資料

ⅱ）特定資料種別と資料の数量（§1.5.1，§2.5.1）

　1）特定資料種別は，図書では記録しない。（§2.5.1）

　2）ページ数等，数量に関すること（§2.5.1）

　　　最終ページ数等をアラビア数字で表し「p」「丁」「枚」「欄」等を付して記録する。区別のために用いられているローマ数字はそのまま使用してもよい。なお2種以上に分かれたページ付等は，「,」（コンマ）で区切って記録する。ページ付のない部分は数えて，「［　］」（角がっこ）に入れて記録する。

　　　例）6，262，12p

　　　　530，［18］p

　　　複数冊数の場合，ページ付が複雑な場合，ページ付がない場合は冊数を，「冊」の文字を付して記録する。（実例集16）

　　　例）2冊　：　20cm

　　　加除式の資料はページ付がある場合にも「○冊（加除式）」と記録する。

　　　例）1冊（加除式）　：　21cm

　　　包括的な一連のページ付の途中から始まっているものの場合は，最初のページ数と最後のページ数をハイフンで結んで記録する。この場合「p」は数字の前に記す。

　　　例）p362-734

　3）本文の一連のページ付に入っていない図版は，次のように記録する。

　　　例）92p，図版32p

ⅲ）挿図，肖像，地図等（§2.5.2）

挿図，肖像，地図等は必要に応じて，次のように記録する。

　　例）166p　：　挿図（11図），肖像（3図），地図（6図）　；　23cm

ⅳ）大きさ等（§1.5.3，§2.5.3）

　1）資料そのものの外側の寸法をセンチメートル（cm）の単位で，端数を切り上げて記録する。10cm未満の場合はセンチメートルの単位で小数点第1位まで記録する。

　　　例）153p　：　23cm

　2）2点以上の部分からなる大きさの異なる資料は最小のものと最大のもの

をハイフンで結んで記録する。ただし大部分の大きさが同じで，一部のみが異なるときは，大部分の大きさを記録する。

例）2冊　；　16-18cm

〈図書の場合に特有なこと〉

1）表紙の高さを記録する。

2）縦長本（縦が横の2倍以上の本），横長本（横が縦の長さ以上の本），枡形本（縦と横が同じ本）の場合は，縦，横の長さを「×」印で結んで記録する。（実例集10,13）

例）22×9cm
25×25cm

3）巻物は紙の部分の高さを記録する。（§1.5.4，§2.5.4）

4）畳ものは広げた形の縦，横の長さを「×」印で結んで記録し，畳んだ形の高さを下記のように記録する。

例）48×30cm（折りたたみ24×15cm）

v）付属資料（§1.5.4，§2.5.4）

1）ある資料と同時に刊行され，同時に利用するようになっている付属的な資料。複合媒体資料の別個の部分も含む。〔別法→3（1）⑧ⅲ）e. 4）〕

2）親である資料の形態事項の後に「＋」（プラス記号）を付して記録する。（実例集18）

例）21cm　＋　CD-ROM 1枚

⑦シリーズに関する事項（§1.6，§2.6）

記述の本体である書誌単位の上位の書誌的事項。複数の階層にわたって存在することがある。また水平に複数のシリーズが存在することがある。前者については同一の丸がっこ，後者については別個の丸がっこに入れて記録する。

書誌的事項と区切り記号法は，次のとおり。

. ␣—␣（本シリーズ名␣／␣シリーズに関係する責任表示，␣シリーズのISSN␣；␣シリーズ番号．␣下位シリーズの書誌的事項）

なお，シリーズ関係の用語は語彙の位相から見て以下に付記した形，例えば（シリーズの本タイトル）などのほうがよいと考えるが，本書の性質上NCRの用語によって説明する。

i）本シリーズ名（シリーズの本タイトル）（§1.6.1，§2.6.1）

所定の情報源に表示された上位書誌階層のタイトル。その中で最上位のもの。

例）（日本図書館学講座　；　第5巻）

1）その資料に表示された形で丸がっこに入れて記録する。（§2.6.1.2）

2）記述対象資料が対等の２以上のシリーズに属している場合は，それぞれのシリーズに関する事項を別の丸がっこに入れて記録。その前後関係は，情報源上の表示の順序等に従って決定する。

例）(現代俳句選集　；　21) (河叢書　；　31)

ⅱ）並列シリーズ名（シリーズの並列タイトル）（§1.6.2，§2.6.2）

シリーズの本タイトルの別の言語および（または）別の文字によるタイトル。シリーズの本タイトルに続いて記録する。

例）(税法学　=　Steuerrechtswissenschaft,　ISSN 0494-8262　；　349)

ⅲ）シリーズ（名）関連情報（§1.6.3，§2.6.3）

副シリーズ名，シリーズの版次等。（第３水準）

例）(ホームライブラリー　：　親と教師のための)

ⅳ）シリーズに関係する責任表示（§1.6.4，§2.6.4）

総称的なシリーズの場合や，識別上特に必要な場合に記録する。

例）(図書館学シリーズ　／　中村初雄，前島重方監修)

ただし注記する形を原則としてもよい。（§2.6.4.2別法）

ⅴ）シリーズのISSN（§1.6.5，§2.6.5）

当該規格の方法（通常資料に表示された形そのまま）で記録する。

ⅵ）シリーズ番号（§1.6.6，§2.6.6）

1）数字は原則としてアラビア数字とし，「第」「巻」等の語は省略しない。

例）『ピクチャーバイブル第３巻』→　(ピクチャーバイブル　；　第３巻)

2）２以上の巻号が連続しているときは最初と最後の巻号をハイフンで結んで記録する。連続していないときは列記するか，「○○○［ほか］」とする。

ⅶ）下位シリーズの書誌的事項（§1.6.7，§2.6.7）

本シリーズ名より下位の書誌的事項。

1）本シリーズ（またはシリーズ番号）の後にピリオドを打って記録する。

例）(教育社新書.　産業界シリーズ　；　38)

2）下位シリーズが複数の階層にわたる場合は，上位の階層に関する事項から順に記録する。

⑧注記に関する事項（§1.7，§2.7）

区切記号法は，各注記事項を改行しない場合，ピリオド，スペース，ダッシュ，スペース（.　—　注記事項）とし，改行する場合は区切り記号を用いない。

注記事項の導入語を用いる場合は，導入語：␣注記事項（実例集11）とする。なお角がっこは内容注記や引用事項中で補記する場合のみ用いる。

ⅰ）注記とするものの範囲（§2.7.1.1）

　主たる記述を補う記録。記述を充実させる補助的な書誌的事項。当該対象資料上の表示の有無に関係なく，必要に応じて自由な形で記録できる。

　一般（定型注記と非定型注記に分かれる）と内容細目の二つがある。

ⅱ）**記録の方法**（§1.7.2, §2.7.2）

　　1）一般の注記は通常，単行書誌単位か集合書誌単位に関係し，内容細目は構成書誌単位に関係するから，書誌階層の違いを明白にするため，内容細目は注記の最後の位置に記録する。

　　　　特定の書誌的事項に関する注記はその書誌的事項の本体における記録順位（タイトル，責任表示，版表示…の順）に従う。（§2.7.2）

　　　　例）発売：　大日本絵画

　　　　　　　シリーズの編者：　戦略経営協会

　　　　　　　付：　参考文献

　　2）一般の注記は次の順序で記録する。

　　　①誤記，誤植に関する注記（§2.7.3.0ア）

　　　②著作の様式および言語に関する注記（§2.7.3.0イ）

　　　③その他記述全般に関する注記（§2.7.3.0ウ）

　　3）同一事項関係の事柄は一括して注記できる。（§2.7.2.1）

　　　　例）「女人哀歌」（河出書房新社　1963年刊）の改題

ⅲ）**各書誌的事項に関する注記**（§2.7.3）

a．タイトルに関する注記（§2.7.3.1）

　　1）情報源によってタイトルの表示が異なるときは，記録したタイトルの情報源と記録しなかった他のタイトル，その情報源を注記する。（実例集7）

　　　　ただしその情報源が標題紙の場合はこの注記の対象としない。

　　2）本文が日本語であるが，外国語のタイトルを本タイトルとしたときは「本文は日本語」と注記する。〔→3（1）②ⅱ）3）p68〕（実例集7）

　　　　例）Hawaii　／　日本交通公社編

　　　　　　…　：　…，　…

　　　　　　…p　：　…cm

　　　　　　本文は日本語

　　3）並列タイトル，原タイトル等。〔→3（1）②ⅳ）a．3）〕（実例集17）

　　4）長いタイトル関連情報（サブタイトル）。〔→3（1）②ⅴ）b．3）p71〕

　　5）別編である続編，補遺，索引の正編，本編等のタイトル。〔→3（1）②ⅱ）6）p69〕

b．責任表示に関する注記事項

　　1）情報源によって著者等の表示が異なるため，責任表示に記録しなかった

　　著者とその情報源。

　2）主たる情報源に表示があり責任表示としなかった著者。（実例集11）

　3）その他記述の本体に記載しなかった著者。

c．版および書誌的来歴に関する注記（§2.7.3.3）

　1）その版，または他の版（異版），あるいは他の資料との関係（書誌的来歴）について説明する必要のあるときは注記する。

　　　例）原著第3版の翻訳

　2）複製資料の原本についての必要事項を注記する。（実例集13）

　　　例）「雨ニモマケズ」新考　／　小倉豊文著
　　　　　…　：　…，　…
　　　　　…p　；　…cm
　　　　「宮沢賢治の手帳研究」（1952年刊）の複製

d．出版・頒布等に関する注記（§1.7.3オ），§2.7.3.4）

　1）出版・頒布等に関する事項で記録しなかった出版者を必要に応じて注記する。

　2）頒布者，発売者等。

　　　例）発売：　紀伊国屋書店

e．形態に関する注記（§2.7.3.5）

　1）ページ数について説明する必要があるときは注記する。

　　　例）左右同一ページ付

　2）挿図，肖像，地図等について説明する必要があるときは注記する。

　　　例）著者の肖像あり

　3）大きさについて必要のある場合は注記する。

　4）付属資料について注記することができる。

　　　これは定型注記であり，最初に「付属資料」と記録し，続けてその資料の性質を示す名称を丸がっこに入れて記録する。

　　　例）付属資料（録音カセット）

　　　付属資料が独立のページ付，異なった種類の図版，異なった大きさをもつときは，丸がっこに入れて記録する。（実例集12）

　　　付属資料の名称を示すときは，コロンに続けて記録する。

　　　例）付属資料（43p　；　21cm）：　目録記入実例集

　5）形態的に独立しており，付属資料として扱わない付録，解説等が含まれているときは注記する。

　　　例）別冊（52p）：　魚行水濁

　6）印刷，複写の種類について説明する必要があるときは注記する。

　　　　例）電子複写
　　7）装丁について説明する必要があるときは注記する。
　　　　例）箱入り
f．シリーズに関する注記（§2.7.3.6）
　　1）原本の属していたシリーズ名を必要に応じて注記する。
　　2）シリーズに記録しなかった並列シリーズ名を必要に応じて注記する。
　　3）シリーズに記録しなかったシリーズの編者を必要に応じて注記する。
　　4）シリーズに記録しなかった上位のシリーズ名を必要に応じて注記する。
g．内容に関する記録（§2.7.3.7）
　　内容に関して，必要に応じて最後の位置に記録する。
　　1）内容細目：内容を構成する個々の作品等を下記のように記録すること が
　　　できる。（実例集4）
　　　　例）内容：　原始・古代史序説　／　直木孝次郎.　旧石器時代論　／　鎌木義昌
　　　　なお，各種の記述様式（別法）の下での内容（細目）の記録方法につい
　　　ては3（1）⑫の項の指示に従う。
　　2）巻末等の解説，年譜，年表，参考文献，総目次，あとがき，索引等につ
　　　いて，下記のうち該当するいずれかの方法で注記することができる。
　　　　・前項1）（内容細目）がある場合，その一連のものとして記録する。
　　　　　　例）内容：　第1部　植民地時代.　第2部　新国家.　第3部　産業化の時代.
　　　　　　　　第4部　クリーブランド公共図書館における児童奉仕活動.　参考文献.
　　　　　　　　索引.　訳者あとがき
　　　　・上記以外のケースで注記しようとするときは，通常の形（「内容」とい
　　　　　う見出しを用いない）で記録する。
　　　　　　例）付：　「改造」目次総覧
　　3）その資料についての解題を記録することができる。
　　　　例）2005年10月22日から12月13日まで東京美術館において開催の展覧会「プーシキ
　　　　　ン美術館展」の展観図録
⑨**標準番号，入手条件に関する事項**（§1.8，§2.8）
　　ISBN（International Standard Book Number＝国際標準図書番号）等の標
準番号を記録する。また定価等入手条件を任意に記録してよい。
　　　　例）ISBN 978-4-8204-8206-8 ： ￥7500
ⅰ）**標準番号　ISBN**（§1.8.1，§2.8.1）
　　ISBNおよびシリーズのISSN（International Standard Serial Number）を記
録する。
　　1）和書でISBNとして記録されている記事のうち「C」表示以下を除いて

記録する（これ以下を含んで「日本図書コード」という）。

　　例）ISBN　978-4-474-00096-4　C2000　￥2300E（8）→ISBN　978-4-474-00096-4

　　ISSNについても同様である。

　　なお日本書籍コードは原則として記録しない。

　２）２以上のISBNが表示されているときは次のようにする。

　　①日本の国別記号（ISBN 4）に始まる番号を記録する。

　　②日本の国別記号をもつ番号が複数ある場合は次のようにする。

　　　・単行書のISBN，セットもののISBNをもつものは単行書のISBNを記
　　　　録する。

　　　・上下本などで２以上のISBNがある場合は，連ねて記録する。

　　　　　例）ISBN　978-4-563-03859-5.　—　ISBN　978-4-563-03860-1

　３）記録の方法：ISBNは最初にISBNと記録し，①接頭コード＝978，②国別
　　記号，③出版者記号，④書名記号，⑤チェック数字をハイフンでつなぎ記
　　録する。

ⅱ）キイ・タイトル（§1.8.2）

　逐次刊行物で用いられる。〔→3（2）⑨〕

ⅲ）入手条件・定価（任意規定）（§1.8.3，§2.8.3）

　１）記述対象図書に表示されているままの定価または入手条件を記録する。

　２）ISBN番号の後にコロンを付して記録する。

　　例）ISBN　978-4-474-00079-7　：　￥1900

　　ISBNがない場合は，独自に記録する。

　　例）￥7500

　３）非売品か無償である場合は，その旨を記録する。

　　例）非売品（無償）

⑩書誌階層（§0.8）

〈書誌階層構造〉（§0.8.1）

　各書誌的記録内の書誌的事項は書誌的なレベル（単行書のレベル，シリーズ
のレベル，内容細目のレベル等）の相違をもとに異なる群に分けることができ
る。判別した各々の群れを書誌単位という。こうした群れは相対的に上位・下
位の関係を形成する。この書誌単位間の階層性を書誌階層という。

〈書誌単位〉（§0.8.2）

　一つの書誌レベルに属する固有のタイトルから始まる一連の書誌的事項の集
合。各書誌レベル（以下，レベル）の下に下記の書誌単位がある。

　○基礎書誌単位（以下，基礎単位）：基礎レベルの書誌単位で下記がある。

・単行書誌単位（以下，単行単位）：単行レベルに属する単位。単行資料
の本体を形成する書誌単位。

・継続刊行書誌単位（継続刊行単位）：継続刊行レベルに属する単位。継
続刊行資料の本体を形成する書誌単位。

○集合書誌単位（集合単位）：基礎レベルとの関係において集合のレベルに
ある書誌単位。セットものの本体を形成する。単行資料にあってはシリー
ズを形成する書誌単位である。

○構成書誌単位（構成単位）：基礎レベルとの関係においてそれを構成する
レベルにある書誌単位。単行資料等を組成する構成著作のそれぞれ。分出
記録での記述では本体となる。

ⅰ) **各書誌単位の書誌的事項（§記述付則１）**

それぞれタイトル以下の書誌的事項がこれにあたる。

ⅱ) **記録の書誌レベル（§1.0.2.2，§2.0.2.2）**

ａ. 単行レベルの記録

単行単位を記述の本体（トップ）とする書誌的記録。

ｂ. 集合レベルの記録

集合単位を記述の本体とする書誌的記録。

シリーズ，セットものレベルでの記述である。セットものは刊行の終了が予
定されている点において継続刊行レベルの記録と区別される。なお，いわゆる
文庫本，新書などモノグラフ・シリーズなどを記述の本体とした記録とすると
きは，終期の予定がないので継続刊行資料として扱う。

なお，この記述法はNCR新版・予備版における「一括記入」とは概念的に
異なる。新版・予備版における「一括記入」は単行，集合の両レベルで成立す
るからである。また「セットもの」も新版・予備版における「多巻もの」と似
て非なるものである。「多巻もの」は物的集合（単に複数）であり，1987年版
の「セットもの」は書誌的集合（出版体系上での包摂）である。例えば，上下
本はNCR新版・予備版で「多巻もの」であり，一括記入の対象となり得るが，
NCR1987年版では「セットもの」ではなく単行資料であり，単行レベルで記
述される。

ｃ. 構成レベルの記録

構成単位を記述の本体とする書誌的記録。

ｄ. 継続刊行レベルの記録

継続刊行単位を記述の本体とする記録。

ⅲ) **記録の構造**

ａ．単行レベルの記録の組成（§1.0.23，§2.0.2.3）

　単行単位，集合単位，構成単位の順に記録する。NCR1987年版が原則と定める記録の組成形式であり，§1.0—1.8，§2.0以下に具体的に示されている。

ｂ．集合レベルの記録の組成（§1.0.25，§2.0.2.4）

　集合単位，単行単位，構成単位の順に記録する。多段階記述様式（§記述付則２の３）で記録する。ただし簡略多段階記述様式（§記述付則２の４）によることができる。

ｃ．構成レベルの記録の組成（§1.0.26，§2.0.25）

　構成単位（の当該の１点），単行単位，集合単位の順に記録する。集合単位が複数ある場合は，小のシリーズから順に記録する。

　分出記録様式（§記述付則２の５）によって記録する。

⑪物理レベルの記録（§1.10，§2.10）

　単行単位や集合単位を分割し形態的に独立した１点ずつで記録することができる。こうした物理的な記録を物理レベルの記録（＝物理レベル）という。

ⅰ）物理レベルの記録とその書誌的事項（§1.10.1）

　物理レベルの記録の構成要素は上記の各書誌単位と巻次・回次等である。例えば，単行書誌単位を記録し，その分肢である巻次を示す。

ⅱ）記録のレベル：物理レベル（§1.10.0）

　基礎単位（単行単位）または集合単位を，組成する冊次ごとに分けたものが物理単位であり，物理単位を本体とする記録が物理レベルの記録である。

　１点１点の資料管理を行う図書館という世界では実際上物理的な把握が欠かせないからである。ごくシンプルな単行資料は，単行レベルに属すると同時に物理レベルにも属しているから，単行レベルの記録でもって物理レベルの記録が同時的に実現される。しかし上下本等となると，単行レベルの記録と，物理レベルの記録はイコールではない。物理レベルにおける記録の方法としては下記の形が考えられる。

　１）単行レベルの分肢として把握する（下巻の記録に注意）。

　　記述様式的には，多段階記述様式，あるいは簡略多段階記述様式のいずれかに立つ。

　　例）新リア王　／　髙村薫著

　　　東京　：　新潮社,2005

　　　２冊　：　20cm

　　　下：　2005．　—　388p

　２）新版・予備版の分割記入様式による（§記述付則１の６，２の６）。

　NCR1987年版は，各種の書誌レベルの記録の記録様式については，その大方を§1.0.2.2—1.0.2.6Bで，また物理レベルの記録については§1.10.2で述べている。

⑫記述の記載様式（§0.8，§記述付則２）

　書誌レベル・物理レベルと記述様式の関係は次のとおりである。

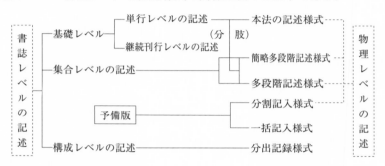

ⅰ）**集合書誌レベルの記録様式**

○多段階記述様式（ISBD（M）準拠）（§記述付則１の３）（実例集21B）

　１）最上位の集合単位の，本タイトルに始まるその一連の書誌的事項。

　２）第２レベル以下，各レベルごとの書誌的事項および物理上の表示（巻次）等を，上位のレベルから順に記録する。

　３）上位の書誌レベルと重複する下位の書誌レベルの書誌的事項は省略。

　　例）日本文学全集 ／ 池澤夏樹編
　　　　東京 : 河出書房新社, 2014-
　　　　冊 : 20cm
　　　　22: 大江健三郎 ／ 大江健三郎著, 2015. ― 536p. ― 附属資料: 1枚:月報2015.6.
　　　　内容: 人生の親戚. 治療塔. 鳥. 狩猟で暮らしたわれらの先祖. 人間の尊厳について. ナラティヴ, つまりいかに語るかの問題

○簡略多段階記述様式（§記述付則１の４）（実例集21C）

　１）選択した書誌レベルの本タイトルから版に関する事項まで。

　２）１）の物理的分割を示す巻次，回次，年次等。

　３）１）の直下位の書誌レベルの本タイトルから形態に関する事項まで。

　４）１）の属するシリーズに関する事項。

　５）以上に関係する注記事項。

　６）標準番号，入手条件に関する事項。

7）3）より下の書誌レベルの書誌的事項。

　　例）日本文学全集　　／　池澤夏樹編
　　　　22：　大江健三郎　／　大江健三郎著
　　　　東京　：　河出書房新社,2015-
　　　　536p　；　20cm
　　　　内容：　人生の親戚．治療塔．鳥．狩猟で暮らしたわれらの先祖．人間の尊厳
　　　　　について．ナラティヴ,つまりいかに語るかの問題

ⅱ）物理レベルの記録様式

○分割記入様式（§記述付則1の6）

　1）選択した書誌レベルの本タイトルからタイトル関連情報まで。

　2）1）の物理的分割を示す巻次，回次，年次等。

　3）1）に2）を加えたレベル（以下物理レベルとする）の書誌的事項。

　4）物理レベルの，出版等に関する事項から形態に関する事項まで。

　5）2）の属するシリーズに関する事項。

　6）注記に関する事項。

　7）下位の書誌単位が存在するとき,2）の巻次を再記する。

　8）下位の書誌単位の書誌的事項。

　9）標準番号，入手条件に関する事項。

　　　（ISBD区切り記号を用いない例）
　　　日本文学全集　22
　　　東京　：　河出書房新社，　2015-
　　　536p　；　20cm
　　　叢書の編集者：池澤夏樹
　　　22：　大江健三郎　／　大江健三郎著，2015．—　536p．—　附属資料：　1枚：
　　　月報2015.6.
　　　内容：　人生の親戚．治療塔．鳥．狩猟で暮らしたわれらの先祖．人間の尊厳
　　　　について．ナラティヴ,つまりいかに語るかの問題

　巻次，出版年，ページ数等の記載位置に関する論理性が不整合な形である。

ⅲ）構成書誌レベルの記録様式

○分出記録様式（構成単位の記録）（§記述付則1の5）（実例集22C）

　1）構成（書誌）単位の本タイトルから責任表示まで。

　2）1）を収載する書誌単位の書誌的事項を，下位から上位の順で記録する。

　　　例）人生の親戚　／　大江健三郎．—　（大江健三郎　／　大江健三郎著．—　東京：
　　　　河出書房新社，2015．—　p.5-201．—　（日本文学全集　／　池澤夏樹編；22））

（2）継続資料の記述（§13）

　継続資料の記述に特有のことを示す。基本的には前項「（1）記述総則および図書の記述」（以下，記述総則・図書の記述）の規定による。

　ここでは，継続資料，すなわち，完結を予定せずに継続して刊行される資料を対象とする。継続資料は，逐次刊行物と完結を予定しない更新資料である。逐次刊行物は，同一のタイトルの下に，一般に巻次・年月次を追って，個々の部分（巻号）が継続して刊行される資料である。更新資料は，更新により内容に追加，変更はあっても，一つの刊行物としてのまとまりが維持されている資料。例えば，加除式資料，更新されるWebサイトなどがある。

①通則

　同一の本タイトルを維持・継承する終刊を予定しない一連の刊行物。全資料領域の継続資料を扱う。雑誌，新聞が代表例であるが，図書の形をとるものをも含め継続刊行形式のあらゆる資料（メディア）に適用される。

ⅰ）記述のレベル（§13.0.2.1：記述の対象）

　継続資料は継続刊行書誌レベルの記述を作成する。

　継続刊行書誌レベルとは，一つのタイトルの下に終期を予定せず，巻号・年月次を追って刊行されるその出版物全体の次元である。継続刊行書誌レベルの記述の本体を形成する書誌単位を継続刊行書誌単位という。つまり初号から終号までのすべて，全巻を予定・未確定的に掌握し，一単位とする。

ⅱ）同一継続資料の判断および記述の情報源（§13.0.2）

ａ．本タイトルの同一性または他の継続資料への変化（§13.0.2.1B）

　次のような本タイトルの変化は別の継続資料への変化とする。

　1）主要な語を他の語に変更したり，追加または削除した場合。

　　「東亜之光」が「東亜の光」に変わったケースは，変更と見なさない

　　「塩化ビニールとポリマー」から「塩ビとポリマー」へは変更と見る

　2）語順に変更が生じたとき。

ｂ．記述の情報源（§13.0.3）

　1）記述の基盤：記述は初号（本タイトルの変更があった場合は，変更後の初号）を基盤として行う。初号の情報が不明なときは，最初の時期に入手した最も若い号による。この場合注記を必要とする。

　2）情報源：記述のよりどころとする情報源は次のとおりである。

　　・表紙または標題紙のあるもの：表紙，標題紙，背，奥付

　　・表紙および標題紙のないもの：題字欄等（新聞等）

　　・印刷資料以外の継続資料については「その他の資料」の定めるところに

　　　よる。
　　3）情報源によってタイトルが異なる場合は，表紙，標題紙，背，奥付の順
　　　に優先する。
ⅲ）**記述すべき書誌的事項とその記録順序**（§13.0.4）＊印ごとに改行
　　ア）タイトルと責任表示に関する事項：記述総則・図書の記述に準じるが，
　　　並列タイトルを原則として採用しないという特徴がある。
　　イ）版に関する事項：図書に準じる。
　　ウ）順序表示に関する事項：図書の場合にない記録事項であり，これの存在
　　　が最大の特徴である。
＊エ）出版・頒布等に関する事項：図書に準じる。
＊オ）形態に関する事項：特定資料種別と数量，大きさ，付属資料
　　カ）シリーズに関する事項：図書に準じる。
＊キ）注記に関する事項：図書に準じる。ただし，図書の場合にない注記事項
　　　として，刊行頻度がある。
＊ク）標準番号，入手条件に関する事項：ISSN，キイ・タイトルを（入手条
　　　件とともに）記録事項とする特徴がある。
ⅳ）**記述の精粗**（§13.0.5）
　　第1―3水準があることは記述総則・図書の記述と同じ。ただし，資料（ま
たは刊行方式）の特性に関する事項として巻次が加わり，並列タイトルが原則
として除かれるので，継続資料の記述を第2水準によって示しておく。
○第2水準（標準。改行を用いる方法）
　　本タイトル␣［資料種別］␣：␣タイトル関連情報␣／␣責任表示.␣―␣
　　版表示.␣―␣巻次␣（年月次）
　　出版地または頒布地等␣：␣出版者または頒布者等,␣出版年等
　　数量␣：␣大きさ␣＋␣付属資料.␣―␣（本シリーズ名,␣シリーズの
　　ISSN␣：␣シリーズ番号,␣下位シリーズ名）
　　注記
　　ISSN
ⅴ）**記録の方法**（§13.0.6）：図書の場合にほぼ同じ。
②**タイトルと責任表示に関する事項**（§13.1）
　　1）書誌的事項：記述総則・図書の場合に同じ。
　　2）区切り記号法：図書の場合にほぼ同じ。
　　3）複製物の記述：記述対象資料（複製物）のタイトルと責任表示に関する
　　　事項を記録する。

　　　　原継続資料のタイトル，責任表示が複製物のものと異なるときは注記する。
ⅰ）**本タイトル**（§13.1.1）
a．**本タイトルとするものの範囲**（§13.1.1.1）
　1）本タイトルには次のようなものがあるが，その形で本タイトルとする。
　　　総称的な語のみのタイトル，団体名のみのタイトル，数字や略語による
　　　タイトル，刊行頻度を含むタイトル。
　　　　例）紀要
　　　　　　A＋U
　　　　　　日本学会
　　　　　　月刊社会教育
　2）部編名をもつ場合は，レイアウト等から見て有力なものを本タイトルと
　　　する。
　　　・上位のほうが目だっている場合は，上位のものの下に，部編の順序記号，
　　　　部編名を続けて本タイトルとする。
　　　　　例）農業技術研究所報告．　A．物理統計
　　　・部編固有のタイトルが目だっている場合は，部編であるタイトルを本タ
　　　　イトルとする。
　　　　　例）社会科学ジャーナル
　　　　　　　…　　：　…，　…
　　　　　　　…　　；　…cm．　―　（国際基督教大学学報　：　ⅡB）
　3）同一情報源に異なるタイトルの表示がある場合は，より顕著に表示され
　　　ているものを本タイトルとして記録し，他のものは注記する。
　　　　　例）Journal of the Faculty of Engineering, the University of Tokyo
　4）別法：同一情報源に異なるタイトルの表示があり，本文が日本語の場合
　　　は，日本語のものを本タイトルとし，外国語のタイトルは注記する。
　　　　　例）日本腎臓学会誌
　5）表紙または標題紙のあるもので，表紙，標題紙，背，奥付に表示されて
　　　いる各タイトルが異なるときは，表紙，標題紙，背，奥付の優先順位に従っ
　　　て本タイトルを記録し，他のタイトルは注記する。（実例集 6）
b．**本タイトルの記録**（§13.1.1.2）：図書の記録に準じる。
ⅱ）**資料種別**（§13.1.2）
　　印刷資料の継続資料には資料種別を記録しないが，その他のメディアの資料
の継続資料でその資料メディアに関する規定上，資料種別を行う旨の規定があ
れば記録する。
　　　　例）東亜経済研究［マイクロ資料］

ⅲ）並列タイトル（§13.1.3）

　継続資料では並列タイトルを採用せず，注記する。

ⅳ）タイトル関連情報（§13.1.4）：図書規定に準じる。

　　　例）国文学　：　解釈と鑑賞

ⅴ）責任表示（§13.1.5）

　図書の規定に準じるが次の特徴がある。

　・個人編者は原則として記録せず，注記する。

　・団体編者が単に編集実務を担当するその団体の内部組織名までを含んだ形
　　で表示されているときは，内部組織名を省略する。

③版に関する事項（§13.2）

　図書の規定に準じる。

④巻次，年月次に関する事項（§13.3）

　1）巻次，年月次を記録することの意義：巻次，年月次は継続資料の刊行の
　　　状態を示すもので，これに基づいてそれぞれの継続資料が同定識別される
　　　ことがある。

　2）記録すべき書誌的事項とその記録順序は，次のとおりとする。

　　　①巻次

　　　②年月次

　3）区切り記号法は，次のとおりとする。

　　・巻次，年月次に関する事項の前には，ピリオド，スペース，ダッシュ，
　　　スペースをおく。

　　・初号の巻次および年月次の後にハイフン（–）をおく。巻次に続く年月
　　　次は丸がっこに入れる。丸がっこ（一対）の前後にスペースをおく。た
　　　だし，それに別の区切り記号が続く場合，丸がっこの後のスペースは省
　　　く。

　　・別方式の巻次，年月次などが重なる場合には，別方式の巻次などの前に
　　　「＝」（等号）をおく。〔→下記ⅰ）2）〕

　　・不連続の新たな巻次が続く場合は，元の終号の巻次の後に，スペース，
　　　セミコロン，スペースをおいて記録する。〔→下記ⅰ）3）〕

ⅰ）巻次，年月次とするものの範囲（§13.3.1）

　巻次，年月次は初号（タイトルの変更があったもので巻号を継承する場合は，
変更された最初の号）と終号について記録する。ただし刊行中のものは，初号
についてのみ記録する。刊行に関する巻次等を記録するのであり，所蔵に関係
して巻次をしるすのではない。〔→下記4）および3（2）⑪〕

　　例）改造.　—　1巻1号　（大正8年4月）–36巻2号　（昭和30年2月）
　　　　世界.　—　1号　（昭和21年1月）–

　1）初号に巻次，年月次のないものは，それに続く号の番号付けに基づいて
　　記録する。

　2）2以上の巻次，年月次の表示方式がある場合は，表示されている順序で
　　記録する。ただし，巻号と通号が並存するときは，通号を別方式とする。
　　この場合，年月次は後の巻次の記録の後に記録する。

　　　例）鉱山.　—　11巻1号　＝　101号　（1958）–

　3）タイトルを変更せず新たな巻次，年月次の表示を始めた継続資料は，古
　　い初号と終号を記録し，続けて新しい方式の巻号を記録する。

　　　例）世界経済評論.　—　26号　（昭和31年6月）–57号　（昭和34年12月）　；　4巻1
　　　　号　（昭和35年1月）–

　4）所蔵巻号については所蔵事項（所蔵事項エリア）に記録する。〔→3（2）
　　⑪〕

ⅱ）**巻次，年月次の記録の方法**　（§13.3.2）
　巻次，年月次の順に表紙等に用いられている表示をそのまま記録する。

　1）完結した継続資料の場合は，初号の巻次，年月次と終号の巻次，年月次
　　とをハイフンで結んで記録する。

　2）刊行中のものの巻次，年月次は，初号の巻次，年月次にハイフンを付し
　　て記録する。

⑤**出版・頒布等に関する事項**　（§13.4）
　その継続資料に関して記し，複製の場合，原本の事項は注記する。

ⅰ）**出版地，頒布地等**：記述総則・図書に同じ。

ⅱ）**出版者，頒布者等**：記述総則・図書に同じ。
　出版者の変更については変更開始の巻次，年月次等を付して注記する。

ⅲ）**出版年，頒布年等**：記述総則・図書に同じ。

　1）完結している場合は初号の出版年と終号の出版年をハイフンで結んで記
　　録する。

　2）刊行中の場合は初号の出版年にハイフンを付して記録する。

ⅳ）**製作に関する事項**　（§13.4.4）：図書の記述に同じ。

ⅴ）**出版に関する事項の変更**
　出版地，出版者に変更があった場合は注記する。上記ⅱ）の方法に同じ。

⑥**形態に関する事項**　（§13.5）

ⅰ）**特定資料種別と資料の数量**　（§13.5.1）

ａ．記録するものの範囲
　　１）継続資料としての特定資料種別は記録せず，各資料種別の規定による。
　　２）数量
　　　　・印刷資料の場合は，冊数を記録する。
　　　　・印刷資料でない場合は，それぞれの資料種別の規定による。
ｂ．記録の方法
　　１）刊行が終了・中断した場合はその状況を表す数量を記録する。
　　２）刊行中の場合は，空欄とする。
　　　　・印刷資料の場合は，「冊」のみを記録する。
　　　　・加除式資料の場合は，「○冊」と記録する。
　　　　・上記以外の場合は，特定資料種別のみを記録する。
　　　　・いずれの場合も，刊行完結後に数量を記録する。
ⅱ）その他の形態的細目（§13.5.2）
　　特に必要な場合以外は記録しない。
ⅲ）大きさ（§13.5.3）
　　記述総則・図書の記述の規定ほか各資料種別の規定による。
ⅳ）付属資料（§13.5.4）
　　記述総則・図書の記述の規定ほか各資料種別の規定による。ただし，ここにおいて「付属資料」として記録するものは，その継続資料に常時付属するものに限る。その他のものは注記する。
⑦シリーズに関する事項（§13.6）
　　記述総則・図書の記述の規定による。
⑧注記に関する事項（§13.7）
ⅰ）注記とするものの範囲：記述総則・図書の記述の規定による。
ⅱ）記録の方法：記述総則・図書の記述の規定による。
ⅲ）注記事項の種別（§13.7.3）
ａ．刊行頻度に関する注記（§13.7.3.0）
　　継続資料の刊行頻度がタイトルと責任表示に含まれていないときは，表示された刊行頻度を注記する。
　　刊行頻度の記録は「日刊」「隔日刊」「週刊」「旬刊」「半月刊」「月刊」「隔月刊」「季刊」「半年刊」「年刊」「月（年）○回刊」「○年刊」「不定期刊」等の表示を用いる。
　　　　例）刊行頻度：　季刊
ｂ．タイトルと責任表示に関する注記（§13.7.3.1）

　総称的なタイトルの継続資料について注記するときは，責任表示まで注記する。

　ア．タイトルに関する注記

　1）タイトルの情報源：所定の情報源以外からタイトルを記録したときは，情報源を注記する。

　　　例）タイトルの情報源：　欄外

　2）別の形のタイトルがある場合は別の形のタイトルと情報源を注記する。

　　　例）別のタイトル：　The library journal（情報源は標題紙）

　3）タイトルが本文の言語と異なるときは，これを注記する。

　　　例）本文の言語：　日本語

　4）同一情報源に日本語と外国語（ローマ字表記の日本語を含む）のタイトルがある場合，日本語のものを本タイトルとし，外国語のタイトルを注記する。

　　　例）英語によるタイトル：　Asahi journal

　5）タイトルの変更が微細で，タイトル変更として扱わなかったものについては注記する。〔→3（2）①ⅱ）a. 1）〕

　6）翻訳誌等である場合は，元の継続資料のタイトルおよびISSNを注記する。

　　　例）原継続資料のタイトル：　Economic and social survey of Asia and Pacific. ― ISSN　0252-5704

　7）複製物のタイトルが原継続資料のタイトルと異なるときは，元のタイトルおよびISSNを注記する。

　イ．責任表示に関する注記事項

　1）主筆，同人等，個人編者が標題紙に表示されているときは注記する。

　　　例）編集：　都留重人，戒能通孝，庄司光

　2）情報源によって責任表示が異なるとき，記録しなかった責任表示とその情報源を注記する。

　3）責任表示に変更があったときは注記する。（実例集34）

　　　例）編集団体名変更：　軽金属協会（1号-9号）→軽金属研究会（10号-15巻2号）→軽金属学会（15巻3号-）

c．版および書誌的来歴に関する注記（§13.7.3.2）

　版に関する注記は記述総則・図書の記述の規定に準じる。

　ア．タイトル変遷による注記

　1）継続：タイトルの変更を行ったときは，新旧の書誌的記録に相互のタイトルとISSNを注記する。

　・１タイトルが１タイトルに変遷する場合
　　　例）新誌の方の注記　→　継続前誌：　コールタール．　—　ISSN　0368-6914
　　　　　旧誌の方の注記　→　継続後誌：　アロマテックス．　—　ISSN　0365-6187
　・複数タイトルが１タイトルに変遷する場合
　　　例）新誌の方の注記　→　継続前誌：　芸苑，めざまし草
　　　　　旧誌（芸苑）での注記　→　継続後誌：　芸文
　　　　　旧誌（めざまし草）での注記　→　継続後誌：　芸文

２）吸収：１継続資料が他の１以上の継続資料を併合し，元のタイトルを保持しているときは，相互の書誌的記録にそれぞれ対応するタイトルおよびISSNを注記する。
　　　例）吸収した方の注記　→　吸収前誌：　地理
　　　　　吸収された方の注記　→　吸収後誌：　地理学評論．　—　ISSN　0061-7444

３）分離：１継続資料から１以上の新タイトルをもつ継続資料が分離したときは，それぞれの書誌的記録に，対応するタイトルおよびISSNを注記する。
　　　例）派生した方の注記　→　派生前誌：　企業会計．　—　ISSN　0386-4448
　　　　　派生させた方の注記　→　派生後誌：　原価計算

イ．休刊による注記
継続資料の休刊が明らかなときは，注記する。
　　　例）休刊：　1932-1945

d．巻次，年月次に関する注記事項（§13.7.3.3）
　巻次，年月次に関して必要があれば注記する。

e．出版・頒布等に関する注記（§13.7.3.4）
　記述総則・図書の記述の規定に準じる。

f．形態に関する注記（§13.7.3.5）
　記述総則・図書の記述の規定に準じる。

g．シリーズに関する注記（§13.7.3.6）
　記述総則・図書の記述の規定に準じる。

h．内容等に関する注記（§13.7.3.7）
　記述総則・図書の記述の規定に準じる。

⑨ISSN，入手条件に関する事項（§13.8）

ⅰ）ISSN等（§13.8.1）
　ISSNは逐次刊行物の国際的個別化用にISSNネットワーク（旧ISDS：International Serials Data System）が与える逐次刊行物ごとの固有番号。
　　　例）ISSN　8204-8206

ⅱ）キイ・タイトル（任意規定）（§13.8.2）

　ISDSがISSNと同時に与える個別化のためのタイトル。本来のタイトルでは個別化が困難な場合に発行団体名等を付す形をとる。ISSNの後に等号「＝」で結んで記録する。

⑩**書誌階層**（§14.9）

　継続資料に関係する中心的な書誌単位は継続刊行書誌単位（継続刊行単位と略）である。その上位の書誌のレベルのものとして集合単位があり，下位の書誌レベルのものとして構成単位がある。

⑪**所蔵事項の記録**（§13.10）

　継続資料の書誌的記録は，刊行等に関する記録であるから，図書館の目録記入としては，書誌的記録に添えて所蔵の記録が必要となる。

　所蔵記録は，記述と同一面を使用して記録してよいが，カード目録の場合は別のカードを用いてもかまわない。記録事項は下記のとおりである。

　　1）「所蔵」という見出し

　　2）所蔵巻次，その年月次

　　3）合綴製本の数量

　　4）保存期間

　　5）保有資料に関する注記

⑫**継続資料の記述様式**

　記述総則・図書の記述に準じるが，基本的な形としては下記のようなものとなる。

　　　例）情報管理.　── Vol.6　No.1（昭和38年1月）－
　　　　　東京　：　日本科学技術情報センター, 1963-
　　　　　　冊　：　25cm
　　　　　刊行頻度：　月刊
　　　　　継続前誌：　月刊JICST.　同誌の巻号を継続
　　　　　ISSN　0021-7298
　　　　　所蔵：　Vol.9　No.1（昭和41年1月）－Vol.35　No.5（昭和62年8月）

（3）その他の資料の記述

①**その他の資料の記述範囲**

　図書，継続資料を除く下記の資料に関する記述について概略を示す。

　　・書写資料（§3）

　　・地図資料（§4）（実例集23）

　　・楽譜（§5）（実例集24）

　　・録音資料（§6）（実例集25）

　・映像資料（§7）（実例集26）
　・静止画資料（§8）
　・電子資料（§9）
　・博物資料（§10）
　・点字資料（§11）（実例集27）
　・マイクロ資料（§12）（実例集28）
ⅰ）それぞれの資料についての定義
　それぞれの資料に含まれる細部の資料種別については，3（3）⑥ⅱを参照。
a．書写資料
　写本・手稿など，手書きで作成された資料。
b．地図資料
　地球表面，地球内部，海洋，大気圏，天体の全体または一部を，一定の方法
により縮小し，記号・文字・色彩などを用いて描写再現したもの。平面の媒体
に二次元で表現した地図だけでなく，立体的に表現した模型や地球儀・天球儀
等を含む。なお当規則では地図帳は図書で扱う。
c．楽譜
　音楽の曲を視覚媒体に音符で記録したもの。歌詞その他の文字・記号・図等
が付随する。印刷媒体に表現されたものを中心とする。図書の形態をとってい
る場合は図書で扱う。
d．録音資料
　音の記録物で，映像を伴わないもの。録音ディスク，録音テープ等。
e．映像資料
　再生機器を通して，動態あるいは静態の画像を表出する資料。映画フィルム，
ビデオ録画，スライド，トランスペアレンシーなど。
f．静止画資料
　写真，掛図，紙芝居，絵画，ポスターなど，内容を受容するときに再生装置
を必要としない静止画。
g．電子資料
　コンピュータ（その周辺装置を含む）によって利用可能となるデータ。プロ
グラム，または両者の組み合わせ。
h．博物資料
　彫刻・染織・陶芸などの美術品，民具や出土品・標本・模型・玩具・機械や
器具などの展示・陳列品等，あらゆる種類の多元的形状をなす有形資料。
ⅰ．点字資料

　指先の触覚により読み書きする視覚障がい者用の文字・記号（点字）で表現された資料。

j．マイクロ資料

　映像資料のうちマイクロ画像を収めた資料の総称。マイクロフィッシュ，マイクロフィルム，マイクロオペーク，アパーチュアカードなどがある。

ⅱ）記述の対象とその情報源

a．記述の対象

　上記ⅰ）に記した資料メディアa.—j.の資料を対象とする。記述の書誌レベルについては記述総則・図書の記述に準じる。

b．記述の情報源

　主たる情報源はおおよそ次のとおりである。

　1）点字資料：標題紙，奥付，背，表紙。ただし墨字で表示されている事項。

　2）地図資料：題字欄またはそれに代わる部分。

　3）楽譜：標題紙。和装の楽譜は巻頭を第1の情報源とする。

　4）録音資料：レーベル（録音テープのカセット，カートリッジまたはリールに直接印刷されている情報を含む）。レーベルが複数（ディスクのA面とB面）ある場合は，全体を一つの情報源として記述する。レーベルに総合タイトルがなく，付属文字資料や容器に総合タイトルがある場合は付属文字資料や容器をレーベルと同等に扱う。この場合，情報源を注記する。

　5）映像資料：タイトルフレーム（タイトル，スタッフ，出演者等が表示された画面）。

　6）電子資料（§9）：内部情報源はタイトル画面，外部情報源はラベル。

　7）マイクロ資料（§12）：タイトルフレーム（アパーチュアカードの場合はタイトルカードまたはカード自体）。

ⅲ）記述すべき書誌的事項とその情報源

　記述総則・図書の記述に準じる。

ⅳ）記述の精粗

　記述総則・図書の記述に準じる。

ⅴ）記述の方法

　肉眼で可読の文字・記号で記録する。点字の場合も墨字で記録する。その他，記述総則・図書の記述に準じる。

②タイトルと責任表示に関する事項

ⅰ）通則

　記録すべき書誌的事項とその記録順序は次のとおりとする。

　　1）本タイトル

　　2）資料種別（「その他の資料」では記録するケースが多い）

　　3）並列タイトル（資料の種別によっては記録しないことがある）

　　4）タイトル関連情報

　　5）責任表示

ⅱ）**本タイトル**

a．本タイトルとするものの範囲

　おおよそは記述総則・図書の記述に準じる。

　ただし，情報源によってはタイトルが異なる場合の処置については資料の種類によって異なるので，下記に記しておく。

　　1）共通するタイトルがあればそれを，なければ一定の順序で決定する。

　　　・点字資料（図書に同じ）：標題紙，奥付，背，表紙の順

　　2）一定の情報源を優先するもの（共通か否かの判断をしない）。

　　　・地図資料：題字欄

　　　・電子資料：タイトル画面，その他の内部情報，ラベル

　　　・楽譜：標題紙

　　　・録音資料：レーベル，付属資料，容器の順

　　3）不明：情報源名を挙げていない「記述総則」へ参照しているもの。

　　　・映像資料

　　　・マイクロ資料

b．記録の方法

　記述総則・図書の記述に準じる。

ⅲ）**資料種別（任意規定）**

　目録利用者に，資料のおおまかな種別を知らせるため，本タイトルの直後に，下記に示すとおり「［　］」（角がっこ）に入れて記録する。記載は任意であり，記載してもしなくてもよい。

［点字資料］

［映像資料］

［電子資料］

［マイクロ資料］

　　　例）国語学資料集成　［マイクロ資料］

［地図資料］

［楽譜］

［録音資料］

［書写資料］
［静止画資料］
［博物資料］

iv）並列タイトル

　「その他の資料」においては並列タイトルは一様に採用される。しかしその詳細は資料種別ごとに，下記のように異なる。

　　1）点字資料，地図資料，映像資料，電子資料，マイクロ資料，楽譜，静止画資料，博物資料は，本文の言語と一致しないほうの言語のタイトルを並列タイトルにまわす。

　　2）録音資料は，情報源上の表示順に従って決定する。

v）タイトル関連情報

　記述総則・図書の記述に準じる。

vi）責任表示

　記述総則・図書の記述に準じる。

　ただし資料種別によっては責任表示の種類に特徴がある。また，注記にまわすべきか否かについての規定も個々独特のものがあるので注意を要する。ここでは目だったもののいくつかを示しておく。

ａ．点字資料

　対象資料に表示されている点訳者，校正者は注記する。

ｂ．地図資料

　記述総則に準じるとするほか特別の規定はないが，著（執筆），編（編集）のほか作図，調査といった責任表示がある。

ｃ．楽譜

　作曲，編曲，作詞，台本（オペラ等）等の責任表示があるほか，演奏という責任表示もとられる。独奏を披露した場合がこれにあたる。また作譜者という責任表示がある。

ｄ．録音資料

　次のような責任表示がある。

　　・収録内容の著作，作詞，台本執筆，作曲，講演などを行ったもの
　　・台本などのもとになった作品の原作者等，間接的な責任者
　　・脚色者，改作者（原作と資料媒体メディアの異同を問わず）
　　・収録に意義のある記録の収録者，録音者（民族学的記録等の場合）
　　・演奏や演技の監督・指揮に責任を持つもの
　　・演奏等の提供者（個人・団体）

・ポピュラー音楽録音のプロデューサー

・演奏者・演技者（吹込者）

e．映像資料

・製作者，監督，演出者，作画者など直接の責任者

・原作者，原案者などの間接的な著作者（これら間接的な著作者は注記にまわしてもよい）

f．電子資料（§9）

・製作者，プログラム設計者，プログラマ

・原案者，原画作成者などの間接の責任者

g．静止画資料（§8）

・直接的な著作者（作図者，撮影者，作文者，コピーライター，編纂者等）

・間接的な著作者（原作の著者，原作の画家・彫刻家等）

・作品の成立にかかわった企画者，主催者，スポンサー

・コレクションの収集家

h．マイクロ資料（§13）

記述総則に準じるとするほか特別の規定はないが，映像資料の責任表示に類したものがある。

i．博物資料（§10）

芸術的内容の創造・実現および用具の製作に責任を有した者を記録する。

③版表示

記述総則・図書の規定に準じる。

④資料（または刊行方式）の特性に関する事項

下記四つの資料種別に対して，その関係事項を記録する。他の資料種別では使用しない。

ⅰ）地図資料：数値データに関する事項（§4.3）

縮尺，図法，地図が包摂する地域の範囲を記録する。

a．縮尺表示

この事項の前に，ピリオド，スペース，ダッシュ，スペースをおく。

例）名古屋市史跡名所地図　［地図資料］
　　名古屋市教育委員会編． —　1：35,000

b．投影法表示

この事項の前に，スペース，セミコロン，スペースをおく。

c．経緯度・分点表示（表示するかどうかは任意）

これらは丸がっこに入れる。分点表示の前にスペース，セミコロン，スペー

スをおく。

ⅱ）楽譜：楽譜の種類に関する事項（§5.3）

　楽譜の種類について記録する。詳細はNCRの5.3章参照。

ａ．楽譜の種類に関する事項

　下記のようなものがある。

　　例）スコア

　　　　吹奏楽スコア

　この事項の前に，ピリオド，スペース，ダッシュ，スペースをおく。

ｂ．楽譜の種類の並列表示（任意規定）

　この事項の前に，スペース，等号，スペースをおく。

ⅲ）電子資料：ファイルの特性に関する事項（§9.3）

　記録するものの範囲：記述対象に含まれる電子的内容を記録する。電子的内容は一まとまりのデータや一つの特定の名称で識別されるプログラムを一単位として記録する。次表の用語を使用する。

第1レベル	第2レベル	第3レベル
データ（電子データ）	画像データ（電子画像データ）	画像データ（電子画像データ）
	数値データ（電子数値データ）	調査データ（電子統計データ） 統計データ（電子調査データ）
	地図データ（電子地図データ）	地図データ（電子地図データ）
	テキスト・データ（電子テキスト・データ）	書誌データベース 電子ジャーナル 電子新聞 文書（電子文書）
	フォント・データ（電子フォント・データ）	フォント・データ（電子フォント・データ）
	録音データ（電子録音データ）	録音データ（電子録音データ）
プログラム（電子プログラム）	アプリケーション・プログラム	ゲーム・ソフトウェア データベース・プログラム 表計算ソフトウェア 文書作成ソフトウェア CADプログラム DTPプログラム
	システム・プログラム	検索プログラム プログラミング言語 OSソフトウェア

プログラム（電子プログラム）	ユーティリティ・プログラム	ユーティリティ・プログラム
データおよびプログラム（電子データおよびプログラム）	上記の用語の組み合わせ	上記の用語の組み合わせ
	インタラクティブ・マルチメディア	インタラクティブ・マルチメディア
	オンライン・サービス	オンライン・サービス

iv）博物資料：数値データに関する事項（§10.3）

　対象とする博物資料（主に彫塑・模型キット等）の縮尺または拡大を記録して，原資料との対比を明らかにする。

ａ．相対表示

　水平方向の縮尺または拡大表示，立体的な縮尺または拡大表示，重量の縮小または拡大表示を記録する。

ｂ．水平の，あるいは立体的な縮小，拡大

　「縮率1：□」および「倍率1：□」と記録する。

ｃ．重量の縮小または拡大

　「重量縮率1：□」または「重量倍率1：□」と記録する。

⑤出版等に関する事項

　記述総則・図書の規定に準じる。

⑥形態に関する事項

　数量，大きさ，付属資料等。

　記述総則・図書の規定に準じる。

　ただし形態に関する規定は資料種別それぞれに特徴がある。また，注記にまわすべきか否かについての規定も個々独特のものがあるので注意を要する。ここでは目だったもののいくつかを示しておく。

ⅰ）通則（§1.5.0）

ⅱ）特定資料種別

　当該記述対象資料の属する特定資料種別の名称と，分冊等・構成資料の数量。

　特定資料種別の種類である，各資料別に該当する資料種別を選び，「数量」の前に記録する。下記の例での「マイクロフィルムリール」がそれにあたる。

　　例）国語学資料集成　［マイクロ資料］
　　　　東京　：　雄松堂フィルム出版，1973
　　　　マイクロフィルムリール54巻　：　35㎜

ａ．点字資料では記録しない。

ｂ．地図資料

　地図，ダイアグラム，断面図，対景図，リモート・センシング図，地球儀，

天球儀，模型。ただし一枚ものの場合，省略できる任意規定がある。

c．楽譜

　ヴォーカルスコア，合奏譜，クローススコア，コーラススコア，コンデンススコア，スコア，パート譜，ピアノスコア，ミニチュアスコア。

　これらの特定資料種の一つに特定できない場合は，「楽譜」と表示する。

d．録音資料

　録音カセット，録音カートリッジ，録音ディスク，録音リール。

　特別な再生方式を必要とするときは，その名称を付記する。

e．映像資料

　映画カセット，映画カートリッジ，映画リール，スライド，トランスペアレンシー，ビデオカセット，ビデオカートリッジ，ビデオディスク，ビデオフロッピー，ビデオリール，フィルムストリップ。

f．静止画資料

　絵図，絵図帳，絵はがき，掛図，掛図帳，紙芝居，写真，設計図，版画，美術原画，複製画，墨跡，ポスター。

g．電子資料

第1レベル	第2レベル
カセット・テープ	カセット・テープ
紙カード	紙カード
紙テープ	紙テープ
磁気ディスク	カートリッジ型ハードディスク 磁気ディスク・パック フレキシブル・ディスク
磁気テープ	リール・テープ DAT
光ディスク	インタラクティブ・ビデオディスク フォトCD CD-I CD-R CD-ROM DVD MO WORM
ICカード	ICカード

ｈ．マイクロ資料

　アパーチュアカード，マイクロフィルム，マイクロフィッシュ，マイクロオ
ペーク。

ｉ．博物資料

　NCR「別表　特定資料種別一覧表」参照。

ⅲ）**数量に関する事項**

　数量と大きさおよびそれ以外の形態関係の書誌的事項，挿図等を記録する。

ａ．点字資料の場合

　図書に同じ。

ｂ．地図の場合

　一枚ものは「枚」，地形模型，地球儀，天球儀等は「基」を数量に付す。その他の形態の細目は，①作成方法，②彩色，③材質の順で記録する。

　　　　例）地図1枚　：　石版，3色刷
　　　　　　地図1枚　：　青写真
　　　　　　模型6基　：　プラスチック製

ｃ．楽譜の場合

「冊」「部」等を記録する。必要に応じページ数等を付記する。

　　　　例）スコア1冊（119p）
　　　　　　パート譜4部

　加除式のものに関しては，図書の加除式に関する規定を準用する。

ｄ．録音資料の場合

　ディスクは「枚」，テープは「巻」を用いる。

　　　　例）録音カセット1巻
　　　　　　録音ディスク2枚

　再生時間を分の単位に切り上げて付記し，音の記録方式，再生速度，音溝，トラック数，チャンネル数等を記録する。

　　　　例）録音リール1巻（34分）　：　アナログ，38cm/s.，2トラック，ステレオ

ｅ．映像資料の場合

　カセット，カートリッジ，フィルムストリップ，リールには単位「巻」を，スライド，ディスク，トランスペアレンシーには単位「枚」を付ける。フィルムストリップにはフレームの大きさ（シングルまたはダブル）とフレーム数を付記する。また再生時間を分に切り上げて記録する。

　　　　例）映画リール2巻
　　　　　　フィルムストリップ1巻（ダブル56fr）
　　　　　　ビデオカセット1巻（79分）

　その他の細目を①映写特性，②録画特性，③録音特性，④色彩，⑤映写速度，⑥再生速度の順序で記録する。
　　　例）映画リール 3 巻　（45分）　：　16ミリ，光学録音，カラー
ｆ．静止画資料の場合
　冊子形態の資料には「冊」を，一枚ものの資料には「枚」を，巻ものの資料には「巻」または「軸」を，屏風形態のものには「曲」と「隻」または「双」の組み合わせを，セットものの資料には「組」を付ける。
　　　例）絵画 1 枚
　　　　　掛図帳 1 冊　（14枚）
　　　　　美術原画 1 軸
　記述対象資料が装丁されているときは，数量の後に装丁状態を示す語（額装，軸装，屏風，絵巻等）を丸がっこに入れて記録する。
　　　例）版画 1 枚　（額装）
　その他の細目を①印刷の方法，②絵具の種類，③基盤体の種類，④版画の技法，⑤色彩，⑥特定の容器の順序で記録する。
　　　例）美術原画 1 枚　（額装）　：　油彩，麻布
ｇ．電子資料の場合
　　1 ）「枚」を用いるもの：紙カード，ICカード，インタラクティブ・ビデオ
　　　　ディスク，フォトCD，CD-ROM，光磁気ディスク，DVD
　　2 ）「巻」を用いるもの：磁気テープ，カセット・テープ，紙テープ，DAT
　　3 ）「パック」を用いるもの：磁気ディスクパック
　　4 ）「個」を用いるもの：カートリッジ型ハードディスク，磁気ディスク
　　電子資料における「その他の形態的細目」に関しては下記ⅳ）ｃ．キ．を参照。
ｈ．マイクロ資料の場合
　　マイクロフィルム（リール，カセット，カートリッジ）には「巻」を用いる。アパーチュアカード，マイクロフィッシュ，マイクロオペークでは「枚」。
　　その他の細目を①極性，②挿図等，③色彩の順序で記録する。
ｉ．博物資料の場合
　　NCR別表「特定資料種別の数量表示（単位名称・助数詞）について」（NCR 1987年版第 3 版　p.243-244）参照。
ⅳ）大きさ等　（§1.5.3）
ａ．資料そのものの外側の寸法
　　センチメートル（cm）の単位で，端数を切り上げて記録する。10cm未満の場合はセンチメートルの単位で小数点 1 ケタまで記録する。ただしマイクロフィ

ルムのフィルムの幅はミリメートル（mm）の単位で記録する。

例）マイクロフィルムリール54巻 ： 35mm

b. 2点以上の部分からなる大きさの異なる資料

最小のものと最大のものをハイフンで結んで記録する。ただし大部分の大きさが同じで，一部のみが異なるときは，大部分の大きさを記録する。

例）2冊 ： 16-18cm

c. 記述対象資料の寸法，形態が通常のものでない場合

それぞれのNCRの章における規定に従いつつ上記とは異なる記録方法をとる。

ア．点字資料の場合

図書に同じ。

イ．地図資料の場合

図書に同じ。ただし地球儀等は直径を記録する。

ウ．楽譜の場合

図書に同じ。

エ．録音資料の場合

1）録音ディスクは直径を記録する。

2）録音テープの場合は，カセット，カートリッジの高さ，リールの直径およびテープの幅を記録する。

例）録音リール1巻（34分） ： アナログ，38cm/s.，2トラック，ステレオ ： 12.7cm，6mmテープ

（ただしいずれも標準規格の場合は記録しない）

オ．映像資料の場合

1）カセット，カートリッジは最も長い辺の寸法を記録する。方式の表示により明らかなときは，大きさの記録は省略する。

2）リールおよびディスクは直径の寸法を記録する。

3）スライドはマウントの縦横の長さが5×5cm以外のときのみマウントの縦横の寸法を記録する。

4）フィルムストリップは容器の高さと上面の直径を記録する。

5）トランスペアレンシーの大きさは記録しない。

カ．静止画資料の場合

図書に同じ。

キ．電子資料の場合

キャリアそのものの寸法を記録する。

　　例）CD-ROM 1枚　：　12cm
　ク．マイクロ資料の場合
　1）マイクロフィルムはリールの直径（cmで）およびフィルムの幅（mmで）
　　を記録する。リールは標準寸法（直径7.5cm）のときは記録を省略できる。
　　　例）マイクロフィルムリール　：　13cm，35mm
　2）マイクロフィッシュおよびマイクロオペークは縦，横の長さを記録する。
　3）アパーチュアカードは台紙の縦，横の長さを記録する。
　ケ．博物資料の場合
　博物資料の法量（縦×横×高さ）を記録する。
　　　例）彫刻1基　：　銅像　：　250×80×80cm
ⅴ）付属資料
ａ．付属資料とする範囲
　ある資料と同時に刊行され，同時に利用するようになっている付属的な資
料。複合媒体資料の別個の部分も含む。
ｂ．記録の方法
　親である資料の形態事項の後に「＋」（プラス記号）を付して記録する。
　　　例）地球儀1基　：　木製　；　45cm　＋　解説書（38p；21cm）
　　　　　スコア1冊（119p）＋　パート譜25部　：　28cm　＋　リブレット
⑦シリーズに関する事項
　記述総則・図書の記述の規定による。
⑧注記に関する事項
ⅰ）注記するものの範囲
　記述総則・図書の記述の規定によるが，一般の注記と内容細目とがある。
ⅱ）記録の方法
　記述総則・図書の記述の規定による。
ⅲ）注記事項の種別
　記述総則・図書の記述の規定に準じるほか各資料種別に特徴的な注記を示し
ておく。
ａ．点字資料
　1）点訳ものか，書き下ろしかを区別するために，後者の場合「点字書き下
　　ろし」と注記する。
　2）対象資料に表示されている点訳者，校正者を注記する。
　3）点訳本の原本の書誌的事項（形態に関する事項を除く）が点字資料と重
　　なるときは，これを注記する。

b．地図資料
　　1）数値データとして，星図に描かれた星の光度等級の範囲を「光度の範囲」
　　　の語の下に最大22までの数字で注記する。
　　2）リモートセンシング図等については，必要に応じてその資料の数値的特
　　　徴を簡潔に注記する。
　　3）地形の高低が彩色，陰影等によって表示されているときは，その描写法
　　　を注記する。
　　　　　例）地形の高低は等高線間隔50mごとの彩色により表示
　　4）記述対象資料が意図している対象者等が情報源に表示されているときは
　　　注記する。
　　5）はめ込み図，挿図があるときは注記する。
　　6）地図の裏面に重要な事項が表示されているときは注記する。
c．楽譜
　　1）形態以前のエリアで記録できなかった，作品の楽曲形式および演奏手段
　　　（またはその一方），歌詞の言語について注記する。
　　2）総合タイトルをもたない楽譜で，同一作曲者の2曲目以降の各タイトル
　　　の一部または全部に関するタイトル関連情報は注記する。
　　3）タイトルと責任表示で記録できなかった責任表示は注記する。
　　　　　例）各曲の作詞者は列記の曲名の順に，岩佐東一郎，金子春美，江間章子，松島和子
　　4）記述対象資料に楽譜の種類の表示がなく記述の他の部分からも明確でな
　　　いときは注記する。
　　　　　例）旋律譜
　　5）記述対象資料に表示されている作曲年代（楽譜の末尾に記されている日
　　　付，解説にある作曲年等）は注記する。
　　　　　例）作曲年：　1986年（解説）
　　6）記述対象資料に演奏時間が表示されているときは，注記する。
　　　　　例）演奏時間：　約29分30秒
　　7）記譜法がその種類の楽譜で普通用いられないものであるときは，注記す
　　　る。
　　　　　例）尺八譜
d．録音資料
　　1）対象資料に表示された収録作品に関する説明等。
　　　　　例）室内オーケストラによる編曲．原作は楽器指定なしのオープンスコア
　　　　　　　バッハ生誕300年祭記念コンサート

2）記述対象資料で用いられている，日本語以外の言語について注記する。

例）歌詞：　フランス語

3）版，書誌的来歴に関する注記。

例）録音：　1983年11月

4）発行，頒布等に関する注記。

例）限定盤

5）形態に関して特記することがあれば注記する。

例）ディスクの盤面は正方形,20×20cm（§6.7.3.4）
　　モノラル録音の疑似ステレオ

6）内容細目：収録作品について記録する。各作品の再生時間は各タイトルに続けて記録する。

7）図書館が所蔵しているコピーに関する情報は注記する。

例）指揮者の署名入り（スリーブ裏）

e．映像資料

1）著作の様式を説明する必要のあるときは注記する。

例）テレビドラマ

2）当該資料で使用されている言語について必要な場合は注記する。

例）ドイツ語の台詞，日本語の字幕

3）責任表示として記録しなかった作画者，撮影者，原作者，原案者，演技者，演奏者，語り手，出演者等について注記する。

例）原作：　深沢七郎
　　撮影：　小林正彦

4）版および書誌的来歴に関する注記

例）同じタイトルの映画（1970）のビデオカセット版

5）対象者について情報源に表示のある場合は簡潔に注記する。

例）児童向け
　　新人研修用

f．静止画資料

1）美術作品の複製画や写真は，必要なら原作のタイトル・責任表示・製作・形態に関する事項などを注記する。

2）資料の所蔵地，所蔵者，所蔵年がわかっているときは注記する。

3）資料の展覧会出品の経歴や受賞歴を注記する。

4）国宝，重要文化財の指定を受けている場合は注記する。

5）資料が素描や下絵の場合，それがもとになった作品との関係を注記する。

6）寄贈者，委託者を注記する。

g．電子資料

（システム要件） 電子資料がローカルアクセス可能な場合は，内容の再生に必要なシステム要件を必ず注記する。

1）ハードウェア

例）システム要件： メモリ16MB以上

2）オペレーティング・システム ファイルの読みとり，実行に特定のオペレーティング・システムが必要なときは注記する。

h．マイクロ資料

1）製作上などでの傷がある場合は注記する。

2）形態エリアで記録しなかった形態に関する事項を注記する。

例）縮率 16×
銀塩フィルム

i．博物資料

1）資料の採集地・出土地，採集者・発掘者，採集年・出土年等を注記する。

2）寄贈者の住所，寄贈年等を注記する。

3）収蔵地・保管地，所蔵者・保管者，収蔵年・受入年等を注記する。

4）保存・展示などの取扱上の注意に関して，注記する。

5）国宝・重要文化財・重要美術品・県市町村の指定文化財等の指定年月日および展覧会等での受賞・表彰記録について注記する。

⑨標準番号，入手条件に関する事項

名称，表現に多少の相違があるが，おおむね記述総則・図書に同じである。

ⅰ）点字資料：ISBN，入手条件に関する事項：記述総則・図書に同じ。

ⅱ）地図資料：標準番号，入手条件に関する事項：記述総則・図書に同じ。

ⅲ）楽譜：ISBN（または出版者番号），プレート番号[注)]，入手条件に関する事項

注）プレート番号：楽譜の各ページ下欄外に表示されて，ある版の印刷に用いられた金属盤を特定する番号で，彫刻師が原版に彫ったもの。

1）ISBN，それがなければ出版者番号を記録する。

2）ISBNはその記録法による。出版者番号は次のように記録する。

例）出版者番号： OGT 65
出版者番号： B. & H. 15931

3）ISBNまたは出版者番号の後にプレート番号を記録する。

例）出版者番号： OGT 1074，プレート番号： W. Ph. V. 74

4）キイ・タイトル，入手条件については，図書の規定に準じる。

ⅳ）録音資料：標準番号（または代替番号注)），入手条件に関する事項

　　　注）代替番号：録音資料などの製造・販売者が，製品の識別用につける番号および文字列
　　　　　（またはその一方）。商品の場合は発売番号（レコード番号）と称し，レーベル名とともに
　　　　　記録される。

　1）標準番号，それがなければ代替番号を記録する。

　2）標準番号はその記録法による。

　3）代替番号のうち代表的なものは，発売番号である。次のように記録する。

　　　例）CBS／Sony 38DC 54

ⅴ）映像資料：標準番号，入手条件に関する事項：記述総則・図書に同じ。

ⅵ）静止画資料：標準番号，入手条件に関する事項：記述総則・図書に同じ。

ⅶ）電子資料：標準番号，入手条件に関する事項：記述総則・図書に同じ。

ⅷ）マイクロ資料：標準番号，入手条件に関する事項：記述総則・図書に同じ。

ⅸ）博物資料：標準番号，入手条件に関する事項：記述総則・図書に同じ。

⑩書誌階層：記述総則・図書に同じ。

⑪所蔵事項の記録：記述総則・継続資料に同じ。

⑫記述様式：記述総則・図書の記述に準じる。

参考　『日本目録規則1987年版　改訂3版』　記述付則2　記述の記載例

```
1  単行レベルの記録
        日本語の歴史␣／␣辻村敏樹著
        東京␣：␣明治書院,␣1991
        471p␣；␣19cm.␣—␣（講座日本語と日本語教育␣；␣第10巻）
        ISBN 4-625521-10-6␣：␣￥2884
        日本語教育教授法␣／␣寺村秀夫編
        東京␣：␣明治書院,␣1989–1991
        2冊␣；19cm.␣—␣（講座日本語と日本語教育␣；␣第13巻–第14巻）
        ISBN 4-625521-13-0␣(13)␣：␣￥2884
        ISBN 4-625521-14-9␣(14)␣：␣￥2884
2  継続刊行レベルの記録
        カメラ年鑑
        東京␣：日本カメラ社,␣1991—
        ␣冊␣：␣26cm.␣—␣（日本カメラmook）
3  集合レベルの記録（多段階記述様式）
        講座日本語と日本語教育.␣—␣東京␣：␣明治書院,␣1989–1991
        16冊␣；␣19cm
        第1巻：␣日本語学要説␣／␣宮地祐編.␣—␣1989.␣—␣336p
        ISBN 4-625521-01-7␣：␣￥2884
            （略）
```

　　　　第10巻：␣日本語の歴史␣／␣辻村敏樹著. ␣—␣1991. ␣—␣471p
　　　　ISBN 4-625521-10-6␣：␣¥2884
　　　　　　（略）
　　　　第13巻-第14巻：␣日本語教育教授法␣／␣寺村秀夫編. ␣—␣1989—1991. ␣—
　　　　␣2冊
　　　　ISBN 4-625521-13-0␣(13)␣：␣¥2884
　　　　ISBN 4-625521-14-9␣(14)␣：␣¥2884
4　集合レベルの記録（簡略多段階記述様式）
　　　講座日本語と日本語教育
　　　第10巻：␣日本語の歴史␣／␣辻村敏樹著
　　　東京␣：␣明治書院, ␣1991
　　　471p␣：␣19cm
　　　ISBN 4-625521-10-6␣：␣¥2884
5　構成レベルの記録（分出記録様式）
　　　夫婦の法の課題␣／␣利谷信義著. ␣—␣（夫婦. ␣—␣東京：␣日本評論社, ␣
　　　1991. ␣—␣p 7-14. ␣—␣（講座・現代家族法／␣川井健ほか編 ；␣2巻））
　　　J-BISC主題検索の基礎知識␣／␣千賀正之著. ␣—␣（図書館雑誌. ␣—␣第83巻
　　　6号-11号）

4　アクセス・ポイント（標目）

　NCRは，全資料メディアに共通に適用するものとして以下のように規定している。

　標目の種類には，タイトル標目（書名標目），著者標目，件名標目，分類標目がある。この章ではタイトル標目と著者標目に限定し，件名標目，分類標目は「Ⅵ　主題からのアプローチ1」で述べる。

　単一記入の目録においては著者標目を中心に基本標目を選定する。〔→付 資料8〕

　さらにタイトル標目，著者標目に関係する「統一タイトル」も規定している。

（1）標目総則（§21）
①通則（§21.0）
　標目のよりどころは次のとおりである。
　・記述中に含まれるタイトル，著者名
　・記述にないが参照によって導かれるタイトル，著者名
②標目の選択（§21.1）

　標目の選択は，原則として記述の本体となる書誌レベルの書誌単位を対象とし，必要ならば，他の書誌レベルの書誌単位をも対象とする。

③標目の形（§21.2）

ⅰ）統一標目（§21.2.0）

　著者標目には，著者名典拠ファイルに定められた形，すなわち統一標目[注]を用いることを原則とする。（実例集29）

> 注）統一標目の維持管理には，統一標目の形と読み，参考とした典拠資料名，不採用の名称からの参照等を記録した典拠ファイルが必要である。
> 　公刊されているものに『NDL CD-ROM Line国立国会図書館著者名典拠録』2000年版があり，日本人名の典拠ファイルとして最も標準的である。

ⅱ）統一タイトル（任意規定）

　タイトル標目については無著者名古典，聖典および音楽作品の範囲内で統一標目（統一タイトル）を用いることができる。（§21.2.1任意規定，§26）

　統一タイトルでも典拠ファイルを備える必要がある。

④標目の表し方（§21.3）

　標目はまず標目指示として記述の下部に記録する。この指示に従って各記入の標目として表示される。

ⅰ）標目指示におけるタイトル，著者名等の標目の表し方（§21.3.0）

　片仮名で表す。ただしローマ字で表してもよい。

〈片仮名表記法〉（NCR標目付則1参照）

a．「ヰ」「ヱ」「ヲ」　　→「イ」「エ」「オ」　「みづゑ」を読む→ミズヱ　オ　ヨム

b．「ヂ」「ヅ」　　　　→「ジ」「ズ」　ちぢみづくり　→　チジミズクリ

c．助詞「へ」（〜へ）　→「エ」　　　何処へ　　　　→　イズコエ

d．助詞「ハ」（〜ハ）　→「ワ」　　　人は城　　　　→　ヒト　ワ　シロ

e．漢字表示の外国語はその発音に従って表記する。

　　　桑港　　　　→サンフランシスコ

　　　西班牙　　　→スペイン

f．アルファベット表示の固有名，語句は発音に従って片仮名で表記。（実例集19）

　　　COBOL入門　　　　　　　→　コボル　ニュウモン

　　　阿Q正伝　　　　　　　　→　ア　キュー　セイデン

　　　This is Japan　　　　　　→　ジス　イズ　ジャパン

　　　D.H.ロレンスの研究　　　→　ディ　エイチ　ロレンス　ノ　ケンキュウ

　　ただし，読みが一定しないものについては常用の読みによる。

　　　Virus　→　ウィルス（ビールスの読みあり）

g．拗音，促音は小文字で表記する。

h．タイトル中の数字は，常用の読みに従って片仮名で表記する。

　　　七人の敵が居た　→　シチニン　ノ　テキ　ガ　イタ

　　　　日本十進分類法　→　ニホン　ジッシン　ブンルイホウ
ⅰ．長音は外来語，固有名で使用されている場合および外国語の片仮名表記に使用する。
　　　　Henry Fieldingの小説　→　ヘンリー　フィールディング　ノ　ショウセツ
〈アルファベットの読み〉
ａ．英語
　Aエイ，Bビー，Cシー，Dディー，Eイー，Fエフ，Gジー，Hエイチ，Iアイ，Jジェイ，Kケイ，Lエル，Mエム，Nエヌ，Oオー，Pピー，Qキュー，Rアール，Sエス，Tティー，Uユー，Vヴイ，Wダブリュー，Xエックス，Yワイ，Zゼット
ｂ．ドイツ語
　Aアー，Bベー，Cツェー，Dデー，Eエー，Fエフ，Gゲー，Hハー，Iイー，Jヨット，Kカー，Lエル，Mエム，Nエヌ，Oオー，Pペー，Qクー，Rエル，Sエス，Tテー，Uウー，Vファウ，Wヴェー，Xイクス，Yイプシロン，Zツェット
ｃ．フランス語
　Aア，Bベ，Cセ，Dデ，Eウ，Fエフ，Gジェ，Hアシュ，Iイ，Jジ，Kカ，Lエル，Mエム，Nエヌ，Oオ，Pペ，Qキュ，Rエール，Sエス，Tテ，Uユ，Vヴェ，Wドゥブルヴェ，Xイクス，Yイグレック，Zゼッド
ｄ．スペイン語
　Aア，Bベ，Cセ，Chチェ，Dデ，Eエ，Fエフェ，Gへ，Hアチェ，Iイ，Jホタ，Kカ，Lエレ，Lℓエリェ，Mエメ，Ñエネ，Nエニェ，Oオ，Pペ，Qク，Rエレ，Sエセ，Tテ，Uウ，Vベ，Wベドブレ，Xエキス，Yイグリエガ，Zセタ

ⅱ）漢字等の付記
　片仮名だけではわかりにくい標目には漢字を付記する。

ⅲ）MARCレコードの標目の記録
　MARCレコードに標目を記録するときは，当該標目の片仮名表記と漢字等を併記する。

⑤標目指示（§21.4）
ⅰ）記入における標目指示の位置
　標目指示は，編成する目録の種別ごとに記述の下部に次のように記載する。
　　例）t1. タイトル標目　a1. 著者標目　s1. 件名標目　①分類標目
　あるいは下記のような場合もあり得る。
　　例）t1. タイトル標目　a1. 著者標目　a2. 著者標目　s1. 件名標目　s2. 件名標目
　　　　①分類標目
ⅱ）標目指示の順序
　標目指示の順序は，タイトル，著者，件名，分類の順とし，標目の種別ごとに略語を冠した一連のアラビア数字を用いる。
　　・タイトル標目　番号に「t」を冠する。t：title
　　・著者標目　番号に「a」を冠する。a：author

　　・件名標目　番号に「s」を冠する。s：subject

　　・分類標目　番号を「○」で囲む。

ⅲ）MARCレコードにおける標目の記録順序

　MARCレコードにおける標目の記録順序は，特定のMARCフォーマットで定める方式による。

⑥標目の記載方法（§21.5）

ⅰ）記載の位置

　標目は，記述の上部に（タテ1線から）記載する。

ⅱ）記載方法

　標目は，原則として標目指示に示されたとおりに記載する。

⑦参照（§21.6）

ⅰ）「を見よ参照」と「をも見よ参照」

　参照は，一つの標目を他の特定の標目へ導く「を見よ参照」と，一つの標目について他に関係の深い標目があることを示す「をも見よ参照」を用いる。

ⅱ）記載の位置

　参照における標目（見出しの標目）の記載位置は，通常の標目の記載位置と同じ。導かれる先の標目は，見出しの標目とは改行して，「……を見よ」あるいは「……をも見よ」と表示して記録する。

ⅲ）記載方法

　標目は上記⑥ⅱ）に準じて記載する。ただしそれぞれに該当する漢字等を付記する。（実例集32，33）

（2）タイトル標目（§22）

①タイトル標目の選び方（§22.1）

　タイトル標目は原則として記述の記載事項の中から次の基準で選ぶ。なお，下表の①—⑩の記号は便宜上使用した。

標目とするタイトル	標目としてもよいタイトル	標目としないタイトル
①本タイトル（タイトル関連情報は⑤によって標目とできるが，タイトルに添えた形では標目としない）。総合タイトルがない合集の個々の作品名も本タイトルである。 ②別タイトル	③タイトルの修飾語または修飾部を除いた部分 ④並列タイトル ⑤タイトル関連情報 ⑥シリーズ名 ⑦注記に記録されているタイトル（ただし⑧—⑩を除く）	NCRにこの規定はないが，下記は通常タイトル標目に選択しないとみられる。 ⑧部編名 ⑨出版者シリーズ ⑩副シリーズ名

②タイトル標目の形式（§22.2）

タイトルは記述中に記録されている形を標目とする。

③タイトル標目の表し方（§22.3）

ⅰ）通則

和資料は片仮名で表記する。

ⅱ）巻次の表記

タイトルの後に巻次があるときは，これを簡略な形で付加する。

> 例）多摩の百年　上　　→タマ　ノ　ヒャクネン　1
>
> 法律学全集　第3巻　→ホウリツガク　ゼンシュウ　3

④タイトル標目指示（§22.4）

ⅰ）通則

タイトル標目指示の記載の順序は，次の順とする。

1）本タイトル　　　　　2）別タイトル

3）部分タイトル　　　　4）並列タイトル

5）タイトル関連情報　　6）シリーズ名

7）注記に記録されているタイトル

ⅱ）記載の位置

記述の下部に記載する。番号に「t」を冠する。（実例集p.42）

⑤タイトル標目の記載

ⅰ）通則

標目は，標目指示に示されたとおり記載する。

ⅱ）記載の位置

記述の上部に（タテ第1線から）記載する。

⑥参照〔→4（1）⑦〕（実例集32b）

（3）著者標目（§23）

①著者標目の選び方（§23.1）

著者標目は原則として記述の記載事項の中から下記の基準で選ぶ。なお下表の「甲，乙」「①—⑥」「A—C」などの記号は便宜上使用した。

甲：記述中の位置による段階的取扱い　乙：著作への関与の仕方による段階的取扱い

	標目とする著者	標目としてもよい著者	標目としないもの
甲	①本タイトルの責任表示として記録の個人・団体 ②合集の個々の著者 ③責任表示としては記録されていないが本タイトルにその名の存する著者	④特定の版のみに関係のある関与者 ⑤シリーズに関する責任表示として記録されている個人，団体 ⑥注記中の個人・団体 ⑦出版者	
乙	A　主な関与者 著者　　編纂者　　翻案者 改作者　脚色者　作曲者 編作曲者など	B　副次的関与者 編者　　訳者　　監訳者　注釈者 評釈者　校訂者　校閲者　訓点者 解説者　監修者　編曲者　演奏者 作詞者	C　臨時の出版編集組織，特定の資料を刊行するために設けられた編纂委員会，刊行会など

②著者標目の形式（§23.2）

ⅰ）通則

　著者は，典拠ファイルに定められた統一標目の形を用いる。

ⅱ）人名

a．（通則）

　人名は，原則として最初に目録記入を作成するとき，その資料に表示されている形を統一標目とする。

b．（著名な著者）

　著名な，あるいは著作の多い著者については，統一標目は次の優先順位による。

　　1）参考資料等において多く用いられている形

　　2）多くの著作で一致している形

c．（2以上の名称を用いる著者）

　同一著者が2以上の名称を用いるとき，次の場合には，それぞれの名称を標目とする。

　　・改姓改名した著者が，新旧の姓名で著作しているとき

　　　　例）ゲシュタポ　武林文子著　　→　タケバヤシ，フミコ

　　　　　七十三歳の青春　宮田文子著→　ミヤタ，フミコ

　　　　　（参照：「武林文子」「宮田文子」　相互に）

　　・同一著者が著作の内容によって2以上の名称を使い分けているとき

　　　　例）「文学の輪郭　中島梓著」→　ナカジマ，アズサ

　　　　　「魔界水滸伝　栗本薫著」→　クリモト，カオル

　　　　　（参照：「中島梓」「栗本薫」　相互に）

「日本金融資本論　古賀英正著」→ コガ，ヒデマサ
「元禄太平記　南条範夫著」　　→ ナンジョウ，ノリオ
（参照：「古賀英正」「南条範夫」　相互に）

d.（同名異人）

同名異人は，生没年を付記して区別する。生没年で区別できないときは，さらに職業，専門分野，世系等を付記して区別する。ただしすべての人名に生没年等を付記するものとすることができる。

例）鈴木清（1906-　教育心理学）　スズキ，キヨシ（1906-　教育心理学）
　　鈴木清（1906-　工芸家）　　　スズキ，キヨシ（1906-　工芸家）
　　鈴木清（1907-　　　）　　　　スズキ，キヨシ（1907-　）
　　尾上菊五郎（7代目）　　　　　オノエ，キクゴロウ（7代目）

e.（各種の人名）

1）（姓名の形をもつ人名）次の人名は，姓の下に名を続ける形を標目とする。姓と名はカンマで区切る。
　　・姓と名から構成されている人名
　　・筆名，雅号，屋号等で知られ，姓と名のように慣用されている人名

　　　　例）なだいなだ　　　　→ ナダ，イナダ
　　　　　　東洲斎写楽　　　　→ トウシュウサイ，シャラク
　　　　　　十返舎一九（1世）→ ジッペンシャ，イック（1世）
　　　　　　三遊亭円朝　　　　→ サンユウテイ，エンチョウ
　　　　　　江戸川乱歩　　　　→ エドガワ，ランポ
　　　　　　獅子文六　　　　　→ シシ，ブンロク
　　　　　　Oヘンリー　　　　→ ヘンリー，O

　　・地名と結び付いた形で知られ，姓と名のように慣用されている人名

　　　　例）佐倉宗五郎　　　　→ サクラ，ソウゴロウ

2）（姓または名のみの人名）次の人名は，姓または名のみを標目とし，必要事項を付記する。
　　・姓または名しか明らかでない人名

　　　　例）「をだまき集　梁田氏著」　→ ヤナダ
　　　　　　「園女奉納千首和歌　園女作」→ ソノ

　　・名のみで知られている人名

　　　　例）ピウス（2世）→　ピウス（2世）
　　　　　　フリードリヒ（2世，プロイセン国王）→フリードリヒ（2世，プロイセン国王）
　　　　　　空海　　　　　　→クウカイ

3）（姓と名から構成されていない人名）姓と名から構成されていない人名

は，全体を一語とした形を標目とする。

　　例）明治天皇　　　→ メイジ　テンノウ
　　　　藤原道綱母　　→ フジワラ　ミチツナ　ノ　ハハ
　　　　清少納言　　　→ セイ　ショウナゴン
　　　　フランキー堺 → フランキー　サカイ
　　　　デーモン小暮 → デーモン　コグレ
　　　　ラサール石井 → ラサール　イシイ

　4)（外国人名）外国人名については，上記のほか次の各項による。
　　・古代ギリシア人名は，ギリシア語形を標目とする。
　　　　例）ホメルス → ホメロス
　　　　　　ホーマー → ホメロス
　　　　　　プラトー → プラトン
　　・西洋人名中の前置語の扱いは，その著者の国語の慣習に従う。
　　　前置語は，一般に名の後におかれる。
　　　アフリカーンズ語，英語，イタリア語等では，姓は前置語から始まる。
　　　フランス語，ドイツ語，スペイン語においては，冠詞または冠詞と前置
　　　詞の縮約形だけが姓の前におかれる。
　　　　例）フォン・ノイマン，ジョン
　　　　　　ラ・フォンテーヌ，ジャン　ド
　　　　　　デュ・ボス，シャルル
　　・複合姓は，著者が常用している形か，確立している慣用形を標目とする。
　　　　例）オルテガ・イ・ガセット，ホセ
　　・西洋の貴族のうち，その称号で一般に知られている人名は，称号中の固
　　　有名の下に記録する。
　　・中国人名，朝鮮人名は，上記1)―3)の規定による。
　　・中国人名，朝鮮人名以外の東洋人名は各国の慣習に従う形を標目とす
　　　る。
　　　別法：外国人名は原語形の名称を標目とすることとしてもよい。

ⅲ）団体名
a．（通則）
　団体名は，原則としてその団体の出版物に多く表示されている形を統一標目
とする。
b．（法人組織等の語句の省略）
　団体名の冒頭にあって，その団体の法人組織，創立の趣旨等を表示する部分
は省略する。

　　例）恩賜記念上野動物園　　→ ウエノドウブツエン（あるいはウエノ　ドウブツエン）
　　　　社団法人日本図書館協会 → ニホントショカンキョウカイ

c．（団体の名称の変更）

　団体の名称に変更があった場合は，それぞれの著作当時の名称を標目とする。

　　例）農林省　　　→ ノウリンショウ
　　　　農林水産省 → ノウリンスイサンショウ
　　　　（参照：「農林省」「農林水産省」　相互に）

d．（団体の内部組織）

　団体の名称が内部組織を含めて資料に表示されているときは，その内部組織を省略した名称を標目とする。ただし内部組織を含めた名称を標目としてもよい。

　　例）財務省関税局　　　 → ザイムショウ
　　　　東京都建設局河川部 → トウキョウト
　　　　日本山岳会東海支部 → ニホンサンガクカイ

e．（同名異団体）

　同名異団体は，所在地，創立年等を付記して区別する。

　　例）社会科教育研究会 → シャカイカキョウイクケンキュウカイ（東京学芸大学内）
　　　　社会科教育研究会 → シャカイカキョウイクケンキュウカイ（大阪市教職員組合）

f．（各種の団体）

　1）（国の行政機関―日本）

　　・国の行政機関は，その名称を標目とする。

　　　例）人事院　　　 → ジンジイン
　　　　　会計検査院 → カイケイケンサイン
　　　　　林野庁　　　 → リンヤチョウ

　　・国の行政機関の付属機関は，その名称を標目とする。ただし識別上他の機関とまぎらわしいときは，所轄行政機関名を冠した名称を標目とする。

　　　例）法務総合研究所　　　 → ホウムソウゴウケンキュウジョ
　　　　　国立がんセンター　　 → コクリツガンセンター
　　　　　産業技術総合研究所 → サンギョウギジュツソウゴウケンキュウジョ
　　　　　財務省印刷局　　　　 → ザイムショウインサツキョク
　　　　　防衛庁技術研究本部 → ボウエイチョウギジュツケンキュウホンブ

　　・国の行政機関の出先機関（地方支部局）は，その名称を標目とする。

　　　例）近畿経済産業局 → キンキケイザイサンギョウキョク
　　　　　東京税関　　　　 → トウキョウゼイカン

　　　　　札幌管区気象台 → サッポロカンクキショウダイ

・在外公館は，国名に続けて「大使館」「領事館」等の機関名を付した形を標目とし，その所在国または所在地を付記する。

　　　例）在アメリカ大使館（日本）→ ニホンタイシカン（在アメリカ合衆国）

2）（国の立法機関および司法機関）国の立法機関はその名称を標目とする。

　　　例）衆議院　　　　　→ シュウギイン
　　　　　最高裁判所　　　→ サイコウサイバンショ
　　　　　東京地方裁判所 → トウキョウチホウサイバンショ

3）（政府関係機関）政府関係機関はその名称を標目とする。

　　　例）日本銀行　　　　　→ ニホンギンコウ
　　　　　海外技術協力事業団 → カイガイギジュツキョウリョクジギョウダン

4）（地方公共団体）

・地方公共団体は，その名称を標目とする。

　　　例）大阪府　　　　　　→ オオサカフ
　　　　　愛知県議会　　　　→ アイチケンギカイ
　　　　　東京都教育委員会 → トウキョウトキョウイクイインカイ

・地方公共団体の付属機関および出先機関は，地方公共団体名を冠した名称を標目とする。

　　　例）京都府労働経済研究所 → キョウトフロウドウケイザイケンキュウジョ

5）（教育施設）

・大学，学校等の教育施設は，その名称を標目とする。

・大学の学部は，大学名を標目とする。

　　　例）京都大学文学部　　　　　→ キョウトダイガク
　　　　　東京大学医学部生理学教室 → トウキョウダイガク

・大学に付属，付置された学校，図書館，博物館，研究所，試験所（場），病院等は，一般によく知られている名称を標目とする。

　　　例）大阪市立大学医学部附属病院 → オオサカシリツダイガクフゾクビョウイン
　　　　　福岡教育大学教育学部附属久留米中学校
　　　　　　→ フクオカキョウイクダイガクフゾククルメチュウガッコウ

6）（外国の団体）

・外国の団体は，わが国慣用の日本語形の名称を標目とする。この形が把握できないときは，資料に表示されている日本語形の名称を標目とする。

　　　例）米国図書館協会　　　　　　　→ アメリカトショカンキョウカイ
　　　　　ブリティッシュ・ミュージアム → ダイエイハクブツカン

・外国の政府機関等は，国名，連邦加盟共和国名，州名，邦名，都市名等

を冠した名称を標目とする。（§付録3「国名標目表」参照）

　　例）イギリス運輸省　　　　→ イギリスウンユショウ
　　　　カリフォルニア州議会 → カリフォルニアシュウギカイ

　7）（国際団体）国際的に組織された連盟，学会，協会等は，わが国慣用の名称を標目とする。

　　例）国連　　　　　　　　　　→ コクサイレンゴウ
　　　　国際連合教育科学文化機関 → ユネスコ
　　　　WHO　　　　　　　　　 → セカイホケンキコウ

　別法：国際団体は一般によく知られている原語形の名称を標目とする。

　8）任意規定：会議，大会等はその名称を標目とし，必要に応じて回次，開催年，開催地を付記する。

③著者標目の表し方

ⅰ）通則

　標目は，原則として片仮名で表記する。

　別法：外国の人名，団体名は原語形の名称をローマ字で表記する。

ⅱ）漢字等の付記

　標目が記述中の表示によらない場合は，必要に応じてそれに該当する漢字，ローマ字等を付記する。

ⅲ）同名異人，同名異団体への付記

　同名異人，同名異団体の付記事項は，漢字，ローマ字，数字等を用いる。

ⅳ）人名

a.（通則）

　1）姓名の形をもつ人名は，姓と名の間をコンマ（,）で区切って表記する。

　　例）カワバタ，ヤスナリ

　2）姓と名から構成されていない人名はコンマを用いずに表記する。

　　例）ビート　タケシ

b.（日本人名）

　1）原則として本人に固有の読みを表記する。

　2）仮名で表されている名がその読みと異なるときは，その読みを表記する。

　　例）村山リウ→ムラヤマ，リュウ

　3）おおよそ中世までの人名で慣用される，姓と名の間の「ノ」の読みは採用しない。ただし，姓が単音またはその長母音の場合は「ノ」を残す。

　　例）山部赤人 → ヤマベ，アカヒト
　　　　源実朝　 → ミナモト，サネトモ
　　　　千利休　 → セン，リキュウ

　　　　例外）太安麻呂 → オオノ，ヤスマロ
　　　　　　　紀貫之　　→ キノ，ツラユキ
c.（東洋人名）
　　1）漢字のみで表示される中国人名等は，その漢字の日本語読みで表記する。
　　　　例）毛沢東 → モウ，タクトウ
　　2）漢字に母国語読みが併記された形で表示されている中国人名，朝鮮人名
　　　は，その漢字の母国語読みで表記する。
　　　　例）イー・オリョン〈李御寧〉→ イー，オリョン
　　　　　　安宇植（アン　ウシク）　→ アン，ウシク
d.（西洋人名）
　　西洋人名を片仮名で表記するときは，次の各項による。
　　1）名がイニシアル形で表示されているときは，ローマ字で表記する。
　　　　例）ローレンス，D.H.
　　2）前置語を伴う姓，複合姓等，2語以上の語間には，中点（・）を入れる。
　　　　例）ド・ゴール，シャルル
　　3）長音，拗長音は，「ー」（長音符号）で表す。
ｖ）団体名
a.（通則）
　　団体名は，全体を一語として一連に表記する。ただし，分かち書きすること
ができる。
ｂ．任意規定
　　団体の内部組織を含めた形を標目とするときは，その上部組織と内部組織の
間を「.」（ピリオド）で区切って表記する。
④著者標目指示（§23.4）
ⅰ）通則
　　標目指示の記載の順序は，人名，団体名の順とし，それぞれの中は次の順と
する。
　　1）本タイトルの責任表示として記録される著者名
　　2）特定の版または付加的版の責任表示として記録されている著者名
　　3）シリーズに関する責任表示として記録されている著者名
　　4）注記に記録されている著者名
　　5）出版者名（特に選定した場合のみ存在）
ⅱ）記載の位置
　　タイトル標目指示に続いて次のように記載する。

　　例）a1. ロラン，ロマン　a2. カタヤマ，トシヒコ

⑤著者標目の記載

ⅰ）通則

　　標目は，標目指示に示されたとおりに記載する。

ⅱ）記載の位置

　　記述の上部に（タテ第1線から）記載する。

⑥参照（§23.6）

ⅰ）「を見よ参照」

　　著者名について一つの形や読みを統一標目としたとき，他の形や読みから統一標目へ導く，「を見よ参照」を用いる。（実例集32a）

ⅱ）「をも見よ参照」次の場合に用いる。

　　1）著作の内容によっては2以上の名称を使い分けている著者について，それぞれの名称を標目としたとき，各標目相互間に用いる。（実例集33a）

　　2）改姓改名した著者について，それぞれの名称を標目としたとき，それぞれの標目相互間に用いる。

　　3）名称を変更した団体について，それぞれの名称を標目としたとき，それぞれの標目相互間に用いる。

ⅲ）記載位置および記載方法（実例集32a, 33a）

（4）統一タイトル（§26）（実例集20）

①通則

　　統一タイトルは任意規定であり，採用は個々の図書館の目録方針による。

ⅰ）目的

　　統一タイトルは，ある著作がさまざまなタイトルで刊行される場合，統一された著作名の下に目録記入を目録中の1カ所に集中するために用いる。

ⅱ）適用範囲

　　統一タイトルは，無著者名古典，聖典および音楽作品の範囲内で適用する。

②標目の選び方

　　通則：標目は参考資料等の中から選ぶ。なお無著者名古典・聖典に関してはNCRの付録4「無著者名古典・聖典統一標目表」から選ぶ。

　　　　（無著者名古典統一標目の例）

　　　　東鑑　　　　　　　→ 吾妻鏡

　　　　アラビアン・ナイト → センイチヤモノガタリ（千一夜物語）

　　　　出雲の風土記　　　→ イズモノクニフドキ（出雲国風土記）

　　　牛若物語　　　　　　→ ギケイキ（義経記）
　　　かぐや姫物語　　　　→ タケトリモノガタリ（竹取物語）
　　　在五中将物語　　　　→ イセモノガタリ（伊勢物語）
　　　治承物語　　　　　　→ ヘイケモノガタリ（平家物語）
　　　保元記　　　　　　　→ ホウゲンモノガタリ（保元物語）

③標目の形

ⅰ）通則

　標目は，わが国慣用の形か，一般によく知られている形を統一標目とする。

ⅱ）種類

　標目の形には次の2種類がある。

　・統一タイトルを単独で用いる形（単独形）
　・著者名の下に統一タイトルを続けて用いる形（複合形）

ⅲ）付記事項

　統一タイトルを他の統一タイトルと区別したり，さらに敷衍する必要があるときは，記述対象資料の言語名や音楽作品の演奏手段，作品番号，作品目録番号等を付記する。

④標目の表し方

ⅰ）単独形

　統一タイトルを単独で用いるときは，標目は片仮名で表記し，そのタイトルに固有の文字を付記する。〔→4（4）②の例〕

ⅱ）複合形

　著者名の下に統一タイトルを用いるとき，著者名に続く統一タイトルの標目は，そのタイトルに固有の文字で表記する。

⑤統一タイトル標目指示

ⅰ）単独形

　統一タイトルを単独で用いるときは，番号に「tu」を冠して，タイトル標目の最初の位置に指示する。

ⅱ）複合形

　著者名の下に統一タイトルを用いるときは，番号「au」を冠して，著者標目の最初の位置に指示する。

ⅲ）記載の位置

　記述の下部に記載する。〔→4（1）⑤ⅰ）〕

⑥統一タイトル標目の記載方法

ⅰ）通則

標目は，標目指示に示されたとおりに記載する。

ⅱ）記載の位置

記述の上部に（タテ第1線から）記載する。ただし複合形の場合は，4（4）④ⅱ）の例を参照。

⑦統一タイトル関係の参照（実例集32b）

ⅰ）統一タイトルが本タイトルと同一のとき

統一タイトルが記述対象資料の本タイトルと同一のときは，統一タイトルの標目は省略する。

ⅱ）統一タイトルが本タイトルと異なるとき

統一タイトルが記述対象資料の本タイトルと異なるときは，本タイトルの標目は統一タイトルへの参照とする。

ⅲ）記載位置および記載方法（実例集32b）

（5）　NCR2018年版

同版序説及び総則から抜粋して記す。

①序説

本規則の特徴

NCR1987年版との比較における本規則の特徴としては，次の点が挙げられる。

ⅰ）FRBR等の概念モデルに密着した規則構造

「第1部　総説」に続いて，「第2部　属性」，「第3部　関連」に大きく分け，扱う実体ごとの章立てとしている。RDAの規則構造と類似しているが，第2部を「属性の記録」と「アクセス・ポイントの構築」に分けたこと，「属性総則」，「アクセス・ポイントの構築総則」，「関連総則」をそれぞれ置いたことなど，異なる部分もある。

ⅱ）典拠コントロールの位置づけ

RDAと同じくFRBR等の概念モデルに準拠して，著作や個人等を実体ととらえ，それぞれに属性・関連のエレメントを設定している。記述に付す標目や参照を規定するのみのNCR1987年版とは異なり，典拠データを作成・管理する典拠コントロール作業を規則上に明確に位置づけた。次に述べる著作の扱いを含め，典拠データの比重が相対的に高められた。本規則では，各実体に必要な属性が記録され，それらをもとに典拠形アクセス・ポイントと異形アクセス・ポイントの構築が行われる。

ⅲ）全著作の典拠コントロール

RDAと同じく，著作の識別および著作とその表現形・体現形との関連を

重視し，すべての著作に対して典拠コントロールを行って典拠形アクセス・ポイントを構築するよう規定している。統一タイトルの適用を限定してきたNCR1987年版からは大きな転換となる。

　RDAに準じて，著作に対する典拠形アクセス・ポイントは，著作の優先タイトルと創作者に対する典拠形アクセス・ポイントを結合した形をとることを原則としている。この場合，著作の態様に応じて，創作者とみなす範囲や，優先タイトルのみの単独形をとる場合などの判断を行う必要がある。その際，RDAがAACR 2における基本記入標目選定に関する規定を一部修正のうえ援用して，著作に対する典拠形アクセス・ポイント構築の規定としているのを受けて，本規則もそれにほぼ準じる規定としている。この結果，記述ユニット方式を採用していたNCR1987年版にはなかった規定を大幅に盛り込んでいる。

iv）資料の内容的側面と物理的側面の整理

　FRBRにおける第1グループの4実体ごとに属性の記録を章立てすることで各属性の位置づけを明確にし，とりわけ資料の内容的側面と物理的側面の整理を図っている。著作に対する典拠形アクセス・ポイントを必須とすること，著作・表現形に対して新たな属性を多数追加していることなど，NCR1987年版に比べ内容的側面を重視したといえる。なお，RDAでは体現形・個別資料の属性と著作・表現形の属性を各々まとめて扱うセクションを設定し，一つの章に複数の実体に関する属性の規定を収める場合があるが，本規則の属性の部では，例外なく実体ごとに章を分けている。

　資料の種別について，表現形の種類を表す「表現種別」，体現型の種類を表す「機器種別」，「キャリア種別」，刊行方式の区分を設定して，多元的にとらえる。また，ISBDやRDAに準じて，従来の目録規則がとっていた資料種別による章立ては行わない。

ⅴ）関連の記録

　FRBR等の概念モデルに準拠した結果，関連を実体の属性とは別立ての部とし，これを重視することとなった。実体間の関連の記録という形をとることで，目録提供時のリンク機能が無理なく提供できるなどの効果を期待できる。なお，一部の関連については，RDAに準じて，関連の詳細を示す「関連指示子」を設定している。

ⅵ）書誌階層構造

　NCR1987年版における書誌階層構造の考え方を維持している。書誌階層構造は，FRBRで規定する体現形における関連の一種（全体と部分）に相当する。体現形の記述を行う場合に推奨するレベルとして，基礎書誌レベルを設定す

る。なお，形態的に独立した資料だけでなく，その構成部分も記述対象とできるよう規定する。

vii）エレメントの設定

　利用者の利便性とデータ処理上の柔軟性に鑑みて，従来の規則の「注記に関する事項」，「その他の形態的細目」等を多数のエレメントに細分するなど，より小さな単位でエレメントを設定している。また，RDAとの相互運用性を重視して，RDAに存在するエレメントは，すべて本規則にも設定している。

　NCR1987年版に設けていた記述の精粗のレベルの規定は置かず，RDAに準じて，記録を必須とする「コア・エレメント」を明示する方式をとっている。

viii）語彙のリスト

　RDAに準じて，情報源からの転記によらないエレメントの多くで，用いる語彙のリストを提示している。この種のものはNCR1987年版にもいくつかあったが，本規則ではRDAの語彙をベースとし，RDAに存在する語はできる限り採録したうえで，日本独自のものを加えている。

ix）意味的側面と構文的側面の分離

　ISBD区切り記号法等を規定していたNCR1987年版とは異なり，RDAと同じく規定対象をエレメントの記録の範囲と方法に限定し，エレメントの記録の順序，エンコーディングの方式，提供時の提示方式は，原則として規定していない。意味的側面（エレメントの定義や値のルール）と構文的側面（記述文法やエンコーディング）の分離は，メタデータ関連の諸標準で意識される事項である。構文的側面については，図書館界にとどまらない相互運用性を備えた方式が採用され，LODとして開放的に提供された書誌データの広範な活用につながることが望ましい。

x）機械可読性の向上

　上記9項目に述べたことは，それぞれの意義をもつとともに，機械可読性の向上という側面からもとらえられる。FRBR等の概念モデルを基盤とし，RDAとの相互運用性を担保した規則とすることで，NCR1987年版に比べて機械可読性の高い書誌データを作成できる。

xi）統制形アクセス・ポイントの言語・文字種と読み，排列の扱い

　NCR1987年版では，タイトル・著者等の標目について，和資料は片仮名で，洋資料はローマ字で表すこととしていた。表示形を標目としないのは，カード目録における排列を考慮した規定であった。本規則では，作成・提供の電子化が進んでからの目録慣行を踏まえて，日本語の優先タイトルおよび日本の個人・家族・団体，場所の優先名称について表示形とし，あわせて読みを記録す

ることを原則としている。外国語（中国語および韓国・朝鮮語を除く）の優先
タイトルおよび外国の個人等の優先名称については，表示形または翻字形とす
る本則と，片仮名表記形とする別法を設け，データ作成機関の選択に委ねる。

　NCR1987年版は，記述の部，標目の部に続けて排列の部を設けていたが，
目録の作成・提供の電子化を考慮して，本規則では排列は扱っていない。

xii）RDAとの互換性

　準国際的な目録規則であるRDAを適用して作成された書誌データとの互換
性に配慮している。前述のとおり，エレメントの設定をRDAと整合させてい
る。また，NCR1987年版とRDAの規定が異なる場合は，RDAの規定に優位性
がある場合はもちろん，優劣つけがたい場合もRDAにあわせる規定とした。
日本の出版状況や目録慣行からRDAと異なる規定をとる場合もあるが，その
際は原則としてRDAの方式を別法に規定した。さらに，目録用言語に英語を
採用した場合の記録の方法をできる限りRDAと一致させる，語彙のリストを
日英併記とする，等の措置も行っている。

xiii）NCR1987年版からの継続性

　一般に体現形に対する記述を書誌データの根幹とする点などは，NCR1987年
版による目録作成と変わらない。また，規則構造は大きく変わったが，個々の
条項ではNCR1987年版を継承する規定も少なからずある。

　日本の出版状況や目録慣行から，NCR1987年版の規定を継承した方がよいと
判断した場合は，RDAと異なっていても採用している。また，RDAに準じて変
更した箇所の多くで，NCR1987年版の方式を別法とした。

（中略）

②総則（抜粋）

第0章　総説

＃0.1　本規則の目的

　本規則は，日本における標準的な規則として策定された目録規則である。

　本規則は，公共図書館，大学図書館，学校図書館など，多様なデータ作成機
関における使用を想定している。また，国際的な標準に準拠する一方，日本語
資料の特性や従来の規則との継続性にも配慮している。

＃0.2　他の標準・規則との関係

　1990年代後半以降，相次いで目録の新しい概念モデルであるFRBR，FRAD，
FRSAD，それらに基づく国際標準であるICP，ISBD，および準国際的に普及
しつつある目録規則RDAが刊行された。これらのモデル，標準，規則によっ

て果たされる目録の機能改善の重要性と，書誌データ，典拠データの国際流通の必要性に鑑みて，本規則はこれらの標準・規則との整合性を保つものとする。

＃0.2.1　RDAとの相互運用性

本規則は，作成されたデータが国際的に流通可能であること，およびRDAに従って作成されたデータが日本でも利用可能であることを念頭に，RDAとの相互運用性を意識して策定している。

＃0.3　本規則が依拠する概念モデル

本規則が依拠する概念モデルは，FRBR等の概念モデルを基本としている。FRBR等は実体関連分析の手法を使用した概念モデルであり，実体，関連，属性をその構成要素とする。

本規則が依拠する概念モデルの概要を，図0.3に示す。

＃0.3.1　実体

実体は，書誌データの利用者の主要な関心対象を表す単位である。目録は，各種の実体についての記述（属性および関連の記録）から成る。

本規則における実体は，第１グループ，第２グループ，第３グループの３種から成り，合わせて11個ある。

第１グループの実体は，知的・芸術的成果を表す。次の４つの実体があり，著作，表現形，体現形，個別資料の順に，順次具現化される構造をもつ。

　ａ）著作

　　　個別の知的・芸術的創作の結果，すなわち，知的・芸術的内容を表す実体である。例えば，紫式部による『源氏物語』の知的・芸術的内容は，著作である。著作には，法令等，音楽作品などを含む。また，雑誌など多くの著作を収録した資料も，その全体の知的・芸術的内容を，著作ととらえる。

　ｂ）表現形

　　　文字による表記，記譜，運動譜，音声，画像，物，運動等の形式またはこれらの組み合わせによる著作の知的・芸術的実現を表す実体である。例えば，著作『源氏物語』の原テキスト（厳密には各系統がある），各種の現代語訳，各種の外国語訳，朗読（話声）などは，それぞれ表現形である。音楽作品の場合は，ある作品（著作）の記譜や個々の演奏が，それぞれ表現形である。

　ｃ）体現形

　　　著作の表現形を物理的に具現化したものを表す実体である。例えば，著

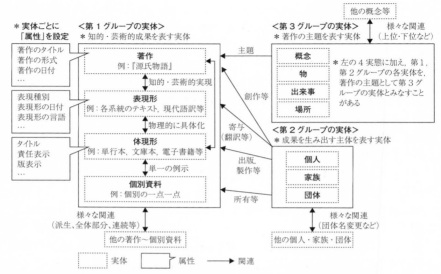

図0.3　本規則が依拠する概念モデルの概要（典拠：『日本目録規則 2018年版』p.23）

　　作『源氏物語』のある現代語訳のテキスト（表現形）の単行本，文庫本，
　大活字本，電子書籍などは，それぞれ体現形である。
　ｄ）個別資料
　　　　体現形の単一の例示を表す実体である。例えば，刊行された図書の，図
　　書館等に所蔵された個別の一点一点は，それぞれ個別資料である。２巻組
　　の辞書のように，複数のユニットから成ることもある。
　本規則では，第１グループの実体の総称として，「資料」の語を用いる。ま
た，体現形または表現形を種類分けする場合（例えば，更新資料，地図資料，
三次元資料），情報源に言及する場合（例えば，資料自体，資料外）などに，
必要に応じて「資料」の語を用いることがある。
　第２グループの実体は，知的・芸術的成果を生み出す主体を表す。次の３つ
の実体がある。
　ｅ）個人
　　　　人を表す実体である。複数の人が共同で設定するアイデンティティ，ま
　　たは人が使用範囲を定めて使い分ける各アイデンティティの場合もある。
　　また，伝説上または架空の人，人間以外の実体をも含む。
　ｆ）家族

　　出生，婚姻，養子縁組もしくは同様の法的地位によって関連づけられた，
　　またはそれ以外の手段によって自分たちが家族であることを示す複数の個
　　人を表す実体である。
　ｇ）団体
　　　一体として活動し特定の名称によって識別される組織，あるいは個人お
　　よび（または）組織の集合を表す実体である。会議，大会，集会等を含む。
　第３グループの実体は，著作の主題となるものを表す。次の４つの実体があ
る。
　ｈ）概念
　　　抽象的観念や思想を表す実体である。
　ｉ）物
　　　物体を表す実体である。自然界に現れる生命体および非生命体，人間の
　　創作の所産である固定物，可動物および移動物，もはや存在しない物体を
　　含む。
　ｊ）出来事
　　　行為や事件を表す実体である。
　ｋ）場所
　　　名称によって識別される空間の範囲を表す実体である。
　さらに，第１グループおよび第２グループの各実体を，著作の主題として，
第３グループの実体とみなすことがある。
　本規則では，第３グループの実体の総称として，「主題」の語を用いること
がある。

＃0.3.2　属性
　属性は，実体の発見・識別等に必要な特性である。実体ごとに必要な属性を
設定する。属性の記録は，関連の記録とともに，実体についての記述を構成す
る。

＃0.3.3　関連
　関連は，実体（資料，個人・家族・団体，主題）間に存在する様々な関係性
である。異なる実体間に存在する関連（例えば，著作とそれを創作した個人と
の関連）と，同じ種類の実体間に存在する関連（例えば，ある著作とそれを映
画化した別の著作との関連）とがある。関連の記録は，属性の記録とともに，
実体についての記述を構成する。

＃0.3.4　名称，識別子と統制形アクセス・ポイント
　本規則における実体の識別には，名称および（または）識別子，名称を基礎

とする統制形アクセス・ポイントが重要な役割を果たす。

　名称は，それによって実体が知られている，語，文字および（または）その組み合わせである。本規則では，資料の名称には「タイトル」の語を使用する。

　識別子は，実体を一意に表し，その実体と他の実体を判別するのに役立つ番号，コード，語，句などの文字列である。

　目録の機能を実現するためには，典拠コントロールを行い，各実体に対して統制形アクセス・ポイントを設定する必要がある。統制形アクセス・ポイントは，一群の資料に関するデータを集中するために必要な一貫性をもたらす。統制形アクセス・ポイントには，典拠アクセス・ポイントと異形アクセス・ポイントがある。［＃0.5.4を見よ。］統制形アクセス・ポイントは，名称またはタイトルを基礎として構築する。

＃0.4　目録の機能

　目録は，利用者が資料を発見・識別・選択・入手するための手段を提供し，資料のもつ利用可能性を最大限に顕在化する道具でなければならない。

　目録データは，種々の利用者ニーズに対応する必要がある。ICPに準拠し，利用者ニーズとして，次のものを想定する。

　　a）特定の資料の発見
　　b）次の資料群の発見
　　　①同一の著作に属するすべての資料
　　　②同一の表現形を具体化するすべての資料
　　　③同一の体現形を例示するすべての資料
　　　④特定の個人・家族・団体と関連を有するすべての資料
　　　⑤特定の主題に関するすべての資料
　　　⑥言語，出版地，出版日付，表現種別，キャリア種別，その他の検索項目によって特定されるすべての資料
　　c）特定の資料または個人・家族・団体の識別（記述された実体と求める実体との一致の確認，類似する複数の実体の判別）
　　d）ニーズに適合する資料の選択
　　e）選択した資料の入手（取得またはアクセスの確保）
　　f）目録内外における各種実体への誘導

＃0.5　本規則の概要

＃0.5.1　エレメント

　本規則は，目録の機能の実現に必要となる，実体の属性および実体間の関連を「エレメント」として設定し，記録の範囲や方法を規定する。

#0.5.1.1　下位のエレメント

　エレメントを細分する場合がある。この場合，下位のエレメントには，エレメント・サブタイプとサブエレメントがある。

　エレメント・サブタイプは，エレメントを種類によって区分したときの下位のエレメントである。例えば，エレメント「タイトル」における本タイトル，並列タイトル，タイトル関連情報などである。

　サブエレメントは，エレメントの構成部分となる下位のエレメントである。例えば，エレメント「出版表示」における出版地，出版者，出版日付などである。

#0.5.1.2　コア・エレメント

　エレメントのうち，資料の発見・識別に欠かせないものを「コア・エレメント」とする。特定の条件を満たす場合にのみコア・エレメントとするものもある。コア・エレメントは，適用可能でかつ情報を容易に確認できる場合は，必ず記録するものとする。［＃0末尾の付表を見よ。］

　当該のエレメントがコア・エレメントであるとき，規定の冒頭においてその旨を明記した。明記していないエレメントは，任意のエレメントである。

#0.5.1.3　エレメントの記録の方法

　記録の方法の観点から見て，エレメントには次の種類がある。［＃1.9を見よ。］

　　ａ）情報源における表示の転記を原則とするエレメント
　　ｂ）統制形による記録を行うエレメント
　　ｃ）本規則に提示された語彙のリストからの選択を原則とするエレメント
　　ｄ）計数・計測した値（量や大きさなど）の記録を原則とするエレメント
　　ｅ）上記のいずれにもよらず，文章等により記録を行うエレメント

#0.5.1.4　実体の記述

　各実体について，その属性および関連のエレメントの記録を行ったデータの集合を，「記述」と呼ぶ。

#0.5.2　属性の記録

　実体ごとに，その発見・識別等に必要な属性のエレメントを設定している。このうち，体現形に関する属性の記録が，資料の識別に根幹的な役割を果たす。［＃1.3を見よ。］

　著作，表現形，個人・家族・団体，概念，物，出来事，場所に関する属性の記録の多くは，典拠コントロールに用いる。

#0.5.3　資料の種別

　資料の種別について，表現形の種類を表す「表現種別」［＃5.1を見よ］，体現形の種類を表す「機器種別」［＃2.15を見よ］と「キャリア種別」［＃2.16を見よ］，刊行方式の区分［＃2.12を見よ］を設定して，多元的にとらえる。

　従来の目録規則がとっていた資料種別による章立ては行わない。属性等の記録において，特定の種別の資料に適用される規定がある場合は，原則として一般的な規定の後に置く。

＃0.5.4　アクセス・ポイントの構築

　実体ごとに，規定に基づいて必要な属性を組み合わせ，実体に対する典拠形アクセス・ポイントと異形アクセス・ポイントを構築する。

　＃0.4に挙げた機能を実現するためには，典拠コントロールを行う必要がある。当該実体を他の実体と一意に判別する典拠形アクセス・ポイントは，典拠コントロールに根幹的な役割を果たし，関連の記録にも用いる。他方，異形アクセス・ポイントは，典拠形アクセス・ポイントとは異なる形から実体を発見する手がかりとなる。

　両者は，ともに統制形アクセス・ポイントである。ほかに非統制形アクセス・ポイントがある。［＃21　略］

＃0.5.5　関連の記録

　資料や実体の発見，識別に必要な，実体間の様々な関係性を表現する，関連のエレメントを規定している。［＃41　略］

　関連する実体の識別子，典拠形アクセス・ポイント等によって，関連の記録を行う。エレメントによっては，関連の詳細な種類を示す「関連指示子」を設け，用いる語彙のリストを提示する。

＃0.5.6　書誌階層構造

　体現形の構造を固有のタイトルを有する複数のレベルから成る書誌階層構造ととらえ，記述対象を任意の書誌レベルから選択できることとする。特に，形態的に独立した資料だけでなく，その構成部分も記述対象とできるよう規定した。一方で，記述対象として選択することが望ましい基礎書誌レベルについても規定している。書誌階層構造は，FRBRで規定する体現形における関連の一種（全体と部分）に相当する。一つの書誌レベルの記述において，上位書誌レベルの情報は属性の記録および関連の記録として規定し，下位書誌レベルの情報は専ら関連の記録として規定する。［＃1.5.1　略］

＃0.5.7　記録の順序等

　規定対象をエレメントの記録の範囲と方法に限定し，エレメントまたはエレメントのグループの記録の順序，エンコーディングの方式，提供時の提示方式

は，原則として規定しない。

　ただし，典拠形アクセス・ポイントの構築については，優先タイトルまたは優先名称に付加する識別要素の優先順位を規定する。

#0.5.8　語彙のリスト等

　本規則では，記録に用いる語彙のリストを提示しているエレメントがある。それらのエレメントでは，提示されたリストから用語を選択して記録することを原則とする。ただし，適切な用語がない場合に，データ作成機関がその他の簡略な用語を定めて記録することができるエレメントもある。

　この種のエレメントについては，使用する語彙体系を明確に識別すれば，本規則が提示した語彙とは異なる体系を使用してもよい。

　あるエレメントについて単一の名称や用語を入力すると規定している場合は，使用する語彙体系を明確に識別すれば，任意の体系に基づく値で代替してもよい（例：ISO 3166-1 の国名コードの使用）。

③編集の方針

・日本における出版状況等に留意し，NCR1987年版と目録慣行に配慮する
・論理的でわかりやすく，実務面で使いやすいものとすることに努めた
・Web環境に適合した提供方法をとる

　ただし論理的なわかりやすさ，実務面の使いやすさという配慮から，RDAとは異なった構成や内容とした箇所もある。例えば，RDAでは属性の記録を扱う章にアクセス・ポイントの構築に関する規定を含むが，NCR2018年版は属性の部を「属性の記録」と「アクセス・ポイントの構築」に分け，それぞれに総則と実体別に関する章を配置する構成とした。

　なお，NCR1987年版がその全改訂を通じて用いた書誌階層構造の考え方を維持した。書誌階層構造は，FRBRで規定する体現形における関連の一種（全体と部分）に相当する。体現形の記述を行う場合に推奨するレベルとして，基礎書誌レベルを設定し，形態的に独立した資料だけでなく，その構成部分も記述対象とできるようにした。

　なお同版は，自らの版に基づいた目録記入記載例（一般）を記載していない。ただ同版そのものに関する書誌記録（Cataloging In Publication：CIP）が同書の標題紙裏に記されている。もっともその記入方式は，NCR1987年版3版のそれに拠った場合と酷似している。

日本目録規則　／　日本図書館協会目録委員会編.　−　2018年版
東京　：　日本図書館協会. 2018.　−　xi, 761p　：　27cm
ISBN 978-4-8204-1814-6
キャリア種別：冊子
表現種別：テキスト
言語：日本語
優先タイトル:日本目録規則 || ニホン　モクロク　キソク
創作者：日本図書館協会. 目録委員会 || ニホン　トショカン　キョウカイ. モクロク　イインカイ
BSH4：資料目録法
NDC10：014.32

『日本目録規則2018年版』標題紙裏に記載の目録データより（※大きさを追加）

　NCR2018年版に対応した書誌レコードは，国立国会図書館等によって2021年からの実施が検討されている。

9　日本目録規則2018年版　目次

序　説

1．目録と目録規則

1-1）目録

1-2）目録規則とその標準化

2．NCRの展開

2-1）NCR制定の経緯

2-2）NCR1987年版

3．目録規則の抜本的見直し

3-1）見直しの背景

3-2）概念モデルのFRBR、
　　　FRAD、FRSAD

3-3）国際目録原則（ICP）と
　　　ISBD統合版

3-4）RDA

4．本規則の策定方針と特徴

4-1）本規則の策定方針

4-2）本規則の特徴

4-3）本規則の今後

V　著者・タイトルからのアプローチ　2
―洋資料記入の作成―

　洋資料記入の作成は，Ⅳ章の和資料の場合と同様，『日本目録規則』（NCR）によることが原則である（実例集35）が，本書では英米目録規則第2版（AACR2）の2002年改訂版（AACR2R2002）によるこの規制は基本記入方式に準拠したものである。（実例集36-44）。なお，2010年にはAACR2の後継となる新しい目録規則としてRDAが刊行されている。

　本章では，図書の記入に限定して説明する。各見出し語のあとの（　）で囲み記した§印付き番号はAACR2R2002の条文番号を表す。

　なお，特に「1　記述」については前章の和資料目録法の項目への頻繁な参照を避けるために，基本項目はあえて重複させた。

1　記述

　AACR2R2002の第Ⅰ部記述の内容は，次のとおりである。

第1章	記述総則	第7章	映画およびビデオ録画
第2章	図書，パンフレットおよび印刷した一枚もの	第8章	静止画像資料
		第9章	電子資料(←コンピュータ資料)
第3章	地図資料	第10章	3次元工芸品・実物
第4章	手稿（集）	第11章	マイクロ資料
第5章	楽譜	第12章	継続資料（←逐次刊行物）
第6章	録音物	第13章	分出

（1）記述の構成

NCR1987年版の諸版と同様，次の八つのエリアで構成されている。

1）タイトルと責任表示エリア
2）版エリア
3）資料（または出版物の種類）特性細目エリア（図書ではこのエリアを使用しない。継続資料，楽譜，地図資料，電子資料に用いる）
4）出版，頒布などのエリア
5）形態的記述エリア
6）シリーズエリア
7）注記エリア

　　8）標準番号と入手条件エリア

（2）記述の3段階（§1.0D.）

　NCRと同様，1種類の記述方式だけを定めているのではなく，各図書館がその規模，目的に応じて選択できるよう，次の精粗3段階の記述方式を定めている（各段階の情報はミニマムである）。　※␣という表示は1字あけを示す。

　　1）記述の第1レベル（最少：Minimum）

　　　　本タイトル␣／␣最初の責任表示（責任表示が基本記入の標目と形や数が異なっていたり，あるいは基本記入の標目がない場合に記載）．␣—␣版表示．␣—␣資料（または出版物の種類）特性細目．␣—␣最初の出版者など，␣出版年など．␣—␣資料の数量．␣—␣注記．␣—␣標準番号

　　2）記述の第2レベル（標準：NCRに同じくStandard）

　　　　本タイトル␣［一般資料表示］＝␣並列タイトル␣：␣タイトル関連情報␣／␣最初の責任表示␣；␣2番目以降の各責任表示．␣—␣版表示␣／␣版に関連する最初の責任表示．␣—␣資料（または出版物の種類）特性細目．␣—␣最初の出版地など␣：␣最初の出版者など，␣出版年など．␣—␣資料の数量␣：␣その他の形態的細目␣；␣大きさ．␣—␣（シリーズの本タイトル␣／␣シリーズに関連する責任表示，␣シリーズのISSN␣；␣シリーズ番号．␣サブシリーズのタイトル，␣サブシリーズのISSN␣；␣サブシリーズ番号）．␣—␣注記．␣—␣標準番号

　　3）記述の第3レベル（完全：Full）

　　　　AACR2R2002に規定されたエレメントで，記述対象資料に適用されるすべてのエレメントを含めたもの。

　各図書館では，同一段階をすべての図書館資料に適用してもよいし，資料によって段階を使い分けてもよい。

　　AACR2による記載例：次ページ

（3）大文字使用法

　大文字使用法は，当該言語の慣行に従う（ここでは英語に限定）。

　　　　〈参考文献〉
　　　　・AACR2R2002付録A
　　　　・The Chicago manual of style. — 16th ed. — Chicago : University of Chicago Press, 2010

　次の語は大文字で始まる。

　　1）標目と統一タイトルの初語。

　　2）個人名と団体名，地名は各単語。

AACR2R2002による記載例（どちらの記入方法をとってもよい）

Helen E. Haines

Living with Books

THE ART OF BOOK SELECTION

SECOND EDITION

Columbia University Press
NEW YORK AND LONDON

```
*1
*2
1 2 3 4 5 6 7 8 *3
•••••••Haines, Helen E.
        Living with books:   the art of book
  selection / Helen E. Haines. —   2nd ed.
  —   New York : Columbia University Press,
  c1950. —   xxiii, 610   p. ; 24 cm. — (
  Columbia University studies in library
  service ; no. 2). —   Includes index. —
  ISBN 0-231-01803-1
        I. Title. II. Series.
                      ◯
```

```
Haines, Helen E.
      Living with books : the art of book
selection / Helen E. Haines. —   2nd ed.
—   New York : Columbia University Press,
c1950.
      xxiii, 610   p. ; 24 cm. — (Columbia
University studies in library service ; no. 2)
      Includes index.
      ISBN 0-231-01803-1
      I. Title. II. Series.
                    ◯
```

例）Crane, Diana
American Library Association
New Zealand. *National Health Statistics Centre*

3）本タイトル，別タイトル，並列タイトル，引用されたタイトルの初語。

例）Automated library circulation systems, 1979-1980
Uncle Debunkei, or, The barely believable bear
Invisible colleges : diffusion of knowledge in scientific communities
Survey of consumer finances = Enquête sur les finances consommateur
An interpretation of The ring and the book

4）責任表示では，個人名，団体名，貴族の称号，敬称，尊称などを示す単語。

例）... ／ by Eva Verona
... ／ edited by G. Duncan Mitchell
... ／ Sir Nicholas le Strange

5）版表示が，単語または略語で始まる場合。

例）Rev. ed.
2 nd ed., rev. and enl.
World's classics ed., New ed.

6）シリーズの本タイトル，並列タイトルの初語。

例）The social history of Canada

7）各注記の初語。

例）Author's name in Chinese at head of title

（4）字あけ，句読法記号

コンマ，ピリオド，ハイフン，丸がっこ，角がっこを除いて所定の区切り記号はその前後を1字あけとするが，普通の句読点はそれぞれの慣行に従う。

例）London　：　Macmillan, 1979

Cover title: The fair American

最初のエリアを除く各エリアは，ピリオド，スペース，ダッシュ，スペース（．—）で始まる。ただし，形態的記述エリア，注記エリア，標準番号と入手条件エリアを字下げして改行する場合には，その必要はない。

所定の区切り記号については，各エリアの冒頭で述べる。

（5）略語

略語は「一般略語」表の略語を使用する。ただし，タイトルと責任表示エリア，版エリアの責任表示，シリーズエリアならびに内容注記におけるタイトルおよび責任表示では，特定のエリアの規定された情報源にあるものや，i.e.やet al.などを除き，略語を使用せず，情報源に表示されているとおりとする。また引用注記では略語化しない。

なお，注記の冒頭では1字のみの略語は使用しない。

一般略語（AACR2R2002 付録B　略語より抜粋）

and others	et al.	editor	ed.[2]
arranged	arr.	enlarged	enl.
Band	Bd.	Government Printing Office	G. P. O.
book	bk.		
Brother, -s	Bro., Bros.[1]	illustration, -s	ill.
centimetre, -s	cm.	Incorporated	Inc.[3]
chapter	ch.	introduction	introd.
colored, coloured	col.	Limited	Ltd.[3]
Company	Co.	new series	new ser.
compiler	comp.	no name（of publisher）	s. n.
copyright	c	no place（of publication）	s. l.
corrected	corr.	number, -s	no.
Department	Dept.	page, -s	p.
edition, -s	ed., eds.	paperback	pbk.

part, -s	pt., pts.	photographs, -s	photo., photos.
plate number, -s	pl. no.	second, -s	sec.
portrait, -s	port., ports.	series	ser.
preface	pref.	supplement	suppl.
printing	print.[4]	title page	t.p.
publishing	pub.	translator	tr.
reprinted	repr.	volume, -s	v.
revised	rev.		vol.[5], vols.[5]

注）1 企業名およびその他の団体名にのみ使用する。
　　2 役割の表示として標目にのみ使用する。
　　3 会社名およびその他の団体名にのみ使用する。
　　4 出版，頒布などのエリアで印刷年を表示する際には使用しない。
　　5 表示の冒頭とローマ数字の前で使用する。

（6）規定の情報源（§2.0B2.）

　図書の記述の各エリアに対する規定の情報源は下記のとおりとする。規定の情報源以外から得た情報は、角がっこに入れて補記する。

エリア	規定の情報源
タイトルと責任表示	タイトルページ
版	タイトルページ、タイトルページの裏、表紙及びタイトルページに先行するページ、奥付
出版・頒布など	タイトルページ、タイトルページの裏、表紙及びタイトルページに先行するページ、奥付
形態的記述	当該出版物全体[※1]
シリーズ	当該出版物全体[※1]
注記	どこからでもよい
標準番号と入手条件	どこからでもよい

　　※1）「当該出版物全体」には、本体と分離するもの（ジャケット、帯など）は含まれない。

（7）誤表示（§1.0F.）

　資料に表示されている事項が不正確である場合には，その語のあとに［sic］（もとのまま，原文どおりを意味するラテン語）を付けるか，訂正する場合には角がっこ中にi.e.（すなわちを意味するラテン語）という略語に続けて訂正事項を補記する。文字が抜けている場合には，角がっこに入れて補記する。

例）Some of me pomes ［sic］
／ by D. X. Fenton ［i.e. Fenten］
"Ex[h]ibition circulated by D'Arcy Galleries, 1091 Madison Avenue, New York, 1966–1968."

（8）タイトルと責任表示エリア（§1.1., 2.1.）
①区切り記号（§1.1A1., 2.1A1.）
　1）補遺または部分のタイトルはピリオドで区切って記載する。
　2）一般資料表示は，角がっこに入れて記載する。
　3）並列タイトルはそれぞれ，等号（＝）で結び記載する。
　4）タイトル関連情報は，コロンで区切って記載する。
　5）最初の責任表示は，斜線（／）で区切って記載する。
　6）2番目以降の責任表示は，セミコロンで区切って記載する。
②本タイトル（§1.1B., 2.1B.）
　1）本タイトルは，表現，語順，綴りとも正確に転記するが，句読点，大文字についてはそのまま転記せず，当該言語の慣行に従う。
　　　例）Requirements study for future catalogs
　　　（標題紙上の表示REQUIREMENTS STUDY FOR FUTURE CATALOGS）
　2）別タイトルは本タイトルの一部分である。タイトルの最初の部分と，前後をコンマで区切ったorという語に続けて別タイトルを記載する。
　　　例）Saint Martin's summer, or, The romance of the cliff
③並列タイトル（§1.1D., 2.1D.）
　並列タイトルは，標題紙上の順序や体裁によって示されたとおりに記載する。
　　　例）Rapport de la Commission de délimitation des circonscriptions électorales pour le Québec ＝ Repout of the Electoral Boundaries Commission for Quebec
④タイトル関連情報（§1.1E., 2.1E.）
　1）標題紙に表示されているすべてのタイトル関連情報を，標題紙上の順序や体裁によって示されたとおりに記載する。
　　　例）Computer-output-microfilm ： its library application
　　　A day off ： an English journal ： 120 photographs
　2）タイトル関連情報中に，責任表示，出版者などの名称が含まれ，その表示や名称がタイトル関連情報と不可分である場合は，そのまま転記する。
　　　例）The devil's dictionary ： a selection of the bitter definitions of Ambrose Bierce
　3）本タイトルが不十分で説明が必要なときは，タイトル関連情報として簡

潔な記述を補記する。

　　例）Best basketball booster　:　〔a novel〕
　　　　The East Asian tradition, Korea　:　〔catalog of an exhibition〕, September 6,
　　　　1974 through June 16, 1975

⑤**責任表示**（§1.1F., 2.1F.）

　1）資料中に顕著に表示されている責任表示は，その表示されているとおり
　　に記載する。顕著に表示されていない場合にはここに含めず，必要であれ
　　ば注記に記載する。

　　例）East coast shipping　／　A.A.C. Hedges
　　　　Marketing　／　Myron S. Heidingsfield, A.B. Blankenship
　　　　Someone is eating the sun　／　by Ruth A. Sonneborn　;　illustrated by Eric
　　　　Gurney
　　　　The U.S. economy in 1985　:　a summary of BLS projections　／　U.S.
　　　　Department of Labor, Bureau of Labor Statistics
　　　　Malawi　:　foreign policy and development　／　by Carolyn McMaster

　2）同一の役割を果たしている責任表示として3までの個人または団体が表
　　示されている場合にはそのまま記載するが，4以上の個人または団体が表
　　示されている場合には，最初の一人または一団体のみを記載し，ほかはす
　　べて省略する。省略は，省略符号（...）で表示し，et al.を角がっこに入れ
　　て付記する。

　　例）American minorities　:　the justice issue　／　Elton Long ... 〔et al.〕

　3）タイトルと責任表示に挙げられた個人または団体との関係が不明な場合
　　は，説明的な語句を補記する。

　　例）Conceptual models for nursing practice　／　〔edited by〕 John P. Riehl, Callista
　　　　Roy　;　foreword by Rheba de Tornyay

（9）**版エリア**（§1.2., 2.2.）

①**区切り記号**（§1.2A1., 2.2A2.）

　1）副次的版表示は，コンマで区切って記載する。

　2）版表示に続く最初の責任表示は，斜線で区切って記載する。

　3）2番目以降の責任表示は，セミコロンで区切って記載する。

②**版表示**（§1.2B., 2.2B.）

　版表示は，資料中にあるとおりに転記する。ただし，標準的な略語を使用し，
語のかわりに数字を用いる。

　　例）Second edition　　　　　→　　2 nd ed.
　　　　Third edition　　　　　　→　　3 rd ed.

Fourth edition   →   4 th ed.

Revised and enlarged edition   →   Rev. and enl. ed.

③版に関連する責任表示（§1.2C., 2.2C.）

特定の版だけに関係した責任表示は，版表示に続けて記載する。

例）Underhill's criminal evidence : a treatise on the law of criminal evidence.
— 6 th ed., rev. ／ edited by Philip F. Herrick

（10）資料特性細目エリア

図書にはこのエリアを使用しない。

（11）出版，頒布などのエリア（§1.4., 2.4.）

①区切り記号（§1.4A1., 2.4A1.）

1）2番目以降の出版地，頒布地などは，セミコロンで区切って記載する。

2）出版者，頒布者などの名称は，コロンで区切って記載する。

3）出版者，頒布者などの役割表示（任意）は，角がっこに入れて記載する。

4）出版年，頒布年などは，コンマで区切って記載する。

②一般規則（§1.4B.）

1）地名，個人名，団体名の前に置かれている前置詞は，ドイツ語やラテン
語，ロシア語のように次の語の語尾に影響が出る場合を除いて，省略する。

例）Berolini

Den Haag

. . . : Im Deutschen Verlag

2）出版などの事項が，複数の言語や文字で表示されている場合には，本タ
イトルと同じ言語や文字で各事項を記載する。

③出版地など（§1.4C., 2.4C.）

1）出版地などは，表示されている形で記載する。

例）Santa Fe

Newcastle upon Tyne

2）地名を識別するのに役立つ場合には，地名の別な形を付け加える。

例）Christiania [Oslo]

（あとで地名が変わった場合，出版時の地名に新地名を付ける）

3）同一の地名を区別する必要がある場合，国名，州名などを略語形で付加。

例）Cambridge, Mass.（所定の情報源に州名も表示されている場合）

Cambridge [England]（所定の情報源以外から付け加えた場合）

4）一つの出版者・頒布者などに対して2個所以上の地名が資料に表示さ

れている場合は，最初に表示されている地名を記載する。また，情報源上でレイアウトによって強調されている地名があれば，それも記載することができる。以上に目録作成機関が位置する国内の地名が含まれていない場合は，さらに，目録対象資料中に含まれる国内の地名のうちの最初のものを追加して記載することができる。(1.4C5.)

5) 出版地などが不明の場合には，英語形の推定地名に疑問符を付して角がっこに入れて記載する。

　　例）［Munich ?］

6) 推定地名が記載できない場合には，国名，州名などを角がっこに入れて記載する。

　　例）［Canada］

7) 地名を全く推定できない場合には，s.l.（羅 sine loco＝英 without location）を角がっこに入れて記載する。

　　例）［S.l.］（エリアの冒頭なので大文字で始まる）

④出版者，頒布者などの名称（§1.4D., 2.4D.）

1) 出版者などの名称は，地名に続けて記載する。

　　例）New York　：　Barnes & Noble
　　　　［New York］：　Berkeley Pub. Corp.　：　Distributed by Putnam
　　　　Washington　：　U.S.G.P.O.

2) 出版者などの名称は，国際的理解と識別が可能な範囲で，最も簡単な形で記載する。省略可能な部分は省略し，略語化できるものは略語化する。

　　例）：　Penguin（情報源にはPenguin Booksと表示）
　　　　　W.H. Allen（Allenと呼ばれる他の出版者との混同を避けるため）

3) 次のような語句は省略せずに記載する。

　・個人または団体が果たした単なる出版以外の機能を示す語句

　　例）：　Sold by Longman
　　　　：　Printed for the CLA by the Morriss Print. Co.

　・出版者などを区別するのに必要な名称の部分

　　例）：　Longmans, Green
　　　　：　Longmans Educational
　　　　　　（：　Longmansとはしない）

4) 複数の出版者などの名称が表示されている場合には，最初に表示されているものとそれに対応する場所を記載する。

5) 出版者不明の場合には，s.n.（羅 sine nomine＝英 without name）を角がっこに入れて記載する。

  例）Paris : ［s.n.］
   ［S.l. : s.n.］

⑤出版年など（§1.4F., 2.4F.）

 1）版エリアに記載した版の出版年などをアラビア数字で記載する。版表示がない場合には，その版が最初に出版された年を記載する。
  例），1979

 2）資料に表示された年が正確でない場合にもそのまま転記し，次のようにして正しい出版年を付け加える。
  例），1697［i.e. 1967］

 3）最新の著作権表示年が出版年と異なる場合には，これに c を添えて出版年の後にコンマで区切って記載する。（任意規定）
  例），1969, c1967

 4）出版年がわからない場合には，著作権表示年を，それもない場合には印刷年をその旨表示して記載する。
  例），c1975
   ，1978 printing

 5）出版年，著作権表示年あるいは印刷年が表示されていない場合にも，出版年を推定して記載する。
  例），［1974 or 1975］（この 2 年のどちらか）
   ，［between 1925 and 1936］（推定できる範囲が20年未満の場合に使用）
   ，［ca. 1960］（1960年頃。ca.は，およそを意味するラテン語circaの略）

 6）2 冊以上からなる資料でそれぞれの出版年が異なる場合は，最初の年と最後の年をハイフンで結んで記載する。
  例），1973-1975（1973-75とはしない）

 7）まだ完結していない資料を記載する場合には，ハイフンの前に最初の年を記載する。
  例），1974-

（12）形態的記述エリア（§1.5., 2.5.）

①区切り記号（§1.5A1., 2.5A1.）

 1）挿図類は，コロンで区切って記載する。

 2）大きさは，セミコロンで区切って記載する。

 3）付属資料は，プラス記号で区切って記載する。

 4）付属資料の形態的細目は，丸がっこに入れて記載する。

②ページ数（§2.5B.）

1）　1冊物の出版物は，そこで用いられている用語に従ってページ数や丁数を記録する。

　　p.：両面が印刷されている紙葉に対して用いる。

　　leaves：片面だけが印刷されている紙葉に対して用いる。

　　columns：1ページに複数の欄（コラム）があり，ページでなく欄に対して番号付けがなされているものに用いる。

2）　原則として，ページ数か丁数か欄数をその資料の数字または文字で順序づけされた順に記載する。それぞれ一連の番号付けの最後の番号を記載し，その後部に適切な用語または略語を記載する。

　　例）356 p.　　　　　　　59 p., 250 leaves
　　　　400 leaves　　　　　xvii, 620 p.
　　　　350 columns　　　　 1 sheet

3）　番号付けのない一連の部分は，それが資料の全部もしくは大部分を占めているか，あるいはこれが注記で言及されているページなどを含んでいる場合を除いて無視する。番号付けのない資料のページ数を記録する場合には，角がっこなしでca.に続けて概数を記載するか，または正確な数を角がっこに入れて記載する。

　　例）[99] p.　　　　　　　33, [31] leaves
　　　　ca. 800 p.　　　　　 [8], 155 p.
　　　　8, vii, ca. 300, 73 p. 注記 Bibliography: 6 th prelim. page

4）　番号がローマ数字からアラビア数字へというように連続的に変わっている場合，その最初の部分は無視する。

　　例）179 p.（出版物の表示i-xvii, 18-179）

5）　ページなどがより大きな一連ページの部分（例えば，多巻ものの1冊）として番号付けをされている場合，または資料が不完全本のときには，ページまたは丁の最初と最後の数字を適切な用語または略語に続けて記載する。

　　例）p. 650-823
　　　　leaves 96-165

6）　複雑または不規則なページ付の資料には，次の3方法のうちの一つを用いてページ付を記載する。

　　・全ページ数または丁数の合計を記載し，そのあとにin various pagingsあるいはin various foliationsという句を付ける。

　　　　例）950 p. in various pagings

　　・一連のページ付の中の主なもののページ数，丁数を記載し，次いで残り

のページ付の合計数を角がっこに入れて記載する。

　　　例）300, [55] p. (ページ付300, 20, 20, 15)

　　　　　　467, 75, [66] p. (ページ付467, 75, 21, 20, 25)

　・単に1 v. (various pagings), 1 case, 1 portfolioと記載する。

7）図版（本文とは別のページ付の挿図類の紙葉）のページ数，丁数は，その図版が1ケ所にまとまっていても，分散していても，ページ付がなくてもあるいは唯一の図版であっても，それをページ付の最後に記載する。番号付けのない図版の丁またはページからなる資料は，前述の3）の指示に従って記載する。

　　　例）326 p., 40 p. of plates

　　　　　xxii, 250 p., [24] leaves of plates

　　　　　[90] p. of plates

8）当該資料自体のページ付と，より包括的な著作のページ付の双方が表示してある場合は，このエリアには資料自体のページ付を記載し，通しのページ付は注記に記載する。

　　　例）450 p.

　　　　　注記 Pages also numbered　490-939

9）本文が複数の言語で書かれている資料で，逆方向から番号付けされたページ付がある場合は，目録作業用に選択した標題紙から始めて，その順で各部分のページ付を記載する。

　　　例）xi, 256, 186, xi p.

10）資料の終わりの部分が欠けていて，完全本のページ付が確かめられない場合には，次の形でページ付を記載し，不完全本であることを注記する。

　　　例）xxix,　190+p.

　　　　　注記 Library's copy imperfect : all after p. 190 wanting

③ 2冊以上からなる資料（§2.5B16.〜B21.）

1）2冊以上からなる資料の場合は，ページ数ではなく冊数を記載する。

　　　例）4 v.

2）セット物の資料が通しページになっている場合は，冊数に続けてページ数を丸がっこに入れて記載する。最初の巻以外の前付の独立した一連のページ付は無視する。

　　　例）3 v. (xx, 800p.) (ページはxx, 1-201 ; xx, 202-513 ; xxi, 514-800と番号付けされている。)

④挿図類（§2.5C.）

1）特定の種類の挿図（次項参照）以外の挿図は，ill.（illustrationの略）と

記載する。特定の種類の挿図とそれ以外の挿図の両方がある場合には，ill. を最初に記載する。表（tables）は挿図に入れない。また，標題紙上の挿図や重要でない挿図（装飾，小さな飾り模様など）は無視する。

　　例）456 p. : ill.

2 ）挿図が，次の特定の種類の挿図に属しかつ重要な場合には，それを次の用語と順序で記載する。その他の挿図は，すべてill.で示す。（任意規定）

　　coats of arms（紋章），facsimiles（復刻），forms（書式），genealogical tables（系図），maps（地図），music（楽譜），plans（設計図），portraits（肖像），samples（見本）

　　例）405 p. : maps
　　　　256 p. : ill., maps
　　　　ix, 460 p.　: maps, port.

3 ）色刷り（2色以上のもの）の挿図類はそのように記載する。

　　例）: col. ill.（挿図類がすべて色刷）
　　　　:ill.(some col.)（色刷の挿図類がいくつかある）

⑤大きさ（§1.5D., 2.5D.）

1 ）資料の大きさは，端数を切り上げて高さをセンチメートル単位で記載する。ただし，10cm未満のものは，ミリメートル単位で記載する。

　　例）24　cm.（23.2センチメートルの場合）

2 ）資料の幅が高さの半分に満たないか，または高さより大きい場合は，「高さ　×　幅　cm.」の形で記載する。

　　例）;　20×8　cm.
　　　　;　21×31　cm.

3 ）　2冊以上からなる資料で各冊の高さが異なる場合，その中の最低と最高の高さをハイフンで結んで記載する。

　　例）;　24-28　cm.

⑥付属資料（§1.5E., 2.5E.）

　資料とともに発行され，それと一緒に用いられることが意図されている付属資料は，次の4方法のうち，いずれかで記載する。

　　1 ）別の記入を作成する。
　　2 ）多段階記述方式で記載する。
　　3 ）注記に記載する。
　　4 ）形態的記述エリアの末尾に，付属資料の数量と名称を記載する。

　　例）271 p. : ill. ; 21 cm.　+　1 atlas (37 p., 19 leaves : col. maps. ;　37　cm.)

　上記4 ）の方法を用いた場合，必要があれば付属資料の詳細について記載し

てもよい。（任意規定）

(13) シリーズエリア（§1.6., 2.6.）

①区切り記号（§1.6A1., 2.6A1.）

　　1）各シリーズ表示は，丸がっこに入れて記載する。

　　2）シリーズやサブシリーズの並列タイトルは，等号で区切って記載する。

　　3）シリーズやサブシリーズに関するタイトル関連情報は，コロンで区切って記載する。

　　4）シリーズやサブシリーズに関連する最初の責任表示は，斜線で区切って記載する。

　　5）シリーズやサブシリーズに関連する2番目以降の責任表示は，セミコロンで区切って記載する。

　　6）シリーズやサブシリーズのISSNは，コンマで区切って記載する。

　　7）シリーズ番号やサブシリーズ番号は，セミコロンで区切って記載する。

　　8）サブシリーズのタイトルは，ピリオドで区切って記載する。

②シリーズの本タイトル（§1.6B., 2.6B.）

　資料がシリーズに属している場合には，シリーズの本タイトルを記載する。

　　　　例）（The great contemporary issues）

　　　　　　（Human behavior on social institutions）

③シリーズに関連する責任表示（§1.6E., 2.6B.）

　シリーズを識別するのに必要なシリーズの責任表示は，記載する。

　　　　例）（Publication　／　Dorset Record Society）

④シリーズのISSN（§1.6F., 2.6B.）

　資料中にISSNが表示されていれば，それを記載する。

　　　　例）（Occasional papers　／　IFLA International Office for UBC, ISSN 0309-9202 ; no. 2）

⑤シリーズ番号（§1.6G., 2.6B.）

　シリーズ番号は，資料中に表示されている用語で記載する。標準的な略語を用い，アラビア数字以外の数字やつづられた数詞はアラビア数字におきかえる。

　　　　例）（The Yorkshire Dales Library ; 3 ）

　　　　　　（The heritage of librarianship series ; no. 1）

(14) 注記エリア（§1.7., 2.7.）
①区切り記号（§1.7A1., 2.7A1.）
 1）各注記は，ピリオド，スペース，ダッシュ，スペースで区切って記載するか，改行し字下げして記載する。
 2）Bibliography: とかTranslation of: のような定形的な導入語句で注記を始める場合には，導入語句と注記の本体の間にコロン，スペースを入れる。
   例）Translation of:　La muetre de Artemio Cruz
②注記の形（§1.7A3.）
 1）各エリアのデータに対応する注記データは，当該エリアと同じ順序で記載する。
   例）Translation of: Germinie Lacerteux　／　Edmond et Jules de Goncourt
     Originally published: London : Gray, 1871
     Revision of: 3 rd ed. London : Macmillan, 1953
 2）当該資料または他の資料からの引用は，引用符に入れて記載する。引用の情報源が主情報源（図書では標題紙）以外の場合には，引用の次にその情報の出所を示す。
   例）"Published for the Royal Institute of Public Administration"
     "A textbook for 6th form students"—Pref.
 3）一定の導入語句を用いた定形注記は，注記の体裁を統一することによって情報の種類をわかりやすくするとか，明瞭さを損なうことなくスペースが節約できる場合に使用する。
   例）Bibliography:　p. 125
 4）非定形注記は，自由に目録担当者の言葉で書く注記である。ただし，明瞭に理解できかつ文法的に正確な範囲で，できるだけ簡潔に行う。
   例）Summary in English and French
③注記の種類（§1.7B., 2.7B.）
 注記は，以下に述べる順序で記載する。
 1）性質，範囲あるいは芸術形式に関するもの
   他の記述の部分からはその旨が明らかでない場合は，これらの事項について注記する。
   例）"Collection of essays on economic subjects"
     Arabic reader
     Play in 3 acts
 2）資料の言語および翻訳，翻案に関するもの

　他の記述の部分からはその旨が明らかでない場合には，記述対象の言語もしくはそれが翻訳または翻案であることについて注記する。

> 例）Translation of: Le apparences
> Author's adaptation of his Russian text
> English and French
> Adaptation of: The taming of the shrew　　／　　William Shakespeare

３）本タイトルの情報源に関するもの

　本タイトルを標題紙以外からとった場合には，その情報源について注記する。

> 例）Caption title（見出しタイトル）
> Title from spine（タイトルは背による）

４）タイトルの別な形に関するもの

　本タイトル以外のタイトルが図書に表示されている場合には，そのタイトルについて注記する。必要と考えられる場合には，本タイトルのローマ字化した形を記載する。

> 例）Added t.p. in Russian
> Previously published as: Enter Psmith
> Spine title: Carnegie Non-European Library Service

５）並列タイトルとタイトル関連情報に関するもの

　タイトルおよび責任表示エリアに記録されなかった並列タイトルとタイトル関連情報は，それが重要な場合には注記に記載する。

> 例）Subtitle: The medicinal, culinary, cosmetic and economic properties, cultivation, and folklore of herbs, grasses, fungi, shrubs, and trees, with all their modern scientific uses
> Title on added t.p. : Les rats

６）責任表示に関するもの

　タイトルと責任表示エリアに記載されなかった責任表示，以前の版と結び付いた重要な個人または団体について注記する。

> 例）"Also attributed to Jonathan Swift"—Introd.

７）版と書誌的来歴に関するもの

　版または著作の書誌的来歴に関するものについて，注記する。

> 例）5 th ed. published in 1973 under title: Infectious diseases of children and adult
> Sequel: Le collier de la reine（後編を示すために用いる）
> Sequel to: Mémoires d'un médecin（前編を示すのに用いる）

８）出版，頒布などに関するもの

　出版，頒布などのエリアには含めなかった重要な事項について注記す

る。

　　　例）Label mounted on t.p. verso :　Published in 1977.
　　　　　"Privately printed and published."
　　　　　Distributed in the United States by Crescent Books, New York.

9 ）形態的記述に関するもの
　　形態的記述エリアに含まれなかった形態的細目や，点字図書について注
記する。

　　　例）Captions on verso of plates
　　　　　Printed on vellum
　　　　　Limited ed. of 60 signed and numbered copies
　　　　　Alternate pages blank
　　　　　Two charts on folded leaves in pocket
　　　　　Tables on 4 leaves in pocket
　　　　　Grade 3 braille
　　　　　Alternate leaves of print and braille

10）付属資料に関するもの
　　必要であれば付属資料の所在について注記する。

　　　例）Slides in pocket

11）シリーズに関するもの
　　シリーズ・エリアに記載できなかったシリーズのデータについて注記す
る。

　　　例）Series title romanized: Min hady al-Islām
　　　　　Original issued in series: English life in English literature

12）学位論文に関するもの
　　当該資料が学位取得要件の一部として提出された学位論文である場合に
は，次のように英語のthesisという語で学位論文である旨の表示をし，次
いで学位名を簡潔に表示してから学位論文提出機関と学位が授与された年
を記載する。

　　　例）Thesis (Ph.D.) —University of Toronto, 1974
　　　　　Thesis (M.A.) —University College, London, 1969

13）対象者に関するもの
　　資料が対象としている読者，知的レベルについての情報が資料中に表示
されている場合，これについて簡潔に注記する。

　　　例）For 9-12 year olds
　　　　　Undergraduate text
　　　　　Intended audience:　Preschool children

14）要約

　　他の記述の部分で十分な情報が得られなかった場合は，資料の内容の簡潔で客観的な要約を記載する。

　　　例）Summary:　A guide to buying, riding, and maintaining a minibike

15）内容

　　他の記述の部分に含まれなかった資料の存在を示したり，特に重要な資料を強調したり，合集の内容を列挙したりするのに必要な場合は，内容についての注記を選択的にあるいは網羅的に作成する。タイトルを定型的に記録する場合には，それを最もよく識別する目録対象資料中の情報源からとる。

　　　例）Bibliography:　p. 859–919
　　　　　Includes bibliographies
　　　　　Includes index
　　　　　Contents:　Love and peril　／　the Marquis of Lorne　—　To be or not to be　／　Mrs. Alexander　—　The melancholy hussar　／　Thomas Hardy
　　　　　　Partial contents: Recent economic growth in historical perspective　／　by K. Ohkawa and H. Rosovsky　—　The place of Japan … in world trade　／　by P.H. Tresize

（15）標準番号と入手条件エリア（§1.8., 2.8.）

①区切り記号（§1.8A1., 2.8A1.）

　1）このエリア中の事項を繰り返す場合には，ピリオド，スペース，ダッシュ，スペースで区切って記載する。

　2）入手条件は，コロンで区切って記載する。

　3）ISBNまたは入手条件を限定する語句は，丸がっこに入れて記載する。

②国際標準図書番号（ISBN）（§1.8B., 2.8B.）

　ISBNと最初に記載し，そのあとに番号を標準的な字あけまたはハイフンを用いて記載する。

　　　例）ISBN　978-0-8389-3120-X
　　　　　ISBN　978-0-87287-169-6

③入手条件（任意規定）

　資料の価格（定価を標準的な略語と数字で記載する。）または他の入手条件を記載する。

　　　例）ISBN　978-0-912700-08-4：$ 16.50
　　　　　ISBN　978-0-902573-45-4：Subscribers only

④説明語句

　資料に複数の標準番号がある場合には，標準番号あるいは入手条件のあとに簡単な説明語句を付け加える。

　　例）ISBN　978-0-88802-121-6（bound）.　—　ISBN　978-0-88802-122-4（pbk.）

　　　　ISBN　978-0-08-019857-0（set）.　—　ISBN　978-0-08-019856-2（v. 1: pbk.）

2　アクセス・ポイント（標目），統一タイトルおよび参照

　AACR2R2002は基本記入方式をとっているので，前項1で作成した記述に基本記入の標目を付加することによって，記入が完成する。基本記入作成の手順は，記述に適切なアクセス・ポイント（利用者が書誌記録を検索・識別する名称などをいい，目録中でアクセス・ポイントとして機能するのが標目である。以下両者を区別せずに用いる。）を選定し，次いで標目の形式を決定する。

　なお，AACR 2 R2002第Ⅱ部「アクセス・ポイント（標目）選定および形式決定」は，あらゆる種類の図書館資料に共通の規則である。

（1）標目の選定（§21）

①基本原則（§21.1.）

　1）個人名を標目とするもの（§21.1A.）

　　　個人著者の著作は，①単独個人著者のものは，その単独著者を，②複数の著者の著作で主たる個人著者がある場合は，その個人著者を，③著者がわからないとされている著作で特定の個人著者を推定できる場合は，その推定著者を基本記入の標目とする。

　2）団体名を標目とするもの（§21.1B.）

　　　団体から生みだされた著作は，次の条件のいずれかに該当する場合にはその団体を基本記入の標目とする。国，大統領，市長も団体である。

　・団体自体や内部方針，職員，財産などを扱った管理的性格の著作。

　・法律，行政，司法，宗教関係資料。

　・団体の共同の意思を含む著作（委員会の報告書など）。

　・会議などの報告書。

　・演技，演奏団体の活動の所産である映画フィルム，ビデオテープなど。

　・団体から生みだされた地図資料。単に地図資料の出版・頒布のみに責任を有する団体の場合は除外する。

　3）タイトルを標目とするもの（§21.1C.）

・個人著者が不詳，著者性が分散している著作または決定できない著作。
・異なる個人または団体による著作の合集。
・団体から生みだされたが，上記2）の条件のいずれにも該当せず，個人
　著者の著作でないもの。
・宗教の聖典。

②一個人または一団体に責任のある著作（§21.4.）

　1）単独著者の著作（§21.4A.）

　　一個人著者の著作，合集，選集は，著者名が著作に挙げられているかい
　ないかにかかわらず，その個人を基本記入の標目とする。

　　例）Watership down　／　Richard Adams
　　　　基本記入はAdamsに対する標目のもとに
　　　（なお，ここでは標目の形式にはまだ触れない。形式については，（2）で述べる）
　　　The complete works of William Shakespeare　／　edited with a glossary by
　　　W.J. Craig
　　　　基本記入はShakespeareに対する標目のもとに

　2）一団体から生みだされた著作（§21.4B.）

　　　一団体から生みだされた著作，合集，選集は，それが前述の条件（前頁
　①基本原則の2））のいずれかに該当する場合には，その団体を基本記入
　の標目とする。

　　例）Technical Education Council policy statement, June 1974
　　　　基本記入はCouncilに対する標目のもとに
　　　The open-door colleges ： policies and community colleges ： a special
　　　report and recommendations　／　by the Carnegie Commission on Higher
　　　Education
　　　　基本記入はCommissionに対する標目のもとに

③元首，他の政府首脳，教皇などの著作（§21.4D.）

　1）公式通達（§21.4D1.）

　　　次の条件に該当する著作は，首脳（officials）に対する団体を基本記入
　の標目とする。

　・元首，政府首脳，国際団体の長が発する公式通達（立法府に対するメッ
　　セージ，布告など）。
　・教皇，総大司教，司教などの公式通達（例．命令，教令，司教の教書な
　　ど）。

　　例）New York City at war ： emergency services ： report　／　by F.H. La
　　　Guardia, mayor
　　　　基本記入は市長としてのLa Guardiaに対する団体（すなわち，New York

(*N.Y.*). *Mayor*) に対する標目のもとに

２）その他の著作（§21.4D2.）

このような個人の著作は，すべてその個人を基本記入の標目とする。

> 例）Non-citizen Americans in the war emergency　／　by Fiorello H. La Guardia,
> mayor
> （ラジオでの演説）
>> 基本記入はLa Guardiaに対する標目のもとに

④著者不詳，著者不確定の著作，もしくは名称のないグループによる著作
（§21.5.）

タイトルを基本記入の標目とする。ただし，参考資料でこのような著作の著者が推定されている場合は，その推定著者を基本記入の標目とする。

個人著者が不詳で唯一の著者の表示が，主たる情報源中に記載されている特徴を表す語や句あるいはその著者の他の著作を示す句である場合，その語や句を基本記入の標目とする。

> 例）A memorial to Congress against an increase of duties on importations　／　by
> citizens of Boston and vicinity
>> 基本記入はタイトルのもとに
> A true character of Mr. Pope
> （著者不詳。一般にJohn Dennisの作とされている）
>> 基本記入はDennisに対する標目のもとに
> Memoir of Bowman Hendry　…　／　by a Physician
> （著者不詳）
>> 基本記入は特徴を表す語（a Physician）のもとに

⑤責任を分担している著作（§21.6.）

複数の個人または団体による著作は，次のように扱う。

１）標題紙の表現や体裁によって，その著作に主たる責任を有する一個人または一団体が明らかな場合はその個人または団体を基本記入の標目とする。（§21.6B1.）

> 例）The vital balance: the life process in mental health and illness　／　Karl
> Menninger, with Martin Mayman and Paul Pruyser
>> 基本記入はMenningerに対する標目のもとに
> Lady sings the blues　／　Billy Holiday with William Dufty
>> 基本記入はHolidayに対する標目のもとに

２）主たる責任性が２または３の個人もしくは団体にあるとされている場合は，最初に表示されている名称を基本記入の標目とする。（§21.6B2.）

> 例）The United Nations and economic and social co-operation　／　by Robert E.

Asher, Walter M. Kotschnig, William Adams Brown, Jr., and associates
　　　　基本記入はAsherに対する標目のもとに

3）責任性が2または3の個人もしくは団体の間で分担されていて，主たる責任を有する個人もしくは団体がない場合には，最初に表示されている名称を基本記入の標目とする。（§21.6C1.）

The correspondence between Benjamin Harrison and James G. Blaine,
1882-1893
　　　　基本記入はHarrisonに対する標目のもとに

4）4以上の個人もしくは団体が責任を有する著作で，主たる責任を有する個人または団体がない場合には，タイトルを基本記入の標目とする。（§21.6C2.）

例）The use of books and libraries　／　by Raymond H. Shove, Blanche E. Moen,
Frederick Wazeman, Harold G. Russell
（この著者表示は例にすぎず，記述に記載する場合は…　Shove　…［et al.］とする）
　　　　基本記入はタイトルのもとに

⑥異なる個人または団体による著作の合集（§21.7.）

さまざまな個人や団体の既存の著作の合集，こうした既存の著作の抜粋からなる合集，既存の著作と書き下ろしを集めた著作は，次のように扱う。

1）総合タイトルを有するもの（§21.7B.）

上記の著作が，総合タイトルを有する場合には，総合タイトルを基本記入の標目とする。

例）Motor bus laws and regulations　:　a complete code of all motor bus
regulatory laws　…　／　compiled and edited by John M. Meighan
　　　　基本記入はタイトルのもとに
American library philosophy　:　an anthology　／　selected and introduced
by Barbara McCrimmon
　　　　基本記入はタイトルのもとに
IFLA journal
　　　　基本記入はタイトルのもとに

2）総合タイトルのないもの（§21.7C.）

上記の著作に総合タイトルがない場合には，主たる情報源に記載されている最初の著作に対する適切な標目を基本記入の標目とする。

例）Silas Marner　／　by George Eliot. The pearl　／　by John Steinbeck.
　　　　基本記入はEliotに対する標目のもとに

⑦責任の混合した著作（§21.8.～27.）

これには，次の二つのタイプがある。

　1）翻訳，翻案，ミュージカル化などのように既存の著作を改変したもの。

　2）テキストの作者と挿絵画家などのようにさまざまな個人または団体が，
　　　種類の異なる貢献をした新しい著作。

　1）の場合には，原著作の性格や内容が本質的に変わったりメディアが変わったりしたものは，新しい著作に対する適切な標目を基本記入の標目とする。しかし，改変が，改訂，簡略化，再編成などにすぎない場合には，原著作に対する適切な標目を基本記入の標目とする。

　2）の場合には，主たる情報源に顕著に表示されている個人があればそれを，なければ最初に表示されている個人を基本記入の標目とする。

　　　例）Adventures of Tom Sawyer　／　by Mark Twain　；　rewritten for young
　　　　　readers by Felix Sutton
　　　　　　　基本記入はSuttonに対する標目のもとに（Suttonが改作したものなので）
　　　　　Say, is this U.S.A?　／　Erskine Caldwell and Margaret Bourke-White
　　　　　（Caldwellによる本文とBourke-Whiteによる写真とからなる）
　　　　　　　基本記入は最初に記載されているCaldwellに対する標目のもとに

⑧**関連著作**（§21.28.）

　ある著作に対する補遺・索引などの関連著作は，原著者にかかわりなくそれ自体の標目を基本記入の標目とする。

　　　例）Supplement to Hain's Repertorium bibliographicum …　／　by W.A. Copinger
　　　　　　　基本記入は，Copingerに対する標目のもとに（補遺作成者Copingerの著作）

⑨**法律関係出版物**（§21.31.～34.）

　単一の法域で適用される法律は，その法律が適用される法域を基本記入の標目とする。複数の法域で適用される法律を編纂したものは，合集の規定を適用する。

　　　例）Canada Corporation Act : chap. 53, R.S.C. 1952, as amended
　　　　　　　基本記入はCanadaに対する標目のもとに作成し，統一書名を付ける。

⑩**聖典**（§21.37.）

　宗派によって聖典と認められている著作やその部分は，タイトルを基本記入の標目とする。

　　　例）The Koran ／ translated from the Arabic by J.M.Rodwell
　　　　　基本記入はタイトルのもとに

（2）標目の形式

　ここでは，前項（1）で選定した標目の形式を決定する。

①個人標目の形式（§22）

ⅰ）名前の選択

　1）通則（§22.1.）

　　　個人名は，一般に知られている形を選ぶ。

　　　例）Jimmy Carter（James Earl Carterではない）
　　　　　George Eliot（Marian Evansではない）
　　　　　Mishima Yukio（Hiraoka Kimitakeではない）

　2）種々の名前からの選択（§22.2.）

　　　個人が複数の名前で知られている場合，最も一般によく知られている名前があればそれを選択する。ただし，個人が著作の種類によって複数の名前を使い分けている場合，または現代の作家が2以上の筆名または本名と筆名を使用している場合，それぞれの名前を選択する。

　3）同一の名前のさまざまな形からの選択（§22.3.）

　　　外国人の著者は，著作によってミドル・ネームを全く省略したり，あるいはイニシアル化したりといったように名前の表示を変えることがある。その場合には，最も多い形を選択する。

　　　例）Karl Marx
　　　　　（最も多い形：Karl Marx）
　　　　　（時折ある形：Karl Heinrich Marx, Karl H. Marx）

ⅱ）最初に記載する要素

　1）通則（§22.4A.）

　　　個人名がいくつかの部分からなる場合には，著者の言語あるいはその国の権威ある人名録で記入語にされている名前の部分を最初に記載する。

　2）要素の順序（§22.4B.）

　　　最初に記載する要素が，名前の最初の要素である場合には，名前をそのままの順序で記載する。

　　　例）Ram Gopal

　　・最初の要素が姓である場合には，姓のあとにコンマを付けて記載する。

　　　例）Mishima, Yukio
　　　　　Chiang, Kai-shek

　　・最初に記載する要素が名前の最初の要素でない場合は，最初に記載する要素以前の部分は後ろに回し最初に記載する要素のあとにコンマを付す。

　　　例）Bell, Daniel

　3）姓の下の記入（§22.5.）

　姓を含む名前は，姓の下に記載する。（§22.5A.）

　　例）Groult, Benoite

4）複合姓（§22.5C.）

　複合姓（複数の固有名からなる姓）は，次の順序で最初に記載する要素を決定する。

　・本人が選んでいる形もしくは確立している慣用形がわかっている場合は，本人がそこに記載されることを望んでいる姓の部分から記載する。

　　例）Lloyd George, David（Lloydは母方の姓で本来はミドル・ネーム）

　・ハイフンで結ばれた姓は，複合姓の最初の要素から記載する。

　　例）Day-Lewis, Cecil

　・その他の複合姓（未婚時代の姓と夫の姓とを結合して構成する複合姓を有する既婚婦人は除く）は，ポルトガル語を使う著者を除いて複合姓の最初の要素から記載する。

　　例）Hungry Wolf, Adolf
　　　　Silva, Ovidio Saraiva de Carvalho e（ポルトガル語の例：複合姓の最後の要素から記入）

5）わかち書きされた前置語のついた姓（§22.5D.）

　・独立した前置語を伴う姓（De la Mare, Walterのような）は，慣用形がわかっていればそれから記載する。わからない場合には，各言語の用法を調べてどの部分から記載するかを決定する。

　　例）Aa, Pieter van der（オランダ語の例）
　　　　Du Maurier, Daphne（英語の例）
　　　　Du Méril, Édélestand Pontas（フランス語の例）
　　　　Musset, Alfred de（フランス語の例）
　　　　Zur Linde, Otto（ドイツ語の例）
　　　　Goethe, Johann Wolfgang von（ドイツ語の例）

　　〈参考文献〉
　　Names of persons: national usage for entry in catalogues ／ compiled by the IFLA International Office for UBC. — 3 rd ed. — London: The Office, 1977.（この邦訳は，『整理技術研究』図書館整理技術研究会編，龍渓書舎発行の14号より掲載）

6）貴族の称号（§22.6.）

　個人がその称号によって一般に知られている場合には，貴族の称号中の固有名から記載する。

　　例）Wellington, Arthur Wellesley, *Duke of*（ウェリントン公アーサー・ウェルズリー）

7）名（given name）など（§22.8.）

　姓を含まない名前で，貴族の称号によって特定されない個人の名前は，

参考情報源において記載されている名前の部分の下に記載する。あだ名，出生地，居住地，職業などがその名と一緒に記載されている場合は，それをコンマで区切って名に続けて記載する。

> 例）John, *the Baptist*（洗礼者ヨハネ）
> Leonardo, *da Vinci*（ヴィンチ村のレオナルド）

ⅲ）名前に対する付加語（§22.12.～20.）

1）他人と区別するのに必要な場合には，生没年を標目の最後の要素として付記する。（§22.17.）

> 例）Smith, John, 1924-
> Smith, John, 1900 Jan. 10-
> Smith, John, 1900 Mar. 2-
> （任意規定：すべての個人名にあらかじめ生没年を付加する）

2）名の一部またはすべてがイニシアルであり完全形がわかっているとき，他人と区別するのに必要な場合には完全形を丸がっこに入れて記載する。（§22.18.）

> 例）Smith, Russell E. (Russell Edgar)
> （任意規定：イニシアルを含む他の名前すべてに完全形を付加する）

②地名（§23.）

ⅰ）地名の利用（§23.1.）

地名は，次の場合に用いる。

1）同一名称の団体を区別するため。

2）団体名への付加（会議名などで）。

3）政府や自治体の名称。

ⅱ）用法（§23.4.）

国や州・都市などの標目として用いる地名を，同一名称の他の地名と区別するのに用いる付加はすべて，丸がっこに入れて記載する。

> 例）New York (*N.Y.*)（ニューヨーク市）
> New York (*U.S.* : *State*)（ニューヨーク州）

③団体標目の形式（§24.）

ⅰ）通則（§24.1.）

1）上部団体名，関連団体名または政府名から記載することを規定している場合以外は，よく知られている名称から直接記載する。

2）団体名の形式は，その団体自体が刊行している資料から決定する。

3）団体名がイニシアルだけからなるか，またはイニシアルを含んでいる場合には，その団体がよく使用している用法に従って，ピリオドや他の句読

点を省略するか，含めるかを決める。

> 例）Aslib（Association of Special Libraries and Information Bureaux）
> University of Oxford
> M. Robert Gomberg Memorial Committee

ⅱ）さまざまな名称からの選択（§24.2.〜3.）

さまざまな形の名称が，その団体自身が刊行している資料に現れている場合には，主たる情報源に現れている名称を選択する。これがない場合には，正式に提示されている形，主として用いられる形，簡単な形，参考情報源中の形または公式な形の順序で選択する。（§24.2.）

> 例）AFL-CIO（American Federation of Labor and Congress of Industrial Organizationとはしない）

ⅲ）付加，省略，改変（§24.4.〜11.）

1）団体に説明を加えたり，同一名称の団体を区別したりする際に用いる付加事項は，丸がっこに入れて記載する。（§24.4A.）

2）名称だけでは団体であるとは思えない場合は，一般的な指示語を英語で付記する。（§24.4B.）

> 例）Apollo 11（*Spacecraft*）（名称だけでは宇宙船であることがわからない）

3）同一名称の団体を区別する場合には，国名・州名，存続年などを付記する。（§24.4C.）

> 例）Republic Party（*Ill.*）
> Republic Party（*Mo.*）
> Loyola University（*Chicago*）
> Loyola University（*New Orleans*）

4）冒頭の冠詞は省略する。ただし，団体名が人名や地名の最初の部分である冠詞で始まっている場合には省略しない。（§24.5.）

> 例）Library Association（The Library Associationとはしない）
> Blaue Adler（*Association*）（Der Blaue Adlerとはしない）
> Los Angeles Symphony（*Orchestra*）

5）会議などの名称からは，回次，開催年を示す語を省略する。（§24.7A.）

> 例）Second Conference on Co-ordination of Galactic Research　…　は，Conference on C-ordination　…　とする。

6）会議などの標目に，回次，開催年，開催地をこの順序で次のよう付記する。（§24.7B.）

> 例）Louisiana Cancer Conference（*2 nd : 1958 : New Orleans, La.*）

iv）**下部機構と関連機関**（§24.12.～16.）

　下部機構と関連機関は，直接それ自体の名称から記載する。（§24.12.）

　　　例）Association of College and Research Libraries（ALAの下部機構）

　ただし，その名称が以下に述べる種類のいずれかに該当する場合は，上部団体の副標目として記載する。（§24.13.）

　　1）department, division, section, branchのように，他の団体の一部であることを示す名称が含まれている場合。

　　　　例）Stanford University. *Department of Civil Engineering*

　　2）機構上の従属を意味するcommittee, commissionのような名称が含まれ，上部団体名が下部機構を識別するのに必要である名称。

　　　　例）International Council on Social Welfare. *Canadian Committee*

　　3）一般的な名称であるか，上部団体の地域的，年代別の名称，数字や文字で順序付けされた部局（subdivision）であることを示す名称。

　　　　例）Bell Telephone Laboratories. *Technical Information Library*

　　4）団体の意図を伝えない名称。

　　　　例）British Library. *Collection Development*

　　5）単に特定の研究分野だけを示している大学のfaculty, school, college, institute, laboratoryなど。

　　　　例）Syracuse University. *College of Medicine*

　　6）名称に上位または関連団体の名称全体を含むもの。

　　　　例）Yale University. *Library*
　　　　　　（名称：Yale University Library）

v）**政府機関と首脳**（§24.17.～26.）

　　1）政府機関は，直接それ自体の名称から記載する。（§24.17.）

　　　　例）Canadian National Railways

　　2）国の元首，首脳などは，次のように記載する。（§24.20.）

　　　　例）United States. *President*（*1953–1961 : Eisenhower*）
　　　　　　United Kingdom. *Sovereign*（*1952–　: Elizabeth II*）

　　3）立法府は，次のように記載する。（§24.21.）

　　　　例）United Kingdom. *Parliament. House of Commons*

④**統一タイトル**（§25）

　統一タイトルは，著作が種々の形（諸版や翻訳など）で，多様なタイトルにより刊行される場合に，一著作の目録記入を1カ所にまとめるために使用する。

ⅰ）通則（§25.2.）

　著作のいろいろな形（改訂版を除く）が，さまざまなタイトルで刊行されている場合，統一タイトルとしてそのうちの一つを選択する。統一タイトルは，角がっこに入れ標目と本タイトルの間に記載する。

> 例）Dickens, Charles.
>
> 　　［Martin Chuzzlewit］
>
> 　　The life and adventures of Martin Chuzzlewit
>
> 　　Dickens, Charles.
>
> 　　［Martin Chuzzlewit］
>
> 　　Martin Chuzzlewit's life and adventures

⑤参照（§26）

　1）「を見よ参照 see reference」

> 例）Hiraoka, Kimitake.
>
> 　　*see* Mishima, Yukio.

　2）「をも見よ参照 see also reference」

> 例）Ohio College Library Center.
>
> 　　*see also* OCLC, Inc.
>
> 　　OCLC, Inc.
>
> 　　*see also* Ohio College Library Center.
>
> 　　（1981年より，OCLCが正式名称となった）

Ⅵ　主題からのアプローチ　1
—主題目録法—

　第Ⅱ章1で見たように，利用者は図書館内の書架上で主題別に配列した資料群を自由に見ることができる。書架の資料は，通常分類順に配列されているため，利用者は書架を直接ブラウジング検索することにより，一応の目的を果たすことができる。分類順とは主題を記号化し，その記号の順番に並べられていることである。図書館の資料をその主題によって記号で表し，その順番性によって並べるということは，近代以降に行われることになった。

1　「分類」ということ

（1）「分類」
　図書館学者セイヤーズ（W.C. Berwick Seyers）は，分類とは「事物を，その類似の度合いによって集め，不類似の度合いにしたがって分けること」（日本図書館協会『図書館ハンドブック　第4版』1977，p.250）と定義している。
　つまり，分類とは集める過程であると同時に，区別する過程である。
　〈分類〉と〈区分〉は，結果としてプロセスあるいは思考の過程が異なるだけである。したがって〈分類〉と〈区分〉は同じ意味で用いられ，〈分類〉が〈区分〉の意味で使われる場合が多いほどである。
①階層分類
　区分は事物の総体（動物）を共通する属性に基づいて，大きな部分集合（脊椎動物と無脊椎動物）を作り，さらにそれぞれの部分集合について同様の手続きを繰り返していく。この展開は，あたかも木の幹から大枝が出て中枝を経て小枝ができるような樹型構造をなしている。このような構造を持つ分類(法)を階層分類という。
　資料分類法（書架分類法）では，階層分類が多く用いられている。
②分類（または区分）の三要素
　階層分類では，最も大きいグループから，最も小さいグループへと分けていく。ここには，区分されるものと区分された結果がある。前者を被区分体（上位概念）といい，区分によって分けられたグループ（下位概念）を区分肢という。また区分を行うときには，段階ごとに一つの区別を立てる基準がある。これを区分原理という。これらを分類上の区分の三要素という。

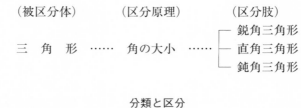

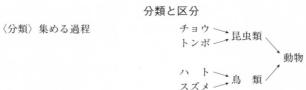

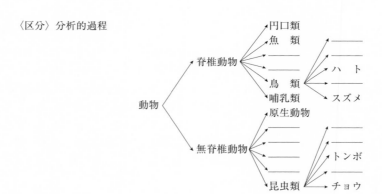

③分類の原則

ⅰ）１回の区分には，ただ一つの区分原理を一貫して用いなければならない。

ⅱ）１回の区分で得た区分肢は，相互に排他的でなければならない。

　　ⅰの原則から生まれるもので，区分原理が終始一貫していると区分肢は相互に排除し合う。一貫していなければ，区分肢は交叉し，区分肢は重なり合う。これを交叉分類といい，区分は正しくない。

　　例えば，三角形を被区分体とし，区分原理を〈角〉〈辺〉とすると，区分肢は鋭角三角形，直角三角形，鈍角三角形，二等辺三角形…となり，直角二等辺三角形は二つの区分肢，つまり直角三角形と二等辺三角形に属し，排他的でなくなる。

ⅲ）被区分体＝区分肢の総和でなければならない。

　　例えば，人間＝男性＋女性。この例は区分肢を出しつくしているから人間

は男性か女性のいずれかでなければならないといえる。

iv）区分は漸進的でなければならない。飛躍してはならない。

2　主題検索とその備え

　主題からのアプローチは書架のブラウジング検索で一応の目的を果たし，著者やタイトルは目録（OPAC）検索を行う。主題での検索は書架を直接探すというだけでは十分でない。次のような問題があるためである。

　①　一資料に二つ以上の主題が含まれていることがある

　②　同一主題の資料でも，開架室と書庫に分散していることがある

　③　開架室内でも

　　・同一主題の資料は，通常，一般資料群，参考資料群，大・小型本群などに分かれていて，一ケ所にまとまっていない

　　・利用中の資料もあり，すべてが書架上にあるとは限らない

　④　すべての利用者にとって，分類記号の理解は容易とはいえない

　これらの問題点を解決するために，主題からのアプローチを可能にする必要がある。この検索を主題検索という。

（1）主題，主題検索の種類

　主題（テーマ）とは，著者や編者が著作に盛った思想・記事内容である。主題とは「何々について書いた本はないか」と探すときの「何々」である。「テーマ」は英米系の図書館で"subject"と表される。従来図書館では，主題検索のために分類検索，件名検索を用意していた。しかし，現在の図書館ではよく使われているとはいいがたい。利用者のためには，主題で探せる機能の充実が求められる。

①主題

ⅰ）主題とは

　分類用語としての「主題」は資料に含まれている最も中心的な思想内容である。「主題」は「知識の分類」に一致する面を有するが，下記のような〈種類〉があり，その点で「知識の分類」に収まらないところがある。

ⅱ）主題の種類

　a．単一主題（主題が一つだけの場合）　例）『音楽学』

　b．複数主題（並列関係）　例）『音楽と社会学』

　c．複合主題　同一クラスの中で二つ以上の主題間に部分的一致がある主題

　　・上下関係　例）『社会における音楽』

・相関関係　例）『音楽と社会』
　d．混合主題　異なった二つ以上のクラスの主題で成り立っているもの
　　　　例）『音楽社会学』

②形式

ⅰ）形式類

　内容が特定の主題に属さない百科事典や一般雑誌の類（編集・出版形式）。なお，文学作品等では，2次区分において文学共通区分などを用いるが，これも一種の形式による区分といえる。

ⅱ）形式区分

　各主題を通して，それを限定する形式的な区分。事典・雑誌など。

③分類記号

　資料を一定の順序に書架上に配列するとき，自然語のままではわずらわしく，記号化する必要がある。資料分類上，記号は重要な地位を占める。

④索引

　分類表に出ている分類項目のコトバ（同義語を含む）を一定の順序に並べ，それに対応する記号を付けたもので，求める主題の分類表の位置を速やかに知るためのものである。

（2）主題分析

①主題（テーマ）

　主題（テーマ）は縮約したコトバないし記号で表す。この縮約にはマニュアルとそれによる縮約（翻訳）を必要とする。この縮約（翻訳）作業を主題分析という。マニュアルには件名標目表，分類表が使われる。

②主題分析の手法

　情報検索界での主題検索は，データーベースに対しキーワード（keyword）を用いた索引作業として行う。索引（index）にはフリーキーワード（free keyword），フリーターム（free term）など，あるがままの語を用いる自由語検索と，シソーラス（thesaurus）の類を用いての統制語検索がある。シソーラス上の検索語はディスクリプタ（descriptor）と呼ぶ。シソーラスとはギリシア語で「用語表」の意味である。

　図書館界では，このシソーラス，用語表を「件名標目表」「資料分類表」という。また，ディスクリプタを件名標目，分類標目という。

③各レベルにおける主題分析

　内容を把握した〔→Ⅶ章4（3）〕うえで，マニュアル（件名標目表，分類表

など）上の索引語に翻訳し，その資料の書誌レコードに，その主題検索のためのアクセス・ポイント（標目）として付与する。これら一連の作業を主題分析，主題組織化という。

主題検索，主題組織化では，まず検索対象の主題把握を行い，テーマ上に概念化する，これが狭義の主題分析である。主題検索，主題組織化に関して，さまざまなレベルの主題分析がある。主題検索は下記の各レベルで行われる。

ⅰ）検索者による主題分析

ⅱ）標準ツールの編集者におけるシソーラス作り

ⅲ）図書館など資料提供機関がシソーラスによって与えるディスクリプタ

本書では，ⅲ）の図書館など資料提供機関における主題分析，つまり件名目録と分類目録関係における主題分析に集中する。

3　件名目録，分類目録の特徴

主題目的には，件名目録と分類目録があり，カード目録時代には一図書館でこの二つの主題目録を備えている場合もあったし，一方を備える場合もあった〔→Ⅱ章1（2）①②〕。現在のOPACの場合は，たいていはこの両方の機能を含んでおり，利用者は各々の利点を知ったうえで両方を検索上併用することができる。カード目録時代に認識された二つの目録の特徴は以下の表を参照のこと。

件名目録と分類目録（実例集46,47）

件　名　目　録	分　類　目　録
〈長所〉	〈短所〉
1．求める主題を表す言葉で，直接的に検索が可能である。	1．分類標目の記号は，自明ではなく抽象的で理解しにくい。
2．検索は，標目の意味さえ理解すればよい。	2．検索に，分類体系の理解が必要。
3．特定主題は観点が異なっても記入は集中する。　例）ロマン主義（美術上）ロマン主義（文学上）	3．特定主題でも観点が異なれば，記入は分散する。　例）美術上のロマン主義　702.06　文学上のロマン主義　902.06
〈短所〉	〈長所〉
1．主標目の配列が体系的でない。	1．配列が理論的・体系的である。
2．関連主題が分散する。	2．関連主題が集中する。
3．用語に左右され，件名参照にひきずりまわされることがある。	3．用語に左右されない。
4．書架分類作業とは別に件名作業が必要である。	4．分類標目の決定は書架分類作業の延長上で可能である。

4 件名目録

　資料を主題から検索するための目録で，資料の主題または形式を表す言葉（件名）を標目とした記入を，標目の音順に配列したものである。（実例集46）

　件名目録は100年ほど前にアメリカにおいて，体系的な分類目録に代わって，主題を言葉から検索できるキャッチ・ワードによる目録として発生した。ヨーロッパの言語によるタイトルは，その資料の主題を表す語が冒頭にない場合が多く，そこで，次のように主題を表す語を冒頭に置く操作がなされた。

　　　　　An introduction to economics→Economics, An introduction to

　しかし，タイトル中に主題を表す語がない場合は，この方法は不可能であるところから，その資料の主題をつきとめ，これを適切な語で表示する方法，つまり件名標目へと発展した。

（1）件名標目

　件名には，資料の主題または形式を表す言葉を用いるが，言葉には同一主題を表現する同義語・類語があり，タイトルに使用されている言葉をそのまま件名として使用した場合は，次のように同一主題でも分散することがある。

（タイトル）	（タイトル中の主題語）
本の文化史	本
書物の歴史	書物
書籍の歴史	書籍

　言葉を一定の典拠（件名標目表）によって統一したものが，件名標目である。

（タイトルの中の主題語）		（件名標目）
本	→	図書
書物	→	図書
書籍	→	図書

（2）件名標目表

　件名標目に参照を加えたものを，一定の順序に配列した一覧表で，件名目録の作成において欠かせないツールである。

　件名標目表には，全主題を包含する一般件名標目表と，特定分野の主題に限定した特殊件名標目表があり，また，特定館用の一館件名標目表もある。

　〈主要件名標目表〉

　・基本件名標目表　日本図書館協会編・発行　1956　第4版　1999

　・小学校件名標目表　全国学校図書館協議会編・発行　1985　第2版　2004

・中学・高校件名標目表　全国学校図書館協議会編・発行　1984　第3版
　1999
・国立国会図書館件名標目表　同館編・発行　1964　2008年度版　2009
・Sears list of subject headings.　—　20th ed. ／　edited by Joseph
　Miller, Susan McCarthy　—　New York ： Wilson, 2010.
・Library of Congress subject headings.　—　Washington, D. C. ：
　Library of Congress　※毎年改訂されている。
本書では上記のうち，基本件名標目表をとり上げる。

（3）基本件名標目表（Basic Subject Headings：BSH）第4版

　〔→付 資料9〕
　音順標目表と分類記号順標目表〔→付 資料10〕（第4版第1刷では分類体系順標目表と称する）・階層構造標目表〔→付 資料11〕の3部2冊構成。
　わが国の公共，高等学校図書館等が扱う資料の主題を網羅することを図り件名標目（標目数7,847，参照語2,873，説明つき参照93，細目169）を収録。

①音順標目表

ⅰ）収録された件名標目の範囲

　すべての件名標目を標目表に収録すると膨大なページになるため，基礎的な件名標目を中心に収録し，次のような省略を行っている。
　a．例示的件名標目群（例に挙がっていないものは各館において補充する）
　例示さえあれば類推できる件名標目群は一，二の例示にとどめて，他は省略している。以下は主な群を示した。

宗教の宗派名・教派名	真宗. カトリック教など
歴史上の事件名	一向一揆. ロシア革命など
植物分類の門・綱・目の名称	顕花植物. こけ植物など
動物分類の門・綱・目の名称	脊椎動物. 昆虫など
人体の器官名・部位名	呼吸器. 心臓など
金属名	金. アルミニウムなど
職業名・学者を表す名称	弁護士. 哲学者など
楽器名	ピアノ. バイオリンなど
スポーツ名	野球. テニスなど
言語名	日本語. 英語など
芸術・文学上の流派・主義名	ロマン主義（美術上）など

　b．固有名詞件名標目群（原則として採録を省略した件名標目）

　固有名詞やそれに準ずる個別的な件名標目は，表し方の例を挙げる程度で省略している。個人名，団体名，地名（都道府県名，日本の地方名，郡市町村名，外国の都市名など），件名標目としての著作名など。

ⅱ）標目の表現形式
ａ．常用語優先の原則
　　　例）英語（UF：イギリス語）．交響楽（UF：シンフォニー）
ｂ．名詞の結合形
　　・複合語・熟語　　例）火災保険
　　・複合語標目　　　例）官公庁．計測・計測器
　　・「と」で結ぶ表現　　例）宗教と科学
ｃ．（　）を伴う形
　　・転置　　　例）図書館（公共）
　　・意味の限定　　　例）ロマン主義（美術）．ロマン主義（文学）
ｄ．形式標目
　　　例：人名辞典．地図．年鑑など
ｅ．地名の関与する標目の表現
　地名が形容詞として用いられ，これに続く主題と切り離すことができないものは，次の例のように地名を冠する形で表す。
　　　例）哲学――ドイツ哲学．ロシア・ソビエト哲学など
　　　　思想――日本思想など
　　　　歴史――世界史．東洋史．西洋史など
　　　　各国人―中国人など
　　　　民族――スラブ民族など
　　　　言語――英語．ロシア語など
　　　　文学――英文学．ロシア・ソビエト文学など
　　　　美術――フランス美術．イタリア美術
　　　　絵画――日本画．中国画
　　　　彫刻――ギリシア彫刻
　　　　建築――日本建築
　　　　舞踊――日本舞踊
ｆ．細目を用いる表現（細目件名）
　細目は主標目の範囲を限定するために用い，「主標目―細目」の形で表す。
　　ア．一般細目
　各標目のもとで共通に使用する細目。

―エッセイ	―辞典	―書誌	―年鑑	―名簿
―学習書	―写真集	―随筆	―判例	―用語集
―研究法	―条例・規則	―図鑑	―文献探索	―歴史
―索引	―資料集	―伝記	―便覧	―歴史―史料
―雑誌	―抄録	―統計書	―法令	―歴史―年表

　例）図書館―年鑑．日本文学―歴史

　イ．地名のもとの主題細目

　特定地域の主題を取り扱ったもののうち，地域性の比較的強い主題は，「地名―主題」の形で表す。地理的，歴史的，社会的，政治的な事情を表すもの。

―紀行・案内記	―商業	―地図
―教育	―人口	―地理
―行政	―政治	―農業
―経済	―対外関係	―風俗
―工業	―対外関係―（相手国）	―貿易
―国防（国名のもとに）	―地域研究	―貿易―相手国
―産業		

　例）日本―対外関係―アメリカ合衆国
　　　ロンドン―紀行・案内記．名古屋市―地図

　ウ．地名細目（地理区分）

　上記以外のすべての主題について，地域を限定して記述した資料については，必要に応じて，主題を主標目とし，そのもとに地名を細目として用いて表すことができる。

　　例）資本主義―日本．天然記念物―京都府．演劇―中国．映画―フランス

　エ．言語細目

　言語名を表す件名標目のもとに使用する。

―音韻	―修辞語	―読本	―方言―（地方名）
―解釈	―熟語	―発音	―略語
―会話	―書簡文	―反対語	―類語
―語源	―俗語	―表記法	＊ほか35細目
―作文	―単語	―文法	（第4版で追加あり）

　　例）英語―文法．日本語―方言―（○○地方）

　オ．時代細目

　歴史を表す標目・細目のもとを時代で限定する場合に用いる。

　細目に用いる時代名は，主題または地域により異なるので，音順標目表中の各主題または各地域のもとに示した。

　カ．分野ごとの共通細目

特定の分野で共通に使用する細目。

　　例）仏教―教義．アメリカ文学―作家．日本画―画集．化学―定数表．植物―分布

これには，次のものが設定されている。

医学・薬学共通細目	災害・戦争共通細目
映画・演劇共通細目	作品集成共通細目
音楽共通細目	宗教共通細目
会議共通細目	商品・製品共通細目
科学共通細目	職業・資格共通細目
芸術・文学共通細目	生物・農業・畜産業共通細目
工業・鉱業共通細目	美術・文化財共通細目
古典共通細目	文学形式共通細目（人物・事件名・動植物名などを題材とする文学作品に用いる。）

　キ．特殊細目

一定範囲の主題内のみで用いる細目。

特殊細目はすべて各標目のもとに示してある。

　　例）経済学―古典学派

ⅲ）BSHの記号

　BSH第4版は，p.182の③にみるとおり階層構造を採り，標目表上では以下の記号を用いて語の関係性を表している。以下の記号は「シソーラス」で使われている。右は略語の完全形である。

《　》	説明つき参照を示す名辞	
［　］	細目を示す名辞	
〈　〉	細目種別	
〔　〕	ヨミ（難読の場合など）	
→	直接参照（を見よ）	
SN	限定注記	Scope note
UF	直接参照あり（を見よ参照あり）	Used for
TT	最上位標目	Top term
BT	上位標目	Broader term
NT	下位標目	Narrower term
RT	関連標目	Related term
SA	参照注記（をも見よ参照）	See also
＊	第3版にもあった標目	

⑧　　　NDC新訂 8 版分類記号
⑨　　　NDC新訂 9 版分類記号
；　　　複数の分類記号の区切り

iv）BSH第 4 版の参照

各参照語のもとに，→印の後に参照先の件名標目をゴシック体で表示。

a．直接参照（を見よ参照）

音順標目表において，採択した件名標目に対して，件名標目としなかった同義語・類語から案内する参照語を設けた。

参照先の件名標目のもとには，「を見よ参照あり」をUFの記号で示す。

　　例）欧州統合　→ヨーロッパ統合
　　　　ヨーロッパ統合　UF：欧州統合

b．連結参照（をも見よ参照）

ある件名標目に関連した件名標目がある場合，それとの関連を示す説明，連結参照をつけた。

連結参照は，各件名標目のもとに表示するほか，別表に示した階層構造標目表により，直近上位の標目（BT），直近下位の標目（NT）がわかる仕組になっている。

なお，階層構造標目表の最上位標目（TT）とその配列順位を示す番号を，各件名標目のもとに示し，階層構造標目表における位置を参照できるようにしてある（ただし，最上位標目自体では，この表示を省略した）。

表示は，最上位標目（TT），上位標目（BT），下位標目（NT）の順。

　　例）人工衛星
　　　　TT：宇宙工学11
　　　　BT：宇宙工学
　　　　NT：科学衛星．気象衛星．軍事衛星．通信衛星

検索にあたって連想される上位，下位の関係とは異なる並列的な関連標目（RT）を示す。表中でのその表示の順はNTのあと。

　　例）エッセイ　RT：随筆　（エッセイは随筆に参照）
　　　　随筆　　　RT：エッセイ　（随筆はエッセイに参照）

c．参照注記

参照する下位の件名標目が多数で，例示・省略件名標目群に属する場合には，参照注記（SA）でその旨を説明している。表示の順はRTのあと。

　　例）作家　SA：個々の作家名（例：島崎藤村）も件名標目となる。

v）説明つき参照

しばしば表れる主題，または出版形式について，その取り扱いを示してある。

その説明の中に例として示す件名標目は，ゴシック体で表している。
vi）国名標目表
　　国名を件名標目または地理区分に用いる場合の形式を示すもの。
　　　　抜粋）BSH第４版（1999）　　　　　参考）NCR1987年版　改訂３版
　　　　　　　韓国　　　　　　　　　　　　　大韓民国
　　　　　　　中国　　　　　　　　　　　　　中華人民共和国
　　　　　　　朝鮮（北）　　　　　　　　　　朝鮮民主主義人民共和国

②分類記号順標目表〔→付　資料10〕（このタイトルは２刷以後のもの）
　　NDC新訂９版の分類記号順に，BSHで採択したすべての件名標目を与え，別冊として編集した。この第４版１刷のタイトルは第３版のそれと同じ「分類体系順標目表」。
　　この表は，次の役割を持っている。
　　・分類作業と並行して同一分野の件名標目が通覧でき，最も適切な標目を選びやすくする。
　　・新しい件名を追加する必要がある場合，その体系上の位置づけの確認や連結参照（BT，NT，RT）の設定に役立つ。
③階層構造標目表〔→付　資料11〕
　　この表は，音順標目表において各件名標目のもとに示した関連標目への連結参照（NT）を整理し，階層的に関連主題の件名標目を通覧できるように編成したものである。次のように編成されている。
　　第１位にある件名標目（最上位標目＝248標目）から，第２位以下の各下位標目が付されている。下位標目からは，連結参照（BT）がつけられていることを示している。
　　階層は６階層を超えないように配慮している。
　　　　　例：11＜宇宙工学＞
　　　　　　宇宙工学
　　　　　　・宇宙開発
　　　　　　・・宇宙船
　　　　　　・・宇宙飛行士
　　　　　　・・宇宙旅行
　　　　　　・・航空宇宙産業
　　　　　　・・人工衛星
　　　　　　・・・科学衛星
　　階層構造標目表は，分類記号順標目表とともに，各主題分野においてどのよ

うな件名標目が表中に採録されているかを知ることによって，最も適切な件名
標目を選択することに役立つと同時に，各図書館が，この件名標目表に採録さ
れていない件名標目を追加使用する場合に，

- ・その主題が属する分野中で，どのような階層的な位置にあるかを知る
- ・同一分野の類似の件名標目を見ることで，適切な表現形式を選ぶ際の参考
  にする

ことに役立てるのを，その目的としている。第4版で新設された表である。

④機械可読版

　冊子版とともに機械可読版を提供する。これは，UNIMARC/Authoritiesに
準拠し，国立国会図書館の著者名典拠フォーマットとの互換性を図っている。

　静的なフォーマットだが，レコード単位での交換に対応可能なフォーマット
への拡張が必要となろう。

（4）件名作業

　個々の資料に対して，その内容に即した件名標目を与える作業。

　BSH第4版の件名規程に基づき，説明する。

①件名作業の手順

　ⅰ）件名標目表の理解（本書ではBSH第4版とする）

　・収録された件名標目の範囲

　・標目の形式

　・参照のつけ方

　ⅱ）件名規程の理解（一般・特殊件名規程）

　ⅲ）内容（主題）の把握

　　　分類作業における「内容の把握」と同様。

　ⅳ）最適の件名標目の選定：索引語の決定，縮約

　ⅴ）件名標目を標目指示（またはトレーシング）の位置に記載

②件名標目の選び方　1（一般件名規程）

　件名標目表に従って，件名標目を付与するうえで首尾一貫して守るべき指針
が件名規程であり，その一般的なものが一般件名規程である。下記のことがら
を指示している。

- ・個々の資料の主題を適切に表現する件名標目を目録記入に与えること。
- ・主題が明らかな資料，特定の出版形式をもって編集された資料，および多
  数人の文学作品，芸術作品の集成に対しては，件名標目を与えること。
- ・件名標目は，その資料が取り扱っている主題および表現形式の数に応じ

て，必要な数だけ与えることができるとする。
・利用上必要な場合には，資料全体に対する件名標目とともに，資料の一部分を対象とする件名標目を与えることができるとする。
・各種の細目は，主標目の範囲を限定し特殊化するために用いるとする。
・細目は主標目のもとに，段階的に重ねて用いることができるとする。
・特定の人物，団体，事物，地域，著作などについて記述した資料には，その固有名を件名標目として与えることができるとする。
・限定された地域における特定主題に関する記述に対しては，その主題が「地名のもとの主題細目」の細目表に示されているときは，地名を主標目とし，主題を細目として表し，それ以外の主題のときは，主題を主標目とし，地名を細目として表すものとする。
・郷土資料に対する件名標目は，前項の規定以外によることができる。
・注釈書や研究書など関連著作の多い古典の場合は，その古典名のもとに，関連著作の内容に応じて必要な細目を用いることができる。
・主題の明らかな文学・芸術作品に対しては，その主題を表す件名標目を与えることができる。この場合，主題を表す主標目のもとに，文学形式共通細目を用いる。
・特定の出版形式をもって編集された資料に対しては，その出版形式を表す名辞を形式標目として与えることができる。多数人の文学・芸術の作品集に対しても，形式標目を与えることができる。

③件名標目の選び方　2　（特殊件名規程）

特定の分野にのみ適用される件名規程を特殊件名規程という（主要な特殊件名規程は，「説明つき参照」として，音順標目表中に掲載してある）。

ⅰ）歴史的な主題

特定の地域またはある主題についての歴史的記述に対しては，その地名または主題を主標目とし，これに「―歴史」の細目をつけて表す。ただし，「世界史」「西洋史」「東洋史」はこの形で表す（「世界―歴史」「西洋―歴史」「東洋―歴史」としない）。

例）商業―歴史. 東洋史

ⅱ）伝記書，人名辞典

ａ．個人の伝記は，各個人名を標目とする。

例）吉田茂. ローレンス, D. H.

ｂ．叢伝（列伝）

分野を限定していない列伝は，「伝記」を件名標目とする。

　一国・一地方の列伝は，「伝記」に対象としての地域を表す地名を細目として
つける。

　　　例）伝記—ブラジル．伝記—京都市

　特定の職業，専門分野などに限定した列伝は，その職業・専門分野などを表
す件名標目に「—伝記」を細目として用いる。

　　　例）弁護士—伝記

c．人名辞典は，「人名辞典」を件名標目とし，必要に応じて地名を表す細目
　をつける。

　　　例）人名辞典—中国．人名辞典—神戸市

ⅲ）地誌的な記述，地名辞典

　特定地域の事情を記述した資料には，その地名を件名標目として与える。そ
の地名が，一つの地名で表現できないときは，複数の地名を与えることができ
る。

　　　例）アジア—地域研究．アメリカ合衆国—紀行・案内記．日本—地理．神戸市—地図

　地名辞典には，「地名辞典」を件名標目とし，必要に応じて地名を表す細目
をつける。

　　　例）地名辞典—日本．地名辞典—横浜市

ⅳ）社会事情

　政治，行政，対外関係，経済，人口，教育，風俗，国防に関する資料で，一
国の事情を記述したものは国名を主題目とし，「地名のもとの主題細目」に示
している細目のうちから，適切なものを選んで与える。

　一国内の一地方に関する記述も同様とする。

　　　例）イギリス—行政．フランス—対外関係．大阪市—経済

　一地域の一般社会事情，文化一般に関するものは，地名のみを与える。

　　　例）イタリア

ⅴ）法令

　日本の一般法令集には，「法令集」を件名標目として与える。外国の法令集
は，国名を地名細目として付す。

　　　例）法令集．法令集—イギリス

　日本の一地方の例規集には，地方名のもとに「—条例・規則」の細目を与え
る。

　　　例）京都市—条例・規則

　特定の主題に関する法令集には，各主題を表す件名標目のもとに「—法令」
の細目を用いる。

　　　例）老人福祉—法令

ⅵ）統計書

　一地域または特定主題の統計書は，その地名または主題を主標目とし，「―統計書」を細目として用いる。

　　　例）イギリス―統計書．人口―統計書

ⅶ）産業事情

　「地名のもとの主題細目」に挙げられている主題である工業，産業，商業，農業，貿易に関する資料で，一国または一地域の事情を記述したものは，国名または地域名を主標目とし，それぞれの主題を細目として表す。

　　　例）中国―工業．アメリカ合衆国―農業

　ただし，それらに含まれる小主題に記述が限定されているときは，その主題を主標目とし，地名を表す細目を与える。

　　　例）情報産業―イギリス

ⅷ）病気に関する資料

　個々の病気に関する記述には，その病名を件名標目として与える。

　　　例）結核．心臓病

　臓器系に関する病気の総合的記述には，臓器名を冠した疾患を表す件名標目を与える。

　　　例）循環器疾患

　障害，症状，外傷などは，それぞれを表す名称で表す。

　　　例）視覚障害

ⅸ）語学書

　各言語に関する資料は，言語名を件名標目とする。それぞれの言語の各分野についての記述は，その言語名のもとに言語細目を付して表す。「方言」の場合を除き，言語名のもとに地名を表す細目を用いることはしない。

　　　例）フランス語―会話．ドイツ語―文法

　特定の言語にしか用いない用語は，原則として独立した件名標目とする。

　　　例）枕詞

ｘ）学習書・問題集

　児童・生徒の学習書は，公共図書館などでは件名標目を作成する対象としないことが多いが，学校図書館などで必要となる場合もある。その場合は，教科名または主題を表す件名標目のもとに，「―学習書」の細目を付して一般資料と区別する。

　　　例）数学科―学習書．世界史―学習書

　問題集は，各種試験または資格名を表す件名標目のもとに，「―問題集」の

細目を付して，一般資料と区別する。

> 例）公務員試験―問題集

④件名標目指示
ⅰ）　件名標目の形式
件名標目表に定められた標目の形を，標目表の文字で記載する。

> 例）図書館―歴史

人名，団体名，著作名などの固有名は，タイトル標目・著者標目の形式に準じて片仮名で記載し，当該標目の固有の文字を付記する。

> 例）フクザワ，ユキチ（福沢諭吉）
>
> 　　ヘイケモノガタリ（平家物語）

ⅱ）件名標目指示の記載位置
著者標目指示に続いて（著者標目がないときはタイトル標目の次），次のように記載する。

> 例）『痛風が気になる人の食事』日本放送協会発行
>
> 　　tl. ツウフウ　ガ　キニナルヒト　ノ　ショクジ　sl. 痛風　s2. 食事療法

ⅲ）件名標目指示の記載順序
一般件名，固有名の順。それぞれの中は主な主題，副次的な主題の順。

> 例）『直腸切断　あるガン患者の闘い』寺田健一郎
>
> 　　sl. 大腸癌　s2. テラダ，ケンイチロウ（寺田健一郎）

⑤件名標目の記載
件名標目の［標目欄での］表し方は，原則として片仮名で記載し，これに該当する漢字を付記する。

> 例）トショカン―レキシ（図書館―歴史）

固有名は，標目指示に示したとおりに記載する。

コンピュータ目録では原則標目は記載しない。

⑥件名標目の管理
ⅰ）使用した件名標目の記録
件名作業には，次の三つの工程がある。

・受け入れた個々の資料に適切な件名標目を与える。

・与えた件名標目を記録し，その維持・統一を図る。

・利用者の検索の便宜を図るための参照を作成する。

件名目録は，適切に管理しなければ，同一主題に異なる件名標目を与えたり，

同種の主題の表現形式に不統一を生じ，検索機能に混乱をもたらすおそれがある。

　特に，BSH第4版の具体項目のうち，それぞれの図書館で使用している件名標目については，自覚的に管理しなければならない。使用した件名標目とこれに伴って作成した参照については，必ず件名典拠ファイルに記録しておく必要がある。

ⅱ）件名典拠ファイル

　件名典拠ファイル（実例集30）は，その図書館が編成している件名目録に使用している件名標目と参照語の記録である。個々の記録には，件名標目と直接参照，および連結参照を記録する。また標目についてはその採用にあたって使用した典拠資料，最初に使用した資料，採用した日付などを記録しておく。

　件名典拠ファイルの編成・維持には，件名標目表（冊子型）を利用する方法と，コンピュータ・ファイルを用いる方法がある。さらに，この二つを組み合わせて複合的に利用する方法もある。

　該当する件名標目を与えた目録記入の本体である資料がすべて図書館から除去されたときは，件名記入と関連する参照を除去する。

　以下，記録の方法と参照の作成方法を説明する。

a．件名標目表（冊子型）の音順標目表に記録する場合

　典拠の底本とした件名標目表に，登載されている以外の件名標目と参照を逐一記録していく。既存，新設を問わず，採用した標目と参照にチェックを付す。一度チェックしたものは以後チェックする必要はない。

　さらに，BT，NT，RTの記号で示されている連結参照（をも見よ参照）にあたり，チェックを付す。

b．コンピュータ・ファイルを用いる場合

　新しく採用した件名標目と関連する参照を作成するとともに，コンピュータ・ファイル中の該当標目とそのもとにある参照指示に記録していく。連結参照の場合，参照先の件名標目が使用済みであるかどうか確認することも，標目表を使用する場合と同様である。標目表に採録されていない追加件名標目については，コンピュータ・ファイルに補充記録をして，必要な参照を設定し記録する。

　BSH第4版には，機械可読ファイルが用意されている。これを件名典拠ファイルとして利用する場合は，自館の書誌データファイルとリンクし，所蔵資料に関する件名を提示する必要がある。さらに，追加件名標目を随時補充できるようにファイル編成しておく必要がある。

5　分類目録

　資料を主題から体系的に検索するための目録で，分類記号を標目とした記入を，分類記号順に配列したものである。書誌分類ともいう。この配列は，書架分類の順序とは必ずしも一致しない。書架分類と書誌分類とは別の分類表を用いてもよい。たとえ同一分類表（NDC）を使用しても，分類目録では書架分類の記号を，より詳細に展開する形がとられる。なお分類目録には，分類標目に名辞で導く件名索引を併せて備える必要がある。

（1）分類標目
　資料の主題または形式を記号で表す分類記号を記入の標目としたもの。分類記号に固有名を付加したものを含めていうこともある。
　採用した分類表中より，資料の主題または形式を最もよく表現する分類記号を分類標目として選定する。

（2）件名索引（事項索引）（実例集31）
　主題を表す言葉から対応する分類記号を調べるための一種の参照カードで，分類目録の機能を支えるものであり，音順に編成する。
　分類表の相関索引と類似しているが，次の点で異なる。
　・図書館が所蔵する資料の主題についてのみ作成する。
　・分類記号は，図書館が決定した分類の精粗などが調整されている。

Ⅶ　主題からのアプローチ　2
―分類配架―

1　配架

　資料配列法は古くから幾多の方法がある。特に次の二つが代表的な配列法（配架法）である。

（1）形態別・受入順配列と，主題の体系順配列
①形態別・受入順配列
　資料を形態別，受入順に書架に配列する方法で，この方法は，いったん配架されるとその位置から半永久的に動かないもので，固定式配列とも呼ばれる。その利用法は図書館員に請求し資料を出し入れしてもらう閉架式が中心だった。
②主題の体系順配列：分類配架（書架分類）
　19世紀後半，図書館を公衆に公開する近代公共図書館が生まれ利用者が増加すると資料を直接利用できるかたち，開架式が進んだ。そこでは，上述の形態別，受入順配列法は通用しない。利用者が常識的に理解できる配架法が必要であった。そこで主題体系順の配架が図られた。主題体系順に書架を配し，各主題の資料を集めて書架に収めた。各資料は利用後に元の書棚に戻さなければならない。そのためには，各資料にどの書架の資料か判断できる記号を与える必要が生じた。1870年，ハリス（William T. Harris：米国セントルイス図書館）は，主題体系を数字をもって記号化し，各資料にその記号を付与した。
　こうした主題配架法によると，新着資料によって既存の資料の配架位置を移動しなければならない。そこで，この方式は移動式配列と呼ばれる。
　開架書架では，書架配置図（書架案内）などの表示を実施しなければならない。案内表示等の展開をサイン計画という。〔→8（1）―（4）〕
③機械による所在の管理
　今日②が一般的になり，利用者はOPACを検索して図書館が所蔵している図書を，素早く見つけ出すことができるようになった。ただし，その図書を図書館内で見つけるには，利用者か図書館員が動かなければならない。現在，人が動く必要がなく，所在記号を使わず機械が所在を管理する方法を，大学図書館はじめ導入する図書館が増えつつある。その方法とは，コンテナで構成された自動書庫システムである。ある大学図書館は数万個のコンテナで構成されてい

るという。入庫された図書を取り出すときは，OPAC上で出庫指示をするとその図書が入ったコンテナが出納ステーションに搬送されてくる。搬送されてきたコンテナの中には，出庫指示した図書が入っているので，その図書を選んで取り出すことで利用可能となる。したがって，操作員は出納ステーションの前で操作するのみである。無論これは巨大な書庫蔵書にかかわる対処法であり，開架書架などには適用されていない。

（2）書架分類と書誌分類

　資料の分類には，次の二つの面がある。

　一つは，Ⅵ章に記した分類目録のための分類で，「分類」の中の区分けとして，それは，「書誌分類」と呼ばれる。書誌分類は古くから分類目録として存在した。

知識の分類と資料の分類

①知識の分類

　知識の分類は哲学上きわめて重要な問題で，知識の分類を最初に試みたのはプラトンとされるが，むしろ彼に反対の立場をとった弟子アリストテレスによって基礎が固められた。その後，中世キリスト教世界にとどまった学問のうちで停滞した。しかし近代になるとベーコン（Francis Bacon）など多くの哲学者，またジェボンズ（W.S. Jevons）など経済学者が，知識の分類を示した。その中から，資料分類表に影響を与えたベーコンの知識の分類を紹介する。

　ベーコンは*The Advancement of Learning*（1605）：邦訳『学問の進歩』（岩波文庫，1974）で，学問全体を人間の知識と神学に大別し，人間の知識には記憶，想像，理性の精神活動があるとして図のように三分法に（参照p.200）分類した。

ベーコンの知識の分類（抄）

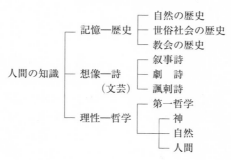

このベーコンの知識の分類体系を，ハリスは資料分類表に採用した。ただし配列順を逆とした（「逆ベーコン式」という。p.196, 198参照）。

②資料分類法

資料分類法では知識の分類とは異なる次のような特徴がある。
- ・知識の記録されたものを配列
- ・具体的なもので，記録そのものは複雑
- ・資料の管理・利用が目的
- ・実用的であるため，やや妥協的なものとなる

このように，知識分類とは相違点があり，多くの学者によって，知識の分類と同一の方法によることができるか，また別の方法によらなければならないかについて，多くの意見が出されたが，下記が今日一致した見解である。

すなわち，資料の分類は知識の分類に準拠しながらも，資料（図書）の物理的形態や内容の複雑さからくるいろいろな制約のために，"ある付け加え"をしたものである。

資料分類＝知識分類＋"ある付け加え"

"ある付け加え"＝資料分類の特異性＝主題，形式，分類記号，索引など

目録は，近代になるまでは，概念別つまり一定の分類別に集められ，冊子目録とされていた。ただし，その「分類」においては体系的な記号（のちにいう分類記号）は用いられない。

もう一つの面は，前節で述べた，資料を書架上に体系的に配列するための「分類」で，これは書架分類と呼ばれる。上記ハリスに始まる分類記号使用の書架分類法は，のちにデューイ（Melvil Dewey）の手で確立された。

ただし，現代の代表的分類表には書架分類（表）と書誌分類（表）を兼ねたものが多い。

（3）書架分類：その利点と限界

〈利点〉
- ・主題からの検索を書架上において可能とする：同一主題の資料が一定の書架に集中し主題順に配列される。このため，関連した主題の資料の検索が可能。
- ・配架位置の決定：分類記号によって配列され，検索，出納，点検を容易にする。

〈書架分類の限界〉
- ・書架分類では，一資料に二つ以上の主題を持っている場合でも，一資料の

配架場所は一つであり，一資料が持つすべての主題を生かせない。
・新規に資料を配架するつど，既存の資料の移動が伴い，またそのためのスペースを確保しておかなければならない。

2 資料分類表

（1）資料分類表の特徴

主題を体系的に組織化して資料を配列し，分類目録の記入を配列するための表。図書分類表，図書館分類表ともいう。なお，この「分類表」は機能面から「分類法」とも表現される。

①資料分類表の基本条件

ⅰ）知識分類への順応性があること

知識の分類とは本質的に異なり（皮相的でない点），知識分類への順応といっても，学問は常に新しい領域を開拓しながら発達しているため，そこにはおのずから限界があり，完全に順応することは困難であるが，できる限り知識の分類に近づけること。

ⅱ）対象分野の主題を包括していること

過去・現在の主題を包括し将来の新しい主題のための展開が可能なこと。

ⅲ）区分が論理的になされていること

ⅳ）総記類，形式類などの用意があること

ⅴ）分類記号を備えていること

ⅵ）索引を備えていること

ⅶ）表の説明と使用法があること

ⅷ）永続的な機関によって維持・管理が行われていること

②資料分類表の種類（分類表名は略示する。→p.198-199）

ⅰ）一般分類表と専門分類表

　　ａ．一般分類表：すべての主題を包括した分類表。

　　ｂ．専門分類表：特定領域の主題を主体とした分類表（例：米国医学図書館分類表＝National Library of Medicine Classification：NLMC）。

ⅱ）列挙型分類表と合成型分類表

　　ａ．列挙型分類表：大概念から小概念へと樹枝状に体系的に区分された階層分類表。すべての主題を表中に列挙する意図に立つ伝統的な分類法で，資料の書架分類に適している。

　　ｂ．合成型分類表：一つの主題をその基本的な構成要素に分析し，それらの

要素を適切な記号で結び付けて，その主題に対する記号を合成する分類法。論文等の検索，主題分析には適しているが，書架分類には不適。

ⅲ）汎用分類表と一館分類表

　ａ．汎用分類表：多数の館で広く共通的に採用されている分類表。図書館間の共同作業（集中・共同目録作業，総合目録の作成など）をより効果あるものとする。利用者にも多くの館の配架に共通認識を与える。「標準分類表」とも称される。

　〈汎用分類表の要件〉

　　・使用館の規模によって，精粗の使い分けができるようになっていること。

　　・別法の用意があること。

　　・公刊され，永続的な機関によって，管理，改訂が行われること。

　ｂ．一館分類表：一館（または限られた館）で使用の分類表。NDLCなど。

③分類記号：その意義と種類

ⅰ）分類記号の意義・機能

　分類表では，分類項目が記号によって体系的に配列されている。この記号が分類記号で，資料分類表に不可欠な要素である。その機能は，以下のとおり。

　・個々の分類項目に代わるシンボルである。

　・特定の主題が，分類体系の系列の中でどの位置にあるかを示す。

　・資料の内容を表現する（主題と形態）。

　・資料に（ラベル）表示されて，配列，検索，出納の手段となる。

　・各種記入に記載されて，所在位置を示し，分類目録では記入の配列の手段となり，厳密な体系的検索を可能にする。

ⅱ）分類記号の種類と形式

　ａ．種類

　　・文字（ローマ字，ギリシア文字，片仮名，平仮名，漢字）

　　・数字（アラビア数字，ローマ数字，漢数字）

　　・符号（：　＝　／　＋　；　など）

　ｂ．形式

　　・純粋記号：文字あるいは数字のただ一種だけからなるもの

　　・混合記号：文字と数字，あるいはそれらと符号からなるもの

ⅲ）分類記号の条件

　ａ．順序性（ordering）：記号自体が自明の順序性を持っていること。この

目的のために記号が用いられているほど，重要な要素である。一般的によ
く知られている記号が望ましい。

　b．単純性（simplicity）：記号が書きやすく，読みやすく，覚えやすく，口
　　頭での表現が容易であること。

　c．簡潔性（compactness）：少ない記号数で表現できること。そのためには，
　　記号が持つ基礎となる数が多いものにおいて簡潔性が高い。

　ほかに，d．助記性（mnemonics），e．展開性（expansiveness）が挙げられ
ることがある。

（2）資料分類表の歴史

①書誌分類の時代：目録が分類順であった時代

　Ⅰ序説4「（3）書誌コントロールの歴史」に略説したように，19世紀中頃か
ら，文献量が多くなり，分類表はより実用的かつ詳細となった。この時期にイ
ギリスで，公共図書館運動の先駆者であるエドワーズ（Edward Edwards）が，
主綱を神学，哲学，歴史，政治・商業，科学・技術，文学・雑書の6部門とす
る分類表を発表した。これはイギリスの公共図書館で広く採用された。

②書架分類の時代

　1870年のハリスの分類表を最初とする。ハリスはベーコンの三分法を踏襲し
ながら，「科学は科学以外の分野に対して原理と方法を与えるものである」と
いう理由で科学をトップに置いた。この形はベーコンと逆であるところから，
「逆ベーコン式」と呼ばれる。こののちデューイはハリスの体系を基盤に，十
進分類表（Decimal Classification：DC）を1876年に発表した。これらを含め
分類法については④主要分類法を見られたい。

③主題分析の時代

　1905年，世界の学術文献の目録作成を意図して，DCを改編した国際十進分
類法（Universal Decimal Classification：UDC）が国際書誌学会の手で編まれ
た。この分類法は雑誌論文の主題分析まで可能にする，文献検索のための書誌
分類法であるが，書架分類に用いられる例がある。その後の科学技術の文献量
はUDCをもってしても目的を達成できなくなった。この時期にランガナタン
（Shiyali Ramamrita Ranganathan）は過去の分類法とは全く原理を異にする
合成型のコロン分類法を発表した。これは分類理論の研究対象としては高く評
価されているが，その組織構造や記号法が複雑で使用は困難であり実用性に乏
しい。1935年に刊行したブリス（Henry Evelyn Bliss）の書誌分類法は，書架
分類から出発し書誌分類への適用を意図したものである。

④**主要分類法**　デューイ十進分類法，展開分類法（ｃ.カッター），国際十進分
　類法，アメリカ議会図書館分類法，国立国会図書館分類表，件名分類法，書
　誌分類法，コロン分類法についてはp.198-199に表として掲載。

〈アジアの分類表〉

①**韓国十進分類法**（Korean Decimal Classification：KDC）

　韓国十進分類法はその初版が1964年に出されてのち，約10年ごとに改版さ
れ,2013年第６版が呉東根博士の編纂により韓国図書館協会から発行された。
第４版から第５版の改訂に13年を要したのに比して,５年という比較的早い改
版であった。本表と相関索引,解説書の３冊,計1,719ページという構造である。

　DDCとNDC，朴奉石の朝鮮十進分類表，LCC，UDCなどを参考にしており，
呉博士はこのような特徴を挙げて"チゲ（なべ料理）の分類表"という用語で
説明した。KDCの第１次区分表（主類）は次のとおりである。

　　0　総　類　1　哲　　学　2　宗　　教　3　社会科学　4　自然科学
　　5　技術科学　6　芸　　術　7　言　　語　8　文　　学　9　歴　　史

②**中国図書館図書分類法**（20世紀後半〜）

　1954年「中国人民大学図書分類法」が先駆けであるが,1975年「中国図書館
図書分類法」が刊行され，中国国内の多くの図書館が利用する分類表となって
いる。記号法にはアルファベットとアラビア数字を採用したもので，構造は，
先ず分類表全体を五つの主題分野（５大部類：マルクスレーニン主義・毛沢東
思想，哲学，社会科学，自然科学，総記）に大別したうえで，それらを22の部
門（基本部類：A〜Z，新主題の採用への対応並びに分類表の拡張に備えて記
号のアルファベットには欠号あり）に細分するという体系的な特徴を有する。

　6種類の補助法（総論複分表，世界地区表，中国地区表，国際時代表，中国
時代表，中国民族表）をもつ。

ベーコン	ハリス	D　C	E　C	N D C
		0 総　記	A　　総　　記	0 総　　　記
		1 哲　学	B—D 哲学・宗教	1 哲学・宗教
		2 宗　教	E—G 歴史諸科学	2 歴　　史
歴　　史	1—63 科　　学	3 社会科学□	H—K 社 会 科 学	3 社 会 科 学
		4 言　語×	L—Q 自 然 科 学	4 自 然 科 学
		5 純粋科学	R—U 技　　　術	5 技　　術
		6 技　　術	V—W 芸　　　術	6 産　　業
詩	64—78 芸　　術	7 芸　　術	X　　言　　語	7 芸　　術
		8 文　学×	Y　　文　　学	8 言　　語
哲　　学	79—97 歴　　史	9 地理・歴史□	Z　　図　　書　　学	9 文　　学

（3）主要分類法

名　　　称	ハリスの分類法	デューイ十進分類法	展　開　分　類　法	国際十進分類法
英　語　名		Dewey Decimal Classification	Expansive Classification	Universal Decimal Classification
略　　　称		DC　DDC	EC	UDC
編　著　者	William T. Harris	Melvil Dewey	Charles Ammi Cutter	国際書誌学会
国　　　籍	アメリカ	アメリカ	アメリカ	ベルギー
刊　行　年	1870	1876	1891—93, 1896—1911	1905
普　及　状　況		世界の図書館で普及	アメリカでごくわずかの図書館が採用	世界の特にヨーロッパの専門図書館で広く採用され，わが国では，科学技術分野の専門図書館の16％が採用
構　　　造	列挙型分類表	列挙型分類表	列挙型分類表	列挙型と合成型を折衷した分類表
体　　　系	1— 63　科　　学 64— 78　芸　　術 79— 97　歴　　史 98—100　付録	0　総　　記 1　哲　　学 2　宗　　教 3　社会科学 4　言　　語 5　純粋科学 6　技　　術 7　芸　　術 8　文　　学 9　地理・歴史	A　　総　　記 B—D　哲学・宗教 E—G　歴史諸科学 H—K　社会科学 L—Q　自然科学 R—U　技　　術 V—W　芸　　術 X　　言　　語 Y　　文　　学 Z　　図　書　学	0　一般事項 1　哲学 2　宗教 3　社会科学 5　数学．自然科学 6　応用科学．医学．工学 61　医学．薬学 62　工業技術 63　農林水産業 64　生活科学 65　管理技術 66　化学工業 67　各種工業 68　精密機械その他 69　建築工業 7　芸術．娯楽 8　言語．言語学．文学 9　地理．伝記．歴史
記　号　法	100区分し，1から100までの記号	十進記号法	主題と細分はローマ字，形式細目と地理細目はアラビア数字	十進数字と若干の記号の組合せ
特　　　徴	1. 最初の書架分類表 2. 体系はベーコンの知識分類に準拠している。ただしその配列体系を逆転させたので「逆ベーコン式」と呼ばれる。 3. 体系上，DCに影響を与える。	1. 理論性よりも実用性を尊重 2. 助記性に富む 3. 複合主題を多くとりいれた相関索引 4. 17版から分析合成の手法を導入して書誌分類表を目指している。 5. 現在23版（2010年） 6. 体系が逆ベーコン式で社会科学と歴史，語学と文学が離れている。 7. OCLCで管理。	1. 未完成 2. 理論的に優れている。 3. 表は第1表—第6表がある。第1表は最も簡略で，しだいに大きなコレクションに適用できるようになっている。 4. 体系はLC, BC, NDCに影響を与える。	1. 特に科学技術分野における学術論文の書誌分類に適している。 2. 1992年以降UDCコンソーシアム（オランダ）で管理。年1回更新（MRF） 3. 主標数はDDCにならっているが「言語」を「80」とし，4（DDCでは「言語」に充当）を欠番としている。
記　号　例 （アメリカ憲法史）	24	342.73029	J$_T$83	342.4（73）

アメリカ議会図書館分類法	国立国会図書館分類表	件　名　分　類　法	書　誌　分　類　法	コ　ロ　ン　分　類　法
Library of Congress Classification	National Diet Library Classification	Subject Classification	Bibliographic Classification	Colon Classification
LC　LCC	NDLC	SC	BC	CC
アメリカ議会図書館 （館長：G・H・パトナム）	国立国会図書館	James Duff Brown	Henry Evelyn Bliss	Shiyali Ramamrita Ranganathan
アメリカ	日本	イギリス	アメリカ	インド
1904—	1963—68	1906	1935	1933
一館分類表であるが米英の大学図書館，学術図書館で採用されている。	一館分類表であるが，日本の大学図書館でも数館採用されている。	イギリスでは約50館で採用されてきたが，BNB（イギリス全国書誌）が1950年誕生し，それがDCに変更してから，しだいに減少した。	アメリカではDCやLCの影響で無視され，イギリスや英連邦諸国の大学図書館，学校図書館で採用されている。	採用館は少ない。
列挙型分類表	列挙型分類表	範疇表による補助分類表との組合せで合成の手法をとり入れている。	列挙型でも合成型でもない。	合成型分類表
A　　　　総　　記 B　　哲学，宗教 C—F　歴　　史 G　　地　　理 H—L　社会科学 M—N　音楽，美術 P　　語学，文学 Q　　自然科学 R　　医　　学 S　　農　　業 T　　工学，工業 U　　軍事工学 V　　海事工学 Z　　書誌，図書館学	A　　政治，法律，行政 B　　議会資料 C　　法令資料 D　　経済，産業 E　　社会，労働 F　　教　　育 G　　歴　　史 H　　哲学，宗教 K　　芸術，文学，語学 M—S　科学技術，数物系 U　　学術一般，ジャーナリズム，図書館 W　　古書，貴重書 Y　　児童図書，教科書，特殊資料 Z　　逐次刊行物	A　　　　総　　記 B—D　自然科学，工学 E—F　生物科学 G—H　人類学，医学 I　　応用生物学，家政学 J—K　哲学，宗教 L　　政治，社会科学 M　　語学，文学 N　　文学形式 O—W　歴史，地誌 X　　伝　　記	1—9　先行類（総記） A　　哲　　学 B　　物理学 C　　化　　学 D　　天文学，地学 E—G　生物学 H　　人類学 J　　教　　育 K　　社会科学，社会学，文化人類学 L—O　歴　　史 P　　宗教，倫理学 Q—T　応用社会学 U　　応用技術，産業 V　　美　　術 W—Y　語学一般，文学 Z　　図書，書誌学，図書館	a／z　総　　記 1—9　プレリミナリー A　　自然科学 B　　数　　学 C—F　物理科学 G　　生物学 H　　植物学 I　　農　　学 J　　動物学 K　　医　　学 M　　応用技術，体育 N—S　人文科学 Σ　　社会科学 T　　教　　育 U　　地　　誌 V　　歴　　史 W　　政治学 X　　経済学 Y　　社会学 Z　　法　　律
ローマ字（1字または2字）とアラビア数字（1—9999）との組合せによる混合記号	ローマ字（1字または2字）とアラビア数字（1—999）の組合せによる混合記号	ローマ字（大文字1字）とアラビア数字（000—999）の組合せによる混合記号	ローマ字と数字の混合記号法。原則は大文字のみ。地域区分は小文字，先行類と形式区分はアラビア数字	ローマ字（大，小文字），ギリシア文字とアラビア数字，および5個の結合記号からなる混合記号
1．主題の配列はカッターのECに基づくが，学問的すると資料群に即した構成。 2．専門分類表の集大成ともいえる。 3．各部門ごとの索引はあるが全体の索引はない。	1．刊行が新しいだけに2次区分の体系は現代風。本来，別置すべき資料を体系の中に組み入れている。 2．初版は6分冊から成っていたが，1987年の改訂では，分類表と総索引の2分冊となった。	1．主題の配列は，事物の順序が，まず物質と力—生命—精神—記録をつくり出すという考え方に基づいている。 2．特定の主題に関する資料は観点のいかんに関係なく，1カ所の主題名称下に分類する。 3．自然科学を先行させ，以後の表に影響。	1．主題の配列は，知識の分類に一致し，最も学問的。理論と応用，言語と文学，地理と歴史を有機的に結合。 2．二者択一が，いたるところに用意され，表に融通性をもたせている。 3．ブリス分類法協会が管理。 4．学校図書館用に簡略版（1969年）がある。	1．実用よりも，分類法理論の研究対象として評価されている。 2．複合主題の表現が可能。各分野ごとに数個のファセットを定め，各ファセットに属する個々の主題を記号化し，それらを一定の順に組み合わせる。 3．書誌分類に適す。 4．1990年新版刊行
KF4541	AU—211	L202.10W 1	RDb，EまたはSCbまたはSFE	V73．：2

3　日本十進分類法（Nippon Decimal Classification：NDC）

（1）沿革

　　森　清「和洋図書共用十進分類表案」『圕研究』（青年図書館員聯盟機関誌）
　　　　　第 1 巻（1928）。「圕」は中国の学者・杜定友による「図書館」の略字。
　　森　清『日本十進分類法』（NDC）［第 1 版］大阪，間宮商店，1929
　　　　　第 2 版（1931），第 3 版（1935），第 4 版（1939），第 5 版（1942）
　　以下，NDC新訂10版（NDC10版）によって説明する。

（2）体系と記号法

　　体系と記号法は資料分類表の重要な要素である。

①体系

ⅰ）第 1 次区分表（類目表）の構成

　　体系はDCによっている。ただし，「日本」を主軸にしている。また「類」（知識の全分野の分類で生じる区分肢）の配列順序は，ECに倣う。

　　ハリスはベーコンの三分法を踏襲しながら，逆配列をした。DCは十進記号法となったが，ハリスに倣ったので，社会科学と歴史は順序が逆で，かつ離れすぎ，言語と文学も離れすぎているという体系の問題点が指摘されている。ECは，この問題点を解決した体系をとった。

　　・社会科学研究には歴史の研究が前提となる。したがって，歴史は社会科学
　　　より前で，かつ連続していなければならない。
　　・文学研究も語学が前提となる。語学は文学の直前になければならない。

第 1 次区分表（類目表）

第 1 次区分。「類」と称する。
0	総　記	General works	（情報学，図書館，図書，百科事典，一般論文集，逐次刊行物，団体，ジャーナリズム，叢書）
1	哲　学	Philosophy	（哲学，心理学，倫理学，宗教）
2	歴　史	History	（歴史，伝記，地理）
3	社会科学	Social sciences	（政治，法律，経済，統計，社会，教育，風俗習慣，国防）
4	自然科学	Natural sciences	（数学，理学，医学）
5	技　術	Technology	（工学，工業，家政学）
6	産　業	Industry	（農林水産業，商業，運輸，通信）
7	芸　術	The arts	（美術，音楽，演劇，スポーツ，諸芸，娯楽）
8	言　語	Language	
9	文　学	Literature	

第2次区分表（綱目表）

0 総　記
01 図書館. 図書館情報学
02 図書. 書誌学
03 百科事典. 用語索引
04 一般論文集. 一般講演集. 雑著
05 逐次刊行物. 一般年鑑
06 団体. 博物館
07 ジャーナリズム. 新聞
08 叢書. 全集. 選集
09 貴重書. 郷土資料. その他の
　　特別コレクション

1 哲　学
11 哲学各論
12 東洋思想
13 西洋哲学
14 心理学
15 倫理学. 道徳
16 宗　教
17 神　道
18 仏　教
19 キリスト教. ユダヤ教

2 歴史. 世界史. 文化史
21 日　本　史
22 アジア史. 東洋史
23 ヨーロッパ史. 西洋史
24 アフリカ史
25 北アメリカ史
26 南アメリカ史
27 オセアニア史. 両極地方史
28 伝　記
29 地理. 地誌. 紀行

3 社会科学
31 政　治
32 法　律
33 経　済
34 財　政
35 統　計
36 社　会
37 教　育
38 風俗習慣. 民俗学. 民族学
39 国防. 軍事

4 自然科学
41 数　学
42 物理学
43 化　学
44 天文学. 宇宙科学
45 地球科学. 地学
46 生物科学. 一般生物学
47 植　物　学
48 動　物　学
49 医学. 薬学

5 技術. 工学
51 建設工学. 土木工学
52 建　築　学
53 機械工学. 原子力工学
54 電気工学
55 海洋工学. 船舶工学. 兵器. 軍事工学
56 金属工学. 鉱山工学
57 化　学　工　業
58 製　造　工　業
59 家政学. 生活科学

6 産　業
61 農　業
62 園芸. 造園
63 蚕糸業
64 畜産業. 獣医学
65 林業. 狩猟
66 水　産　業
67 商　業
68 運輸. 交通. 観光事業
69 通　信　事　業

7 芸術. 美術
71 彫刻. オブジェ
72 絵画. 書. 書道
73 版画. 印章. 篆刻. 印譜
74 写真. 印刷
75 工　芸
76 音楽. 舞踊. バレエ
77 演劇. 映画. 大衆芸能
78 スポーツ. 体育
79 諸芸. 娯楽

8 言　語
81 日　本　語
82 中国語. その他の東洋の諸言語
83 英　語
84 ドイツ語. その他のゲルマン諸語
85 フランス語. プロバンス語
86 スペイン語. ポルトガル語
87 イタリア語. その他のロマンス諸語
88 ロシア語. その他のスラブ諸語
89 その他の諸言語

9 文　学
91 日本文学
92 中国文学. その他の東洋文学
93 英米文学
94 ドイツ文学. その他のゲルマン文学
95 フランス文学. プロバンス文学
96 スペイン文学. ポルトガル文学
97 イタリア文学. その他のロマンス文学
98 ロシア・ソビエト文学. その他のスラブ文学
99 その他の諸言語文学

ⅱ）第２次区分表（綱目表）以下の構成

　資料は知識の分類のように特性のみによる区分の展開は困難である。したがって、NDCはDCやECその他の分類表および文献書誌を参考にして、動植物は自然的順序により、哲学は発展の順序によるなどして人為的分類により区分している。主題（各１次区分）ごとに区分上特徴がある。

②記号法

　デューイの創案による十進記号法を採用している。

　知識の全分野を９区分して、９個の類を作り、これに１—９のアラビア数字を与え、９個のいずれにも属さない主題、および１—９類のいくつかの類にまたがる著作を「総記」として０（ゼロ）を与える。

　各類を、さらに９区分し、０の総記を合わせ10個の綱を作る。各綱は、さらに10個の目（第３次区分）を作る。以下同様に区分を繰り返す。

　このように、類から綱、綱から目へ、さらに９区分を繰り返しながら、一般から特殊へと順次細分する仕組である。

　上述のごとく区分された項目を表すものが分類記号で、３次区分以上で表示する。図書館は01であるが、010とする。最後の０の付加は３次区分にするための記号である。４次区分以上は、３次区分目のあとにポイントを付け、例えば『日本十進分類法』は014.45と表す。こうしたポイントの付与は識別のための便宜的な処置である。ただし、ポイントを付けない図書館もある。本来、十進法の場合は知識の全分野を１と仮定できたとすれば、これを区分したものが各項目であるから0.01445となるが、記号が煩雑になるので、最初の０とポイン

| 類（目） | 綱（目） | 目 || 小　目（細目） ||
		要　目	分　目	厘目
0 総　　記	00総　　記			
1 哲　　学	01図書館. 図書館情報学	011図書館政策・行財政	.1 情報資源の 選択・構成	1
2 歴　　史	02図書. 書誌学	012図書館建築・設備	.2受入と払出	2
3 社会科学	03百 科 事 典	013図書館管理	.3目　録　法	3 空番
4 自然科学	04一般論文集. 一般講演集	014資料の収集・組織化・保存	.4 主題索引法（分類法. 件名標目法 [ほか]）	4
5 技　　術	05逐次刊行物	015図書館サービス・活動	.5図書の配架法	5一般分類表
6 産　　業	06団　　体	016各種の図書館	.6 資料保存. 蔵書管理	6専門分類表
7 芸　　術	07ジャーナリズム. 新聞	017学校図書館	.7 非図書資料. 特殊資料	7分類規程. 分類作業
8 言　　語	08叢書. 全集. 選集	018専門図書館	.8政府刊行物	8特殊資料の分類法
9 文　　学	09貴重書. 郷土資料. その他	019読書. 読書法		9件名標目. シソーラス. 件名作業

トが省かれている。したがって記号の読み方は，014.45はゼロ（または「レイ」）
　　イチ　ヨン　テン　ヨン　ゴ。

（3）十進記号法の問題点とNDCでの処理

　資料分類表は本来，論理的に区分された区分肢に分類記号を与えて構成すべ
きものである。ところが，十進法では，区分単位は常に9個に限られる（0は
総記に充当）ため知識の体系に記号を与える方法ではなく，あらかじめ設けら
れた0 — 9の記号システムに，知識の体系をあてはめる方法をとっている。
つまり，記号法を知識の体系より優先させている。その結果，被区分体によっ
ては，区分肢の数が0 — 9の記号システムの枠を超える場合もあれば，逆に
記号システムを満たさない場合でも，常に9個の区分肢を作り出すという矛盾
点を持っている。

　この矛盾をNDCでは，次のように処理している。
〈区分肢が10個以上必要な場合〉
　・本来，独立すべき単位のものを，比較的関係の深いと思われる項目の最後
　　に同居させている。
　　綱目表では，宗教，地理，医学，家政学，スポーツ，娯楽。
　・比較的主要なものに1から8を与え，最後の9を「その他」とし，これを
　　細分する。
　　綱目表では，その他の諸言語，その他の諸文学。
〈区分肢が8個以下の場合〉
　・次の区分肢を，同列に上げて9個にまとめる。
　　綱目表では，神道，仏教，キリスト教，植物学，動物学。

（4）補助表：その働き（NDC新訂10版『日本十進分類法新訂10版・本表補助
　　　表編』）

　分類表には補助表のシステムがある。これを記号の形成にとり入れることに
より分類表が膨大になることを防ぎ，詳細な分類が可能となる。
　十進記号法では，一つひとつの記号（数字）が固有の意味を持つものではな
い。例えば日本は1で表すが，1はすべて日本を表すわけではない。1が使用
される場所と，この1の前の記号（数字）によって，1が哲学，理論，日本，
日本語，音声・音韻・文字，日本文学，詩歌を表したりする。
　NDC新訂10版では「一般補助表」と「固有補助表」に分かれる。「一般補助
表」には4区分（形式区分，地理区分・海洋区分，言語区分）があり，「固有

補助表」には10区分（神道・仏教・キリスト教の共通細区分，日本各地域の時代区分，各国地理などの共通細区分，各種技術の細区分，建築図集，美術図集，言語共通区分，文学共通区分）が設定されている。こうした補助表は細目表だけでは主題を表現し尽くせない場合に用いることができる。

〈一般補助表〉

　一般補助表は4種，細目表の全分野で適用可能なもの，特定の主題に限るものがある。

①形式区分

　同一主題の下で，さらに形式によって細区分する場合に用いる。

-01　理論．哲学	
-02　歴史的・地域的論述＊地理区分	-028　多数人の伝記（3人以上の伝記に使用）
-03　参考図書［レファレンスブック］	-033　辞典．事典
-04　論文集．評論集．講演集．会議録	-049　随筆．雑記

　　　＊（1）非体系的または非網羅的なものに，使用する；体系的または網羅的なものには-08を，逐次刊行されるものには-05を使用する
　　　（2）当該主題を他主題との関連から扱ったもの，または特定の概念・テーマから扱ったものに，使用する

-05　逐次刊行物：新聞，雑誌，紀要　　　　　-059　年報．年鑑．年次統計．暦書
　　　＊逐次刊行される参考図書には，-03を使用する；ただし，逐次刊行される論文集などには，この記号を使用する

-06　団体：学会，協会，会議
　　　＊概要，事業報告，会員名簿など，個々の団体自身を扱ったものに，使用する；ただし，研究調査機関を扱ったものには-076を，教育・養成機関を扱ったものには-077を使用する

-07　研究法．指導法．教育

-08　叢書．全集．選集
　　　＊体系的または網羅的なものに，使用する；非体系的または非網羅的なものには，-04を使用する　＊単冊の全集などにも使用する

　原則として，細目表のあらゆる分類項目について使用可能である。

〈使用法〉分類記号に直ちに付加する。

　　　例）演劇理論　　　770.1（＝77＋-01）　　　農業年次統計　610.59（＝61＋-059）
　　　　　医学者列伝　490.28（＝49＋-028）　　　英文学会　　　930.6（＝93＋-06）
　　　　　化学工業便覧　570.36（＝57＋-036）　　数学叢書　　　410.8（＝41＋-08）

　ただし，次のような例外的な使用法に注意する。

ⅰ）以下の箇所で使用するときは，0を重ねて用いる。

　a．地域史および各国史の分類記号（21／27）

　　　例）アジア史辞典　220.033　　　中国歴史地図　222.0038

ｂ．地域史および各国史に属さない分類記号で，時代による区分が可能なもの（332，362，523，702，723，762，902ほか）

　　例）経済史辞典　332.0033

ｃ．地理区分記号を付加して，2国間の関係を扱う分類記号（319，678.2）

　　例）日本外交に関する書誌　319.10031

ⅱ）–01および–02に関しては，細目表中に短縮する旨の指示がある箇所に限り0を省略する。

　　例）政治史　312（310.2の位置に「［.2→312］」との指示がある）

ⅲ）同一内容の分類項目が表中に存在する場合は，そこに収める。

　　例）貿易年次統計は，678.059ではなく678.9に収める。

ⅳ）形式区分の複合使用についての注意：形式区分の複合使用については禁止する根拠はないが，複合させる優先順位は一元的に規制できない。形式区分の列挙順序を内形式（叙述形式　例：–02 歴史的・地理的論述），外形式（出版形式　例：–05逐次刊行物）の区別に求め，内形式優先とする考え方もあるが，厳密には決め難い。

②**地理区分**（Geographic division）

　主題の取扱いが，特定の国または地域に限定された資料（図書）は，必要があれば，国または地域を表す記号で細分する。

ⅰ）通常の分類記号の場合

```
－1　日本（–13　関東地方，–136　東京都．–16　近畿地方，–165　奈良県．
　　–19 九州地方，–197　鹿児島県）
－2　アジア．東洋
－3　ヨーロッパ．西洋（–33　イギリス．–35　フランス．–359　オランダ）
－4　アフリカ
－5　北アメリカ
－6　南アメリカ
－7　オセアニア．両極地方
```

当該分類記号に–02を介して付加する。

　　例）フランスの美術館　706.9＋–02＋–35　→　706.90235

ⅱ）注記「＊地理区分」を伴う分類記号の場合

地理区分を当該分類記号に直ちに付加する。

　　例）イギリス議会　314.33（＝314＋–33）
　　　　オランダ地誌　293.59（＝29＋–359）

ⅲ）注記「＊日本地方区分」を伴う分類記号の場合

当該分類記号に，この表（付 資料1）に示した記号から，日本を示す「1」

を省いて付加し，関係分野の日本の各地方・各都道府県を表す。

> 例）東京都の地方行政　318.236（＝318.2＋-36）
> 鹿児島県の方言　　818.97（＝818＋-97）

③海洋区分（Sea division）

　指示のある項目の下で海洋を区分する。NDC 9 版で補助表の一つとなった。

ⅰ）付加できる分類記号

　注記「＊海洋区分」を伴う分類記号。

ⅱ）使用法

　・分類記号に直ちに付加する。

> 例）地中海海図　557.786

　・地理区分とは併用できない。

-1　太　平　洋	-4　インド洋	-7　北極海［北氷洋］
-2　北太平洋	-5　大　西　洋	-8　南極海［南氷洋］
-3　南太平洋	-6　地　中　海	

④言語区分（Language division）

　資料の内容の表現に用いられた言語または研究対象となった言語によって，特定の主題の下で行う区分法である。次は主な言語区分であるが，その他は本書，付 資料3を参照。

-1　日本語	-3　英（米）語	-5　フランス語	-7　イタリア語
-2　中国語	-4　ドイツ語	-6　スペイン語	-8　ロシア語

〈適用法〉8　　9　　03　04　05　08　670.9 の下で用いる。

> 例）英語　　　　　　　　　　　　　　8 ＋ 3 → 83
> フランス語で書かれた百科事典　03＋5 → 035
> アラビア文学　　　　　　　　　9 ＋2976（アラビア語）→ 929.76

〈固有補助表〉

　固有補助表は10種。1 つの類以下についてのみ使用可能な補助表。

①神道各教派の共通細区分表

-1　教義	-4　信仰・説教集. 霊験. 神佑	-7　布教. 伝道
-2　教史. 教祖. 伝記	-5　教会. 教団. 教職	
-3　教典	-6　祭祀. 行事	

〈適用法〉178の下で用いる。

②仏教各宗派の共通細区分表

-1　教義. 宗学	-4　法話. 語録. 説教集	-7　布教. 伝道
-2　宗史. 宗祖. 伝記	-5　寺院. 僧職. 宗規	
-3　宗典	-6　仏会. 行持作法. 法会	

〈適用法〉188の下で用いる。

例）真宗聖典　　　188.7（真宗）＋3→188.73
　　永平寺史　　　188.8（禅宗）＋5→188.85

③キリスト教各教派の共通細区分表

-1　教義. 信条	-4　信仰録. 説教集	-7　布教. 伝道
-2　教会史. 伝記	-5　教会. 聖職	
-3　聖典	-6　典礼. 儀式	

〈適用法〉198の下で用いる。

例）メソジスト説教　　198.7（メソジスト教会）＋4→198.74
　　救世軍史　　　198.98（救世軍）＋2→198.982

④日本の各地域の歴史（沖縄県を除く）における時代区分

-02　原始時代	-04　中世	-06　近代
-03　古代	-05　近世	

〈適用法〉211／219の下で用いる。

例）古代の東京都　　213.6＋03→213.603

⑤各国・各地域の地理，地誌，紀行における共通細区分表

-013　景観地理	-0189　地名	-091　探検記
-017　集落地理	-02　史跡. 名勝	-092　漂流記
-0173　都市地理	-087　写真集	-093　案内記
-0176　村落地理	-09　紀行	

〈適用法〉291／297の下で用いる。

例）ドイツ写真帖　　　293.4＋087→293.4087

⑥各種の技術・工学における経済的，経営的観点の細区分表

-09　経済的・経営的観点	-092　歴史・事情　＊地理区	-095　経営. 会計
-091　政策. 行政. 法令	分	-096　労働
	-093　金融. 市場. 生産費	

〈適用法〉510／580の下で用いる。

例）アメリカの自動車産業史　　537＋092＋53（アメリカ）→537.09253

⑦様式別の建築における図集

> -087 建築図集

〈適用法〉521／523の下で用いる。

例）白鳳時代の建築図集　　　521.34（日本建築白鳳時代）＋087→521.34087

⑧写真・印刷を除く各美術の図集に関する共通細区分表

> -087 美術図集

〈適用法〉700の下で用いる。

例）日本画名画集　721（日本画）＋087→721.087

⑨言語共通区分（Subdivision of individual languages）

-1 音声. 音韻. 文字	-4 語　彙	-7 読本. 解釈. 会話
-2 語源. 意味［語義］	-5 文法. 語法	-78 会　話
-3 辞　典	-6 文章. 文体. 作文	-8 方言. 訛語

〈適用法〉

$$\left.\begin{array}{l} 8 + 言語区分 \\ 801 \end{array}\right] + 言語共通区分$$

例）英文法　　8＋3＋5 → 835

文字論　　801＋1 → 801.1

〈言語共通区分の詳細表〉

		1 音声	2 語源	3 辞典	4 語彙	5 文法	6 文章	7 読本	8 方言
日本語	81	811	812	813	814	815	816	817	818
中国語	82	821	822	823	824	825	826	827	828
英語	83	831	832	833	834	835	836	837	838
ドイツ語	84	841	842	843	844	845	846	847	848
フランス語	85	851	852	853	854	855	856	857	858
スペイン語	86	861	862	863	864	865	866	867	868
イタリア語	87	871	872	873	874	875	876	877	878
ロシア語	88	881	882	883	884	885	886	887	888

⑩文学共通区分（Subdivision of individual literatures）

-1	詩歌　＊詩劇 → -2	-4	評論．エッセイ．随筆
-18	児童詩．童謡	-5	日記．書簡．紀行
-2	戯曲　＊劇詩 → -1	-6	記録．手記．ルポルタージュ
-28	児童劇．童話劇	-7	箴言．アフォリズム．寸言
-3	小説．物語	-8	作品集：全集，選集
-38	童　話	-88	児童文学作品集：全集，選集

〈適用法〉

9＋言語区分 ┐
901　　　　 ┘＋文学共通区分

　　例）フランスの詩歌　9＋5＋1 → 951
　　　　アラビア小説　　9＋2976＋3 → 929.763

〈文学共通区分の詳細表〉

		1 詩歌	2 戯曲	3 小説	4 随筆	5 日記	6 ルポ	7 箴言	8 作品集
日本文学	91	911	912	913	914	915	916	917	918
中国文学	92	921	922	923	924	925	926	927	928
英米文学	93	931	932	933	934	935	936	937	938
ドイツ文学	94	941	942	943	944	945	946	947	948
フランス文学	95	951	952	953	954	955	956	957	958
スペイン文学	96	961	962	963	964	965	966	967	968
イタリア文学	97	971	972	973	974	975	976	977	978
ロシア文学	98	981	982	983	984	985	986	987	988

（5）相関索引

　特定の主題ないし事項について，異なる学問分野にちらばる主題を一つの語の下に集め，その体系的位置を速やかに知るための索引である。資料を分類する場合にも活用できる。索引は，細目表の分類項目に使用された言葉，同義語および細目表にはないが必要と思われる言葉を音順に配列して，それぞれに対応する分類記号を示している。したがってこの索引は図書の巻末索引とは異なり，それぞれの索引語について，さまざまな観点と関連性を示す相関索引である。

　　例）環境（教育学）　371.4　　　（植物学）　471.7
　　　　　　（心理学）　141.92　　　（生物学）　468.2
　　　　　　（地理学）　290.13　　　（動物学）　481.77

この索引は，開架室においておけば，分類記号に不案内な利用者に役立つ。

ただし，求めようとする主題の分類記号を索引で確かめて，書架あるいは分類
目録で検索するよう案内することが必要である。各館では，自館の収集傾向や
書架分類の独自方式，およびその精粗などで，NDC10版と一致しない部分があ
るからである。

（6）NDCの評価

	長　　　所	短　　　所
記号法	①十進法で体系が理解しやすい ②単純性，伸縮性，助記性に富む ③記号上，系列関係が一応明確	①十進法で人為的にすぎ，無理が存する ②助記性に一貫性を欠く ③簡潔性に欠ける
体　系	日本の図書館に適する構成	体系上，経済（330）と生産・流通（500/699）が分裂
その他	①公刊され，日本図書館協会で維持管理されている ②普及率が高い	改訂間隔が長い

4　分類作業

（1）分類作業とは

　個々の資料の内容を把握して，それに最も適切な分類記号を与え，さらに別
置記号，図書記号を与える一連の作業。

〈分類作業の手順〉

　①分類表の決定（本書ではNDC10版とする）

　②分類表の理解

　③分類すべき資料の内容の適確な把握

　④内容に最適な分類記号の付与

　⑤別置記号の付与

　⑥図書記号の付与

　⑦配架

（2）NDC新訂10版の理解

　NDC新訂10版の構成は「本表・補助表編」と「相関索引・使用法編」の2
分冊からなる。その詳細は，次のとおりであるが，そのおのおのについて理解
しなければならない。

本表・補助表編
　はしがき　分類委員会報告
　序　説
　各類概説
　第1次区分表（類目表）
　第2次区分表（綱目表）
　第3次区分表（要目表）
　細目表
　一般補助表
　固有補助表

相関索引・使用法編
　相関索引
　『日本十進分類法　新訂10版』の使用法
　用語解説
　事項索引

（3）内容（主題）の把握

　資源を分類するには，資源の主題を適確に把握しなければならない。内容把握の方法は，専門書，一般書，文学書などによって異なるが，一般に次の順序による。

①タイトル・タイトル関連情報

　タイトルは多くの場合，資源の内容を表現している。タイトル関連情報はタイトルを補い，具体的に表現し，その内容の範囲，扱い方などを限定する。文学作品，芸術作品に関しては，タイトルに基づいてその分類項目を決定してはいけない。

②著者

　タイトルだけでは内容把握の困難なものも，著者の専攻や過去の業績などで著者を知り，その主題に対する著者の観点，立場を理解することによって内容把握の助けとする。

③目次

　主題の範囲や，扱い方が体系的であるか，論集形式であるかを知ることができる。

④まえがき・あとがき・解説

　著者の意図，立場，観点を知ることができる。

⑤参考資料

　・書誌類：『出版ニュース』（2019年3月下旬号まで，以後休刊）『選定図書総目録』『選定図書速報』，出版社の出版解説目録など。CiNii Booksなどの書誌ユーティリティ。国立国会図書館サーチなど。
　・解題資料，人名辞典など
　・雑誌・新聞等の書評，広告，図書のブックジャケットや帯などの解説

（4）分類記号の与え方

　資源の内容を把握し，分類表によって記号化する過程で，次の点に留意する。
　　・利用者の便，館の性格を考慮する。
　　・その図書館が定めた適用範囲内で，最も詳しい記号を与える。
　　・一貫性を保つこと。分類規程によって首尾一貫した分類を行う。
　　・相関索引で検索し本表で確認する。
　　・分類記号の付与は，正当な理由づけをもって行う。

5　分類規程と各類概説

（1）分類規程

　具体的なある分類表に従って，分類記号を付与する上で首尾一貫して守るべき指針，分類表の具体的運用法である。これによって適用法の理解が進められる。

　分類規程は，各分類表につけられたもので，すべての主題に適用する規程である。その他，それぞれの館が次の諸点について，実状に応じて作成する分類規程もある。
　　・その館における分類表運用上の基本的な方針
　　・別法が並行する場合の採否の決定
　　・分類項目の持つ概念の解釈の統一
　　・適用範囲，展開や細分の決定
　　・新主題の追加
　以下，NDC10版の相関索引・使用法編「使用法2」に基づき説明する。

①主題の観点

1）主題の観点による分類
　資源は，主題の観点（学問分野）によって主題を分類。

2）複数の観点からみた主題
　一つの主題が二つ以上の観点から取り扱われたものは，主たる観点へ。
　　　　例）『トマトの栽培と加工・調理』松岡嘉惣治　626［×628，×596］

②主題と形式概念の区別

　主題を表す叙述および出版形式［区分］によって細分する。
　　　　例）『数学辞典』　主題－数学－41,形式－辞典－03→410.3
　ただし，総記（0類）の大部分は，形式によって分類する。

③原著作とその関連著作

1）原則

特定の著者の翻訳，評釈，校注，批評，研究，解説，辞典，索引などは，原
著の分類される分類項目の下に分類。

　　　例）『資本論』マルクス著　向坂逸郎訳　331.6
　　　　　『資本論索引』長谷部・鬼塚　331.6

２）語学学習書

　語学（日本語古典を含む）の学習主目的の対訳，注解の類は，主題または文
学形式にかかわらず，学習される言語のテキストとして分類する。

　　　例）『若草物語』オルコット原作　萩田庄五郎訳注→英語読本（837.7）

３）翻案，脚色

　原作の分類項目とは独立して，翻案作家，脚色家の作品として分類する。

　　　例）『戯曲・赤と黒』スタンダール原作　大岡昇平脚色→近代日本の戯曲（912.6）

４）特定意図による抄録

　　　例）『回想の織田信長－フロイス「日本史」より』松田毅一，川崎桃太郎編訳
　　　　　→個人の伝記（289）

④複数主題

　１つの著作で，複数の主題を取り扱っている場合，そのうち一主題が特に中
心として取り扱われている場合は，中心となる主題の下に分類する。

　　　例）『胃癌の話　付：食道癌と腸癌』　→胃癌（493.455）

１）２または３個の主題を取り扱っていて，どの主題も特に中心となる主題が
　ない場合は，最初の主題に分類する。

　　　例）『桃・栗・柿の園芸技術』　→桃（625.51）

２）４以上の主題を取り扱い，特に中心となる主題がない場合は，それらを含
　む上位の主題の下に分類する。

　　　例）『アルミニウム・マグネシウム・チタニウム・ベリリウムとその合金』
　　　　　上記４種の金属を含む上位の主題である軽金属（565.5）に分類する。

　この取扱いは合刻書，合綴書についても適用。

　　　例）（３種の図書の合刻）
　　　　　『佐州金銀採製全図　山尾鶴軒［画］；先大津河川村山砂鉄洗取之図　［萩藩絵師
　　　　　画］；鼓銅図録　丹羽桃渓画　増田銅録』葉賀三七男解説　恒和出版　1976　（江
　　　　　戸科学古典叢書１）
　　　　　「佐州－」は金鉱山（562.1），「先大津－」は鉄鉱（562.6），「鼓銅－」は銅冶金
　　　　　（565.2）であるが，第一著の主題である金鉱山（562.1）に分類。

　　　例）（４種の図書の合刻）
　　　　　『般若心経・法華経・華厳経・維摩経合巻』
　　　　　仏典「般若心経」は般若部（183.2），「法華経」は法華部（183.3），「華厳経」は
　　　　　華厳部（183.4），「勝鬘経」は宝積部（183.5）に各分類するが，四経合巻ゆえ経
　　　　　典（183）に分類。

　ただし，特に中心となる主題がない二または三個の主題を取扱っている場合でも，それらが，ある主題を構成する主要な下位区分からなる資料の場合には，上位の主題の分類記号を付与する。例えば，動物誌（482）と植物誌（472）を対等に取り扱った資料の場合，最初の主題である動物誌の分類記号を付与するのではなく，その両者を含む上位の主題である生物誌の分類記号を付与する（生物誌の主要な下位区分は，動物誌と植物誌の二つのみである）。

　書誌分類記号としては，複数の主題それぞれに対応する複数の分類記号を必要に応じて分類重出することが望ましい。

⑤主題と主題との関連

1）影響関係　影響を受けた側へ

　　　例）『浮世絵のフランス絵画への影響』　→フランス絵画（723.35）

　ただし，個人の思想，業績が多数人に影響を与えたものは個人の側へ。

　　　例）『白楽天の日本文学への影響』　→唐詩（921.43）

2）因果関係　結果へ

　　　例）『地震と鉄道』日本鉄道施設協会　→鉄道建設（516）

3）概念の上下関係　上位（全体）へ

　　　例）『原子力・原子炉・核燃料』　→原子力工学（539）

　ただし，上位の主題が漠然としている場合は，下位へ。

　　　例）『禅と日本文化』鈴木大拙　→禅（188.8）

4）比較対象　著者の重点（主体）の方へ

　　　例）『イギリス人と日本人』ピーター・ミルワード　→日本人（302.1）

5）主題と材料

　ある主題を説明するために用いられた材料は，説明対象の主題へ。

　　　例）『ショウジョウバエの遺伝と実験』駒井卓　→実験遺伝学（467.2）

6）理論と応用

　ａ．特定主題の理論と応用を扱ったものは，応用へ分類する。

　　　例）『液晶ディスプレイ応用の基礎』吉野勝美・尾崎雅則　→電子装置の応用（549.9）

　ｂ．特定理論の理論と応用を扱ったものは，応用に分類する。

　　　例）『推計学による寿命実験と推定法』田口玄一　→生命表（339.431）

　ただし，適当な分類項目がない場合は，理論の場所に収める。

　　　例）『応用微生物学』村尾沢夫・新井基夫　→微生物学（465）

7）主題と目的

　特定の目的のために（特定主題分野の利用者のみを対象として）著された資料は，原則としてその目的とした主題の下に分類する。

　　　例）『国語教育のための基本語彙』　→国語教育（375.8）

例）『介護のための心理学入門』岸見一郎　→老人福祉（369.26）

ただし，基本（重点がおかれる）となる主題に関する一般的概論，つまり基本となる主題の解説（入門書的性格）であることも多い。この場合には，目的とした主題ではなく，基本となる主題の下に分類する。

例）『介護のための医学知識』日本訪問看護財団　→医学（490）

書誌分類記号としては，関係している主題それぞれを分類重出することが望ましい。

⑥新主題

分類項目が用意されていない主題に関する著作は，その主題と最も関係があると思われる主題の分類項目，または階層の上位にある包括的クラスの分類項目に分類する。あるいは新しい分類項目を設けて分類する。

（2）細目表と各類概説

各類について概説したいわゆる特殊分類規程。本書では各ページの左欄にNDCの分類項目を記し，それに対応するよう右欄に概説を注記した（ただし，上下をラインで囲んだページは，右欄も分類項目である。その場合，概説・注記はしていない）。注記のうち＊印付きのものはNDC10版のままの記事であり，以外は本書によるものである。なお1次，2次の区分で，末尾の「0」（ゼロ）を省略して表示した。

＜細目表　抄＞凡例

分類項目、分類記号、付記の記号

　分類記号に続けて、分類項目の意義を表す名辞を列挙してある。複数の名辞があるときは、ピリオド（.）で区切って列挙した。同義語は角がっこ（［　］）で囲み付記した。

　また、10版において使用しない分類記号では、分類記号のみが表示されており、分類項目の名辞は列挙されていない。

① 　二者択一項目の分類記号は（［　］）に囲んで表示し矢印（→）で通常使用する分類記号を示した（参照）。また、連結的な参照は「→：」（をも見よ）印をもって示した。

② 　表中において、項目の名辞が通常の位置より字下げされている分類項目、十進記号法上は、分類記号の短縮が行われ上位の階層に配置されている。

　　例）　016　各種の図書館
　　　　　017　学校図書館　　記号法上は「各種の図書館」と同位であるが、実際は「各種の図書館」の下位区分.

③ 　表中において、項目の名辞が通常の位置より字上げされていて、またゴシックで表示されており、分類記号と項目が接近している分類項目。十進記号法上は、下位の階層に配置されている。

　　例）76　音楽
　　　　761　音楽の一般理論. 音楽学
　　　　　　　　⋮
　　　　769　**舞踏. バレエ**　　記号法上は「音楽」の下位区分であるが、実際は「音楽」と同位.

※本テキスト編著者注
　［　］記号は、上記以外にも、当方として補記した部分を示すためにも使用していることをお断りしておく。

第３次区分表・分類表　　　　　　　　　概説および解説

（要目表と一部細目表を含む）　　　　（＊印付は10版自体内の注記または各類概説の抽出）
　　　　　　　　　　　　　　　　　　　囲んだページの全体または一部を長い罫線で囲んだ場
　　　　　　　　　　　　　　　　　　　合は右欄にも分類表を示した。

0　総　　記　　　　　　　　　　　　　0　総　　記

002	知識.　学問.　学術	002	＊各国の学術事情および知的協力は，こ

002　　知識.　学問.　学術
　　　　　＊科学方法論 → 116.5；学術研究奨励
　　　　　　→ 377.7；自然科学 → 400；社会科
　　　　　　学 → 300；知識の分類 → 116.5
　.7　　研究法.　調査法
007　　情報学.　情報科学 →：010；548
　.1　　情報理論 →：007.636；361.45；801.2
　.2　　歴史.　事情　＊地理区分
　.3　　情報と社会：情報政策，情報倫理
（[.4]　　情　報　源 → 007.1)
　.5　　ドキュメンテーション.　情報管理
　[.52]　　主題分析 → 014.4
　　　　　＊シソーラス → 014.49
　.53　　索　引　法
　.54　　抄　録　法
　[.55]　　クリッピング → 014.74
　.57　　情報記述の標準化 →：014.3
　.58　　情報検索.　機械検索
　.6　　データ処理.　情報処理 →：013.8；
　　　　336.57
　.61　　システム分析.　システム設計.　シス
　　　　テム開発
　.63　　コンピュータシステム.　ソフトウェ
　　　　ア.　ミドルウェア.　アプリケーショ
　　　　ン
　.64　　コンピュータプログラミング
　　　　　アルゴリズム，プログラミング言
　　　　語.　スクリプト言語
　.65　　各種の記憶媒体 →：548.23
　[.68]　　情報検索.　機械検索 → 007.58
　(.7　　情報システム：UNISIST, NATIS
　　　　→ 007.63)
　[.8]　　情報工学 → 548
　[.82]　　コンピュータ［電子計算機］→：
　　　　007.63；418.6；535.5

002　　＊各国の学術事情および知的協力は，こ
　　　　こに収める
　　　　　＊人文科学〈一般〉は，ここに収める
　　　学問の旅（森本哲郎）002

007　　＊ここには，情報学・情報科学〈一般〉
　　　　およびソフトウェアを収める
007.11 サイバネティックス
　.13 人工知能.　パターン認識
　.3　＊社会情報学，クラウドコンピューティ
　　　　ング〈一般〉，ユビキタスコンピューティ
　　　　ング〈一般〉，情報法〈一般〉は，ここに
　　　　収める

007.634　　オペレーティングシステム［OS］

007［.821］　　入力装置：マウス.　タッチパッド
　　　　［など］＊入力・出力が一体となっているも
　　　　のは，ここに収める

　　　　［.82］　　テキスト筆者注：NDC新訂10版本
　　　表ではこれを「をも見よ」（→：）としている
　　　が，「を見よ参照注」（→）とすべきではなか
　　　ろうか

───────── 〈左右欄とも分類表〉 ─────────

01　図書館. 図書館情報学　→：007；02
　　＊電子図書館は，ここに収める
010.1　　図書館論. 図書館の自由
　［.13］　　図書館職員の倫理 → 013.1
010.7　　研究法. 指導法. 図書館学教育. 職員の
　　　　養成　＊図書館利用教育・指導 → 015.23
　　.77　　司書課程. 司書講習・研修
011　　図書館政策. 図書館行財政
　　　　＊ここには，図書館〈一般〉および公共
　　　　図書館に関するものを収める；公共
　　　　図書館以外の各館種に関するものは，
　　　　016／018に収める
　　.1　　図書館行政
　　.2　　図書館法令および基準
　　.3　　図書館計画. 図書館相互協力
012　　図書館建築. 図書館設備
　　　　＊ここには，すべての館種に関するもの
　　　　を収める；ただし，一館の建築誌は，
　　　　016／018に収める
013　　図書館経営・管理
　　　　＊ここには，図書館〈一般〉および公共
　　　　図書館に関するものを収める
　　　　指定管理者制度（図書館）
　　.8　　図書館事務の機械化 → 007.6
014　　情報資源の収集・組織化・保存
　　　　＊ここには，すべての館種に関するもの
　　　　を収める　＊資料組織法，書誌コント
　　　　ロールは，ここに収める
　　.1　　情報資源の選択・構成
　　.2　　受入と払出：購入，寄贈，登録，蔵書
　　　　印，除籍，廃棄
　　.3　　目　録　法 →：007.57
　　　　　　＊記述目録法は，ここに収める
　　.4　　主題索引法：分類法，件名標目法，主
　　　　題分析
　　.5　　図書の配架法
　　.6　　資料保存. 蔵書管理
　　.7　　非図書資料. 特殊資料
　　.8　　政府刊行物
015　　図書館サービス. 図書館活動
　　　　＊ここには，図書館〈一般〉および公共
　　　　図書館に関するものを収める
　　　　＊利用者研究，図書館利用法，課題解決
　　　　支援サービス〈一般〉は，ここに収める
　　.1　　資料提供サービス：閲覧. 貸出
　　.12　　複写サービス
　　.13　　図書館間相互貸借［ILL］
　［.17］　　障害者に対するサービス → 015.97

　　.2　　情報提供サービス：レファレンスサー
　　　　ビス［参考業務］
　　　　＊レフェラルサービス，読書相談
　　.23　　利用教育
　（.3　　図書の貸出. 貸出記録法 → 015.1）
　（.4　　貸出文庫. 団体貸出 → 015.1）
　　.5　　移動図書館. ブックモビル
　　.6　　読書会. 読書運動 →：019.25
　　.7　　図書館と他の文化機関との協力活動
　　.8　　集会. 行事活動
　　.9　　利用対象別サービス
　　.93　　児童・青少年に対するサービス. ヤ
　　　　ングアダルトサービス
　　.95　　高齢者に対するサービス
　　.97　　障害者に対するサービス
　　.98　　多文化サービス
　　.99　　アウトリーチサービス
〈016／018　各種の図書館〉
016　　各種の図書館
　　.1　　国立図書館　＊地理区分
　　.2　　公共図書館　＊地理区分
　　.28　　児童図書館
　　.29　　地域文庫などの読書施設
　　.3　　官公庁図書館. 議会図書館　＊地理区分
　　.4　　団体・企業内の図書館
　　.5　　その他の図書館
　　.53　　刑務所図書館
　　.54　　病院患者図書館
　　.58　　点字図書館
　　.7　　メディアセンター. 視聴覚ライブラリー
　　.9　　貸　本　屋
017　　学校図書館
　　.2　　小学校. 学級文庫
　　.3　　中　学　校
　　.4　　高等学校
　　.7　　大学図書館. 学術図書館　＊地理区分
　　.8　　短期大学図書館. 高等専門学校図書館
018　　専門図書館　＊綱目表に準じて細分
　　.09　　文書館. 史料館
　　.092　　文書館建築. 文書館設備
019　　読書. 読書法
　　.1　　読書の心理. 読書の生理
　　.2　　読書指導
　　.3　　読書調査
　［.4］　　参考図書の利用法 → 015.23
　　.5　　児童・青少年図書. 児童・青少年と読書
　　.9　　書評. 書評集

02　図書. 書誌学 →：01
〈021／024　図書・書誌学の各論〉
021　著作. 編集
022　写本. 刊本. 造本
023　出　　版　＊地理区分
024　図書の販売　＊地理区分
〈025／029　書誌. 目録〉
025　一般書誌. 全国書誌　＊地理区分
026　稀書目録. 善本目録
027　特種目録
　.2　政府刊行物および団体出版物目録
　　　＊地理区分
　.3　諸家著述目録
　.4　叢書類目録および索引. 論文集の
　　　目録および索引
　.5　逐次刊行物目録および索引 →：05
028　選定図書目録. 参考図書目録
029　蔵書目録. 総合目録
　.1　国立図書館　＊地理区分
　.2　公共図書館　＊地理区分
　.3　官公庁図書館. 地方議会図書館
　　　＊地理区分
　.6　専門図書館. 研究所・調査機関の図書
　　　館　＊地理区分
　.7　大学図書館. 学校図書館　＊地理区分
　.9　個人文庫. 家蔵　＊日本地方区分

03　百科事典
　　　＊原著の言語による言語区分；ただし,
　　　邦訳されたもので, 日本の事象に合
　　　わせて翻案している場合などは, 日
　　　本語のものと同じ扱いにする
〈031／038　各言語の百科事典〉

039　用語索引

04　一般論文集. 一般講演集
　　　＊原著の言語による言語区分
041　日本語
041.3　記念論文集
049　雑　　著

02　図書. 書誌学
021.2　著作権. 著作権法：版権, 翻訳権 →：
　　　507.2
021.4　編集. 編纂
022.7　印　　刷
　　　＊印刷業 → 749.09；印刷術 → 749
023　＊電子出版〈一般〉, 電子書籍〈一般〉
　　　はここに収める
023.8　出版と自由. 出版倫理. 発禁本. 検閲
023.9　納　本　制
024.9　図書の収集. 愛書家. 蔵書記. 蔵書票.
　　　蔵書印譜
025　＊各種の書籍総目録は, ここに収める
025.8　地方書誌. 郷土資料目録
　　　＊地理区分
　　出版年鑑（出版ニュース社編）025.1
027　＊特定主題に関するものは, 各主題の下
　　　に収める
　　　江戸幕府刊行物（福井保）027.21
　　　日本雑誌総目次要覧（天野敬太郎編）
　　　027.5
027.9　非図書資料目録：視聴覚資料目録, 地図
　　　目録
027.92　点字図書目録. 録音資料目録

03　百科事典
　　　＊百科事典に関する著作は, ここに収
　　め, 当該百科事典の言語によって言語区分
　　　＊問答集, クイズ集も, 各言語の下に収
　　める
　　　Encyclopaedia Britannica　033
　　　発祥の地物語（相沢正夫）　031

039　＊ここには, 主題を特定しない語句索引を
　　　収め, 特定主題の語句索引は, 各主題の下に
　　　収める
　　　例：新約聖書コンコーダンス 193.5033
04　＊ここには, 一人または数人の論集で,
　　　多くの主題にわたるものを収める
　　　NHK文化講演会（日本放送協会）041
049　＊原著の言語で言語区分してもよい
　　　男だけの雑学事典（毎日新聞社編）049.1

05　逐次刊行物　→：027.5
　　　　＊原著の言語による言語区分：ただし，
　　　　051に限り下記のように細分し，各種
　　　　別の歴史・事情，あるいは個々の雑誌
　　　　に関する歴史・事情は，051.1／.9に収
　　　　める；052／058は，032／038のように
　　　　言語区分
051　　日本語
　.1　　　学術雑誌．紀要
　.3　　　総合雑誌
　.4　　　グラフィック報道誌
　.6　　　大衆誌．娯楽誌
　　　　　＊週刊誌〈一般〉は，ここに収める
　.7　　　女性誌．家庭誌
　.8　　　幼児誌．青少年誌
　.9　　　情　報　誌
059　　一般年鑑
　　　　＊地理区分

06　団体：学会，協会，会議
〈061／065　各種の団体〉
061　　学術・研究機関
063　　文化交流機関
065　　親睦団体．その他の団体
069　　博　物　館　→：406.9
　.6　　　一般博物館　＊地理区分
　.7　　　学校博物館．大学博物館
　.8　　　専門博物館
　.9　　　博物館収集品目録・図録　→：703.8；
　　　　　708.7

07　ジャーナリズム．新聞　→：361.45
070.1　　　ジャーナリズム・新聞の理論：新聞学
071／077　新　聞　紙
　　　　＊発行地による地理区分

08　叢書．全集．選集
　　　　＊原著の言語による言語区分

09　貴重書．郷土資料．その他の特別コレク
　　ション

05　逐次刊行物　＊雑誌に関するものはここに
　　収め，当該雑誌の言語によって言語区分

051　　＊ここには，日本語で書かれた雑誌〈一
　　般〉を収め，特定主題に関する雑誌およびそ
　　の歴史・編集は，各主題の下に収める　例：
　　010.5図書館雑誌；外国で刊行された日本語
　　の雑誌に関するものも，ここに収める

059　　＊ここには，総合年鑑および一地域に関
　　する総合年鑑を収める

06　団体等　＊ここには，アカデミー，学会，
　　団体などの歴史・記事・会議録などを収め，
　　学会の紀要報告（逐次刊行物）は051／058に
　　収める

069　　＊博物館〈一般〉の歴史や各地域の博
　　物館事情は，.02の下に地理区分し，個々の
　　博物館に関するものは，.6／.8の下に収める
　　例：069.02164兵庫県における博物館．069.6164
　　神戸市立博物館

07　ジャーナリズム．新聞
　　＊新聞，テレビ，ラジオなど総合的なマスコ
　　　ミ事情・報道〈一般〉は，ここに収める
　　＊各国の新聞〈一般〉，個々の新聞社の経
　　　営事情は，ここに収める
　　新聞の秘密（清水勝人）070.1：フランスの
　　新聞事情　070.235

08　叢書．全集．選集　＊ここには，体系的に
　　編纂され，その結果，主題が多岐にわたる多
　　巻ものや叢書類［中略］を収める
　　　＊例：世界の名著や多岐にわたる論文集，
　　思想家の著作などを体系的に編纂したもの
　　　＊非体系的なもので主題が多岐にわたる論
　　文集，シンポジウムの記録集，講演集，随筆
　　集，遺稿集などは，04に収める

1　哲　　学
101　哲学理論
102　哲学史
103　参考図書［レファレンスブック］
104　論文集．評論集．講演集
105　逐次刊行物
106　団体：学会，協会，会議
107　研究法．指導法．哲学教育
108　叢書．全集．選集
〈11／13　哲学〉
11　哲学各論
111　形而上学．存在論
112　自然哲学．宇宙論
　　　空間論，時間論，物質論など
113　人生観．世界観
　.6　　プラグマティズム　→：133.9
114　人　間　学
　.3　　生の哲学　　→：134.9
　.5　　実存主義．実存哲学　　→：134.9
115　認識論
116　論理学．弁証法．方法論
117　価値哲学
118　文化哲学．技術哲学

〈12／13　各国の哲学・思想〉
12　東洋思想　→：150.22
121　日本思想
　.3　　古　　代
　.4　　中　　世
　.5　　近　　世
　.52　　　国学［和学］
　.53　　　日本の儒学　→：123
　.54　　　　朱子学派
　.55　　　　陽明学派
　.56　　　　古学派
　.57　　　　折衷学派
　.58　　　　水戸学
　.59　　　その他の思想家
　.6　　近代　高橋里美，田辺元，谷川徹三，
　　　　　戸坂潤，中村正直，西周
　.63　　　西田幾多郎
　.65　　　和辻哲郎
　.67　　　三木清

1　哲　　学
　　　＊特定主題についての哲学は，各主題の下
　　　に収める
　　　　ヘーゲル歴史哲学の研究（水野建雄）201
102　　哲学史；一般および哲学者列伝（102.8）
　　　を収める。各地域や国の哲学・思想史は12／
　　　139へ
　　　　比較思想の先駆者たち（中村元）102.8
105.9　哲学の年鑑

11　哲学各論
　　　＊111／118には，包括的な著作・概論・歴
　　　史などを収め，個々の哲学者・思想家の著作
　　　で111／118の主題に関するものは12／139に
　　　収める
　　　（NDCではこのように120／139としている
　　　が，121／139であろう）
　　　＊例：135.54サルトル著「実存主義とは何
　　　か」；111／118に収まらないものは，各主題
　　　の下に収める　例：951.6サルトル著「マラル
　　　メ論」
　　　　論理学入門（仲本章夫）116
　　　　大論理学（ヘーゲル）　134.4
　　　　分類表に示されていない哲学者の著作で
　　　も，哲学の学説・体系を形成するとみなされ
　　　る著作は，121／139のもとに収める
12　東洋思想
121　日本思想
121.52　荷田春満，賀茂真淵，契沖，伴信友，
　　　　　平田篤胤，本居宣長
121.54　新井白石，貝原益軒，横井小楠［など］
121.55　大塩中斎，佐久間象山，中江藤樹［など］
121.56　荻生徂徠，太宰春台，山鹿素行［など］
121.57　広瀬淡窓［など］
121.58　藤田東湖［など］
121.59　安藤昌益［など］；二宮尊徳 → 157.2
121.6　　＊明治以降の（1）思想家，哲学者お
　　　　　よびその学説に関する包括的な著作
　　　　　（2）個々の哲学者の哲学的著作（3）
　　　　　思想家，哲学者としての伝記，評伝を
　　　　　収める
　　　　　中江兆民の世界（木下・江藤編）121.6

――――――― 〈左右欄とも分類表〉 ―――――――

122　中国思想．中国哲学
〈123／125　時代別の中国思想・哲学〉
123　経　　　書
　.4　礼類：周礼，儀礼，礼記，大載礼
　.7　孝経
　.8　四書（大学．学庸．中庸）
　.83　　論語．論孟
　.84　　孟子
124　先秦思想．諸子百家
　.1　儒家．儒教　→：123
　.12　　孔子［孔丘］
　.16　　孟子［孟軻］
125　中世思想．近代思想
126　インド哲学．バラモン教
129　その他の東洋思想．アジア哲学

13　西洋哲学
130.2　　西洋哲学史
131　古代哲学
　.1　ギリシア初期哲学
　.2　ソフィストおよびソクラテス派
　.3　プラトン．古アカデミー派
　.4　アリストテレス．ペリパトス派
　.5　ストア派．ストア哲学
　.6　エピクロス．エピクロス派
　.7　懐疑派：古懐疑派，中アカデミー，新
　　　懐疑派
　.8　折衷学派：キケロ
　.9　新ピュタゴラス派．フィロン
132　中世哲学
　.1　教父哲学［護教家］：アウグスティヌ
　　　ス
　.2　スコラ哲学
　.3　ルネサンス哲学〈一般〉
　.4　神秘主義者
　.5　自然哲学者
　.6　人文主義者：エラスムス
　.7　懐疑思想家：モンテーニュ
〈133／139　西洋近代哲学〉
133　近代哲学　＊ルネサンス哲学 → 132.3
　.1　イギリス哲学
　.2　17世紀：ベーコン，ホッブス，ロック
　.3　18世紀：バークリ，ヒューム［など］
　.4　19世紀：ベンサム．ミル［など］
　.5　20世紀：アレクサンダー，ホワイト
　　　ヘッド，ムーア，ラッセル

　.9　アメリカ哲学
　　　サンタヤナ，ジェームズ，デューイ，
　　　パース，ロイス，ランガー
134　ドイツ・オーストリア哲学
　.1　啓蒙期の哲学．ライプニッツ・ヴォル
　　　フ派
　.2　カ　ン　ト
　.3　ドイツ観念論
　　　シェリング，シュライエルマッ
　　　ハー，フィヒテ，フンボルト
　.4　ヘーゲル
　.5　ヘーゲル派　シュティルナー，シュト
　　　ラウス，フォイエルバハ
　.53　　マルクス
　.6　19世紀　オイケン，ヘルバルト［など］
　.7　唯物論者．実証主義
　　　アヴェナリウス，ヴント［など］
　.8　新カント派：バーデン学派，マールブ
　　　ルク学派
　.9　生の哲学．現象学．実存主義
　　　シュプランガー，ディルタイ，
　　　シェーラー，ヤスパース［など］
　　＊.95／.97以外の20世紀以後の哲学者
　　　も，ここに収める
　.94　　ニーチェ
　.95　　フッサール
　.96　　ハイデッガー
　.97　　ヴィトゲンシュタイン
135　フランス・オランダ哲学
　.2　17世紀：スピノザ，デカルト，パスカ
　　　ル［など］
　.3　18世紀：ヴォルテール，ディドロ［など］
　.34　　ルソー
　.4　19世紀：クーザン，コント，ベルクソン
　.5　20世紀：アラン，マルセル，サルトル，
　　　メルロ・ポンティ，フーコー［など］
136　スペイン・ポルトガル哲学
　　　オルテガ・イ・ガセット
137　イタリア哲学
138　ロシア哲学
139　その他の哲学
　.3　その他の西洋諸国の哲学　キェルケ
　　　ゴール，ルカーチ
　.4　アフリカ諸国の哲学　→：150.24
　.6　中南米諸国の哲学
　.7　その他の諸国の哲学

14 心 理 学
〈141／146 各種の心理学〉
141 普通心理学. 心理各論
　.1 　知　　能
　.2 　感覚. 知覚
　.3 　学習. 記憶
　.4 　注意. 統覚
　.5 　思考. 想像. 創造性
　.6 　情動：情緒, 感情, 情操
　.7 　行動. 衝動
　.8 　意志. 意欲
　.9 　個性. 差異心理学
143 発達心理学 ＊発生心理学を含む
145 異常心理学
146 臨床心理学. 精神分析学
147 超心理学. 心霊研究
148 相法. 易占
[149] 応用心理学
15 倫理学. 道徳
151 倫理各論
152 家庭倫理. 性倫理
153 職業倫理
154 社会倫理 [社会道徳]
155 国体論. 詔勅
156 武士道
157 報徳教. 石門心学
158 その他の特定主題（正義, 忍耐, 勇気）
159 人生訓. 教訓
　.8 　金言. 格言. 箴言
〈16／19 宗教〉
16 宗　　教
[160.1 → 161]；[160.2 → 162]
161 宗教学. 宗教思想
162 宗教史・事情 ＊地理区分
163 原始宗教. 宗教民族学
164 神話. 神話学 ＊地理区分
165 比較宗教
〈166／199 各宗教〉
166 道　　教
167 イスラム
168 ヒンズー教. ジャイナ教
169 その他の宗教. 新興宗教

14 心理学 ＊応用心理学〈一般〉は, ここに収め, 特定主題についての心理学は, 各主題の下に収める
　　教育心理学（藤永保ほか）371.4
141.5 独創力（糸川英夫）141.5
141.6 笑いの哲学（ベルクソン）141.6
141.7 ガマンの心理学（磯貝・福島）141.7
143 [2] 幼児心理 → 376.11
143 [3] 児童心理 → 371.45
143 [4] 青年心理 → 371.47
143.5 女性心理
143.8 比較心理学
143.9 民族心理学
146.8 カウンセリング. 精神療法 [心理療法]
147 ＊141／146に収められない心理的現象の研究およびその現象（超常現象）についての著作は, ここに収める

15 倫理学. 道徳
151.5 人道主義. 利他主義. 博愛主義
151.8 全体主義. 国家主義
153 ＊特定の職業倫理は, 各職業または各主題の下に収める
154 ＊公民道徳, 公徳心, 愛国心など
155 皇室論 [など]
157.2 二宮尊徳
159 ＊哲学者の人生論は哲学の下に収め, 文学者の人生論は文学の下に収める
　　＊処世法は, ここに収める

16 宗　　教
　宗教は, 大別して, 一般宗教学（16／165）と各宗教（166／199）に分かれる。宗教における区分の優先順序は, ①宗派別区分, ②問題別区分である。
　宗派は, 神道（17）, 仏教（18）, キリスト教（19）を第二次区分で取り上げ, 第三次区分で, 道教（166）, イスラム（167）, ヒンズー教, ジャイナ教（168）, ユダヤ教（199）を展開している
169 ＊発祥国による地理区分　天理教　169.1
　　＊創価学会 → 188.98

17 神 道
[170.1 → 171]；[170.2 → 172]
171 神道思想. 神道説
172 神祇・神道史
173 神 典
174 信仰録. 説教集
175 神社. 神職
.9 神社誌. 神社縁起 ＊日本地方区分
176 祭 祀
177 布教. 伝道
178 各教派. 教派神道
.9 その他各派

18 仏 教
[180.1 → 181]；[180.2 → 182]
181 仏教教理. 仏教哲学
182 仏 教 史 ＊地理区分
183 経 典
184 法話・説教集
185 寺院. 僧職
.9 寺誌. 縁起 ＊地理区分
186 仏 会
.9 巡礼 ＊地理区分
187 布教. 伝道
188 各 宗
.1 律 宗
.2 論 宗
.3 華 厳 宗
.4 天 台 宗
.5 真 言 宗［密教］
.59 修験道. 山伏
.6 浄土教. 浄土宗
.7 真 宗［浄土真宗］
.8 禅宗：臨済宗，曹洞宗，黄檗宗
.9 日 蓮 宗
.98 創価学会. 中山妙宗. 立正佼成会
.99 その他の宗派

19 キリスト教
[190.1 → 191]；[190.2 → 192]
191 教義. キリスト教神学 →：132
192 キリスト教史. 迫害史 ＊地理区分
193 聖 書
194 信仰録. 説教集
195 教会. 聖職
196 典礼. 祭式. 礼拝

17 神 道
178 各教派. 教派神道
＊各教派とも，次のように細分することができ
る 例：178.62黒住宗忠伝
-1 教 義
-2 教史. 教祖. 伝記
-3 教 典
-4 信仰・説教集. 霊験. 神佑
-5 教会. 教団. 教職
-6 祭祀. 行事
-7 布教. 伝道

18 仏 教
182.8 釈迦・仏弟子
182.88 名僧伝
法華経を味わう（茂田年教亭）183
わたしの古寺巡礼（室生朝子）185.91
仏事の基礎知識（藤井正雄）186

188 各宗 ＊中国，インドの諸宗も，ここに
収める
＊各宗とも次のように細分することができる
-1 教義. 宗学
-2 宗史. 宗祖. 伝記
-3 宗典
-4 法話. 語録. 説教集
-5 寺院. 僧職. 宗規
-6 仏会. 行持作法. 法会
-7 布教. 伝道
東大寺（平岡定海）188.35
現代語正法眼蔵（道元）188.84

19 キリスト教
191 教義. キリスト教神学
＊各教派の教義は各々の教派の下に収め
るが，神学としての著作はここに収め
る
194 ＊懺悔録，福音録，瞑想録などは，ここ
に収める

197 布教．伝道
198 各教派．教会史
　.1 原始キリスト教会．使徒教会
　.2 カトリック教会．ローマカトリック教会
　.22 　歴史．伝記．迫害史 ＊地理区分
　.3 プロテスタント．新教
　.32 　歴史．列伝 ＊地理区分
　.4 監督教会．英国国教会．アングリカン教会
　.5 長老派．清教徒．会衆派．組合教会
　.6 バプティスト［浸礼派］
　.7 メソジスト教会
　.8 ユニテリアン協会
　.9 その他
199 ユダヤ教
　　［199.01 → 199.1］；［199.02 → 199.2］

2 歴　　　史
〈201／208 総記〉
201 歴　史　学
202 歴史補助学
　[.2] 歴史地理学 → 290.18
　.3 年代学．紀年法
　.5 考　古　学
　.8 金石学：金石文．金石誌　→：728
　.9 古文書学 →：022.2
203 参考図書［レファレンスブック］
204 論文集．評論集．講演集
205 逐次刊行物
206 団体：学会，協会，会議
207 研究法．指導法．歴史教育
208 叢書．全集．選集
209 世界史．文化史
　.2 先史時代：石器時代，金属器時代
　.3 古代 ―476
　.33 　古代オリエント
　　　＊オリエント学は，ここに収める
　.36 　エーゲ文明
　.4 中世 476―1453
　.5 近代 1453―
　.6 19世紀
　.7 20世紀
　.71 　第1次世界大戦 1914―1918
　.74 　第2次世界大戦 1939―1945
　.75 　1945―2000
　.8 21世紀―

198 ＊各教派とも，次のように細分すること
　ができる．例：198.74 メソジスト説教集
　-1 教義．信条
　-2 教会史．伝記
　-3 聖典
　-4 信仰録．説教集
　-5 教会．聖職
　-6 典礼．儀式
　-7 布教．伝道
　キリシタン大名（岡田章雄）198.221
198.3 ＊プロテスタント各教派のものは，そ
　の教派 198.3／198.9 に収める
　メソジスト説教集 198.74
198.9 私の内村鑑三論（由木康）

2 歴　　　史 大別して，歴史（20／279），
伝記（28／289），地理（29／299）に分けら
れる
①地理区分は，時代区分より先行する
　　北陸の古代と中世（浅香年水）214.03
②二つの時代にわたるものは，前の時代へ
　三つ以上の時代は，包括する時代へ
③地方に発生した事件でも，それが一国の歴
　史に関係ある場合は，その国の歴史へ
　　秩父事件を歩く（戸井昌造）210.6
④歴史と地誌の両面を扱ったものは，とくに
　地誌に重点がない限り，歴史の下へ
202.5 ＊ここには，(1)考古学それ自身に関する
　もの，および(2)遺跡・遺物に関する著作で，
　地域も時代も特定できないものを収める
　　　＊特定の地域・時代の遺跡・遺物に関す
　るものは，その地域・時代の歴史に収める；
　ただし，個々の遺跡・遺物に関するものでも
　一国の歴史に関係ある遺跡・遺物は，それが
　所属する国の歴史に収める
207 ＊歴史教育（小・中・高等学校）→ 375.32
208 歴史理論を集めた全集を収める
　羽仁五郎歴史論著作集 208
　世界現代史 山川出版社 209.7
209 ＊地域が限定されず時代のみが限定され
　た主題［はここへ］
209.4 ＊ビザンチン帝国［東ローマ帝国］，イス
　ラム帝国［サラセン帝国］は，ここに収める
　　　＊オスマン帝国 → 227.4；十字軍 →
　230.45；百年戦争 → 230.46

――――――――――〈左右欄とも分類表〉――――――――――

〈21／27　各国・各地域の歴史〉
21　**日本史**　＊日本学は，ここに収める
210.01　　　国史学．日本史観
　　.02　　　歴史補助学
　　.025　　　考古学
　　.03　　　参考図書［レファレンスブック］
　　.09　　　有職故実．儀式典例
　　.1　　　通史
〈210.2／210.7　時代史〉
　　.2　　　原始時代
　　.3　　　古代　4世紀―1185
　　.4　　　中世　1185―1600．前期封建時代
　　.5　　　近世　1600―1867．後期封建時代．江戸時代
　　.6　　　近代　1868―．明治時代1868―1912
　　.7　　　昭和・平成時代　1926―
　　.77　　　平成時代　1989―［令和を含む］
〈211／219　各地〉
211　北海道地方
　　.1　　　道北：宗谷総合振興局．オホーツク総合振興局［北見国］
　　.2　　　道東：根室振興局，釧路総合振興局［根室国．釧路国］
　　.3　　　十勝総合振興局［十勝国］
　　.4　　　上川総合振興局，日高振興局［日高国］
　　.5　　　道央：石狩振興局，空知総合振興局［石狩国］
　　.6　　　道西：留萌振興局［天塩国］
　　.7　　　後志総合振興局，胆振総合振興局［後志国．胆振国］
　　.8　　　道南：渡島総合振興局，檜山振興局［渡島国］
　　.9　　　千島列島［千島国］　＊樺太 → 229.2
212　東北地方　＊奥羽は，ここに収める
　　.1　　　青森県［陸奥国］
　　.2　　　岩手県［陸中国］
　　.3　　　宮城県［陸前国］
　　.4　　　秋田県［羽後国］
　　.5　　　山形県［羽前国］
　　.6　　　福島県［岩代国．磐城国］
213　関東地方　＊坂東は，ここに収める
　　.1　　　茨城県［常陸国］
　　.2　　　栃木県［下野国］
　　.3　　　群馬県［上野国］
　　.4　　　埼玉県［武蔵国］
　　.5　　　千葉県［上総国．下総国．安房国］

　　.6　　　東　京　都
　　.7　　　神奈川県［相模国］．＊武相地方は，ここに収める
214　北陸地方
　　.1　　　新潟県［越後国．佐渡国］
　　.2　　　富山県［越中国］
　　.3　　　石川県［加賀国．能登国］
　　.4　　　福井県［越前国．若狭国］
215　中部地方：東山・東海地方
　　.1　　　山梨県［甲斐国］
　　.2　　　長野県［信濃国］
　　.3　　　岐阜県［飛驒国．美濃国］
　　.4　　　静岡県［伊豆国．駿河国．遠江国］
　　.5　　　愛知県［尾張国．三河国］
　　.6　　　三重県［伊勢国．伊賀国．志摩国］
216　近畿地方　＊畿内，上方，関西は，ここに収める
　　.1　　　滋賀県［近江国］
　　.2　　　京都府［山城国．丹波国．丹後国］
　　.3　　　大阪府［和泉国．河内国．摂津国］
　　.4　　　兵庫県［播磨国．但馬国．淡路国．西摂．西丹］
　　.5　　　奈良県［大和国］
　　.6　　　和歌山県［紀伊国］
217　中国地方
　　.1　　　山陰地方
　　.2　　　鳥取県［因幡国．伯耆国］
　　.3　　　島根県［出雲国．石見国．隠岐国］
　　.4　　　山陽地方　＊瀬戸内地方は，ここに収める
　　.5　　　岡山県［備前国．備中国．美作国］
　　.6　　　広島県［安芸国．備後国］
　　.7　　　山口県［周防国．長門国］
218　四国地方　＊南海道は，ここに収める
　　.1　　　徳島県［阿波国］
　　.2　　　香川県［讃岐国］
　　.3　　　愛媛県［伊予国］
　　.4　　　高知県［土佐国］
219　九州地方　＊西海道は，ここに収める
　　.1　　　福岡県［筑前国．筑後国．豊前国］
　　.2　　　佐賀県［肥前国］
　　.3　　　長崎県［壱岐国．対馬国．西肥］
　　.4　　　熊本県［肥後国］
　　.5　　　大分県［豊後国．北豊］
　　.6　　　宮崎県［日向国］
　　.7　　　鹿児島県［薩摩国．大隅国］
　　.9　　　沖縄県［琉球国］

22　アジア史. 東洋史　＊東洋学は，ここに
　　＊東アジア，ユーラシア大陸，シルクロード
　　　全域は，ここに
220.6　　19世紀
　.7　　　20世紀
　.8　　　21世紀―
221　　朝　　　　鮮
　.2　　　西北地方：平安道，慈江道，平壌
　.4　　　京畿地方：京畿道，ソウル
　.9　　　済州島
222　　中　　　　国
　.39　　香港. 九竜
　.4　　　台　湾
　.9　　　チベット
〈223／224　東南アジア〉
223　　東南アジア
　.1　　　ベトナム［越南］
　.5　　　カンボジア
　.6　　　ラオス
　.7　　　タイ［シャム］
　.8　　　ミャンマー［ビルマ］
　.9　　　マレーシア. マライ半島. クアラルン
　　　　　プール
　.99　　シンガポール
224　　インドネシア
225　　インド
　.7　　　パキスタン
　.76　　バングラデシュ
　.8　　　ヒマラヤ地方
　.9　　　スリランカ［セイロン］. インド洋諸
　　　　　島
［226］　西南アジア. 中東［中近東］→ 227
227　　西南アジア. 中東［中近東］
　　　　　＊イスラム圏〈一般〉は，ここに
　.1　　　アフガニスタン
　.2　　　イラン［ペルシア］
　.3　　　イラク［メソポタミア］
　.4　　　トルコ
　.5　　　シリア
　.6　　　レバノン
　.7　　　ヨルダン
　.8　　　アラビア半島
　.9　　　イスラエル
［228］　アラブ諸国 → 227.1／.8

229　　アジアロシア
　.1　　　北アジア. シベリア
　.6　　　中央アジア
23　　ヨーロッパ史. 西洋史
230.2　　原始時代
　.3　　　古代　―476
　.4　　　中世　476―1453
　.5　　　近代　1453―
　.51　　　ルネサンス　1453―1517
　.52　　　宗教改革. 三十年戦争　1517―1648
　.53　　　絶対主義時代　1648―1776
　.54　　　革命時代　1776―1815
　.6　　　19世紀
　.7　　　20世紀
　.8　　　21世紀―
231　　古代ギリシア　＊クレタ文明［ミノス文
　　明］，ミケーネ文明 → 209.36
232　　古代ローマ　→：237
233　　イギリス. 英国　＊イギリス連邦は，こ
　　こに
234　　ドイツ. 中欧
〈.5／.9　中欧諸国〉
　.5　　　スイス
　.6　　　オーストリア
　.7　　　ハンガリー
　.8　　　チェコ
　.9　　　ポーランド
235　　フランス
　.8　　　ベネルックス. ベルギー
　.9　　　オランダ
236　　スペイン［イスパニア］＊南欧はここに
　.9　　　ポルトガル
237　　イタリア
238　　ロシア
　.1　　　ヨーロッパロシア
　.5　　　ベラルーシ
　.6　　　ウクライナ
　.7　　　モルドバ
　.8　　　バルト3国
　.9　　　北ヨーロッパ　＊スカンジナビアはこ
　　こに
　.92　　　フィンランド
　.93　　　スウェーデン

〈左右欄とも分類表〉

.94　　ノルウェー
.95　　デンマーク
.97　　アイスランド
239　バルカン諸国　＊東欧は，ここに収める
.1　　ルーマニア
.2　　ブルガリア
.3　　セルビア．コソボ．モンテネグロ
　　　　＊ユーゴスラビアは，ここに収める
.31　　セルビア
.32　　モンテネグロ
.33　北マケドニア［マケドニア］
.34　ボスニア・ヘルツェゴビナ
.35　クロアチア
.36　スロベニア
.4　　アルバニア
.5　　ギリシア　＊古代ギリシア → 231

24　アフリカ史
241　北アフリカ
242　エジプト
243　マグレブ諸国
.1　　リビア
.2　　チュニジア
.3　　アルジェリア
.4　　モロッコ
.6　　カナリア諸島
244　西アフリカ
.23　　ギニア
.24　　シエラレオネ
.3　　リベリア
.35　コートジボワール［象牙海岸］
.4　　ガーナ［黄金海岸］
.5　　ナイジェリア
.6　　カメルーン
.8　　コンゴ民主共和国［ザイール］
.9　　アンゴラ．カビンダ　＊セントヘレナ
　　　　島は，ここに
245　東アフリカ
.1　　エチオピア［アビシニア］
.13　　エリトリア
.2　　ジブチ［アファル・イッサ］
.3　　ソマリア
.4　　ケニア
.5　　ウガンダ
.55　　ルワンダ
.6　　タンザニア［タンガニーカ．ザンジバル］

.8　　モザンビーク
248　南アフリカ
.1　　マラウイ［ニアサランド］
.2　　ザンビア［北ローデシア］
.3　　ジンバブエ［旧ローデシア］
.4　　ボツワナ［ベチュアナランド］
.6　　ナミビア［南西アフリカ］
.7　　南アフリカ共和国
.8　　エスワティニ［スワジランド］
.9　　レソト［バストランド］
249　インド洋のアフリカ諸国
.1　　マダガスカル
.2　　モーリシャス
.3　　セイシェル
.4　　コモロ

〈25／26　アメリカ大陸〉
25　北アメリカ史
251　カナダ
253　アメリカ合衆国
〈253.1／.9　各　地〉
.1　　ニューイングランド諸州（マサチューセッツ州ほか）
.2　　大西洋岸中部諸州（ニューヨーク州ほか）
.3　　大西洋南部諸州（コロンビア特別区ほか）
.9　　太平洋岸諸州（カリフォルニア，アラスカほか）
［.96］　ハワイ → 276
〈255／268　ラテンアメリカ［中南米］〉
255　ラテンアメリカ［中南米］
256　メキシコ　＊マヤ文明はここに
257　中央アメリカ［中米諸国］
259　西インド諸島（キューバなど）

26　南アメリカ史
261　北部諸国［カリブ沿海諸国］
262　ブラジル
263　パラグアイ
264　ウルグアイ
265　アルゼンチン
266　チ　リ
267　ボリビア
268　ペルー
.04　インカ帝国時代　1230—1535
.07　20世紀—

27　オセアニア史. 両極地方史
〈271／276　オセアニア〉
271　　オーストラリア
272　　ニュージーランド
273　　メラネシア（フィジーなど）
274　　ミクロネシア（パラオなど）
　.2　　　グアム
275　　ポリネシア（トンガなど）
276　　ハワイ　＊別法：253.96
　.9　　　ミッドウェー諸島
〈277／279　両極地方〉
277　　両極地方
278　　北極. 北極地方
　　　　グリーンランド，スバールバル諸島［ス
　　　　ピッツベルゲン諸島］
279　　南極. 南極地方

28　伝　　　記　＊地理区分
　0.3　　　参考図書［レファレンスブック］
　0.31　　　人物書誌
　0.33　　　人名辞典
　0.35　　　人名録
　0.38　　　肖像集
　0.7　　　研究法. 指導法. 伝記作法　＊自叙伝
　　　　　　の書き方は，ここに収める
　0.8　　　叢書. 全集. 選集. 逸話集 →：159.2
〈281／287　各国・各地域の列伝〉
288　系譜. 家史. 皇室
　.1　　　姓氏
　.2　　　系譜［家系図］
　.3　　　家史［家伝］
　.4　　　皇　　室
　.49　　　外国の皇室・王室　＊地理区分
　.6　　　紋章［家紋］
　.9　　　旗：国旗，団体旗，徽章
289　　個人伝記

28　伝　　　記　＊ここには，多数人（3人以
　　上）の伝記（列伝，叢伝），および日記，書簡，
　　語録，逸話，追悼録，伝記書誌，年譜など伝
　　記資料一切を収める；ただし，特定主題に関
　　する列伝は，その主題の下に収める
　　　フランス革命の女たち（池田理代子）283.5

289　＊ここには，個人（2人をも含む）の伝記
　　および伝記資料一切を収める；ただし哲
　　学者，宗教家，芸術家，スポーツ選手［ス
　　ポーツマン］，諸芸に携わる者および文
　　学者（文学研究者を除く）の伝記は，そ
　　の思想，作品，技能などと不可分の関係
　　にあるので，その主題の下に収める
　　＊出身国，もしくは主な活動の場と認めら
　　れる国により，地理区分してもよい；ま
　　たは，次のように三分してもよい–.1日
　　本人，.2東洋人，.3西洋人およびその他

29 地理. 地誌. 紀行 ＊地理区分
　0.1　地理学. 人文地理学. 地誌学
　0.12　　地理学史
　0.13　　環境論. 景観地理学
　0.14　　気候順化. 地心理学. 民族地理学
　0.17　　集落地理学
　0.173　　都市地理
　0.176　　村落地理
　0.189　　地名
　0.2　史跡. 名勝
　0.38　　地図
　0.87　写真集
　0.9　紀行
　0.91　　探検記
　0.92　　漂流記
　0.93　　旅行案内記
　〈291／297　各国・各地域の地理・地誌・紀行〉
299　海　　洋

29 地理. 地誌. 紀行 ＊地理区分
　※各国・各地域とも，形式区分の他に，次の
　　ように細分することができる
　　−013　　景観地理
　　−017　　集落地理
　　−0173　　都市地理
　　−0176　　村落地理
　　−0189　　地　名
　−02　史跡. 名勝
　−087　写　真　集
　−09　紀　　行
　　−091　　探　検　記
　　−092　　漂　流　記
　　−093　　案　内　記
299　海　　洋
　.1　太平洋　　　　.2　北太平洋
　.3　南太平洋　　　.4　インド洋
　.5　大西洋　　　　.6　地中海
　.7　北極海［北氷洋］
　.8　南極海［南氷洋］
　.9　地球以外の世界

3　社　会　科　学
301　理論. 方法論
302　政治・経済・社会・文化事情　＊地理区分
303　参考図書［レファレンスブック］
304　論文集. 評論集. 講演集
305　逐次刊行物
306　団体：学会，協会，会議
307　研究法. 指導法. 社会科学教育
　.8　　就職試験問題集〈一般〉
308　叢書. 全集. 選集
309　社会思想
　.02　社会思想・運動史　＊地理区分
　.028　社会思想家〈列伝〉
　.1　自由主義. 民主主義
　.2　空想的社会主義　＊ユートピア思想
　　　は，ここに収める
　.29　キリスト教社会主義
　.3　社会主義. マルクス主義. 共産主義
　　　＊地理区分
　　　＊マルクス主義哲学，弁証法的唯物論
　　　　　→ 116.4
　.4　社会民主主義. 社会改良主義. フェビ
　　　アン社会主義
　.5　サンジカリズム
　.6　国家社会主義
　.7　無政府主義

3　社　会　科　学
　＊ここには，政治学，法律学，経済学，
　　社会学などを含む総合的なものを収め
　　る
　　この類では，理論的研究と，一般補助表
　の形式区分−01および−02については，統
　計（350／359）および民間伝承論・民俗学
　（380.1）を除いて短縮形を採用している。
　［当テキストによる解説］
302　政治・経済・社会・文化事情
　　＊ここには，政治，経済，文化，教育，
　　　国民性，風俗などを含む各国の事情を
　　　収める
　　中国を知る（朝日新聞外報部）302.22
307.8　＊特定職業の就職試験問題集は，各主
　　　題の下に収める
309　社会思想
　　私の毛沢東（新島淳良）309.322
　　サンジカリズム（マク）309.5

309.7　大杉栄，クロポトキン，幸徳秋水，バ
　　　クーニン

　［.8］　全体主義. ファシズム → 311.8
　［.9］　国粋主義. ナショナリズム. 民族主義
　　　　→ 311.3

31　政　　治
　［310.1 → 311］；［310.2 → 312］
311　政治学. 政治思想
　.2　政治学史. 政治思想史　＊地理区分
〈.3／.9　各種の政治思想〉
　.3　国粋主義. ナショナリズム. 民族主義
312　政治史・事情　＊地理区分
　.8　政治家〈列伝〉＊個人伝記 → 289
313　国家の形態. 政治体制
〈.1／.2　国家の形態・歴史〉
〈.4／.9　政治体制〉
314　議会　＊地理区分
　.8　選挙. 選挙制度
　.89　外国の選挙・選挙制度　＊地理区分
315　政党. 政治結社　＊地理区分
316　国家と個人・宗教・民族
　.1　国家と個人：基本的人権, 自由と平等
　　　など
　.2　国家と宗教
　.4　政治闘争：テロリズム, 政治ストライ
　　　キなど
　.5　革命. 反革命
　.8　民族・人種問題. 民族運動. 民族政策
　.88　　ユダヤ人. シオニズム
317　行　　政
　.9　外国の中央行政　＊地理区分
318　地方自治. 地方行政［.02 → 318.2］
　.1　地方制度
　.2　地方行政史・事情　＊日本地方区分
　.4　地方議会. 地方選挙　＊日本地方区分
　.5　地方行政事務・広報・文書・改善・監
　　　査. 情報公開. オンブズマン
　　　＊日本地方区分
　　　指定管理者制度
　.7　都市問題. 都市政策　＊日本地方区分
　.8　住民運動. 民間自治組織［自治会］
　　　＊日本地方区分
　.9　外国の地方行政　＊地理区分

31　政　　治
312　＊ここには, 政治的観点から扱ったもの
　および政治機構, 制度などを収める
　　戦後政治構造史（石川真澄）312.1
313　＊ここには, 国家の歴史, 国体, 政体
　〈一般〉を収め, 各国の政治体制は, 312.1／.7
　に収める
314.1　国会［日本］　＊地方議会→318.4
　.2／.7　外国の議会
315　政党　＊ここには, 各政党の組織, 綱領,
　活動, 政策などを収め, 特定主題に関する政
　策は, 各主題の下へ収める　＊政治資金は,
　ここに収める
　　日本共産党の研究（立花隆）315.1
316.1　国家と個人：基本的人権, 自由と平等,
　知る権利, プライバシー, 思想・信教の自由,
　言論・出版の自由, 集会・結社の自由
316.4　テロリズム, 政治ストライキ, ボイコッ
　ト　＊平和運動→ 319.8
316.5　＊一国の革命史は, その国の歴史の下
　　に収める
　　フランス大革命史（箕作元八）235.06
316.8　＊316.8487アパルトヘイト
317　　行政　各省の行政組織・沿革史・職員録
　などはここに：各省の政策. 白書・統計報告
　などはその扱っている主題の下へ
　　行政機構シリーズ（石井和雄）317
　　文部省年報（文部省）373
317.6　　行政事務. 公文書［など］
318.2　　地方行政史・事情　＊日本地方区分
　　大阪市政年報（大阪市）318.263

319　外交. 国際問題　＊地理区分
　.8　　戦争と平和
　.9　　国際連合. 国際連盟. 国際会議
　　　→：329.3

32 法　　　律
　［320.1 → 321］；［320.2 → 322］
320.9　　法令集　＊地理区分
　.98　　　判例集　＊地理区分
321　法学
　.2　　法学史. 法思想史　＊地理区分
322　法　制　史
　.1　　日本法制史
　.13　　　古代：公家法, 荘園制度, 県主制度
　.14　　　中世：前期武家法, 守護制度, 御成
　　　　　敗式目［貞永式目］, 建武式目, 戦
　　　　　国諸家法
　.15　　　近世：後期武家法, 封建制度, 藩政,
　　　　　五人組
　.16　　　近代
　.19　　　地方法制史. 各藩の法制
　　　　　＊日本地方区分
　.2　　東洋法制史
　.3　　西洋法制史
　.32　　　ローマ法
　.33／.39　イギリス／バルカン
　.4／.7　アフリカ／オセアニア
　.9　　外　国　法　＊地理区分
323　憲　　　法　＊地理区分
　.1　　日本の憲法
　.12　　　日本憲法史
　.13　　　帝国憲法
　.14　　　日本国憲法
　.2／.7　外国の憲法
　.9　　行　政　法
　.99　　　外国の行政法　＊地理区分
324　民法. 民事法
　　　＊私法〈一般〉は, ここに収める
　.9　　外国の民法　＊地理区分
325　商法. 商事法
　.9　　外国の商法　＊地理区分
326　刑法. 刑事法
　.9　　外国の刑法　＊地理区分
327　司法. 訴訟手続法
　.9　　外国の司法制度・訴訟制度
　　　　＊地理区分

319　　＊2国間の外交関係は, 地理区分のうえ
ゼロを付け, 相手国によって地理区分
　　　日露関係史（真鍋重忠）319.1038
319.9　　政治的なものはここへ　組織・憲章な
　　　　ど法的観点から扱ったものは, 329.33
　　　　へ

32 法　　　律
320.9　　法令集
　　　　例：320.91　日本法令集
320.98　　＊判例解釈（コンメンタール）は,
　　　　　ここに収める
　　　　＊特定主題に関する判例集は, 各主
　　　　　題の下に収める
322　　＊法史学, 慣習法〈一般〉は, ここに収め
る
　　近世以前の各法はここに収める
　　　幕藩体制における武士家族法（鎌田浩）
　　　322.15
322.133　　十七条憲法
322.33　　イギリス：アングロサクソンコモン
　　　　　ロー
　.34　　　ドイツ　.35　フランス
　.36　　　スペイン. ポルトガル
　.37　　　イタリア　.38　ロシア. スラブ
　.39　　　バルカン

322.9　　＊ここには各国の法律〈一般〉に関す
るものを収め, 一国の法令集は320.9の下に,
外国の各種の法律は, 各々323.2／.7, 323.99,
324.9, 325.9, 326.9, 327.9の下に収める
　　　概説フランス法（山口俊夫）322.935
323　　憲法　＊地理区分とされているが, これ
に従えば「323.13」は「関東地方の憲法」と
なってしまう。323.2／.7「国単位の地理区分」
とすべきだろう。
323.99　　＊外国の行政法は, 323.94／.97にあた
　　　　　る個々の法律についても, すべて
　　　　　ここに収める
324.9　　外国の民法は, ここに収める
325.9　　外国の商法は, ここに収める
326.9　　外国の刑法は, ここに収める
327.9　　＊外国の司法制度・訴訟制度は, こ
こに収める

[328]　諸　　　　法

329　国　　際　　法 →：319
　　.33　　国際連合　＊ここには，組織・憲章・機構など法的観点から扱ったものを収める
　　.9　　国籍法．外国人法

33　経　　　　済
　　[330.1 → 331]：[330.2 → 332]
331　経済学．経済思想
　　.1　　経済哲学
　　.19　　経済数学．経済統計．計量経済学
　　.2　　経済学説史．経済思想史　＊地理区分
　〈.3／.7　学派別〉
　　.3　　古典学派前史
　　.34　　重商主義ペティ［など］
　　.35　　重農主義ケネー［など］
　　.4　　古典学派［正統学派］
　　.42　　スミス
　　.43　　マルサス
　　.44　　リカード
　　.45　　ジョン・スチュアート・ミル
　　.46　　その他ジェイムズ・ミル［など］
　　.5　　歴史学派ヴェーバー，リスト［など］
　　.6　　社会主義学派．マルクス経済学派
　　.7　　近代経済学派．近代理論
　　.8　　経済各論
　　.81　　生産の理論：協業と分業，生産性，技術進歩
　　.82　　資本の理論
　　.83　　自　然　力
　　.84　　交換の理論：流通，価値，価格
　　.85　　分配の理論：地代，賃金，利潤，利子
　　.86　　国富．国民所得．国民経済計算［社会会計］．GNP．GDP
　　.87　　消費．貯蓄．投資．奢侈．貧困
　　.88　　雇用理論 →：336.42；366.2
332　経済史・事情．経済体制　＊地理区分
　　.01　　経済史学
　　.02　　原始経済　＊原始共産制 → 362.02
　　.03　　古代経済史：アジア的生産様式，奴隷制経済
　　.04　　中世経済史：封建制，荘園制，農奴制，ギルド
　　.06　　近代経済史：資本主義，独占資本主義

[328]　＊諸法は関連主題の下に収める
　　労働法概説（有泉亨編）366
329.33　＊政治的なものは319.9に収める
　　今なぜ外国人登録法なのか（殷宗基）329.9

33　経　　　　済　＊特定産業の生産・流通経済は，各主題の下［5類，6類］の下に収める
　　564.09鉄鋼経済，611農業経済

331.3／.7　＊個々の経済学者の学説・体系を形成する著作および著作集は，ここに収める
　　イギリス重商主義（鈴木勇）331.34

　　アダム・スミスの蔵書（水田洋）331.42

　　.6　　エンゲルス，マルクス，レーニンなど
　　資本論（マルクス）331.6
　　ケインズ全集　331.7
　　厚生経済学（熊谷尚夫）331.7
　　.74　　ケンブリッジ学派．ケインズ学派．ロンドン学派
331.8　経済各論
　　＊.81／.88には，経済各論の包括的な著作・概論・歴史などを収め，個々の経済学者の学説・体系を形成する著作は，.3／.7に収める
　　　例：331.6 マルクス著「資本論」
　　＊貨幣理論 → 337.1；金融理論 → 338.01；人口理論 → 334.1；物価理論 → 337.81；保険理論 → 339.1
332　経済発展の生態学（ウィルキンソン）
332.01
　　現代資本主義論（宮崎義一）332.06
　　社会主義計画経済（エルマン）332.07
　　北海道自立を考える（北海道新聞社編）332.11
　　アメリカ資本主義の経済と財政（池上淳）332.53

.07　　社会主義経済
.9　　経済地理
333　経済政策. 国際経済
〈.1／.5　経済政策・理論〉
　　　＊ここには，理論のみを収める
334　人口. 土地. 資源
　　　［334.01 → 334.1］；［334.02 → 334.2］
.1　　人口理論：マルサス主義，新マルサス主義
.2　　人口史. 人口統計. 人口構成. 人口密度
.3　　人口問題. 人口政策　＊地理区分
.4　　移民［来住民］・難民問題，移民［来
　　　住民］・難民政策
.5　　移民［流出民］・植民問題，植民政策
.6　　土地. 土地経済. 地価. 土地行政. 土地法
.7　　資源. 資源行政. 資源法
〈335／336　企業. 経営〉
335　企業. 経営
　　　［335.01 → 335.1］；［335.02 → 335.2］
.1　　経営学
.2　　経営史・事情　＊地理区分
.7　　官業. 公企業：公共企業体, 公社, 公団,
　　　統制会, 独立行政法人　＊地理区分
.8　　公益企業
336　経営管理
.1　　経営政策. 経営計画
.2　　合理化. 生産性. 能率
.3　　経営組織. 管理組織
.4　　人事管理. 労務管理［ほか］
.5　　事務管理
[.6]　生産管理［ほか］→ 509.6
[.7]　商業経営. 商店［ほか］→ 673／676
.8　　財務管理. 経営財務
.9　　財務会計［企業会計］. 会計学
337　貨幣. 通貨
　　　［337.01 → 337.1］；［337.02 → 337.2］
.1　　貨幣理論・学説・思想
.2　　貨幣史・事情. 貨幣制度. 各国の通貨
　　　＊地理区分
.8　　物価
.9　　景気変動：インフレーション，デフ
　　　レーション　＊地理区分
.99　　恐　慌
338　金融. 銀行. 信託［338.02 → 338.2］
.2　　金融史・事情, 銀行史・事情　＊地理区
　　　分
〈.6／.8　各種の金融機関〉
.9　　国際金融
339　保　　険

34　財　　　政　［340.1 → 341］；［340.2 → 342］
341　財政学. 財政思想

332.9　　＊各国・各地域の経済地理→332.1／.7
　　　　日本経済地理読本（板倉勝高ほか）332.1
333　　＊各国・各地域の経済政策 → 332.1／.7
.6　　国際経済

334.3　　＊少子高齢化は，ここに収める
　　　　＊高齢化社会〈一般〉→367.7
334.4　　＊受入国による地理区分
　　　　＊難民の一般的・一時保護と援助 →
　　　　369.38
334.5　　＊母国［発生国］による地理区分
　　　　＊一国の植民政策は，ここに収める

335.7　　＊公私混合企業はここに収める
335.89　＊NPO

336　　　＊会社実務は，ここに収める
　　　　＊各種団体の経営管理は，関連主題の下
　　　　　に収める　例：498.1 病院経営
336.38　社規. 社則. 業務規程. 経理規程
　　　　稟議と根回し（山田雄一）336.4
336.5　　＊事務管理組織，秘書は，ここに収め
　　　　る

　　　　最新財務諸表論（武田隆二）336.9

337.82　物価史・事情　＊地理区分

337.99　＊ここには，恐慌〈一般〉および世界的
　　　　なものを収め，個々の国のものは，332.1／.7
　　　　に収める
　　　　経済が崩壊するとき（ベックマン）337.99

339　　　＊各種の産業保険は，関連主題の下に収
　　　　める
　　　　例：611.59農業保険
　　　　＊社会保険 → 364.3

34　財　　　政
　　　　新財政統計（大蔵省編）340.59
341　　＊公共経済学は，ここに収める

342　財政史・事情　＊地理区分
343　財政政策．財務行政
344　予算．決算　＊地理区分
345　租税
　.2　　租税史・事情　＊地理区分
347　公債．国債
[347.02 → 347.2]
　.2　　公債史・事情　＊地理区分
348　専売．国有財産
349　地方財政
　.2　　地方財政史・事情　＊地理区分

35　統計　＊地理区分
350.1　　統計理論．統計学．製表
　.2　　統計史・事情　＊地理区分
351／357　一般統計書
358　人口統計．国勢調査　＊地理区分
[359]　各種の統計書

36　社会　[360.1 → 361]；[360.2 → 362]
361　社　会　学
　.1　　社会哲学
　.2　　社会学説史　＊地理区分
　.3　　社会関係．社会過程
　.4　　社会心理学
　.42　　　地方性．国民性．民族性
　.45　　　コミュニケーション．コミュニケー
　　　　ション理論
　.47　　　世論．世論調査
　.5　　文化．文化社会学：文化変容，社会進
　　　　歩，社会解体
　.6　　社会集団
　.7　　地域社会（農村，都市など）
　.8　　社会的成層：階級，階層，身分
　.9　　社会測定．社会調査．社会統計
　　　　　＊地理区分
362　社会史．社会体制　＊地理区分
364　社会保障　＊社会福祉→ 369
365　生活・消費者問題
366　労働経済．労働問題
　.1　　労働政策・行政・法令
　.2　　労働力．雇用．労働市場：就業人口，
　　　　労働移動　＊地理区分
　.3　　労働条件．労働者の保護
　.4　　賃金
　.6　　労働組合．労働運動

342　　図説日本の財政　342.1

345　　＊税務会計 → 336.98；地方税 → 349.5
　　　　法人税法（中央経済社）　345

349.4　　地方経費［ほか］　＊地理区分

350.1　＊一般統計学は，ここに収め，近代統計
　　　学は，417に収める

[359]　＊特定主題の統計書は，各主題の下に収め
　　　る　例：338.059金融統計，610.59農業統計

36　社会　＊社会問題〈一般〉を収める
361　　社会学　＊特定主題の社会学は，各主題
　　　の下に収める
　　　　例：161.3宗教社会学，321.3法社会学
　　　　教育社会学原論（新堀，片岡編）371.3
　　　　タテ社会の力学（中根千枝）361.4
　　　　英国人気質（プリーストリー）361.42
　　　　チームワークの心理学（国分康孝）361.6
361.7　人間生態学
　　　日本の大都市サラリーマン　361.8
362　　社会史　＊社会体制史，社会構造・組織
　　　史を収め，一般社会史は，歴史の下に収める
362.02／06　時代区分
　.07　　社会主義体制
364.1　社会政策
　.3　　社会保険
　.4　　健康保険・国民健康保険
　.5　　労働者災害補償保険
　.6　　国民年金．厚生年金．共済年金
　.7　　雇用保険．失業保険
365.7　余暇
366.14　労働法〈一般〉
　.3　　＊職場におけるセクシャルハラスメン
　　　トは，ここに収める
　.62　　歴史・事情　＊地理区分

367　家族問題. 男性・女性問題. 老人問題
　.1　　女性. 女性論
　.2　　女性史・事情　＊地理区分
　.3　　家. 家族関係
　.4　　婚姻・離婚問題
　.6　　児童・青少年問題　＊地理区分
　.7　　老人. 老人問題
367.9　　性問題. 性教育
368　社会病理（自殺, 反社会集団, 青少年犯罪）
369　社会福祉

37　教　育　［370.1 → 371］；［370.2 → 372］
371　教育学. 教育思想
　.1　　教育哲学
　.2　　教育学史. 教育思想史　＊地理区分
　.3　　教育社会学. 教育と文化
　.4　　教育心理学. 教育的環境学
　.45　　　児童心理. 児童研究
　.47　　　青年心理. 青年研究
372　教育史・事情　＊地理区分
　.8　　教育家〈列伝〉
373　教育政策. 教育制度. 教育行財政
374　学校経営・管理. 学校保健
375　教育課程. 学習指導. 教科別教育
　〈.13／.16　学習形態〉
　〈.3／.8　各教科〉
　.3　　社会科教育
　.4　　科学教育
　.8　　国語科. 国語教育
　.89　　外国語教育
376　幼児・初等・中等教育
377　大学. 高等・専門教育. 学術行政
378　障害児教育［特別支援教育］
379　社会教育

38　風俗習慣. 民俗学. 民族学
380.1　　民間伝承論. 民俗学
　　［380.2 → 382］
382　風俗史. 民俗誌. 民族誌　＊地理区分
383　衣食住の習俗
　.1　　服装. 服飾史
　.8　　飲食史［食制］＊地理区分
　.9　　住生活史

367.1　　女性運動, 女性解放, 男女同権［など］
367.6　　＊児童・青少年問題〈一般〉は, ここ
　　　　に収める
367.7　　＊中高年齢者問題〈一般〉は, ここに
　　　　＊高齢化社会〈一般〉は, ここに収め
　　　　る
367.93　　性的いやがらせ［セクシャルハラス
　　　　メント］→：366.3

37　教　育　小学校・中学校・高等学校教育の
　　カリキュラムや学習指導に関する著作を教育
　　課程（375）に収め, 大学その他の高等専門
　　学校等以上の教材や研究指導書は各主題の下
　　の「研究法. 指導法. 教育」（−07）に収める；
　　幼児・児童・青少年に関する教育一般研究は
　　371.45；371.47へ, 青少年問題一般は367.6へ,
　　青少年犯罪は368へ
372　　＊教育運動史は, ここに収める

373.4　　教育財政. 教育費. 私学助成. 奨学制
　　　　度. 育英会
　.7　　教員の養成・資格. 教員検定
374　　＊ここには, 小中高等学校に関するもの
　　を収め, 大学の管理は377に収める
375　　＊ここには, わが国の小・中・高等学校
　　に関するものを収め, 幼稚園は376.15, 大学
　　は377.15に収める
　　＊教育方法・技術・工学は, ここに収める
　　＊外国の教科別教育, 教科書 → 372.2／.7
378　　＊障害児心理, 障害児保育, 心身障害児
　　教育は, ここに収める
379　　＊生涯教育は, ここに収める

38　風俗習慣. 民俗学. 民族学
　　＊文化人類学の理論に関するものは, 389に
　　　世界の民俗衣装（田中千代）383.1
　　　箸の本（本田総一郎）383.8
　　　紙の民具（広瀬正雄）383.9

384　社会・家庭生活の習俗
385　通過儀礼. 冠婚葬祭
386　年中行事. 祭礼　＊地理区分
387　民間信仰. 迷信［俗信］
〈.3／.7　民間信仰〉
388　伝説. 民話［昔話］＊地理区分
　.8　ことわざ［俚諺］＊地理区分
　.9　民謡. わらべ唄　＊地理区分
389　民族学. 文化人類学

39　国防. 軍事［390.2 → 392］
391　戦争. 戦略. 戦術
　［0.2 → 391.2］
392　国防史・事情. 軍事史・事情　＊地理区分
　.8　軍人〈列伝〉
393　国防政策・行政・法令
394　軍事医学. 兵食
395　軍事施設. 軍需品
396　陸軍［396.02 → 396.2］
397　海軍［397.02 → 397.2］
398　空軍［398.02 → 398.2］
399　古代兵法. 軍学
　.23　孫子

4　自 然 科 学
401　科学理論. 科学哲学
402　科学史・事情　＊地理区分
　.8　科学者〈列伝〉
　.9　科学探検・調査　＊地理区分
403　参考図書［レファレンスブック］
404　論文集. 評論集. 講演集
405　逐次刊行物
406　団体：学会, 協会, 会議
　.9　科学博物館
407　研究法. 指導法. 科学教育
408　叢書. 全集. 選集
409　科学技術政策. 科学技術行政　＊地理区分

41　数　　　学
410.3　参考図書［レファレンスブック］
　.38　数表. 数学公式集
　.79　数学遊戯. 魔方陣
　.9　集合論. 数学基礎論
　.96　記号論理学［論理計算］

384.3　生業. 交通儀礼
　雨乞習俗の研究（高谷重谷）384.3
384.5　子供の生活 .55 遊び. 遊戯
386.8　民俗芸能［郷土芸能］. 民俗舞踊［郷土舞踊］
388.9　＊ここには, 郷土民謡の研究および民謡集を収め, 単なる歌集は767.5, 歌謡集は文学の下に収める
389　＊ここには, 民族学・文化人類学〈一般〉および理論に関するものを収める

39　国防. 軍事　→：559

392　＊自衛隊〈一般〉は, ここに収める
　＊海上自衛隊 → 397.21；航空自衛隊 → 398.21；陸上自衛隊 → 396.21
396.2　陸軍史. 各国の陸軍　＊地理区分
397.2　海軍史. 各国の海軍　＊地理区分
398.2　空軍史. 各国の空軍　＊地理区分

4　この類には自然界に生ずる諸現象を扱う著作を収める。数・量および空間に関して研究する学問である数学は,［中略］自然科学の諸部門の前に置く；純粋理論および実験的なものを主体とし, その応用は5類や6類等に収める（各類概説：4類）

402.9　＊内容が人文・自然両面にわたるものは, 29地誌に収める

404　科学論集「水の話」など科学について総合的に扱っているものは, ここへ［筆者注］

41　数　　　学
＊応用数学〈一般〉は, ここに収める
＊各種の応用数学は, 関連主題の下に収める
410.79　＊パズル → 798.3

411　代数学
〈.6／.7　現代代数学〉
412　数　論［整数論］
413　解　析　学
414　幾　何　学
〈.1／.7　ユークリッド幾何学〉
415　位相数学
417　確率論. 数理統計学
418　計　算　法
419　和算. 中国算法

42　物　理　学［420.1 → 421］
421　理論物理学
423　力　学
424　振動学. 音響学
425　光　学
426　熱　学
427　電磁気学
428　物性物理学
429　原子物理学
　.6　　素粒子

43　化　　　学
431　物理化学. 理論化学
432　実験化学［化学実験法］
433　分析化学［化学分析］
434　合成化学［化学合成］
〈435／436　無機化学〉
435　無機化学
436　金属元素とその化合物
〈437／439　有機化学〉
437　有機化学
438　環式化合物の化学
439　天然物質の化学

44　天文学. 宇宙科学［440.1 → 441］
441　理論天文学. 数理天文学
442　実地天文学. 天体観測法
〈443／448　各種の天体〉
443　恒星. 恒星天文学
444　太陽. 太陽物理学
445　惑星. 衛星
446　月
447　彗星. 流星
448　地球. 天文地理学
449　時法. 暦学

414.8　　非ユークリッド幾何学
417　　＊近代統計学は, ここに収める
　　　統計学初歩（ウォルポール）417
418　　＊各種の計算法は, 関連主題の下へ収める
419　　近世以前の日本数学はここへ

42　物　理　学　＊各種の応用物理学は, 関連主題の下に収める
　例：501.2　工業物理学
421.2　相対性理論 →：429
　.3　　量子力学. 量子論
　.4　　統計力学
　.5　　数理物理学. 物理数学
　　　超伝導革命（牧野昇）427
428　　＊化学物理学は, ここに収める
429　　＊高エネルギー物理学は, ここに収める

43　化　　　学　＊化学工業は57に；その他の各種の応用に関するものは, 関連主題の下に収める

434　　＊個々の化合物は, 435／439に収める
435　　＊無機化合物は, それに含まれる元素の内で, 435／436の元素表のあとに示されている元素のところに収める

439　　＊ここには一般的な著作を収め, 工業的なもの, 生化学的なものは, 各主題の下に収める

44　天文学. 宇宙科学　＊宇宙工学 → 538.9
　航海天文学 → 557.34

448　　＊ここには, 天文学的にみた地球を収める　地球の回転：時間・位置・速度の話（須川力）448

45　地球科学. 地学
450 ［.1］
.9　　自然地理　＊地理区分
451　気象学
.8　　気候学
.9　　気象図誌. 気象統計. 気象誌　＊地理区分
.98　　気象災害誌　＊地理区分
452　海 洋 学
453　地 震 学
.2　　地震誌. 地震調査　＊地理区分
454　地 形 学
.9　　地形図誌. 地形写真　＊地理区分
455　地 質 学　＊地理区分
456　地史学. 層位学
.9　　各地の地層　＊地理区分
457　古生物学. 化石
.2　　化 石 誌　＊地理区分
458　岩 石 学
.2　　岩 石 誌　＊地理区分
459　鉱 物 学
.2　　鉱 物 誌　＊地理区分

46　生物科学. 一般生物学　［460.1 → 461］
460.73　　標本の採集と製作
461　理論生物学. 生命論
462　生物地理. 生物誌　＊地理区分
.9　　天然記念物　＊地理区分
463　細 胞 学
464　生 化 学
465　微生物学
467　遺 伝 学
.5　　進化論
468　生 態 学
　　　　生物と環境との関係, 生活圏
469　人 類 学
.8　　地理区分できない人種　＊言語区分
.9　　人 種 誌　＊地理区分

45　地球科学. 地学
　　＊自然地理学は, ここに収める
　　＊地理学 → 290.1
450.98　自然災害誌　＊地理区分
451　＊応用気象は, 関連主題の下に収める
451.85　　気候変化. 気候変動：温暖化, 温室
　　　　現象

455　動力地質学, 構造地質学

　　　古脊椎動物図鑑（鹿間時夫）457

46　生物科学. 一般生物学　＊博物学は, ここ
　　に収める
　　　　＊古生物 → 457；生物工学 ［バイオテ
　　クノロジー］ → 579.9；本草学→499.9
462　＊博物誌, 自然誌は, ここに収める
462.9　　＊個々の天然記念物は, 各主題の下に
　　　　天然記念物 〈植物〉→ 472.9
　　　　天然記念物 〈動物〉→ 482.9
465　＊工業微生物 → 588.51；病原体として
　　　　の微生物 → 491.7
468　＊個々の植物の生態 → 473／479；個々
　　　　の動物の生態 → 483／489；人間生態
　　　　学 → 361.7
469　＊人類の歴史 → 209；人間学 → 114；
　　　　文化人類学, 民族学 → 389
469.8　＊人種・民族問題 → 316.8；地理的分布
　　　　→ 469.9　例：469.8936ウラル民族

47 植物学   47 植物学   栽培植物 → 61／62；65

470.73   植物採集. 乾腊法（かんさくほう）
471   一般植物学
472   植物地理. 植物誌 ＊地理区分
 .9   天然記念物
〈473／479 各種の植物〉
〈473／476 葉状植物〉
473   葉状植物   473   ＊隠花植物は，ここに収める
474   藻類. 菌類   474   〈.2／.5 藻類〉
475   コケ植物［蘚苔類］   〈.6／.9 菌類〉
476   シダ植物
〈477／479 種子植物〉   477   ＊顕花植物〈一般〉は，ここに収める
477   種子植物   479   被子植物
478   裸子植物   蓮〈ものと人間の文化史〉（阪本祐二）479
479   被子植物

48 動物学   48 動物学 ＊蚕糸業 → 63；水産業 → 66；
480.73 動物採集. 剥製法   畜産業 → 64
481   一般動物学
482   動物地理. 動物誌 ＊地理区分
 .9   天然記念物
〈483／489 各種の動物〉
〈483／486 無脊椎動物〉
483   無脊椎動物   484   NDC新訂10版48綱の中では貝類のみ「学」
484   軟体動物. 貝類学   となっている
485   節足動物   487.4   円口類
486   昆 虫 類   .5   魚類
〈487／489 脊椎動物〉   .6   硬骨魚類
487   脊椎動物   .8   両生類
488   鳥 類   .9   爬虫類
 .2   鳥 類 誌 ＊地理区分
489   哺 乳 類

49 医 学   49 医 学 ＊家庭衛生 → 598；獣医学
〈491／498 医学各論〉   → 649
491   基礎医学   491.1   解剖学
492   臨床医学. 診断・治療   〈491.12／.18 臓器別〉
492.9 看護学. 各科看護法. 看護師試験   .12   循環器［脈管系］. 造血器
493   内 科 学   .13   呼吸器
 .7   神経科学. 精神医学   .14   消化器
 .9   小児科学   .15   泌尿・生殖器
494   外 科 学   .16   骨格. 骨学. 運動器官
 .8   皮膚科学. 皮膚・脂腺・毛髪・爪の疾患   .17   神経系. 神経学. 感覚器
 .9   泌尿器科学. 男性性器疾患

495　婦人科学. 産科学
〈.1／.4　婦人科学〉
496　眼科学. 耳鼻咽喉科学
〈.1／.4　眼科学〉
497　歯　科　学
498　衛生学. 公衆衛生. 予防医学
　.1　　衛生行政. 厚生行政
　.5　　食品. 栄養
　.8　　労働衛生. 産業衛生
　.9　　法医学
499　薬　　　　学

　5　技術. 工学
501　工業基礎学
　.1　　工業数学
　.2　　工業物理学［応用物理学］
　.3　　応用力学
　.6　　工業動力. エネルギー
　.8　　工業デザイン. 計装. 製図. 人間工学
502　技術史. 工学史　＊地理区分
507　研究法. 指導法. 技術教育
　.1　　特許. 発明. 考案
　.2　　産業財産権
509　工業. 工業経済［509.02 → 509.2］
　.1　　工業政策. 工業行政・法令
　.2　　工業史・事情　＊地理区分
　.6　　生産管理. 生産工学. 管理工学

〈51／58　各種の技術・工学〉
51　建設工学. 土木工学
511　土木力学. 建設材料
512　測　量
513　土木設計・施工法
〈514／518　各種の土木工学〉
514　道路工学
　.9　　トンネル工学. 隧道
515　橋梁工学
516　鉄道工学
517　河海工学. 河川工学
　.2　　河川誌. 治水誌. 調査工事報告
　　　　＊地理区分

　.18　　外皮. 皮膚
　.19　　局所解剖学. 体形学
491.3　生理学
　.4　　生化学
　.5　　薬理学［薬物学］
　.6　　病理学
　.7　　細菌学. 病理微生物学
　.8　　免投学
　.9　　寄生虫学
〈.32／.37各系の生理〉
495.5　産科学
496.5　耳鼻咽喉科学

　5　技術. 工学
　　　　主として第二次産業の生産諸技術およ
　　　　び第一次産業の採鉱技術とそれらにか
　　　　かわる生産・流通経済に関する著作を
　　　　収める（51／589）。また，この分野の範
　　　　疇には入らない家政学，生活科学（59
　　　　／599）も収める。（各類概説5類）
　　　エネルギー資源（垣花秀武ほか）501.6
507.1　＊発明家の列伝は，ここに収める
　　　　発明発見小事典（エドワード・デ・ボノ
　　　　編）507.1
507.2　＊無体財産権〈一般〉は，ここに収め
　　　　る。著作権 → 021.2
　　　　デザインの保護（播磨良承）507.2
　　　　安全を設計する（近藤次郎）509.6
　　　　大量生産体制論（塩見治人）509.6
〈51／58〉
　　　　＊各技術・工学とも，次のように細
　　　　　分することができる
　.09　　経済的・経営的観点
　.091　　政策. 行政. 法令
　.092　　歴史・事情　＊地理区分
　.093　　金融. 市場. 生産費
　.095　　経営. 会計
　.096　　労働
512　＊測地学 → 448.9
516　＊鉄道運輸 → 686；鉄道車両→ 536；ト
　　　ンネル → 514.9

518　衛生工学. 都市工学
.8　　都市計画
519　環境工学. 公害 ［519.02 → 519.2］
.1　　環境政策. 環境行政・法令
.2　　環境問題史・事情. 公害史・事情
　　　＊地理区分
.3　　大気汚染
.4　　水質汚濁. 海洋汚染
.5　　土壌汚染
.6　　騒音. 振動
.7　　産業廃棄物
.8　　環境保全. 自然保護　＊地理区分
.9　　防災科学. 防災工学〈一般〉

52　建 築 学
520.2　建 築 史
.87　　　建築図集
.9　　　建築業. 建築経済
.92　　　建築業史・事情　＊地理区分
〈521／523　様式別の建築〉
521　日本の建築〈.2／.6　各時代〉
.2　　原始時代　―551
.3　　古代　　552―1185
.4　　中世　　1185―1615
.5　　近世　　1615―1867
.6　　近代　　1868―
.8　　各種の日本建築. 国宝・重要文化財の
　　　建造物
522　東洋の建築. アジアの建築
523　西洋の建築. その他の様式の建築
　　　＊地理区分
〈.02／.07　各時代〉
.02　　原始時代
.03　　古代：ギリシア，ローマ
.04　　中 世
.05　　近 代
.06　　19世紀
.07　　20世紀―
524　建築構造
〈.5／.7　建築材料別の構造〉
525　建築計画・施工
〈526／527　各種の建築〉
526　各種の建築

518.5　　都市衛生　＊公害 → 519

519　　＊環境問題〈一般〉，環境経済学はここ
　　　に収める
　　　　＊地球温暖化 → ：451.85
519.12　環境法　＊公害法，公害訴訟は，ここ
　　　　に収める

519.7　　＊産業廃棄物の再利用はここへ
　　　　＊一般廃棄物（家庭廃棄物）→ 518.52

52　建 築 学
520.1　　建築学は形式区分を用いてこのように
520.2　　建築史　ここには，建築史一般を収
　　　め，各国の建築は520.2で地理区分を行わず，
　　　521／523に収める
　　　　＊521／523においては図集を次のように細分
　　　すことができる。―087　建築図集
521　日本の建築　＊ここには，歴史，様式.
　　　図集を収める；歴史上の個々の構造物は，
　　　521.8に収める
521.6　　＊日本の和洋建築史は，ここに収める
　　　　＊日本の洋風建築史 → 523.1
521.81　宗教建築
.82　　　城郭. 宮殿
　　例：桂離宮（西川・内藤）521.82
.86　　　民家. 町家
523.1／.7　各国の建築
　①各国の西洋建築とその歴史
　②西洋. 東洋. 日本以外の地域. 国の建築様
　　　式（建築と歴史）
　　神戸異人館（広瀬安美）523.1
　　アフリカの建築 523.4
526　　＊綱目表に準じて区分 例：.06博物館，
　　.07新聞社, .18寺院. .31官公署, .37学校・大
　　学, .45気象台, .49病院, .5工場
　　　＊学校施設・設備 → 374.7；図書館建築 →
　　012, 016／018
　　大学のキャンパス計画（小林秀弥）526.377

527　住宅建築
528　建築設備．設備工学
529　建築意匠・装飾

53　機 械 工 学
531　機械力学・材料・設計
532　機械工作．工作機械
533　熱機関．熱工学
534　流体機械．流体工学
535　精密機器．光学機器
〈536／538　運輸工学〉
536　運輸工学．車両．運搬機械
537　自動車工学
538　航空工学．宇宙工学
539　原子力工学

54　電 気 工 学
541　電気回路・計測・材料
542　電気機器
543　発　　　電
544　送電．変電．配電
545　電灯．照明．電熱
（546　電気鉄道）
547　通信工学．電気通信
548　情報工学
　.2　　コンピュータ［電子計算機］
　.3　　自動制御工学．オートメーション．ロ
　　　　ボット
549　電子工学
　.1　　電子理論：電子放出・伝導［ほか］
　.9　　電子装置の応用　＊レーザ，メーザ
　.97　　電子顕微鏡

55　海洋工学．船舶工学　［550.1 → 551］
〈551／556　造船学〉
551　理論造船学
552　船体構造・材料・施工
553　船体艤装．船舶設備
554　舶用機関［造機］
555　船舶修理．保守

529　＊ここには，室内意匠・装飾，天井，床
　などの装飾を収める

53　機 械 工 学　＊各種の産業機械は，その産
　業の下に収める
　　例：586.28　紡績機械
532　＊ここには切削・研削加工を収め，塑性
　加工，溶接，鋳造は566に収める
537　〈.2／.6　自動車の各部分〉
539　＊ここには原子力の平和利用，すなわち
　動力源とアイソトープに関するものを収め，
　各産業への利用は，その下に収める
　＊核兵器 → 559.7　原子力発電 → 543.5
539.2　　原子炉

54　電 気 工 学

542　＊ここには，電力機器を収める
　原子力発電（日本科学者会議編）543
〈542.2／.9　各種の電気機器〉
〈543.3／.8　各種の発電〉
546　＊鉄道運輸 → 686；鉄道車両 → 536；
　鉄道土木・設備 → 516
547　＊ここには，工学的な取扱いに関するも
　のを収め，情報ネットワークは007.3の下に，
　電気通信産業は694の下に収める
〈.7／.8　放送無線〉
　インターネット革命（大前研一）547
548　＊ここには，工学的な取扱いに関するも
　のを収め，情報科学およびシステムに関する
　ものは007の下に収め，電気通信産業に関す
　るものは，694の下に収める
　この目（548）の細目は多々別法化された
　　ディジタル情報回路（清水賢資）548
　　動くパソコン（ナイト）548.3

55　海洋工学．船舶工学

556　各種の船舶・艦艇
557　航海. 航海学
　.7　　水路. 水路測量
　.78　　　水路図誌. 海図. 水路報告　　　　　　　地中海海図　557.786
　　　　　＊海洋区分
558　海洋開発
559　兵器. 軍事工学　　　　　　　　　　　　　水爆実験との遭遇（川井・斗ヶ谷）559

56　金属工学. 鉱山工学　　　　　　　　　　　56　金属工学. 鉱山工学
561　採鉱. 選鉱
　.1　　鉱床・応用地質学. 応用鉱物学　　　　　〈563／566　冶金〉
　　　　＊地理区分　　　　　　　　　　　　　〈564／565　各種の金属〉
562　各種の金属鉱床・採掘　　　　　　　　　565　＊非鉄金属加工も，ここに収める
563　冶金. 合金　　　　　　　　　　　　　　　貴金属（ジョン）565
564　鉄　　鋼　　　　　　　　　　　　　　566　＊塑性加工を収め，切削加工は532に収
565　非鉄金属　　　　　　　　　　　　　　　　める；鉄鋼の加工を収め，非鉄金属の加工は
566　金属加工. 製造冶金　　　　　　　　　　　565に収める
567　石　　　炭　　　　　　　　　　　　　　　ろう付・はんだ付入門（恩沢忠男ほか）566
　.1　　石炭鉱床. 石炭地質学. 炭田　　　　567　＊石炭化学工業 → 575.3
　　　　＊地理区分　　　　　　　　　　　568　＊石油精製・化学工業 → 575.5
568　石　　　油
　.1　　石油鉱床. 石油地質学. 油田
　　　　＊地理区分
569　非金属鉱物. 土石採取業

57　化 学 工 業　　　　　　　　　　　　　　57　化 学 工 業
571　化学工学. 化学機器　　　　　　　　　　　＊工業化学は，ここに収める
　〈572／579　各種の化学工業〉　　　　　　触媒講座（触媒学会編）572
572　電気化学工業　　　　　　　　　　　　　ニューセラミックスの世界（境野照雄）
573　セラミックス. 窯業. 珪酸塩化学工業　　　573
574　化学薬品　　　　　　　　　　　　　　574　＊酸アルカリ工業はここに収める
575　燃料. 爆発物　　　　　　　　　　　　　　＊医薬品 → 499.1；農薬 → 615.87
576　油　脂　類　　　　　　　　　　　　　みんなの洗剤読本（合成洗剤研究会編）
577　染　　　料　　　　　　　　　　　　　576.5
578　高分子化学工業　　　　　　　　　　　577　＊染色 → 587
　.2　　ゴム. ゴム工業. 弾性ゴム　　　　　　ゴム物語（中川鶴太郎）578.2
　.3　　天然樹脂　　　　　　　　　　　　　プラスチックの本（生活デザイン研究会）
　.4　　合成樹脂［プラスチック］　　　　　　578.4
　〈.5／.7　繊維化学〉　　　　　　　　　578.5　＊セロファンはここに収める
　.5　　セルロース化合物. 繊維素化学工業　　カーボンファイバー入門（大谷松郎）
　.6　　化学繊維［人造繊維. レーヨン. スフ］　578.6
　.7　　合成繊維　　　　　　　　　　　　　高強度・高弾性率繊維（功力利夫ほか）
579　その他の化学工業　　　　　　　　　　　578.7
　.1　　接着剤：にかわ. 糊料［ほか］　　　　粘着ハンドブック 579.1
　.2　　石 綿 工 業
　.9　　生物工業［バイオテクノロジー］

58　製造工業

581　金属製品
582　事務機器. 家庭機器. 楽器
583　木工業. 木製品
　.8　木工機器：かんな, 錐, のみ
584　皮革工業. 皮革製品
585　パルプ・製紙工業
586　繊維工学
587　染色加工. 染色業
　.9　洗濯. ドライクリーニング
588　食品工業
589　その他の雑工業

59　家政学. 生活科学

591　家庭経済・経営
592　家庭理工学
　.7　家庭工作
593　衣服. 裁縫
594　手芸
595　理容. 美容
596　食品. 料理
　.1　食品栄養
　.2　様式別による料理法. 献立
　.3　材料別による料理法：卵料理, 漬物［ほか］
　.4　目的による料理：正月料理, 弁当［ほか］
597　住居. 家具調度
598　家庭衛生
　.2　結婚医学：性生活, 妊娠［ほか］
　.3　疾病の予防. 家庭医学
　.4　家庭療養. 家庭看護
　.5　家庭常備薬. 救急法
599　育児

6　産業

601　産業政策・行政. 総合開発　＊地理区分
602　産業史・事情. 物産誌　＊地理区分
603　参考図書［レファレンスブック］
604　論文集. 評論集. 講演集
605　逐次刊行物
606　団体：学会, 協会, 会議
　.9　博覧会. 共進会. 見本市. 国際見本市

58　製造工業

583　＊製材 → 657.3；木材着色 → 657.7

586　繊維工業（細目は以下のとおり）
　.2　綿業. 紡績業［586.202 → 586.22］
　.3　麻工業［586.302 → 586.32］
　.4　絹工業. 絹糸紡績
　　　＊製糸 →639
589.2　＊既製服の製造販売を収め, 家庭裁縫および仕立業は593に収める
　　　＊アパレル産業は, ここに収める

59　家政学. 生活科学
　＊社会問題からみた生活・家庭・婦人問題は365, 367に収め, 家庭倫理は152に, 生活史は383に収める
592.7　＊日曜大工・左官の類は, ここに収める

596.1　＊一般には498.5に収める
　.21　日本料理
　.22　アジアの料理：中国料理, 朝鮮料理, インド料理
　.23　西洋料理. その他の様式の料理

598　家庭衛生
598.2　＊性に関する雑著は, ここに収める

598.4　＊療養記はここに収める

6　産業
　この類には, 第一次産業の農林水産業（61／669）および第三次産業の商業（67／678）, 運輸（68／689）, 通信（69／699）を収める（各類概説6類）
602　＊産業考古学は, ここに収める

606.9　＊共進会（JLAが1996.3追加）

＊地理区分
607　研究法．指導法．産業教育
608　叢書．全集．選集
609　度量衡．計量法

〈61／66　農林水産業〉
〈61／65　農林業〉

61 農　　　業　[610.2 → 612]
610.1　　農学．農業技術
611　　農業経済・行政・経営
　.2　　農用地．農地．土地制度　[農地制度]
　.3　　食糧問題．食糧経済
　.9　　農村・農民問題
　.92　　農村事情［ほか］　＊地理区分
612　　農業史・事情　＊地理区分
613　　農業基礎学
614　　農業工学
　.2　　農業土木．土地改良　＊地理区分
　.3　　農業水利．農業用水　＊地理区分
615　　作物栽培．作物学
616　　食用作物
617　　工芸作物
618　　繊維作物　→：586
　.1　　わた．カポック［パンヤ］
　.2　　あさ［ほか］
619　　農産物製造・加工

62 園　　　芸　[620.2 → 622]
621　　園芸経済・行政・経営
　.4　　園芸生産物市場および価格　＊地理区分
622　　園芸史・事情　＊地理区分
623　　園芸植物学．病虫害
624　　温室．温床．園芸用具
〈625／627　各種の園芸〉
625　　果 樹 園 芸
626　　蔬 菜 園 芸
627　　花 卉 園 芸 ［草花］
628　　園 芸 利 用
629　　造　　　　園　→：518.85；650
　.4　　自然公園［ほか］　＊地理区分

63 蚕　糸　業　[630.2 → 632]
630.1　　蚕糸学．養蚕学
631　　蚕糸経済・行政・経営

図説万国博覧会史（吉田光邦編）606.9

609　　＊国際単位系［SI］〈一般〉は，ここに
　収める

61 農　　　業

611　　＊一地域の農業経済・行政・経営も，こ
　こに収める　例：611.2302134 埼玉県農地改
　革史；ただし，近世以前のものは，611.2／.29
　と611.39を除き612の下に収める
611.39　　　飢饉．備荒．三倉制度
　.9　＊ここには一般的なものを収め，各地域
　の農村・農民問題は611.92の下に収める；ま
　た歴史は612の下に収め地理区分
　　　＊農村社会学 → 361.76

615　　＊個々の作物の栽培 → 616／618；625
　／627へ

　　香辛料の世界史（ギュイヨ）617
　　香辛料（エスビー食品刊）617

62 園　　　芸

621　　＊ここには園芸作物〈一般〉を収め，
　個々のものは625／627に収める

624　　＊個々の作物栽培は，625／627に収める

627　　＊花コトバ，国花，県花も，ここに収め
　る
　　県の花（佐藤達夫画）627

629.4　　自然公園．国立・国定・公立公園

63 蚕　糸　業

632　蚕糸業史・事情　＊地理区分
633　蚕学. 蚕業基礎学
634　蚕　　種
635　飼　育　法
636　くわ. 栽桑
637　蚕室. 蚕具
638　ま　　ゆ
639　製糸. 生糸. 蚕糸利用 →：586.4

64　畜　産　業［640.2 → 642］
640.1　　畜産学. 酪農学
641　畜産経済・行政・経営
642　畜産史・事情　＊地理区分
643　家畜の繁殖. 家畜飼料
644　家畜の管理. 畜舎. 用具
645　家畜. 畜産動物. 愛玩動物
646　家禽
　.9　みつばち. 養蜂. 昆虫
　［647］みつばち. 昆虫 → 646.9
648　畜産製造. 畜産物
649　獣医学
　.8　家畜衛生. 獣医公衆衛生

65　林　　　業［650.2 → 652］
651　林業経済・行政・経営
652　森林史. 林業史・事情　＊地理区分
653　森林立地. 造林
　.2　森林植物. 樹木　＊地理区分
654　森林保護
655　森林施業
656　森林工学
657　森林利用. 林産物. 木材学
658　林産製造
659　狩　　猟
　.7　鳥獣保護・繁殖：禁猟, 禁猟区

66　水　産　業
660.1　　水　産　学
　［660.2 → 662］
661　水産経済・行政・経営
　.6　漁業協同組合. 水産業協同組合
　　＊地理区分
662　水産業および漁業史・事情　＊地理区分
663　水産基礎学

カイコはなぜ繭をつくるか（伊藤智夫）
　633

639　〈.3／.6　製糸〉

64　畜　産　業

641　＊個々の畜産動物は, 645／646に収める

644　＊畜産による環境問題は, ここに収める
645　＊畜産加工 → 648

　燻製の本（CBS・ソニー出版）648
649　＊個々の家畜については, 645／646に収める

65　林　　　業 →：629
651　＊一地域の林業経済・行政・経営も, こ
　こに収める；ただし, 近世以前の林業経済・
　行政・経営は, 651.15と651.2を除き652の下
　に収める
651.1　＊森林政策［林政学］・行政・法令
651.15　＊共有林. 入会権
651.2　＊林政史
653.2　＊各地の名木・巨木は, ここに収める
657　＊ここには, 理工学的利用を収め, 化学
　的利用は658に収める
　シイタケ栽培（日本きのこセンター編）657

66　水　産　業

661　＊個々の水産物に関する生産経済・流通
　は, 664および666の各々の下に収める
　　＊一地域の水産経済・行政・経営も, こ
　こに収める；ただし, 近世以前の水産経済・
　行政・経営は, 662の下に収める

〈664／666 漁業各論〉
664 漁労. 漁業各論   664 ＊釣魚→787.1
  .1 漁場. 漁期. 漁況 ＊地理区分
665 漁船. 漁具
666 水産増殖. 養殖業
667 水産製造. 水産食品
668 水産物利用. 水産利用工業
669 製塩. 塩業   669 ＊海水の利用も，ここに収める

67 商 業 [670.2 → 672]   67 商 業 ＊流通産業〈一般〉はここに
670.9 商業通信 [ビジネスレター]. 商業作   収める
  文. 商用語学 ＊言語区分   貿易ビジネス英語用語辞典（藤田栄一編）
671 商業政策・行政   670.93
672 商業史・事情 ＊地理区分   671 ＊流通政策〈一般〉はここに収める
673 商業経営. 商店   673 ＊営業管理 [業務管理] はここに収める
  .9 サービス産業   ＊別法：336.71／.73
674 広告. 宣伝   .97 ＊飲食店：食堂，レストラン
    [674.01 → 674.1]；[674.02 → 674.2]   .99 ＊不動産業：アパート経営，貸家，
〈.1／.8 広告の一般事項〉   貸事務所
  .1 広告理論・心理・倫理
  .2 広告史・事情 ＊地理区分
675 マーケティング
676 取 引 所   677, 679は空番 [第3次区分表に照らして]
678 貿 易 [.02 → 678.2]   678.2 ＊2国間の貿易は，地理区分のうえゼ
  .1 貿易政策・行政・法令   ロを付け，相手国によって地理区分
  .2 貿易史・事情 ＊地理区分   例：678.21053 日米貿易
  .9 貿易統計 ＊地理区分

68 運輸. 交通 [680.2 → 682]   68 運輸. 交通
681 交通政策・行政・経営   流通産業〈一般〉→ 67
682 交通史・事情 ＊地理区分   681 ＊交通経済はここに収める
683 海 運 [683.02 → 683.2]   683 海運→：55；558.5
  .2 海運史・事情 ＊地理区分
  .9 港湾. 商港 [683.902 → 683.92]
  .92 港湾史・事情 ＊地理区分
684 内陸水運. 運河交通
685 陸運. 道路運輸 [685.02 → 685.2]   685 陸運 →：514；537
  .2 陸運史・事情 ＊地理区分
686 鉄道運輸 [686.02 → 686.2]   686 鉄道工学 → 516；鉄道車両 → 536
  .2 鉄道史・事情 ＊地理区分
  .9 路面電車. モノレール. ケーブルカー
    ＊地理区分
687 航空運輸 [687.02 → 687.2]   687 航空運送 →：538
  .2 航空事業史・事情 ＊地理区分   .7 運行. 航空事故 ＊ハイジャックは，
  .9 空港 ＊地理区分   ここに収める
     687.9 空港 →：517.9
     航空交通管制 → 538.86

688　　倉　庫　業［688.02 → 688.2］
　　.2　　倉庫業史・事情　＊地理区分
689　　観光事業［689.02 → 689.2］
　　.2　　観光事業史・事情　＊地理区分
〈.5／.9　観光施設〉
　　.5　　遊園地事業．遊園地
　　.6　　旅行斡旋業．添乗員．ガイド
　　.7　　会館
　　.8　　ホテル．旅館．民宿［など］
　　　　　＊地理区分

689　　レジャー産業〈一般〉は，ここに収める
689.2　　＊各地の観光地案内 → 29△093

69　通信事業［690.2 → 692］
691　　通信政策・行政・法令
692　　通信事業史・事情　＊地理区分
693　　郵便．郵政事業［693.02 → 693.2］
　　.2　　郵便史・事情　＊地理区分
694　　電気通信事業［694.02 → 694.2］
　　.2　　電気通信史・事情　＊地理区分
699　　放送事業：テレビ，ラジオ
　　　　　［699.02 → 699.2］
　　.2　　放送史・事情　＊地理区分
　　.3　　経営．業務．労務．財務
　　.6　　放送番組：番組編成，視聴率
　　.7　　有線放送：ケーブルテレビ
　　.8　　放送と社会

69　通信事業

693　　＊簡易生命保険 → 339.45；郵便貯金 →
338.72
694　　電気通信事業 →：007.35；547；548

699.39　　＊アナウンサー．ニュースキャスター
　　.67　　＊演劇・ドラマ番組．演芸・娯楽番組
699.8　　＊ラジオ・テレビ報道の社会に与える
　　　　　影響などは，ここに収める
　　　　　テレビの思想（佐藤忠男）699.8

7　芸術．美術
701　　芸術理論．美学
702　　芸術史．美術史　＊地理区分
　　.01　　芸術史学．美術史学
〈.02／.07　時代・様式別〉
　　.02　　先史・原始・未開芸術．美術考古学
　　.03　　古代美術
　　.04　　中世美術　5-14世紀
　　.05　　近代美術　15-18世紀［近世美術］
　　.06　　近代美術　19世紀
　　.07　　現代美術　20世紀-
　　.09　　宗教芸術．宗教美術
〈.1／.7　地域別〉
　　.1　　日本芸術史・美術史
　　.12　　原始時代
　　.13　　古　　　代

7　芸術．美術
　　芸術（7／779），スポーツ．体育（78
／789）および諸芸．娯楽（79／799）
の3群によって構成されている
　　芸術は表現形式によって美術（71
／759），音楽（76／768），舞踊
（769），演劇（77／777），映画（778），
大衆演芸（779）と分類する。
　　美術は彫刻（71／719），絵画（72
／727），書道（728），版画（73／
737），印章．篆刻．印譜（739），写
真（74／748），印刷（749），工芸（75
／759）から成り，表現形式に続いて，
様式や材料，技法などによって分類
する。（各類概説7類）
＊7／739および75／759においては，

.14　　中　　　世
.15　　近世：江戸時代1615—1867
.16　　近代：明治時代以後1868—
.17　　古　社　寺
.19　　日本各地　＊日本地方区分
.2／.7　外国の芸術史・美術史
.8　芸術家．美術家〈列伝〉
.9　郷土芸術〈一般〉
703　参考図書［レファレンスブック］
.8　美術品目録　→：069.9
704　論文集．評論集．講演集
705　逐次刊行物
706　団体：学会，協会，会議
.9　美術館．展覧会
707　研究法．指導法．芸術教育
.9　美術鑑賞法．美術批評法．美術品の収
　　集
708　叢書．全集．選集
.7　美術図集　→：069.9
709　芸術政策．文化財　＊地理区分
.1　日本．文化財の指定・保護：国宝，重
　　要文化財

〈71／77　各種の芸術・美術〉
〈71／75　各種の美術〉
71　彫　　　刻［710.2 → 712］
711　彫塑材料・技法
712　彫刻史．各国の彫刻　＊地理区分
〈713／718　各種の彫刻〉
713　木　　　彫
714　石　　　彫
715　金属彫刻．鋳像
717　粘土彫刻．塑造
718　仏　　　像
719　オ ブ ジ ェ

各美術とも，図集は次のように細分すること
ができる　例：721.087日本画名画集，730.87
世界版画展図録
702.8　　芸術家．美術家〈列伝〉
　　　　＊芸術家個人の伝記は，研究・評論と
ともに各芸術史の下に収める　例：721.8葛
飾北斎，762.34 バッハ；ただし，芸術活動が
多岐にわたり，分野が特定できない芸術家の
総合的な伝記は，主な活動の場と認められる
国，もしくは出身国により702.1／.7に収める
　例：702.37ミケランジェロ

707　　＊芸術教育（小・中・高等学校）→
375.7；芸術教育（幼児）→ 376.156

708.7　　＊分野および地域を特定できない美術
の図集を収め，特定の美術の図集は，各美術
の下に収める　　　　　　　　・
709　　＊文化政策・文化振興〈一般〉は，ここ
に収める
　＊文化財の目録は703.8に収め，図集は708.7
に収める
709.1　　＊個々の史跡名勝，天然記念物，無形
文化財，建造物などは，各主題の下に収める

71　彫　　　刻
711　　＊ここには，彫刻全般にわたる材料・技
法を収め，各種の彫刻の材料・技法は，713
／718に収める
712　　＊ここには，全般的な彫刻史，研究・評
論を収め，各種の彫刻の歴史，研究・評論は，
713／718に収める
712.8　＊各国の彫刻家および個人の伝記，研
究・評論は，彫刻の種類にかかわらず，712.1
／.7に収める；個人の場合は，主な活動の場
と認められる国，もしくは出身国により地理
区分　例：712.1 運慶
718　　＊ここには，仏像の歴史，図集，研究・
評論，および材料・技法を収める
　　＊神像も，ここに収める
719　　＊多様な素材から成る立体作品の歴史，
図集，研究・評論，および材料・技法を収める

72　絵　　　画
720.2　　絵画史〈一般〉
〈721／723　様式別の絵画〉
721　日　本　画
　　.02　　日本絵画史
　　.1　　仏　　　画
　　.2　　大和絵．絵巻物
　　.3　　水墨画．漢画
　　.4　　狩　野　派
　　.5　　装飾画：宗達・光琳派
　　.6　　写生画：円山・四条派，岸派
　　.7　　文人画．南画．俳画
　　.8　　浮世絵 → : 724.15：724.18
　　.9　　明治以降の日本画
722　東　洋　画
723　洋　　　画　*地理区分
〈723.02／.07　時代別〉
　　.02　　原始時代．未開時代
　　.03　　古代
　　.04　　中世
　　.05　　近代
　　.07　　20世紀-
〈724／725　絵画材料・技法〉
724　絵画材料・技法
〈.1／.6　様式別の画法〉
　　.1　　日本画．東洋画
〈.3／.6　洋画〉
　　.3　　洋画．油絵
　　.5　　題材別画法
725　素描．描画
726　漫画．挿絵．児童画
　　.1　　漫画．劇画．諷刺画
　　.5　　挿絵．イラストレーション
　　.6　　絵　　　本
　　.9　　はり絵．きり絵
727　グラフィックデザイン．図案
728　書．書道［728.02 → 728.2］
　　.2　　書道史．書家および流派

73　版　　　画　［730.2 → 732］
731　版画材料・技法
732　版画史．各国の版画　*地理区分
〈733／737　各種の版画〉
733　木　版　画　*浮世絵の版画 → 721.8
734　石版画［リトグラフ］
735　銅版画．鋼版画
736　リノリウム版画．ゴム版画
737　写真版画．孔版画

72　絵　　　画
720.2　　各様式の絵画史は721／723に収め，
　　　720.2では，様式の区分をしない

721.02　　*702.1のように区分
　　　例：721.025日本近世絵画史
　　　　　*近世までの日本洋画史は，ここに収
　　　　　め，日本近代洋画史は723.1に収め
　　　　　る

721.9　*明治以降の日本画は，721.1／.8の様式
　　にあてはまるものでも，すべてここに収める
　　　東山魁夷の世界　721.9
723　　*画家の伝記および研究・評論は，その
　　主な活動の場と認められる国，もしくは出身
　　国により地理区分
　　　　　*ここには，洋画の歴史，伝記，研究・
　　　　　評論，および画集を収める
　　　岸田劉生（東珠樹）723.1
　　　ゴッホの旅（粟津則雄）723.359

　　　日本画の表現技法（石踊・高嵩）724

726.1　　*特定主題を扱った漫画・劇画は，各
　　主題の下に収める　例：323.14マンガ日本国憲
　　法
　　　　　*動画 → 778.77

73　版　　　画
　　　　　*版画指導（小・中・高等学校）→ 375.72
732　*ここには，全般的な版画史，研究・評
　　論を収め，各種の版画の歴史，研究・評論は
　　733／737に収める

739 印章. 篆刻. 印譜

74 写   真
740.2 写真史 ＊地理区分
〈742／747 写真技術〉
742 写真器械・材料
743 撮 影 技 術
744 現像. 印画
745 複 写 技 術
746 特 殊 写 真
747 写真の応用
748 写 真 集
749 印   刷 [749.02 → 749.2]
　.09 印刷業
　.2 印刷史・事情 ＊地理区分

75 工   芸
751 陶 磁 工 芸
〈.1／.3 地域別の陶磁工芸〉
〈.4／.8 各種の陶磁工芸〉
752 漆 工 芸 [752.02 → 752.2]
　.2 漆工史
753 染 織 工 芸 [753.02 → 753.2]
　.2 染織史・事情 ＊地理区分
754 木 竹 工 芸
755 宝石・牙角・皮革工芸
756 金 工 芸 [756.02 → 756.2]
　.2 金工史・事情. 金工 [金匠]
　　　＊地理区分
757 デザイン. 装飾美術
758 美 術 家 具
759 人形. 玩具

76 音   楽
　[760.1 → 761]：[760.2 → 762]
760.79 音楽鑑賞法. 音楽批評法
760.8 叢書. 全集. 選集. 作品集. 名曲・名盤
　　　解説集
760.9 音楽産業
〈761／768 音楽〉
761 音楽の一般理論. 音楽学
　.1 音楽哲学. 音楽美学
762 音楽史. 各国の音楽 ＊地理区分
　.03 古代：ギリシア, ローマ
　.04 中世
　　　5—14世紀：ロマネスク, ゴシック
　.05 15—18世紀：ルネサンス, バロッ
　　　ク, 古典派

74 写   真 ＊印写技術は, ここに収める
740.28 写真家 〈列伝〉
　　　＊各国の写真家の伝記, 研究・評論は,
　740.21／.27に収める；個人の場合は, 主な活
　動の場と認められる国, もしくは出身国によ
　り地理区分
　　　カメラ事典 (上野千鶴子ほか) 740.3
748 ＊個々の写真家の写真集は, ここに収め
　る
　　　＊特定主題の表現のための補助的な写真
　集は, 各主題の下に収める
　　　さまざまな日本猫 (本多信男写真) 489

75 工   芸
　　　＊芸術的要素をもつ工作および伝統的手
　工芸は, ここに収める
　　　＊工業として扱ったものは, 57／589に収
　める
750.2 工芸史
751.1 日本
　.2 東洋
　.3 西洋. その他
754.9 紙工芸 [ペーパークラフト]：折紙, 切
　紙 [など]

757 ＊デザイン 〈一般〉は, ここに収め, 各
　種デザインは, 各主題の下に収める
　　　＊工業デザイン → 501.83；商業デザイ
　ン → 674.3

76 音   楽
761.2 楽典. 記譜法. 読譜法. 別法：個々の
　楽譜は, Ｍの記号を付けて別置する

762 ＊音楽 〈一般〉の各時代史, および主要
　な様式の歴史, 研究・評論は, .03／.07に収
　める；ただし, 各国の音楽史は, 時代および
　様式も762.1／.7に収める
　　　＊特定の楽器・器楽, および宗教音楽,
　劇音楽, 声楽, 邦楽の歴史は, 763／768に収
　める

.06　　19世紀：ロマン派，国民楽派
.07　　20世紀―：印象派，現代音楽
.8　音楽家〈列伝〉

〈763／764　器楽〉
763　楽器．器楽
764　器楽合奏
.7　軽音楽．ダンス音楽．ジャズ．ロック
　　音楽
765　宗教音楽．聖楽
.1　器楽
〈.2／.6　声楽〉
〈766／767　声楽〉
766　劇　音　楽
.1　オペラ［歌劇］．グランドオペラ
767　声　　楽
.5　民謡．国民歌．国歌．祝祭歌
　　＊地理区分
.8　歌謡曲．流行歌．シャンソン．ジャズ
　　ソング
768　邦　　楽
.1　邦楽器
〈.2／.9　各種の邦楽〉
769　舞踊．バレエ　＊地理区分
.1　日本舞踊．おどり
.9　バレエ：クラシックバレエ，モダンバ
　　レエ　＊地理区分

77　演　　劇［770.2 → 772］
〈771／777　演劇〉
771　劇場．演出．演技
.5　舞台装置
.6　演出．舞台監督
.7　演技．俳優術
.8　舞台衣装．扮装
772　演劇史．各国の演劇　＊地理区分
.8　俳優〈列伝〉
〈773／777　各種の演劇〉
773　能楽．狂言［773.02 → 773.2］
.2　能の歴史
.29　郷土能　＊日本地方区分
774　歌　舞　伎［.02 → 774.2］
.2　歌舞伎史

762.8　　＊作曲家，演奏家，声楽家，指揮者を
　　収める；ただし，各国の音楽家および個人
　　の伝記，研究・評論は．762.1／.7に収める；
　　個人の場合は，主な活動の場と認められる
　　国，もしくは出身国により地理区分　例：
　　762.346シューベルト
　　　　＊作曲家の特定の作品の研究・評論は，
　　各演奏形態の下に収める
　　　　例：764.31　シューベルトの未完成交
　　　　　響曲
763　　＊ここには，楽器の歴史，調律，演奏，
　　伴奏，教則本，楽譜集を収める
　　　スタインウェイ物語（高城重躬）763
764.7　＊ボーカルを伴うロックバンドも，ここ
　　に収める

766　　ミュージカル，レビュー → 775.4

767.8　　＊流行歌手，ジャズ歌手，ロック歌手
　　は，ここに収める
　　　　＊ロックバンド → 764.7
768.2　雅楽．舞楽
.4　謡曲．謡本

77　演　　劇　＊舞台芸術を収める
　　　＊歌劇 → 766.1；脚本・戯曲集 → 9□
　　　　2；劇作法901.2；舞踊 → 769に収める

772.8　　地域・国を超えた複数の種類の演劇に
　　わたる列伝
　　　　＊各国の俳優および個人の伝記，研究・
　　評論は，.1／.7に収める；個人の場合は，主
　　な活動の場と認められる国，もしくは出身国
　　により地理区分
　　　　＊芸能人〈一般〉は，ここに収める
　　　　＊歌舞伎俳優 → 744.28；能役者 →
　　773.28

775　各種の演劇
　.1　　新派. 新劇. 近代劇
　.2　　喜劇. 軽演劇
　.4　　レビュー. 少女歌劇. ミュージカル
　.7　　学校劇. 児童劇. 学生演劇
　.8　　パントマイム. 仮面劇
777　人　形　劇　＊地理区分
　.1　　日本：人形浄瑠璃
778　映　　　画〔.02 → 778.2〕
　.2　　映画史. 各国の映画　＊地理区分
　.28　　映画人〈列伝〉
〈.3／.5　映画制作. 演出. 演技〉
　.8　　テレビ演劇. 放送劇
779　大 衆 演 芸
　.1　　寄　席
　.13　　落　　語
　.14　　漫才. 漫談
　.17　　バラエティーショー
　.2　　俄狂言. 村芝居
　.3　　奇　　術
　.5　　サーカス：曲芸, 軽業, 動物芸
　.7　　門付. 大道芸
　.8　　紙芝居
　.9　　放送演芸

78　スポーツ. 体育
780.18　体育測定. 運動能力
780.19　体育医学. スポーツ医学
781　体操. 遊戯
　.9　　遊戯〈一般〉. 児童遊戯. 家庭遊戯
782　陸 上 競 技
783　球　　　　技
784　冬 季 競 技
785　水 上 競 技
786　戸外レクリエーション
　.1　　登山. ワンダーフォーゲル
　.3　　キャンピング. ホステリング
　.4　　ハイキング. 遠足
　.5　　サイクリング. 自転車競技
　.6　　ドライブ. ツーリング. ゴーカート.
　　　　モトクロス. 自動車競技
　.8　　ローラースケート. スケートボード
　.9　　ブーメラン. フライングディスク. ガ

775.7　　→：909.2；912.8
　　　　＊上演のために書かれた脚本集で, 演
　　　　出法がついているものは, ここに収
　　　　める
　　文楽の世界（権藤芳一）777.1

778.28　　＊各国および個々の映画演出家, 監
　督, 俳優, カメラマン, プロデューサー等の
　伝記, 研究・評論は, 778.21／.27に収める；
　個人の場合は, 主な活動の場と認められる
　国, もしくは出身国により地理区分
778.8　　→：699.67；779.9；901.27
779　　大衆演芸
　　古典落語の世界（榎本滋民）779.1
　　旅芸人の世界（朝日新聞社）779.7
779.9　　＊テレビタレントは, ここに収める

78　スポーツ. 体育　＊ここには, 体育〈一
　般〉および社会体育を収める
　　　　＊学校体育 → 374.98；体操（幼児教育）
　→ 376.157；保健体育 → 375.49；遊戯（幼児
　教育）→ 376.156
781.4　　徒手体操：エアロビクス, ジャズダン
　スほか
781.9　　→：384.55；798
　　　　＊学校遊戯 → 374
783
　.1　　バスケットボール
　.2　　バレーボール
　.3　　ハンドボール. ドッジボール
　.4　　フットボール
　.46　　アメリカンフットボール
　　　　＊タッチフットボールはここに収める
　.47　　サッカー. フットサル
　.48　　ラグビー　｜.57　スカッシュ
　.5　　テニス　　｜.58　ラクロス
　.6　　卓球　　　｜.59　バドミントン
　.7　　野球
　.8　　ゴルフ　　｜.87　ゲートボール
　.9　　ボウリング｜.88　ホッケー. クロッ
　　　　　　　　　　　　　ケー. ポロ
784.3　スキー

　　　　ラッキー．ボウルズ
787　釣魚．遊猟
788　相撲．拳闘．競馬
789　武　　　術
　.2　柔道．サンボ（空手道．拳法．合気道．
　　　太極拳）
　.3　剣道
　.4　槍術（薙刀）
　.5　弓道．弓矢．楊弓
　.6　馬術．馬術競技
　.7　射撃．射撃競技

79　諸芸．娯楽［.02 → 791.2］
791　茶　　　道
791.2　茶道史．茶人伝
792　香　　　道
793　花道［華道］［.02 → 793.2］
　.2　花道史．花道家伝
794　ビリヤード
795　囲　　　碁
796　将　　　棋　＊チェスもここに
797　射倖ゲーム
798　その他の室内娯楽
799　ダ　ン　ス
　.2　フォークダンス
　.3　社交ダンス
　.4　スクェアーダンス

8　言　　　語
〈801／808　総記〉
801　言　語　学
　.01　言語哲学．言語美学
　.02　言　語　学　史
　.03　社会言語学［言語社会学］
　.04　心理言語学［言語心理学］
　.09　比較言語学
　.1　音声学．音韻論．文字論
　.2　語源学．意味論［語義論］
　.3　辞典編集法．多言語辞典
　.4　語彙論：位相
　.5　文法論：形態論，構文論［統語論］．
　　　言語類型論

786　　＊サバイバルゲームはここに収める
　　　＊登山記，ルート図，ガイドブックは，
　29／297に収める
788.6　競輪，.8　競艇
789.39　フェンシング
789.53　洋弓［アーチェリー］
789.8　忍術，.9　護身術

79　諸芸．娯楽
795.8　　＊オセロはここへ
797　トランプ，麻雀，パチンコ［など］
　　　＊ギャンブル〈一般〉はここに収める
798　ここには，歌かるた，すごろく，影絵あ
　　　そび，拳あそび，パズル，クイズを収める
　　　百人一首の取り方（夏目延雄）798
798.5　　＊コンピュータゲーム〈一般〉
799　　＊学校ダンス → 374；ジャズダンス，
　体育ダンス → 781

8　言　　　語　類全体を通じてまず言語に
　よって区分し，さらに，8類の固有補助表で
　ある言語共通区分を付加して細分する。（各
　類概説8類）
801.3　　多言語辞典　＊三つ以上の言語から成
　る辞典は，ここに収める：ただし，特定の言
　語に二つ以上の言語を対照させた辞典は，特
　定の言語の下に収める
802　　言語史　＊主として次のような著作を
　収める-(1)言語史・事情に関する著作で，言
　語・諸語・地域のどれをも特定できないも
　の　例：ピジン〈一般〉：ただし，インド・
　ヨーロッパ諸語は，ここに収める；(2)特定地
　域における複数の言語の全部または一部に関

.6　　文章論. 文体論. 修辞学
.7　　翻訳法. 解釈法. 会話法
.8　　方言学. 言語地理学
.9　　音声によらない伝達：身振語，手文
　　　字，絵文字
801.91　点字
.92　手話［手話言語］
802　言語史・事情. 言語政策　＊地理区分
803　参考図書［レファレンスブック］
804　論文集. 評論集. 講演集
805　逐次刊行物
806　団体：学会，協会，会議

807　研究法. 指導法. 言語教育
.9　　言語遊戯
808　叢書. 全集. 選集
809　言 語 生 活
　　　＊特定の言語に関するものも，ここに収
　　める
.2　　話し方：発声，表情，身振り
.4　　演 説 法
.5　　対談・座談法. インタビュー法
.6　　討論・会議法
　　　＊ディベートはここに収める
.7　　暗　　　　号
.8　　速　　　　記
.9　　タイピング：パーソナルコンピュータ
　　　［など］
〈81／89　各言語〉
81　日　本　語
810.1　理論. 国語学
.12　　国 語 学 史
.2　　国　語　史
.9　　国語政策. 国語国字問題〈一般〉. 国
　　　語調査
811　音声. 音韻. 文字
.1　　音声. 発音. 音韻
.2　　漢字
［.3］　神代文字
.4　　万 葉 仮 名
.5　　仮名文字：いろは歌. 五十音図
.7　　句読点. 分かち書き
.8　　ローマ字綴字法

する著作で，それらの中に，極めて優勢な言
語または諸語が存在しないもの　例：802.345
スイスの言語, 802.35 フランスの少数言語；
(3)言語政策〈一般〉に関する著作および特定
地域の言語政策に関する著作で，その対象中
に極めて優勢な言語または諸語が存在しない
もの　例：802.51カナダの言語政策

〈81/89　各　言　語〉
＊各言語は，すべて言語共通区分により細分
　することができる　例：829.762アラビア語
　源；ただし，言語の集合（諸語）および分類
　記号を複数の言語で共有している言語には付
　加しない　例：829.37モン・クメール諸語の
　音声, 829.42インドネシア語の辞典
＊日本語，中国語，朝鮮語を除く各言語は，言
　語共通区分を英語に準じて細分してもよい
　例：843.3独和辞典, 855.5フランス語の時制
【言語共通区分】
　-1　音声. 音韻. 文字
　-2　語源. 意味［語義］
　-3　辞典　＊語彙に関する辞典に，使用する
　-4　語彙
　-5　文法. 語法
　-6　文章. 文体. 作文
　-7　読本. 解釈. 会話
　-78　会話
　-8　方言. 訛語
　　　＊2言語辞典のうち，(1)日本語対外国語
　のものは，外国語の下に収める；ただし，漢
　和辞典および外国人向けの日本語辞典は，日
　本語の下に収める；(2)外国語対外国語のもの
　は，日本人にとって疎遠な言語の下に収め
　る；(3)疎遠な言語が判断し難いものは，見出
　し語（解釈される語）の言語の下に収める；
　なお，外国語対外国語のもので，双方から検
　索できるよう2部分から構成されている辞典
　は，後半が明らかに主要と判断されない限
　り，前半を対象として分類する

811.2　＊ここには日本語における漢字の問題を
　　　収め，漢字〈一般〉は，821.2に収める

```
  .9    国 字 改 良
812   語源. 意味［語義］
813   辞         典
  .1    国 語 辞 典
  .2    漢 和 辞 典
  .4    故事熟語辞典. 慣用語辞典
  .5    類語辞典. 同義語辞典. 反義語辞典
  .6    古 語 辞 典
  .7    新語辞典. 流行語辞典. 外来語辞典
  .9    隠語辞典. 俗語辞典
814   語         彙
  .3    基 本 語 彙
  .4    熟語. 慣用語
  .5    類語. 同義語. 反義語. 同音語
  .6    古         語
  .7    新語. 流行語. 外来語. 略語
  .8    児 童 語
  .9    隠語. 俗語. 階級語. 女房詞. 遊里語
815   文法. 語法
  .1    形態論. 構文論［統語論］
  .2    名詞. 数詞
  .3    代 名 詞
  .4    形容詞. 形容動詞. 連体詞
  .5    動詞. 助動詞
  .6    副詞. 接続詞. 感動詞
  .7    助詞［てにをは］
  .8    敬 語 法
816   文章. 文体. 作文
  .07     作文用語・用字辞典
  .2    修辞法
  .3    枕詞［冠辞］. 修飾語
  .4    公用文
  .5    論 文
  .6    書簡文. 日記文
  .7    式辞 →：809.4
  .8    文範. 文例集
817   読本. 解釈. 会話
  .5    国文解釈
  .7    国語読本
  .8    会 話
818   方言. 訛語　＊日本地方区分
```

813　＊ここには，語彙に関する辞典を収め，その他の主題に関する辞典は，各主題の下に収める　例：812.033語源辞典

＊江戸時代までの辞典［古辞書］（例：節用集）は，813に止め細分しない

813.2　＊わが国で編纂された漢字典，字彙は，ここに収める

＊用字辞典 → 816.07

813.6　＊特定地域の古語に関する辞典は，818に収める

814　＊語構成は，ここに収める

＊語彙に関する辞典 → 813

815.1　＊文章 → 816

816　＊特定作家の文体論は，その作家の下に収める

816.6　＊商業通信 → 670.91

.8　＊ここには総合的なものを収め，各主題に関するものは，816.4／.7に収める

817.8　＊話し方，演説法，対談・座談法，討論・会議法は，809.2／.6に収める

818　＊例：818.21　津軽方言，818.99　琉球語

＊特定地域の古語に関するものは，ここに収める　例：818.36　江戸語

82　中　国　語

821	音声．音韻．文字
822	語源．意味［語義］
823	辞　　典
824	語　　彙
825	文法．語法
826	文章．文体．作文
827	読本．解釈．会話
828	方言．訛語
829	その他の東洋の諸言語
.1	朝鮮語［韓国語］
.2	アイヌ語
.29	古アジア諸語［極北諸語］
.3	チベット・ビルマ諸語
.31	ヒマラヤ諸語．＊西夏語
.32	チベット語．ゾンカ語
.35	ビルマ語［ミャンマー語］．ロロ語［彝語］
.36	カム・タイ諸語
.369	ラオ語［ラオス語］．シャン語．アホム語．カレン語群
〈.37／.39	オーストロ・アジア諸語〉
.37	モン・クメール諸語：ベトナム語［安南語］
.38	クメール語［カンボジア語］．モン語
.4	オーストロネシア諸語［マライ・ポリネシア諸語］
.5	アルタイ諸語
.6	ドラビダ諸語：タミル語，テルグ語
.7	セム・ハム諸語［アフロ・アジア諸語］
.76	アラビア語
.8	インド諸語（.83　ヒンディー語）
.86	ネパール語
.9	イラン諸語
.93	ペルシア語
.99	アルメニア語．ヒッタイト語．トカラ語

82　中　国　語

821	821.2　漢字 →：811.2；829.112
823	＊ここには，語彙に関する辞典を収め，その他の主題に関する辞典は，各主題の下に収める　例：825.033文法辞典
824	語彙　＊語彙に関する辞典 → 823
829	その他の東洋の言語
	＊中国語 → 82；東洋の言語 → 802.2；日本語 → 81
.112	漢字　＊朝鮮語［韓国語］における漢字の問題はここ，漢字〈一般〉は，821.2に
.115	ハングル［朝鮮文字］
.15	朝鮮語の文法
.29	ギリヤーク語，チュクチ語
	＊エスキモー・アレウト諸語 → 895.1
.36	＊タイ語［シャム語］
.4	オーストロネシア諸語
.42	ムラユ語［マレー語．マライ語］．インドネシア語
.43	ジャワ語．パラオ語．スンダ語．マラガシ語［マダガスカル語］．テトゥン語
.44	フィリピノ語［タガログ語］．イロカノ語
.45	ポリネシア諸語：マオリ語，ヌクオロ語，サモア語，ツバル語，トンガ語
.46	メラネシア諸語：フィジー語
.47	ミクロネシア諸語：キリバス語［ほか］
.55	モンゴル諸語：モンゴル語［ほか］
.57	チュルク諸語：トルコ語［ほか］

───────〈左右欄とも分類表〉───────

〈83／84　ゲルマン諸語〉
83　英語　＊アメリカ英語もここに収める
830.1　理論. 英語学. 英語学史
　　.2　英　語　史　→：832
　　.23　古英語［アングロサクソン語］—1100
　　.24　中英語　1100—1500
　　.25　近代英語　1500—
831　音声. 音韻. 文字
　　.6　略語. 略語辞典
832　語源. 意味［語義］
833　辞　　典
　　　　＊ここには, 語彙に関する辞典を収める
　　.1　英英辞典
　　.2　和英辞典
　　.3　英和辞典　＊基本語彙の辞典は, ここに
　　.4　故事熟語辞典. 慣用語辞典
　　.5　類語辞典. 同義語辞典. 反義語辞典
　　.6　古語辞典
　　.7　新語辞典. 時事英語辞典
　　.9　隠語辞典. 俗語辞典
834　語　彙　＊語彙に関する辞典 → 833
835　文法. 語法
836　文章. 文体. 作文
837　読本. 解釈. 会話
　　.4　和文英訳　＊英作文 → 836
　　.5　英文解釈. 英文和訳
　　.7　英語読本［リーダー］
　　.8　英　会　話
838　方言. 訛語　＊ピジン英語はここに

84　ドイツ語
849　その他のゲルマン諸語
　　.3　オランダ語［蘭語］
　　.39　アフリカーンス語
　　.4　北　欧　語
　　.5　アイスランド語. 古ノルド語
　　.6　ノルウェー語
　　.7　デンマーク語
　　.8　スウェーデン語
　　.9　イディッシュ語

<85／87　ロマンス諸語〉
85　フランス語
859　プロバンス語
　　.9　カタロニア語

86　スペイン語
869　ポルトガル語
　　　　＊ブラジル語は, ここに収める

87　イタリア語
879　その他のロマンス諸語
　　.1　ルーマニア語. モルドバ語
　　.9　レト・ロマンス諸語

88　ロシア語
889　その他のスラヴ諸語
　　.1　ブルガリア語. マケドニア語
　　.2　セルビア語. クロアチア語. ボスニア
　　　　語. モンテネグロ語
　　.3　スロベニア語
　　.4　ウクライナ語. ベラルーシ語
　　.5　チェコ語［ボヘミア語］
　　.6　スロバキア語
　　.7　ソルブ語［ベンド語］
　　.8　ポーランド語
　　.9　バルト諸語：古プロシア語, ラトビア
　　　　語［レット語］, リトアニア語

89　その他の諸言語
891　ギリシア語
　　.9　近代ギリシア語
892　ラテン語
893　その他のヨーロッパの諸言語
　　.61　フィンランド語［スオミ語］
　　.7　ウゴル諸語：ハンガリー語［マジャル
　　　　語］
894　アフリカの諸言語　セム・ハム諸語［ア
　　フロ・アジア諸語］→ 829.7：マラガシ語 →
　　829.43
　　.2　古代エジプト語. コプト語（ハム諸語）
　　.3　ベルベル諸語
　　.4　クシ諸語：ソマリ語
　　.5　チャド諸語：ハウサ語
　　.6　ナイル・サハラ諸語
　　.7　ニジェール・コルドファン諸語：バン
　　　　トゥ諸語, スワヒリ語
　　.8　コイサン諸語
895　アメリカの諸言語
　　.1　エスキモー・アレウト諸語：エスキ
　　　　モー語［イヌイット語］, アレウト語
　　.2　北米インディアン諸語. 南米インディ
　　　　アン諸語：カリブ諸語
897　オーストラリアの諸言語
　　　　オーストラリア先住民語, タスマニア
　　　　諸語
　　.9　パプア諸語
899　国際語［人工語］
　　.1　エスペラント
　　.3　イード［など］

9 文　　学 ＊言語区分
〈901／908　総記〉
901　文学理論・作法
　.01　文芸学. 文学思想
〈.1／.7　文学形式〉
　.1　詩歌. 韻律学. 作詩法
　.2　戯曲. 劇作法
　.3　小説. 物語
　.4　評論. エッセイ. 随筆
　.5　日記. 書簡. 紀行
　.6　記録. 手記. ルポルタージュ
　.7　箴言. アフォリズム. 寸言
　.8　民間・口承文芸 →：388
　.9　比較文学
902　文学史. 文学思想史
　.03　　古　　　代
　.04　　中　　　世
　.05　　近　　　代
　.06　　　近代文学思想史
　.09　　文学に現れた特殊な主題
〈.1／.7　文学形式〉
　.1　詩
　.2　戯曲
　.3　小説. 物語
　.4　評論. エッセイ. 随筆
　.5　日記. 書簡. 紀行
　.6　記録. 手記. ルポルタージュ
　.7　箴言. アフォリズム. 寸言
　.8　作家の列伝［作家研究］
903　参考図書［レファレンスブック］
904　論文集. 評論集. 講演集
905　逐次刊行物
906　団体：学会, 協会, 会議
907　研究法. 指導法. 文学教育
908　叢書. 全集. 選集

909　児童文学研究
　.1　児童詩. 童謡
　.2　児童劇. 童話劇
　.3　童　　　話

9 文　　　学　文学作品と文学に関する研究
　の双方を収める。(各類概説 9 類)
　　　　＊文学作品は, 原作の言語によって分類
　；次いで文学形式によって区分し, さらに特
　定の言語の文学に限って, 時代によって区分
　する　怪談（小泉八雲）933.6
　　　詩学（アリストテレス）901.1
901.27　　シナリオ. 放送ドラマ
　.3　　二十世紀小説論（福永武彦）901.3
　　　　小説作法　901.3
　.4　　文学論, 批評論を収める。文学評論は
　　　　904に収める
　　　文芸批評論（エリオット）901.4
　　　近代文学と都市（パイク）902.05
902.8　　＊ここには, 言語・文学形式・時代の
　すべてを特定できない列伝を収める
908　　＊ここには, (1)文学〈一般〉に関する研
　究の叢書, (2)主要な言語を特定できない作品
　集を収める
〈.1／.7　文学形式〉
　.1　　詩
　.18　　児童詩, 童謡
　.2　　戯曲
　.28　　児童劇, 童話劇
　.3　　小説. 物語
　.38　　童話
　.4　　評論. エッセイ. 随筆
　.5　　日記. 書簡. 紀行
　.6　　記録. 手記. ルポルタージュ
　.7　　箴言. アフォリズム. 寸言
　.8　　引用集
　.9　　児童文学作品集
　　　岩波講座　文学　908
　　　世界の文学　集英社版　908
　　　上居光知著作集　908

909　　＊児童文学作品は, 各言語の文学または
　908の下に収める
　　　　＊一作品に関する研究は, その作品の下
　に収める

〈91／99〉　各言語の文学
＊各言語の文学は，すべて文学共通区分により
　細分することができる：ただし，言語の集合
　（諸語）および分類記号を複数の言語で共有
　している言語による文学には付加しない
【文学共通区分】
　　－1　詩　歌　＊詩劇 → －2
　　－18　児童詩．童謡　＊日本語の児童詩・
　　　　　童謡 → 911.58
　　－2　戯　曲　＊劇詩 → －1
　　　　　＊小説を戯曲化したものは，脚色者の
　　　　　戯曲として扱う
　　－28　児童劇．童話劇
　　－3　小説．物語
　　　　　＊映画・テレビシナリオ，演劇台本，
　　　　　漫画などを小説化したもの（ノベラ
　　　　　イゼーション）は，小説として扱う
　　－38　童　話
　　－4　評論．エッセイ．随筆
　　－5　日記．書簡．紀行
　　　　　＊いわゆる文学作品とみなされるも
　　　　　の，または文学者の著作に，使用す
　　　　　る：ただし，文学者の著作であって
　　　　　も，特定の主題を有するものは，そ
　　　　　の主題の下に収める
　　－6　記録．手記．ルポルタージュ
　　　　　＊体験や調査に基づいて書かれている
　　　　　ものに，使用する
　　－7　箴言．アフォリズム．寸言　＊狂歌
　　　　　→ 911.19
　　－8　作品集：全集，選集
　　－88　児童文学作品集：全集，選集

91　日本文学
910.2　　日本文学史
　.23　　古代：奈良時代まで［古代前期．上
　　　　　代］，平安時代［古代後期．中古］
　.24　　中世：鎌倉・室町時代
　.25　　近世：江戸時代
　.26　　近代：明治以後．作家の伝記［作家研
　　　　　究］
　.28　　作家の列伝［作家研究］
　.29　　地方文学　＊特定地域の文学活動〈一
　　　　　般〉を収める
　　　　　＊文学形式を限定している研究は911
　　　　　／917に，作品は911／918 に収める
　.8　　叢書．全集．選集
　　　　　＊主要な文学形式を特定できない作品
　　　　　は918に収める

91／99
　　　　　＊日本語など特定の言語による文学は，
　　　　　すべての文学形式において，時代区分が可能
　　　　　である
　　　　　＊複数作品の研究で，文学形式を特定で
　　　　　きない場合は，総合的な個人伝記［作家研究］
　　　　　または総合的な列伝［作家研究］として扱い，
　　　　　文学史の下に収める
　　　　　＊近代小説の研究は．1作品に関するも
　　　　　のを除いて，文学史の下に収める　例：志賀
　　　　　直哉の小説に関する研究910.268
　　　　　＊(1)近代小説家の伝記［作家研究］，(2)
　　　　　近代の文学形式を特定できない作家の伝記
　　　　　［作家研究］は，文学史の下に収める
　　　　　＊特定の文学・文学形式・作家・作品に
　　　　　おける文体・語法・語彙・登場人物（実在し
　　　　　た者を含む）・特殊な主題を扱ったものは，
　　　　　その文学，文学形式，作家の総合的な伝記
　　　　　［作家研究］，作品の下に収める　例：911.125
　　　　　万葉集における植物；文学〈一般〉における
　　　　　特殊な主題を扱ったものは，902.09に収める

91　日本文学
910.26　　＊ここには，文学史のほか，(1)小説家
　　　　　の列伝［作家研究］，(2)文学形式を特定でき
　　　　　ない列伝［作家研究］，(3)多数作家の小説の
　　　　　研究，(4)小説史などを収める（別法：(2)を除
　　　　　いて913.6に収める）
　　　　　＊上記(1)および(2)以外の作家の列伝［作
　　　　　家研究］は，911／912，914／917に収める
　　　　　＊文芸時評は，ここに収める
910.268　　作家の個人伝記［作家研究］　＊ここ
　　　　　には，(1)小説家の個人伝記［作家研究］，(2)
　　　　　文学形式を特定できない作家の個人伝記［作
　　　　　家研究］，(3)個人作家の複数の小説の研究な
　　　　　どを収める
　　　　　＊上記(1)および(2)以外の作家の個人伝記
　　　　　［作家研究］は，911／912，914／917に収める
910.28　　作家の列伝　＊ここには主要な文学形
　　　　　式および時代を特定できない列伝を収める
910.8　　＊ここには，日本文学〈一般〉に関す
　　　　　る研究の叢書などを収める

911 詩　　歌
.1　　和歌. 短歌
〈.11／.12　古代前期 [上代]：奈良時代まで〉
.11　　記紀歌謡
.12　　万 葉 集
[.1203 → 911.121：911.123]
.122　　歌人伝・研究 [個人伝・列伝とも]
.123　　辞典. 便覧
.13　　古代後期 [中古]：平安時代
.14　　中世：鎌倉・室町時代
.15　　近世：江戸時代
.16　　近代：明治以後
.18　　歌合. 曲水　＊時代を問わずここに
.19　　狂歌. へなぶり
.2　　連　　歌
.3　　俳諧. 俳句　＊俳文 → 914
〈.31／.35　近世まで〉
.31　　芭蕉以前
.32　　松尾芭蕉
.33　　元禄期　＊享保期俳諧も, ここに
.34　　安永・天明期　＊中興俳諧はここに
.35　　文化・文政・天保期：小林一茶など
.36　　近代：明治以後
.362　　俳人伝・研究　＊個人伝・列伝とも
.38　　近代連句
.4　　川柳. 狂句
.45　　近世：江戸時代
.46　　近代：明治以後
.49　　雑俳：前句付, 冠付, 物は付, 沓付, 折句
.5　　詩：新体詩, 近代詩, 現代詩
[.502 → 911.52]
.52　　詩史. 詩人伝・研究
.568　　複数作家の詩集
.58　　児童詩. 童謡
[.59]　　訳詩集　＊一般に原作または908.1の下に

911.02　　詩歌史. 韻文作家列伝・研究
.08　　詩歌集　＊複数の文学形式, 主要な形式を特定できないものを収める
.101　　理論. 歌学. 歌学史
　＊時代を問わず, ここに収める
　＊理論としての歌論を収め, 評論としての歌論は, 911.104に収める
.102　　和歌史. 歌人列伝・研究
.104　　論文集. 評論集. 講演集. 評釈. 鑑賞
.107　　研究法. 指導法. 作歌法. 作歌用書
.108　　叢書. 全集. 選集　＊一時代のものは, その時代の下に収める
.125　　特殊研究：地理, 動植物, 物品
.128　　家 集
.129　　外国語訳
.132　　歌人伝・研究　＊個人伝と列伝の双方を収める
.135　　勅撰集. 八代集
.1358　　新古今和歌集
.137　　私撰集：新撰和歌集, 三十六人集, 古今和歌六帖
.138　　家 集
.14　　中世：鎌倉・室町時代
.142　　歌人伝・研究　＊個人伝と列伝双方を収める
.145　　勅撰集：十三代集　＊新古今和歌集 → 911.1358
.147　　私撰集：小倉百人一首
.148　　家集：山家集, 金槐集
.152　　歌人伝・研究　＊個人伝と列伝双方をを収める
.167　　複数作家の歌集. 勅題集
911.33　　元禄期：榎本其角, 服部嵐雪, 向井去来, 内藤丈草, 森川許六, 各務支考, 横井也有, 中川乙由, 上島鬼貫
.34　　安永・天明期：炭太祇, 与謝蕪村, 堀麦水, 加藤暁台, 大島蓼太
.367　　複数作家の句集
.368　　個人句集
.467　　複数作家の句集
.468　　個人句集

911.6　　歌　　　謡
　.63　　　古代：平安時代まで
　.64　　　中世：鎌倉・室町時代
　.65　　　近世：江戸時代
　.66　　　近代：明治以後
　[.9]　　漢　　　詩　→ 919
912　　戯　　　曲
　.2　　　舞　の　本
　.3　　　謡　　　曲
　.4　　　浄瑠璃：近松門左衛門，紀海音
　.5　　　歌舞伎：鶴屋南北，河竹黙阿弥
　.6　　　近代戯曲
　.7　　　シナリオ．放送ドラマ
　.8　　　児　童　劇
913　　小説．物語
　.2　　　古代前期［上代］：奈良時代まで
　.3　　　古代後期［中古］：平安時代
〈.31／.36　平安時代前期の物語〉
　.31　　　竹取物語
　.32　　　伊勢物語
　.33　　　大和物語．平中物語．篁物語
　.34　　　宇津保物語
　.35　　　落窪物語
　.36　　　源氏物語
　[.3603 → 913.361；913.362]
　.37　　　説話物語：日本霊異記，江談抄，今
　　　　　昔物語，打聞集，古本説話集
　.38　　　平安時代後期の物語
　.381　　狭衣物語
　.382　　夜半の寝覚
　.383　　浜松中納言物語
　.384　　堤中納言物語
　.385　　とりかへばや物語
　.389　　散佚物語
　.39　　　歴史物語
　.4　　　中世：鎌倉・室町時代
　.41　　　物語：住吉物語，石清水物語［など］
　.42　　　歴史物語（水鏡，増鏡）
　.43　　　軍記物語　＊軍記物語〈一般〉はこ
　　　　　こに
　.47　　　説話物語：古事談，発心集［ほか］
　.49　　　お伽草子：一寸法師，浦島太郎，文
　　　　　正草紙［ほか］
　.5　　　近世：江戸時代
　.6　　　近代：明治以後
　.68　　　複数作家の作品集
　.7　　　講談・落語本．笑話集
　.8　　　童　　　話
　[.9]　　翻訳小説　＊一般には，原作または
908.3の下に収める

911.6　　＊おもろは，ここに収める
　.63　　　神楽，催馬楽，風俗歌，朗詠，雑芸，
　　　　　今様
　.64　　　宴曲，平曲，和讃，小歌
　.65　　　俗曲，俗謡，小唄
　.66　　　民謡，どどいつ，歌謡曲
912　　戯曲　＊時代ではなく，文学形式によっ
　　　　て細分

912.39　　狂言　→：773.9

912.68　　近代戯曲の複数作家の作品集
　.7　　　個人の作品・作品集
　.78　　　複数作家の作品集

913.2　　古事記，日本書紀，風土記
　.3　　　＊物語文学〈一般〉は，ここに収める

　.32　　　＊歌物語〈一般〉は，ここに収める

　.361　　書誌．索引
　.362　　年表．系図．故実
　.392　　栄華物語
　.393　　大鏡
　.394　　今鏡
　.43　　　保元物語，平治物語，平家物語，源
　　　　　平盛衰記，太平記，義経記，曽我物語
　.51　　　仮名草子：浅井了意，鈴木正三
　.52　　　浮世草子：井原西鶴，江島其磧
　.53　　　洒落本：山東京伝，大田南畝
　.54　　　人情本：為永春水
　.55　　　滑稽本：十返舎一九，式亭三馬，滝
　　　　　亭鯉丈
　.56　　　読本：滝沢馬琴，上田秋成
　.57　　　草双紙：赤本，黒本，青本，黄表紙，
　　　　　合巻
　.59　　　咄本：醒睡笑 →：913.7

　.6　　　＊(1)個人の単一の小説，(2)個人の小説
集，(3)特定小説に関する作品論を収める
　　　　　＊小説の研究（特定小説外），および
小説家の研究は，910.26／.268に収める
　.68　　　＊個人の作品・作品集 → 913.6

　[.9]　　＊翻案小説は翻案者の作品として扱う

914	評論．エッセイ．随筆	914	評論．エッセイ．随筆
.3	古代：平安時代まで　枕草子		
.4	中世：鎌倉・室町時代	914.42	方丈記
.5	近世：江戸時代	.45	徒然草
.6	近代：明治以後	.6	＊写生文はここに収める
.68	複数作家の作品集		
915	日記．書簡．紀行		
.3	古代：平安時代まで		
.32	土佐日記		
.33	蜻蛉日記		
.34	和泉式部日記		
.35	紫式部日記		
.36	更級日記		
.37	讃岐典侍日記		
.39	その他の日記・書簡・紀行		
.4	中世：鎌倉・室町時代	915.44	十六夜日記
.5	近世：江戸時代	.46	東関紀行
.6	近代：明治以後		近代の往復書簡集915.6
.68	複数作家の作品集		
916	記録．手記．ルポルタージュ		
917	箴言．アフォリズム．寸言		
918	作品集：全集，選集	918	＊ここには，個人または複数作家の，文学形式を特定できない作品集を収める；特定できる作品集は，その文学形式の下に収める
.3	古代：平安時代まで		
.4	中世：鎌倉・室町時代		
.5	近世：江戸時代		
.6	近代：明治以後	.68	複数作家の全集・選集 → 918.6
.68	個人全集・選集		
919	漢詩文．日本漢文学		
.02	日本漢文学史		
.07	詩文作法	919.07	＊日本人の著作のみを収める
.3	古代：平安時代まで	.3	＊和漢朗詠集はここに収める
.4	中世：鎌倉・室町時代	.4	＊五山文学はここに収める
.5	近世：江戸時代		
.6	近代：明治以後		

92　中 国 文 学

920.2　　中国文学史

.23　　　先秦

.24　　　秦. 漢. 魏晋南北朝. 隋唐

.25　　　五代. 宋. 元. 明

.26　　　清

.27　　　近代：民国以後. 作家の伝記［作家研究］

.278　　　作家の個人伝記［作家研究］

.28　　　作家の列伝［作家研究］

.8　　　叢書. 全集. 選集

921　　詩歌. 韻文. 詩文

.3　　　先秦

.32　　　詩経

.33　　　楚辞

.4　　　秦. 漢. 魏晋南北朝. 隋唐

.43　　　唐詩

.5　　　五代. 宋. 元. 明

.6　　　清

.7　　　近代：民国以後

.9　　　朝鮮人等の漢詩文

　　　　　＊日本人の漢詩文 → 919

922　　戯　　　　曲

923　　小説. 物語

.4　　　秦. 漢. 魏晋南北朝. 隋唐：捜神記, 冥祥記, 博物志, 世説新語, 遊仙窟

.5　　　五代. 宋. 元. 明：剪灯新話, 三国志演義, 水滸伝, 西遊記, 金瓶梅, 今古奇観

.6　　　清：西湖佳話, 肉蒲団, 聊斎志異, 儒林外史, 紅楼夢

.7　　　近代：民国以後

.78　　　複数作家の作品集

924　　評論. エッセイ. 随筆

925　　日記. 書簡. 紀行

926　　記録. 手記. ルポルタージュ

927　　箴言. アフォリズム. 寸言

928　　作品集：全集, 選集

929　　その他の東洋文学

920.27　　＊ここには文学史のほか,（1)小説家の列伝［作家研究］,（2)文学形式を特定できない列伝［作家研究］,（3)多数作家の小説の研究,（4)小説史などを収める

　　　　　＊上記(1)および(2)以外の作家の列伝［作家研究］は, 921／922, 924／927に収める

920.278　　＊ここには(1)小説家の個人伝記［作家研究］,（2)文学形式を特定できない作家の個人伝記［作家研究］,（3)個人作家の複数の小説の研究などを収める

　　　　　＊上記(1)および(2)以外の作家の個人伝記［作家研究］は, 921／922, 924／927に収める

920.28　　＊文学形式および時代を特定できない列伝を収める

920.8　　＊ここには研究の叢書などを収める

921　　.32詩経：.33楚辞のほかは923.4／.7のように時代区分

922　　＊923.4／.7のように時代区分

923.7　　＊(1)個人の単一の小説,（2)個人の小説集,（3)特定の小説に関する作品論を収める

　　　　　＊小説の研究（特定の小説に関するものを除く）, および小説家の研究は, 920.27または.278に収める

924　　＊923.4／.7のように時代区分

925　　＊923.4／.7のように時代区分

929　　＊829のように言語区分　例：.1朝鮮文学［韓国文学］,.2アイヌ文学, .32チベット文学,.37ベトナム文学［安南文学］,.57トルコ文学,.76アラビア文学,.93ペルシア文学

〈93／94　ゲルマン文学〉

93　英 米 文 学
930.2　　英米文学史
　　.24　　　中　　　世
　　.25　　　16-17世紀
　　.258　　　作家の個人伝記［作家研究］
　　.26　　　18-19世紀
　　.268　　　作家の個人伝記［作家研究］
　　.27　　　20世紀-
　　.278　　　作家の個人伝記［作家研究］
　　　　＊930.258の注記を参照
　　.28　　　作家の列伝［作家研究］
　　.29　　アメリカ文学
　　.299　　イギリス，アメリカ以外の英語文学
　　.8　　叢書．全集．選集
931　詩　＊933.4／.7のように時代区分
932　戯曲　＊933.4／.7のように時代区分
933　小説．物語
　　.4　　　中　　　世
〈.5／.7　近代〉
　　.5　　　16-17世紀
　　.58　　　複数作家の作品集
　　.6　　　18-19世紀
　　.68　　　複数作家の作品集
　　.7　　　20世紀-
　　.78　　　複数作家の作品集
934　評論．エッセイ．随筆
　　　＊933.4／.7のように時代区分
935　日記．書簡．紀行
　　　＊933.4／.7のように時代区分
936　記録．手記．ルポルタージュ
937　箴言．アフォリズム．寸言
938　作品集：全集，選集
［939］アメリカ文学 → 93／938
　　　＊ここには作品と研究の双方を収める
　　　＊アメリカ諸言語の文学 → 995；イ
　　　　ディッシュ文学 → 949.9
［.02］アメリカ文学史

93　英米文学　＊カナダ文学に関する研究は，
　　ここに収める
　　　　＊ケルト文学 → 993.1
930.25；.26；.27　＊ここには文学史のほか，(1)
　　小説家の列伝［作家研究］，(2)文学形式を特
　　定できない列伝［作家研究］，(3)多数作家の
　　小説の研究，(4)小説史などを収める
　　　　＊上記(1)および(2)以外の作家の列伝［作
　　家研究］は，931／932，934／937に
930.258；.268；.278　＊(1)小説家の個人伝記
　　［作家研究］，(2)文学形式を特定できない作家
　　の個人伝記［作家研究］，(3)個人作家の複数
　　の小説の研究などを収める
　　　　＊上記(1)および(2)以外の作家の個人伝記
　　［作家研究］は，931／932，934／937に
930.28　＊ここには文学形式および時代を特定
　　できない列伝を収める
930.29　＊一般的なものおよび文学史を収め，
　　作品および作家の伝記は，イギリス文学と同
　　様に扱う　別法：939
　　　　＊アメリカ諸言語の文学 → 995；イ
　　ディッシュ文学 → 949.9
930.299　　イギリス．アメリカ以外の英語文学
　　　　＊一般的なものおよび文学史を収め，作品
　　および作家の伝記は，イギリス文学と同様に
　　扱う
930.8　　＊研究の叢書などを収める
　　　　＊主要な文学形式を特定できない作品集
　　は，938に収める
　　　　ハムレット（シェイクスピア）932.5
933.5　　＊ここには，(1)個人の単一の小説，(2)
　　個人の小説集，(3)特定の小説に関する作品論
　　　　＊小説の研究（特定の小説に関するもの
　　を除く），および小説家の研究は，930.25また
　　は.258に収める
938　　＊ここには個人または複数作家の，文学
　　形式を特定できない作品集を収める；特定で
　　きる作品集はその文学形式の下に収める
　　　　＊933.4／.78のように細区分

94 ドイツ文学
949 その他のゲルマン文学
　　　＊849のように言語区分．＊例：.3 オラ
　　　ンダ文学, .4 北欧文学, .5 アイスラ
　　　ンド文学, .6 ノルウェー文学, .7 デン
　　　マーク文学, .8 スウェーデン文学, .9
　　　イディッシュ文学
　　　＊ゲルマン文学〈一般〉は，ここに収め
　　　る

95 フランス文学
959 プロバンス文学
　.9 カタロニア文学

96 スペイン文学
960.29 スペイン以外のスペイン語文学
969 ポルトガル文学
　.02 ポルトガル文学史
　.029 ポルトガル以外のポルトガル語文学

97 イタリア文学
979 その他のロマンス文学
　　　＊879のように言語区分

98 ロシア・ソビエト文学
989 その他のスラブ文学 ＊889のように言
　　語区分

99 その他の諸言語文学
991 ギリシア文学
992 ラテン文学
993 その他のヨーロッパ文学
　　　＊893のように言語区分
994 アフリカ文学 ＊894のように言語区分
995 アメリカ諸言語の文学
997 オーストラリア諸言語の文学
999 国際語［人工語］による文学
　　　＊899のように言語区分
　　　例：.1 エスペラント文学

94 ドイツ文学 ＊オーストリア文学の作品お
　　よびそれに関する研究は，ドイツ文学と同様
　　に扱う ＊スイス文学に関する研究は，ここ
　　に収める

95 フランス文学 ＊ベルギー文学に関する研
　　究は，ここに収める

96 スペイン文学
960.29 ＊一般的なものおよび文学史を収
　　め，作品および作家の伝記は，スペイン文学
　　と同様に扱う
　　　　　　　＊ラテンアメリカ文学〈一般〉は，
ここに収める
969.029 ＊一般的なものおよび文学史を収
　　め，作品および作家の伝記は，ポルトガル文
　　学と同様に扱う

97 イタリア文学
979 言語区分の例：ルーマニア文学 → 979.1
　　　＊ロマンス文学〈一般〉は，ここに収め
　　　る

98 ロシア・ソビエト文学
　　　＊スラブ文学〈一般〉→ 989
　.2 ロシア・ソビエト文学史
　　　＊次のように細分してもよい—.24中
　　　世，〈.25／.27近代〉, .25 16—17世
　　　紀, .26 18—19世紀, .27 20世紀—
989.5 チェコ文学
989.8 ポーランド文学

99 その他の諸言語文学
993 ＊893のように言語区分 例：フィンラ
　　ンド文学 → 993.61
　　　　　　例：ハンガリー文学 → 993.7
994 ＊894のように言語区分 例：ハウサ文
　　学 → 994.5
　　　　　　エスキモー文学［イヌイット文
　　　　　　学］995.1
　　　　　　パプア諸語の文学 997.9

（3）NDC新訂10版の編纂方針

　改訂方針についてはNDC新訂10版の「序説3　新訂10版における主要な改訂」に従って記す。

①改訂方針

ⅰ）9版の改訂方針（「解説」2.9参照）を踏襲する。

　　1　NDCの根幹に関わる体系の変更はしない。

　　2　書誌分類をめざす。出版点数が多い箇所は，必要に応じて展開する。

ⅱ）新主題の追加を行う。

ⅲ）全般にわたって必要な修正・追加などを行う。

　　1　論理的不整合はできるだけ修正する。

　　2　用語の整備。

　　3　他のツールの情報の取り込み。

　　4　分類作業が行いやすく，また利用者にも分かりやすい分類表をめざす。

　　5　細目表と相関索引の用語，分類記号の整合性を図る。

ⅳ）NDC・MRDF9（NDC新訂9版機械可読データファイル）の本表と相関索引を統合し，分類典拠ファイルを作成する。

②追加的対応

ⅰ）分類法の構成と改変

ⅱ）補助表の組み換えと固有補助表の新設

ⅲ）［共通細目］［地域細目］の付記の削除

ⅳ）多数の別法の導入

ⅴ）その他

③各類における改訂の概要（略）

④相関索引の整備

ⅰ）分類項目の新設等に伴う新索引語の追加および本表改訂に伴う索引語の修正

ⅱ）本表からの索引語収録の拡充

ⅲ）BSHからの索引語取り込みの拡充（限定語の整備を含む）

⑤NDC・MRDF10の検討

（4）適用範囲

　分類記号の通用範囲，つまり分類記号の詳細さは，分類の効果を左右する。例えば『日本農学史辞典』は610.12103と表すことができる。しかしNDCを使用するすべての図書館が同書に対してこうした細かい記号を与えるのではな

い。図書館の種類，蔵書数，蔵書構成，閲覧方式を考慮して詳細度をあらかじめ決定しておくべきである。また詳細度は，すべての主題に対して画一的に扱うのではなく，各主題の蔵書数に応じて決定し，分類表に指示しておく。詳細度の目安は同一分類記号が書棚の何段にもわたって続いてもよいか，というところにある。理想的には，開架制では同一分類記号を持つ資料群は書架1段（25—30点），多くても2段程度であろう。

　以下は館種，規模別の適用例である。適用に際しては，将来の蔵書数をも併せて考慮する必要があり，結論づけることは困難であるが目安となろう。

　　○公共図書館
　　　・小図書館（蔵書2万冊まで）：要目表
　　　・中図書館（蔵書10万冊まで）：要目表. 21　289　291　302　336　367
　　　　498　599　783　910／915は分目
　　　・大図書館（蔵書10万冊以上）：細目表
　　○学校図書館
　　　・小・中学校図書館：綱目表. 部分的に要目表
　　　・高等学校図書館：要目表. 21　291　37／377　91／915は分目
　　○大学図書館：規模などによって異なる。

6　別置法

（1）別置の意義

　分類記号を与えた資料は，書架上に分類記号順に一元的に配架するのが原則であるが，特定の資料群は，管理上あるいは利用の頻度または形態の特殊性の事由から，一般資料とは別に配架するほうが便利な場合がある。また，近年では利用者サービスの一環として需要が多い資料群を別置することもある。つまり，主題以外の基準による区分を，分類記号より優先させて配架する方法が別置法である。

　別置する資料群には，別置を示す特定の記号（別置記号。多くはローマ字1字）を分類記号に冠して表す。

　別置記号は目録記入の所在記号には常に用いるが，通常は分類記号などのラベル上に記さず別置の種類ごとにラベル（色別）に表示する方法が用いられる。

（2）別置の対象となる資料とその記号

　別置の対象となる例を，その別置記号案とともに挙げておく。ただし別置の種類が多いと煩雑となるので，適用は最小限にとどめたい。

①管理上

ⅰ）本館と分館・研究室など

ⅱ）開架室資料と書庫内資料

ⅲ）貴重資料

②利用上

ⅰ）参考資料（書誌，辞典，名簿，年鑑など）

　別置記号はR（Reference books）を使用する。

　　　　例）『世界大百科事典』　R031

　　　　　　『日本地図帳』　291.03 → R291

ⅱ）小説

　公共図書館では，小説を別置することもある。別置には，分類記号を用いず別置記号F（Fiction）に置き換えて，F＋言語区分の形で表す。ただし東洋文学を「2」，西洋文学を「3」とする別例がある。少冊数の開架の場合は，Fだけでもよいであろう。

　　　　例）『吾輩は猫である』夏目漱石　F1　別法：F

　　　　　　『赤と黒』スタンダール　F5　別法：F3

ⅲ）地域資料（行政資料を含む）

　次の二つの方法がある。

　・地域分類を優先させる方法。少冊数の場合，地域内を適当に区分し，それぞれに地域記号を与える。

　・分類を優先させる方法。最初に都道府県名の頭文字を記号化したものに，NDCの分類記号を組み合わせる。

ⅳ）児童図書，絵本，漫画本，紙しばい

　児童図書　K（Kodomo）またはJ（Jido. Juvenile）

　絵本，漫画本，紙しばい　E（Ehon）

ⅴ）学習参考書

　G（Gakushu）など

ⅵ）外国語図書

ⅶ）点字図書

ⅷ）大活字図書

ⅸ）旅行ガイド

あるいは

ⅵ）その他

　外国語図書，点字図書，大活字図書，旅行ガイド

③形態上

ⅰ）大型本（A4判以上）　L（Large）

例）『世界美術全集』　L708

ⅱ）小型本　M（Miniature），S（Small）

ⅲ）文庫本，新書

ⅳ）地図などの一枚物

7　「図書記号」法（資料の第2次配列記号）

　分類記号は資料の配架，検索，出納の目印となり，書架目録においては，記入の配列の対象となる。この意味から分類記号は資料の所在位置を示す記号，または資料請求のための記号ともいえる。しかし所在位置を示す記号（所在記号）は分類記号だけでは十分でない。通常，所在記号は分類記号と図書記号と呼びならわされてきた記号によって構成され，資料の外面および目録記入に表示される。

（1）図書記号の機能

　同一分類記号の資料群において，この分類記号以外の記号が与えられていない場合，同一分類の資料の間には配列順序が成立しない。さらに小さな群に集めたり，個々の資料の配列順序を定めたりしたい場合は，分類記号以外の記号を所在記号内に第2の記号とする必要がある。この記号を「図書記号」と呼んできた。これは同一分類の下の配列単位，第2次の配列単位となる。

（2）図書記号の種類

　図書記号には多くの種類があるが，ここではわが国で広く採用されている図書記号に限定する。

①受入順記号法

　同一分類記号の資料に受入順に算用数字で番号を与える方法。古くからの方法で，対書庫内資料には優れているが，開架資料には不適。

〈長所〉

・記号の与え方が単純である。

・書架上の配列，蔵書点検が容易で，能率的である。

・完全に個別化することができる。

〈短所〉

・偶然的要素に依存し，論理性に欠ける。

・書架目録で最終の図書記号を確認し，番号を与えなければならない。

・継続受入のものの場合に操作が繁雑となる。

②著者記号法

　同一分類記号の中を著者名順に配列する（同一著者の著作を集中させること
を意図する）もので，そのための記号を著者記号といい，記号の対象は著者。
ただし個人の伝記書は被伝者。

ⅰ）著者名の頭文字式（初字式）

　著者の姓の初めの１字ないし２字を，仮名（片仮名）またはローマ字で表す
方法である。仮名の場合，清音を用いる。記号の与え方は，図書記号の中で最
も簡単な方法であるが，同一記号を持つ資料が多くなる場合があり，同一著者
の著作が集中するとは限らない。

ⅱ）簡易図書記号法

　著者の姓の頭文字１字を，仮名またはローマ字で表し，同一頭文字の著者に
は，受入順に一連番号を与える方法。同一著者には，同一分類記号内では同一
の番号を与え，また，同一著者の複数の著作を受け入れた場合には著作記号を
与える。今日多用されていない。

ⅲ）著者記号表

　著者名の頭文字と数字を組み合わせた一覧表が著者記号表で，ブラウン表，
メリル表，カッター・サンボーン表，国立国会図書館和漢書著者記号表，日本
著者記号表（森清）などがある。ここでは『日本著者記号表』〔→ 付 資料５〕
について述べる。

　日本人の姓を主に対象とし，中国人，韓国・朝鮮人，西洋人その他の姓に
も使用できるよう編成されている。著者の頭文字（ローマ字）１字と２数字の
組み合わせを原則とするが，日本人の姓に多い頭文字，K, M, S, Tは，２文字
（２文字目は小文字）を用いる。逆に使用度の少ないKl, Knなどは数字を１個
のみ使用し，Kh，Xなどでは数字を付けない。

　著者記号の決め方は，日本人，中国人，韓国・朝鮮人の姓はヘボン式，西洋
人の姓は原綴りによる。

A	11	B		E	11	F
Abe	12	Baba		Eb	12	Fai
Abee	13	Bac		Ebe	13	Fal
Abo	14	Bad		Ebi	14	Fan

この表は例えばAbeはA12，BabaはB12であることを示している。Abetaは

AbeeとAboの間に入るから，こういう場合は直前の数字をとって，A13とする。のちに，Abenoがくるとする。Abenoは本来A13であるが，A13はAbetaに使用しているため，A13より前で，A12より後になるように，かつAbenoの適切な位置を判断してA128とする。この例は同一分類記号の下での著者記号の例であり，他の分類記号の下では，AbenoはA13となる場合もある。

③年代記号法

同一分類記号の中を，資料の出版年の年代順に配列する図書記号法で，科学技術の分野で有効な記号法である。年代記号法には，メリル法，ブラウン法，ビスコー法などがあるが，ランガナタン年代記号法について述べる。

A	1880年以前	K	1960—1969	P	2000—2009
B	1880—1889	L	1970—1979	Q	2010—2019
C	1890—1899	M	1980—1989	R	2020—2029
	⋮		⋮		⋮

（Zの次はAA，ZZの次はAAA）

例）2012年に出版の資料 → Q2

〈記号の与え方〉

・版の出版年による。

・１部２点以上からなる資料で，各冊の出版年が異なる場合は，最初に出版されたものの出版年による。

・同一出版年のものは，受入順記号を与える。

（3）図書記号の適用

図書記号は本来，同一分類記号を持つ資料群について個々の資料の配列順位を決定する記号で，資料の配架上，書架分類の補助的な記号となる。すなわち，「図書記号」は分類記号の展開の余地を残したまま通用するものではなく，書架分類での精密分類を優先し，それでもなお同一分類記号を持つ資料が多数集中する場合に適用すべきものである。

個人伝記および主題・形式が著者の思想・作品などと不可分の関係にある分野（文学作品など）には，著者記号が適している。

〈開架室資料〉

公共図書館では，全国平均で開架室資料の平均点数は１館あたり71,399冊である（日本図書館協会編・刊『日本の図書館　2019』）。これらを1,000区分すると，同一分類記号を持つ冊数は100冊以下であろうから，詳しい図書記号が

必要な図書館は多くないと思われる。

8 書架での配列（配架）

（1）配架の原則

　個々の資料の背に貼付した同色枠のラベルごとに，分類記号順に，次いで図書記号順に配列する。配架の原則は，書架の1連ごとに最上段の左から右へ，最下段まで配架すると，次は第2連目の最上段から同様に配列する。一般資料でも利用上の観点から分類記号の順によらない配列（破順法）をとる場合がある。配架計画を立てておく必要がある。

（2）書架案内（サイン）とその展開（サイン計画）

　開架室では特に書架配置表や，書架単位，棚単位に「芸術」「音楽」のように書架案内板，書架見出しを，さらに棚上には類・綱が変わるごとに，見出し板（分類板）を立てるなど，利用者が求める主題の資料の配架位置をわかりやすくしておかなければならない。

　来館する利用者が，求める資料の配架されている書架へ到着するには，わかりやすい掲示による館内案内が必要である。これが図書館サービスの第一歩である。

　利用者のためには，図書館内部の部屋割りや，それぞれに配列されている資料の種類などの「案内」が必要であり，これによって図書館利用が進むのである。

　図書館の入り口に館内案内図が示され，館内各階，各コーナーの概略図，現在地から目的の書架までの進路が示されていれば利用者は目的の書架へスムーズに到着できる。このような案内図は「サイン」とも表現される。館内の「サイン」計画，デザイン，改良などに配慮する必要がある。これを「サイン計画」といい，図書館に不可欠なものである。

（3）開架室内での破順法・例

　・関連主題を集中配架する。例えば，336のあとに，509：611：67／69を配架する。

　・参考資料はカウンターに近く，小説・児童資料は入口近くに配架する。

　・新刊資料は一時的に特定の書架（新刊書棚）に別置する。

（4）書庫内の配架・例

出納の頻度の高いものは，カウンターから近い場所に配架する。

〈本節のまとめ〉

配架は，すべて利用者の便を第一に考える。別置対象資料については，時期を見て見直すことが必要である。

9　図書以外の資料（メディア）の保管と運用

これまでに図書資料の組織化は，利用者が利用したい資料の主題別にアクセスできるように資料を組織化する書架分類を行い，各資料の著者名や書名などの書誌的事項をもとに検索できるよう目録を作成することで成り立っている。

図書は主題別に配架され，書誌的事項はオンライン閲覧目録（OPAC）により，正確かつ，迅速に資料を提供できるようになっている。さらに，今日ではメタデータによるデジタルネットワーク情報資源の組織化も検討されるようになっている。

本節では，図書以外の資料について，継続資料（逐次刊行物，更新資料），視聴覚資料（パッケージ系電子資料を含む），デジタルネットワーク情報資源，ファイル資料の順に説明する。

（1）継続資料の保管と運用
①逐次刊行物（serial publications）の組織化

終刊を予定せず，年月・巻号を追って継続して発刊される逐次刊行物がある。これを組織化するには，一つのタイトルについて主題目録作業・記述目録作業を行う。基本的には発刊される度に受入の記録をつける（チェックイン）だけでよいが，タイトルの変更などが起こった場合には新たな書誌データの採録を行う。

また，雑誌記事の内容によって必要と思われる場合には，記事タイトル，著者，掲載雑誌名，出版社，巻号，年月，掲載ページ等の情報を索引とし，キーワードや件名と同様に扱うこともある。OPACによる検索システムがあれば，こうした索引を作ることで，図書と同じように目録の検索からその雑誌の利用を導くことも可能となる。

　逐次刊行物として，新聞，雑誌，紀要，研究報告などは図書の場合と異なり，基本的に別置扱いとして，雑誌架に配架を行う。これは，利用形態が二次資料を通しての文献単位である場合が多く，また累積率も大であるためである。

　具体的には通常製本された逐次刊行物について，種類・量により次のような扱い方をする。

　ⅰ）タイトルの音順

　ⅱ）NDC類目表　次いでタイトルの音順

　ⅲ）NDC綱目表　次いでタイトルの音順

　記入上の所在記号には，ⅱ），ⅲ）の場合の分類記号の前に別置記号 P（Periodical）またはM（Magazine），Z（Zasshi, Zeitschrift）を付ける。

②更新資料（integrating resources）

　更新により内容追加・変更はあっても，一つの刊行物としてのまとまりが維持されている資料に適用する。この基準を適用する更新資料は，加除式資料，内容更新のつど，媒体（CD-ROM等）が差し替えられる電子資料等である。

（2）視聴覚資料の保管と運用

　近年，情報メディアの急速な進展により，図書館でも視聴覚資料は重要な情報資源として積極的に収集しつつある。図書館が扱う視聴覚資料は，録音資料（レコード，CD，カセットテープなど）および映像資料（マイクロフィルム，ビデオテープ，LD，DVDなど）である。今日，多くの図書館でCD・DVD（パッケージ系電子資料）が視聴覚資料の大半を占めており，今後もこうした資料の増加が見込まれる。このため，かつて主流だった形態による分類，受入順による配架方式では十分に機能しなくなっている。

①録音資料

・コンパクト・ディスク　資料記号：CD

・レコード　資料記号：LP

・カセットテープ　資料記号：TC

　かつては資料記号のもとで受入順，もしくは資料記号と受入順の間に数種類の細分（C クラシック，P ポピュラー音楽，X その他）を挟む程度であった。近年CDの多様化や数量の増加に伴い，上記の3細分ではカバーすることができず，2桁～3桁数字を用いた各館独自のCD分類を設定する例が目立つようになった。

　現在，公共図書館では，録音資料に各館の独自分類を付すほか，NDC分類，NHKレコード分類，TRC音楽分類などを採用する例も多い。こうした分類を

もとに，各館ではそれぞれ所在記号や配架を決定している。

②映像資料

・DVD　資料記号：DV

・ビデオ・テープ　資料記号：VC

・ビデオ・ディスク　資料記号：VD

　映像資料についても録音資料と同様，かつては資料記号のもとで受入順，もしくは資料記号と受入順の間に7種類の細分（1日本映画，2外国映画，3クラシック音楽，4洋楽ポップス，5邦楽ポップス，6スポーツ，7その他）を挟む程度であった。近年，DVDの多様化に対応するため，細分を独自分類もしくはNDC分類に準じる館も多い。ただし，DVDの特性としてNDC 778（映画）の分類に情報資源が集中するため，ここを細分化，あるいは別置するなど独自分類して対応する例もある。もちろん，NDCとは全く異なる分類・配架をする図書館も少なくない。

　所蔵点数の多寡にもよるが，利用者にとって探しやすい分類・配架を構築することが重要であり，将来的には統一した視聴覚資料の分類記号も必要となろう。

例：岡山県立図書館の音楽分類（TRC音楽分類）

A00	音楽総記	A20	ポピュラー音楽
A01	雑集	A21	ヴォーカル
A02	全集	A22	ソウル
A03	音楽理論	A23	ジャズ・フュージョン
A04	実技指導	A24	ロック・ポップス
A05	音楽史	A25	シャンソン・カンツォーネ
A06	電子音楽	A26	映画音楽・ミュージカル
A07	貴重録音資料	A27	ラテン・アメリカ音楽
A10	クラシック音楽	A28	カントリー・ウエスタン・ハワイアン
A11	管弦楽曲		
A12	協奏曲	A29	日本人・東洋人のポピュラー音楽
A13	独奏曲		
A14	室内楽曲	A30	洋楽
A15	声楽曲・歌劇・喜歌劇	A31	雅楽
A16	独唱・重唱・合唱	A32	仏教音楽
A17	宗教的声楽曲	A33	琵琶楽
A18	現代音楽	A34	能楽・能狂言・謡曲

A35	箏曲・尺八音楽	A60	文芸・口頭表現
A36	三味線音楽	A61	経文・説話・法話
A37	日本民謡・民俗芸能・津軽三味線	A62	講義・講演・演説
		A63	座談・対談
A38	詩吟・朗詠	A64	文学作品の朗読・解説
A39	現代邦楽（和楽器）	A65	文学以外の朗読・解説
A40	その他の音楽	A70	教育・学習
A41	民族音楽	A71	語学
A42	外国民謡	A73	体育・遊戯
A43	唱歌	A74	一般教材
A44	団体歌・校歌・寮歌・応援歌・国歌	A80	自然音・効果音
		A81	実況記録
A45	実用音楽・フォークダンス・式・祭典音楽	A82	自然音の記録
		A83	機械音・人工音（効果音）
A50	演劇・演芸	A90	児童
A51	芝居囃子	A91	クラシック音楽
A52	歌舞伎	A92	ポピュラー音楽
A53	新派劇・新国劇	A94	団体歌・応援歌・校歌・実用音楽・式・祭典
A54	新劇・外国劇・放送劇		
A55	映画・TV	A95	児童劇・学校劇
A56	落語	A96	文芸
A57	漫談・漫才	A97	語学・体育・遊戯（運動会）
A58	浪曲	A99	童謡・わらべうた・児童音楽
A59	講談		

例：神奈川県立図書館の音楽分類（独自分類）

0　　クラシック全集等
01　　　雑集
02　　　全集
1　　クラシック音楽
10　　　管弦楽曲
（含　交響詩,組曲,序曲,舞曲,バレエ音楽,セレナード）
11　　　交響曲
12　　　協奏曲

13　　独奏曲

14　　室内楽曲

15　　歌劇

16　　声楽曲

17　　キリスト教音楽

18　　現代音楽

（二次大戦後に活躍した作曲家の音楽）

19　　音楽史

（ルネッサンス期のもの,バロックの中で形式での分類が難しいもの）

2　　ポピュラー音楽

21　　アメリカ系音楽

（ハワイアン,カントリーウエスタン,フォーク）

22　　アジア系音楽

23　　ジャズ・ソウル

24　　ロック

25　　ヨーロッパ系音楽

（シャンソン,カンツオーネ,フラメンコ,ヨーデル）

26　　映画音楽

27　　ラテン系音楽

（ラテン,タンゴ,マンボ,ルンバ）

28　　インストゥルメンタル,イージーリスニング,電子音楽

29　　日本のポピュラー

3　　邦楽

31　　雅楽

32　　仏教音楽

33　　琵琶

34　　能・狂言

35　　箏・尺八・笛

36　　三味線

37　　民謡

38　　詩吟

39　　現代邦楽

4　　その他の音楽

41　　民族音楽

42	外国民謡
43	唱歌
44	団体歌,軍歌,応援歌
45	実用音楽,レクリエーション
46	吹奏楽
5	演劇・演芸
56	落語
58	浪曲等
6	文芸など
61	経文
62	講演
64	文学
65	文学以外
7	語学
71	日本語
72	中国語
73	英語
74	ドイツ語
75	フランス語
76	スペイン語
77	イタリア語
78	ロシア語
79	その他の外国語
8	効果音等
81	記録・実況
83	効果音
9	児童
92	音楽
96	文芸
99	アニメーション

（3）デジタルネットワーク情報資源の保管と運用

　現在のインターネット環境の下，情報が大量に敏速に手に入り，人々はデジタル情報を享受しているといえる。しかし，図書館資料と異なり必ずしも全てが有用な情報資源とは限らない。

　一つは，図書館が長期的で安定した情報を提供してきたのに対し，インターネットでは長期間有効な情報と短期間しか有効でない情報が混在しているなど，情報の質が安定しないことが挙げられる。さらに，インターネット上の情報は，書誌情報を作成するための規則が確立されたのは2000年代で新しく，情報の提示方法もまだ一貫性があるとはいえない。インターネット上で欲しい情報を効率よく発見すること，その情報の信頼性や信憑性を見極めることなどのための工夫がなされており，その先端にあるのがメタデータである。

　メタデータは情報資源を組織化するため，その属性（識別名，形態，内容，所在など）を定型的に記述した「データについてのデータ」のことである。（『図書館用語集』4訂版，日本図書館協会,2013）「データに関する構造化されたデータ」ともいえる。さらに広義に解釈すれば，目録記述や分類記号，抄録文や索引語などの書誌的事項は，いずれもメタデータに属するものである。デジタルネットワークにおける書誌コントロールには，これらメタデータの標準化が不可欠といえよう。メタデータの基本記録要素として設計されたシステムがダブリン・コア（1995年）である。

①ダブリン・コア・メタデータ・エレメント・セット（Dublin Core Metadata Element Set：DCMES）

　1994年に開催された「第2回ワールド・ワイド・ウェブ・カンファレンス（WWWC2）」においてメタデータに関する問題が提起された。1995年3月に米国オハイオ州のダブリンで開催されたOCLC/NCSA Metadata Workshopの討議でダブリン・コア・メタデータと呼ばれたことが始まりである。ダブリン・コアは15のエレメント・セットが中心で，理解しやすく煩雑な記述を必要としないので普及させやすいという利点がある（参照：DCMESの15エレメント）。2003年2月にISOに国際基準として認証（ISO15836）された。しかし,15の要素（プロパティ）のみではそれぞれの要素がかなり広い概念を扱うことになり，詳細な記述ができず，組織化できる情報資源も限定的になるので，より正確な記述のために拡張プロパティを使う方向にある。より正確なメタデータを記述するために，DCMIメタデータ語彙を定義している。

　身近な例として国立国会図書館は「国立国会図書館ダブリンコアメタデータ記述（DC-NDL）として使用し，その解説をホームページに公開している。

上述したように，DCMESは国際的な標準となり，2005年には国内標準（JISX0836）として規格化され図書館の内外でも使われている。

②サブジェクト・ゲートウェイ（Subject Gateway）

DCMESなどの規則に沿って整理されたメタデータを提供すると，利用者自身がネットワーク情報資源に直接アクセスでき，利用者が求める情報の検索が容易になる。利用者がインターネットに自由にアクセスできる図書館環境であるとき，サブジェクト・ゲートウェイというシステムのサービスを提供される機会があるだろう。

サブジェクト・ゲートウェイとは，情報資源案内を司るデータベースである。オンラインサービスの一種で，利用者が１つのゲートウェイにアクセスするだけで複数のデータベース・サービスへ同時にアクセスできるという仕組みである。そのため利用者が主題に精通していれば，膨大な情報資源から主題に沿ったものを取捨選択することが可能になる。主題に付与されたメタデータによって，目録検索と同様に多角的な検索を行うことが可能になるためである。ソフトウェアに修正を加えることにより，データベースごとに検索言語が異なる場合でも，利用者は共通の言語で検索できることになる。

例えば，WorldWideScience.orgは，国際的な科学データベースとポータルを一時検索できるように，多国間のパートナーシップを通じて世界の科学データベースのゲートウェイとなっている。2007年６月に米国エネルギー省（DOE）と英国図書館（BL）が共同で運用を開始した。日本からは科学技術振興機構（JST）が参加，J-STAGEを含む４つのデータベースが検索対象となっている。

STNネットワークはやはり国際的サービスを行っている。特許，雑誌論文，医薬品，化学物質，CAS登録番号（CAS RN®），配列，物性データを含む，広範な科学技術分野の検索サービスである。世界中の特許庁や企業の情報専門家により，最前線で活用されている，などがある。

（4）ファイル資料（インフォメーション資料）の保管と運用

ファイル資料とは，「一定の体系に従って整理・保管されているひとまとまりの文書類のこと」で，「図書館では，パンフレット，リーフレット，一枚物，切り抜き資料などの散逸しやすい小資料をまとめ」て，ファイル資料・クリッピング資料・つづり込み資料などと呼ぶ（『図書館用語集』４訂版，日本図書館協会，2013.）。広報誌，PR誌，絵葉書，写真ほか，主題に応じて新聞や雑誌の記事をそのまま，あるいはコピーして切り取り，台紙に貼ったものなどがある。一般に入手困難なものや地域資料のように代替できないものが含まれるの

DCMESの15エレメント

要素（項目）名	定義とコメント
タイトル（title）	情報資源に与えられた名前。
作成者（creator）	情報資源の内容に主たる責任を持つ人や組織などの主体。
主題（subject）	情報資源のトピック。通常，主題を示すキーワードやキーになるフレーズ，分類コードを使う。
記述（description）	情報資源の内容の説明。要約，目次，文書の内容を表現した画像への参照，あるいは自由形式の説明文など，記述の方法は自由。
出版者（publisher）	この情報資源を利用可能にしている主体の責任表記。個人の場合もあれば，組織やサービスの場合もある。
寄与者（contributor）	情報資源の内容に寄与している（人や組織，サービスなどの）主体の責任表記。
日付（date）	情報資源のライフサイクルにおける出来事に関連する時もしくは期間。
タイプ（type）	情報資源の性質もしくはジャンル。一般的なカテゴリ，機能，分野，内容の集約度などを示す用語を用いる。
フォーマット（format）	情報資源の物理的あるいはデジタル化の形態。主として，メディアタイプや量（サイズ）を示す。情報資源を表示したり処理したりするために必要なソフト，ハードを知るために利用できる。量の例としては，サイズや時間がある。
識別子（identifier）	ある文脈内における，情報資源への曖昧でない参照。
情報源（source）	情報資源が由来する情報資源への参照。全体的な派生関係でも，部分的なものでもよい。形式的識別システムに従った文字列によるリソースの識別が推奨される。
言語（language）	情報資源の（を記述している）言語。
関連（relation）	関連する情報資源への参照。
範囲（coverage）	情報資源の範囲もしくは対象。場所（地名，緯度経度），時間区分（時代，日付，期間），管轄区分（管理責任者名）などの分類を記述する。
権利（rights）	情報資源の権利に関する情報。通常，情報資源の知的所有権，著作権，財産権などについての言明を含む。

で，積極的にこれらのメディアを収集し，一定の体系に沿って分類し，保管・整理に努めることは，独自性のある図書館コレクションをつくることになる。ファイル資料は最新性を保つために，常に古くなった資料を削除し，新しい資料の入手に努力する必要がある。一方で，長時間経ても内容の重要性が失われないものは永続的な保管も検討しなくてはならない。著作権を尊重しながらオリジナルの現物を保存し，閲覧用にメディア変換を行って提供するなどの処置が考えられる。

　学校図書館では，生活情報に加え，学校での「総合的な学習」や「課題解決学習」で必要となる団体や施設などに関係する資料があれば，よく使われる可能性があるのでできるだけ収集しておくことが望ましい。また，児童・生徒の作品をファイルしておくと，後輩たちの学習の参考になる場合が多い。

〈ファイル資料の組織化〉

　ファイル資料の組織化も基本的に図書と同様の流れである。分類は日本十進分類法（NDC）に基づく方法，あるいはファイル資料に基づいて主題別に分類する方法，のどちらかを選択して類別する。地域資料の場合は，地域別あるいは都道府県別に件名を付与してファイルする。学校図書館における児童・生徒の作品や教科学習の場合は，教科別，学年別に分類するなどの方法も有効である。

　分類した資料は，テーマ（件名）ごとにファイルする。形態が図書などと異なり書架などに配列し利用するのが困難であるので，特別な整理・保管方法が必要となる。形状に応じて，スクラップブックに貼ったり，クリアファイルやバインダーに綴じて，キャビネットなどに並べる。ファイリングが必要な資料の種類はさまざまなので，資料の量，保存年限，使用頻度，利用方法などを考慮して，適切な綴じ具を選択するとよい。

　方法としては，ファイリング・キャビネットに収容するバーチカル・ファイリング（vertical filing）方式と，パンフレット専用架を使うシェルフ・ファイリング（shelf filing）方式などに分かれる。キャビネット等ではなく書架上に配架するのを，オープン・ファイリングシステムという。

バーチカル・ファイリングシステム　　　　オープン・ファイリングシステム

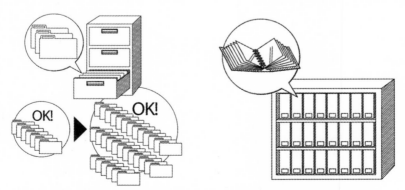

出典：北克一・平井尊士編著『学校図書館メディアの構成』放送大学教育振興会，
2012（5章　学校図書館メディアの組織化の意義：平井尊士著部分）

①バーチカル・ファイリング方式

　テーマ1件につき1フォルダに資料をファイリングして，それを専用のキャビネット（バーチカル・ファイリング・キャビネット）に収納するものである。この方法は資料の増加に対して柔軟性があり，大規模なファイル資料にも対応する。

②シェルフ・ファイリング方式

　クリアファイルやクリアフォルダなどを利用して資料をファイリングし，扉のないボックスなど，オープンに保管するものである。資料の追加が予想される場合には，ページを加除できる形態を選ぶとよいが，基本的に追加によって容量が大きくなる資料には向かない。

10　配列規則を振り返る

（1）概要

　NCR2018年版は編成についてふれていないが，NCR1987Ⅲにおいて「第Ⅲ部
排列」で扱われている。ただしこの規定は上述したように，カード目録ベースである。

（2）和資料記入における配列原則

　以下はNCR1987Ⅲの第Ⅲ部による。

　①配列の原則は，「無は有に先行する」。

　②「をも見よ参照」は，同一標目の最初に配列している。

　③著者の配列は姓，名の順としている（西洋人も）。

　　　例）スミス，アダム

　④タイトルの配列は，字順（letter by letter）配列としている。"字順"とはタイトルを全体で一語と解釈するもの。

　⑤配列文字・記号の扱い方

　　・濁音，半濁音は清音と区別しない。長音符号は無視している（ないものとして扱う）。

　　・タイトルに使用の文字の別。片仮名，平仮名，仮名まじり，漢字（第一字から順次画数の少ないものから），ローマ字の順としている。

（3）洋資料記入における配列原則

　洋書目録の配列は，「ALA filing rules 1980」（「ALA配列規則1980」）によるものとする。

①配列の原則

・「無は有に先行する」
・あるがままの表現でもって配列（file-as-is）している。
　　例）Dr.　→　dr
　従来の配列原則は「file-as-if」（フルスペリングに直し配列）。
　　例）Dr.　→　doctor
②例外規定
・ウムラウト，アクサン，ハイフンなどは無視（付いていないものとして扱う）している。
・本タイトル，シリーズタイトルの最初の冠詞は省略して配列している。

Ⅷ 書誌ネットワーク，CAT2020の実際

1 CAT2020の概要

　共同（分担）目録作業についてはⅡ章3（2）において述べたが、ここではそうした書誌ユーティリティの中からNIIが運営する目録所在情報システムCAT2020について述べる。その構造とデータの構成などを含め、実務的な面（詳細事項についてはマニュアル類等を参照されたい。ここでは重要な部分の概要にとどめる。）を説明していきたい。なお，本書旧2版までは，このⅧ章を「目録編成法」としていたが，それはカード目録の時期との接点で記したものであるため，書誌ユーティリティ中心の現代に照らして今般切り替えた。

　CAT2020は、NACSIS-CAT/ILL の軽量化・合理化により、NACSIS-CATのデータ構造・構成が変更、移行され、2020年8月から運用開始された目録情報所在システムである。

（1）CAT2020の特徴とシステムの構成

　CAT2020の特徴は、NIIが管理運営する総合目録データベースを使って、オンラインによる共同目録作業を行っていることである。さらに、外部MARCを活用していること、参加機関はデータを自館のデータベースにコピーでき、データは総合目録データベースへのアクセスで共有可能ということ、多言語対応であるということなどが特徴として挙げられる。こうした機能は、もちろん現物の相互貸借（ILL）や文献複写にも活用され、そのシステムとしてNACSIS-ILLが用意されている。CAT2020は、各参加館が分担して目録データを作成し、その共有化を図ることで、目録作業の効率化を目的としたシステムである。

　CAT2020のマニュアル類としては、総合目録の考え方や原則を規定した『目録情報の基準第5版』（2020年6月公開）と、総合目録でデータベースのそれぞれのデータセットにデータを登録する際のデータ記入の具体的方法を解説した『目録システムコーディングマニュアル』、『目録システム利用マニュアル　第7版（2020年8月発行）』がある。そのほかにも随時アップされるQ&Aやニュースレターなどを参考にすることもある。なお、こうしたマニュアル類と『日本目録規則（1987年版改訂3版、2018年版)』、AACR2、RDA等の目録規則との関係は、相互補完的な役割を果たすものとなっている。

　まず、CAT2020の構成についてみてみたい。中心となるのが総合目録データベースである。これは、データとその集合体であるデータセットによって構成されており、外部機関作成データ（JAPAN/MARC、TRC MARC、US/MARCなど）など主要なマークはPREBOOKにデータ移行し図書書誌データセットとして登録されている。総合目録データベースへ各参加館がCAT2020にアクセス（実務では入力の効率化のため各参加館のシステムベンダーの用意したインターフェースのCAT2020登録画面から、入力することが一般的である。）し、検索してデータの有無を調べ、書誌登録や所蔵登録を行うのである。そして、登録後は、各館のローカルな自館所蔵データベースにもそのデータをコピーすることになる。

（2）一般利用者へのサービスとOPAC連携

　一般利用者は同じくNIIが管理運営するCiNii（https://ci.nii.ac.jp/）のサイトから資料検索を行い、例えば、自分が求める資料がどの大学に所蔵しているか、検索結果としてわかる。さらに、各館のローカルな図書館情報システムのOPAC検索のインターフェースとして、CiNii検索とのシステム連携をしている図書館情報システムが一般的であり、他大学の所蔵検索も同時に行うことができ、そこからILLを申し込むことも可能である。

（3）総合目録データベースのデータ構成

　先にも述べたとおり総合目録データベースはいくつかのデータセットとデータによって構成されているが、そのデータセットがどのような構成になっているかみてみよう。

　大きくは書誌（図書と雑誌の2種類に分かれる。）と所蔵と典拠に分けられる。以下、その属性について説明する。

①書誌データセット（BOOK, PREBOOK, SERIAL）

　参加組織が所蔵する図書，または逐次刊行物の書誌情報を記録したデータのセットである。BOOKは図書書誌データ、SERIALは雑誌書誌データである。

　PREBOOKは、参照データから自動的に書誌登録された図書書誌データであり、VIAF（バーチャル国際典拠ファイル）のデータを利用して、自動リンクが張られているものもある。このデータは、所蔵登録完了後、BOOKに移行する。所蔵データを持たないこのPREBOOKの書誌データはNACSIS-ILLでは検索できない。

　図書書誌データの書誌構成は次のようになっている。

＜書誌構成＞

　書誌データの書誌構成は、出版物理単位または単行書誌単位と集合書誌単位との2階層（集合書誌単位が存在する書誌の場合のみ）によって形成される。CAT2020では、子書誌の親書誌へのリンク形成は任意である。

　3階層以上で中位の書誌単位が存在した場合は、以下のとおり記録する。

- ・（書誌構造リンクを形成しない場合）子書誌データのPTBLフィールドに最上位の集合書誌単位のタイトル等を記録したのち、続けて中位の書誌単位のタイトル等を記述する。
- ・（書誌構造リンクを形成する場合）最上位の集合書誌単位のデータを親書誌データとして作成し、子書誌データとの間で書誌構造リンク形成を行う。中位の書誌単位については、独立した書誌データは作成せず、子書誌データのPTBLフィールド中に記録する。

②所蔵データセット（BHOLD, SHOLD）

　各参加組織の所蔵情報を記録したデータのセットである。図書所蔵データセットがBHOLD、雑誌所蔵データセットがSHOLDである。

③典拠データセット（NAME, TITLE）

　標目となる著者，または著作名の情報を記録したデータのセットである。著者名典拠データセットがNAME、統一書名典拠データセットがTITLEであり、BOOKとリンク形成される。

④タイトル変遷データセット（CHANGE）

　雑誌のタイトル変遷にかかわる情報を記録したデータのセットである。これはSERIALとリンク形成される。

⑤RELATIONデータセット（RELATION）

　並立書誌等，データ間の関係を記録したデータのセットである。

　並立書誌とは、例えば書誌修正が不可で、新規に別の書誌を作成したとき、同じ書誌の書誌データが複数できてしまった場合、あるいは、VOLグループの繰り返しがあるデータに対して、遡って修正はできないが、出版物理単位ごとに分けた書誌データを新たに作った場合など、このとき作成された新たな書誌のことである。前のデータと新たなデータは、たとえ同じ書誌であっても並立書誌として許容される。これはCAT2020に移行した際の変更点である。

⑥参加組織データセット（MEMBER）

　目録システムの参加組織にかかわる情報を記録したデータのセットである。

　これらのデータセットは図1のデータベース構成図の中心に位置するものであり、その外側が参照データセットとなる。参照データセットは外部組織作成

のMARCをCAT2020のフォーマットに合うように変換したものであり、その
うち主要な参照データはPREBOOKのデータとして、リンクの形成を同期する
方法等をとり、書誌データに変換することで、目録データ作成の省力化を図っ
ている。図2は各データのリンクフィールドのIDによる関連性を示したもの
である。

図1　データベース構成図

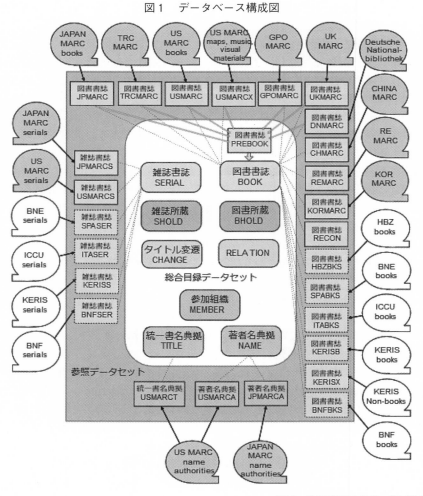

（出典：「書誌情報の基準　第5版」）

図2　データ関連図

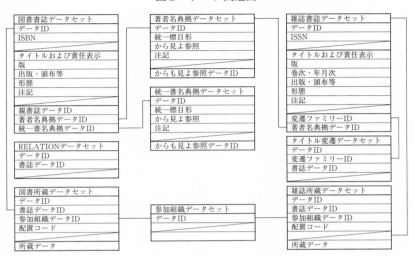

（出典：「書誌情報の基準　第5版」）

2　フィールド

　書誌データや所蔵データの登録にあたって、入力するいくつかのフィールドが存在するが、ブロックで種類分けすると、ID&コードブロック、記述ブロック、変遷ブロック（雑誌書誌データのみ）、リンクブロック、主題ブロックに分かれる。ブロックとその中の主なフィールドについて「目録情報の基準」（第5版）（6.1　雑誌書誌データの構成と記述規則）に則して説明する。

①ID&コードブロック

　コードブロックにフィールドを独立させた項目

　一般資料種別コード，特定資料種別コード，国際標準逐次刊行物番号，刊行頻度等

　刊年，出版国コード，言語コード，その他の標準番号等

　管理用フィールド、データID等

＜主なフィールド名＞

　ID：データを管理する番号。種類ごとに連番で自動的に振られる。

　CRTDT：データ作成日付

　CRTFA：データ作成参加組織ID

RNWDT：最終データ更新日付

RNWFA：最終データ更新参加組織ID

GMD：一般資料種別

SMD：指定資料種別

YEAR：刊年1　刊年2

CNTRY：出版国コード

TTLL：本タイトルの言語コード

TXTL：本文の言語コード

ORGL：原本の言語コード

VOL：巻冊次等

ISBN：国際標準図書番号

ISSN：国際標準逐次刊行物番号

②記述ブロック

目録記入の記述の部分に相当する。

タイトルおよび責任表示に関する事項，版に関する事項，出版・頒布等に関する事項，巻次・年月次に関する事項等

各フィールドのデータは，ISBD区切り記号法に準拠して記述

＜主なフィールド名＞

TR：タイトルおよび責任表示に関する事項

ED：版に関する事項

PUB：出版・頒布等に関する事項

PHYS：形態に関する事項

VT：その他のタイトル

CW：内容著作注記

NOTE：注記

③変遷ブロック

変遷ファミリーIDおよび変遷注記が表示される。

タイトル変遷データセット中のデータとの間のリンク形成を行う。

④リンクブロック

目録作業時に，著者名典拠データとのリンク形成を行う。リンク形成後，ALフィールドにはリンク関係の情報が示される。＜＞で括られた典拠データのID番号の記述によってリンクが張られる。

＜フィールド名＞

AL：著者名リンク

PTBL：書誌構造リンク

UTL：統一書名リンク

⑤主題ブロック

標準的な件名等を記録する。

＜フィールド名＞

CLS：分類記号

SH：件名標目

図3　図書書誌詳細の画面構成とフィールド

```
ファイル名
<ID> CRTDT:CRTDT CRTFA:CRTFA RNWDT:RNWDT RNWFA:RNWFA
GMD:GMD SMD:SMD YEAR:YEAR1△YEAR2 CNTRY:CNTRY
TTLL:TTLL TXTL:TXTL ORGL:ORGL
ISSN:ISSN NBN:NBN LCCN:LCCN NDLCN:NDLCN
REPRO:REPRO GPON:GPON OTHN:OTHN
VOL:VOL ISBN:ISBN PRICE:PRICE XISBN:XISBN
TR:TRD||TRR||TRVR
ED:ED
PUB:PUBP△:△PUBL△,△PUBDT
PHYS:PHYSP△:△PHYSI△;△PHYSS△+△PHYSA
VT:VTK:VTD||VTR||VTVR
CW:CWT△／△CWA||CWR||CWVR
NOTE:NOTE
PTBL:PTBTR||PTBTRR||PTBTRVR△<PTBID>△PTBNO//PTBK
AL:AFLG AHDNG||AHDNGR||AHDNGVR△<AID>△AF
UTL:UTFLG UTHDNG||UTHDNGR||UTHDNGVR△<UTID>△UTINFO
ULS:CLSK:CLSD
SH:SHT:SHD||SHR||SHVR//SHK
IDENT:IDENT
```

（出典：「目録システム講習会　テキスト図書編」平成28年4月
情報・システム研究機構　国立情報学研究所　p.111)

3　データ登録の基本的な流れ

　データ登録を行う前に、データ検索を行う必要がある。総合目録データベースに確実に同一書誌の既存のデータがないことを確認しなければならない。データ登録の手順としては以下のようになる。

①　システムのアプリケーションを起動（この場合、通常は自館システムのCAT登録のインターフェースで入力していく方が効率的であるが、CAT2020のインターフェースでも可能である。）し、検索を実行する。

②　総合目録データベースに書誌データがある場合→所蔵登録を行う。

③　総合目録データベースに書誌データ（BOOKまたはPREBOOKのデータ）がない場合→参照データや例えば改訂前のデータ等があればそれを活用し、書誌登録を行い、さらに所蔵登録を行う。

4　検索

（1）検索の仕組

　目録システムの検索は、データベース側としては、登録データから、検索のために正規化を行った「①検索用インデックス」が作成されており、それに対して、検索側が入力した「②検索キー」を同じく正規化して、①と②を照合するしくみになっている。

　では、正規化とは何かというと、基本的にはデータや入力キーを検索用に一定の規則で変換しており、その規則のことを指す。この目録システムでは、基本的に以下の正規化が行われている。

アルファベット	大文字、小文字、全角、半角の違いにかかわらず、漏れなく検索可能。
かな	ひらがな、片仮名、促音、拗音など文字の大小の違いや長音記号の有無にかかわらず、漏れなく検索可能。
漢字	新体字、旧体字などの違いにかかわらず、漏れなく検索可能。さらに、漢字は、似た形や同じ意味の漢字、例えば「斉・斎・齋」などは、正規化されてどの漢字でも検索可能としている。

（2）検索の実際

　検索を十分に確実に行う目的は、誤って全く同一書誌について別の書誌データを重複して作成してしまわないようにし、総合目録データベースの質の維持を図ることにある。

　この作業は、登録の直前に行うことが前提である。検索後タイムラグがあると、その間に別の参加組織が作成してしまっているということも起こりうるからである。NACSIS-CAT（CAT2020の移行前）の教育用サーバのインターフェースの図書書誌検索画面が図4である。

　検索の種類は次の2種類である。

①　データ検索：書誌データや典拠データなどを直接検索

②　リンク参照：リンクをたどり、リンク関係の他のデータを参照

　検索キーは、先述の正規化に加え、次のような自由度がある。

アラビア数字	全角でも半角でもよい（1バイトでも2バイトでもよい）。
EXC文字	対応するローマ字でもよい。
記号	全角でも半角でもよい。長音、ダッシュ、ハイフン、マイナス記号は入力しなくてもよい。

　ストップワード（前置詞・冠詞等）やデリミタ（カンマ、コロン等）の処理は、参加組織のシステムによって異なる。

　そのほか、検索における詳細な注意点があるため、マニュアル類を参照されたい。また、分かち書きの単位に従って前方一致検索も可能であるが、分かち書きやヨミの表記等については「目録情報の基準　第5版」の第3部を参照されたい。

図6　図書書誌検索画面

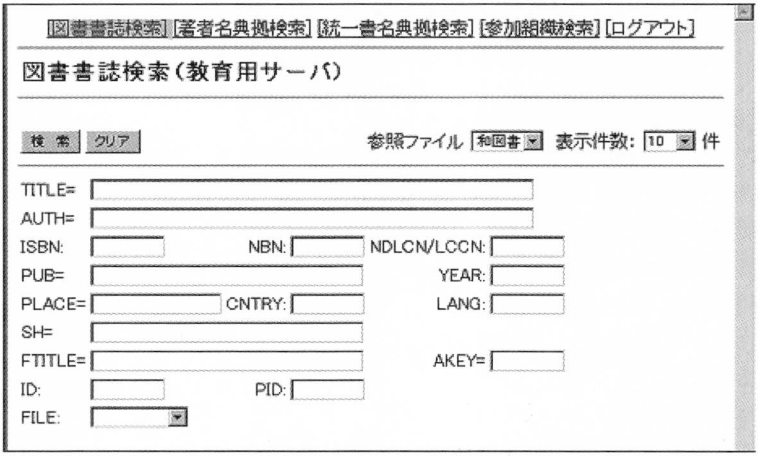

5　書誌データ・所蔵データの登録

（1）データ登録の方法

　書誌検索を行い（ヒットして目的の書誌を選択したときの図書書誌詳細画面が図5である。比較のため、別書誌データになるが、NACSIS-CATで登録した愛知大学の書誌詳細画面が図6である。）、総合目録データベースに登録する書誌データが存在しない場合、新たにデータを作成、登録する必要がある。また、この書誌登録後、所蔵登録（所蔵リンク形成）も続けて行う。そのデータ作成の方法は、手動による流用入力または新規入力になる（そのほか、システムによって自動的に行われるシステム登録があるが、これは、PREBOOKデータセットの機械的入力である）。

　総合目録データベースに登録する書誌データが存在した場合は、書誌データ作成は不要で所蔵登録のみとなる。

　参加組織における手作業による書誌登録の方法は、次の二つである。

①流用入力

　参照データセットもしくは総合目録データベース中の類似書誌データ（例えば改訂前の書誌データなど）を利用して新たなデータの登録を行う。この場合、必要に応じてデータ修正が必要である。

②新規入力

　総合目録データベースにも参照データセットにも該当するデータ，または流用入力可能なデータが存在しない場合に，全く新たなデータを作成し、登録を行う。

（2）書誌登録

　次に、図書書誌データの作成についてみていきたい。

　図書書誌データは、タイトル、責任表示、版、出版事項等、図書の書誌的事項を記録したものである。入力方法は先に示したとおり、書誌流用入力か、または書誌新規入力になる。

①書誌流用入力

　総合目録データベースに一致するデータがないとき、次の場合に書誌流用入力ができる。

　　・参照データセットに類似データがヒット

　　・総合目録データベースに類似データがヒット

　参照データは、必ず情報源と照合し、すべてのフィールドについて、総合目

録の入力基準と合致しているか確認し、必要に応じて追加・修正・削除等をする必要がある。また、典拠データ（著者名典拠データや統一書名典拠データ）等、他のデータとリンク形成がされていないため、リンク形成の処理も行う必要がある。流用登録終了後、所蔵登録する。

②書誌新規登録

総合目録データベースにも参照データセットにも一致または類似する書誌がない場合、書誌新規入力となる。

書誌登録・リンク形成は、記述文法に従って入力し、必要に応じてフィールド追加（タグ追加）する。書誌新規登録終了後、所蔵登録する。

図7　図書書誌詳細画面

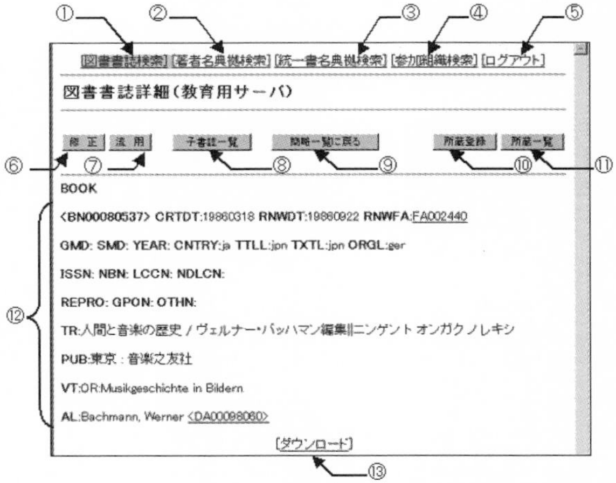

（出典：「目録システム利用マニュアル」（第7版）（2.2. 4 図書書誌詳細画面）

①	図書書誌検索	図書書誌検索画面を表示する。
②	著者名典拠検索	著者名典拠検索画面を表示する。
③	統一書名典拠検索	統一書名典拠検索画面を表示する。
④	参加組織検索	参加組織検索画面を表示する。
⑤	ログアウト	目録システムの利用を終了する。
⑥	［修正］	表示している図書書誌データを修正する。
⑦	［流用］	表示している図書書誌データを流用して、新たなデータを作成する。
⑧	［子書誌一覧］	表示している図書書誌データにリンクしている子書誌データを表示する（書誌構造リンク参照）。

⑨	［簡略一覧に戻る］	図書書誌データの簡略一覧を表示する。
⑩	［所蔵登録］	表示している図書書誌データの所蔵登録を行う。
⑪	［所蔵一覧］	表示している図書書誌データを所蔵している参加組織の一覧を表示する（図書所蔵リンク参照）。
⑫	表示領域	図書書誌データの各フィールド内容を表示する。
⑬	「ダウンロード」	表示している図書書誌データの内容をダウンロードする画面を表示する。

図8　愛知大学図書館の書誌詳細画面

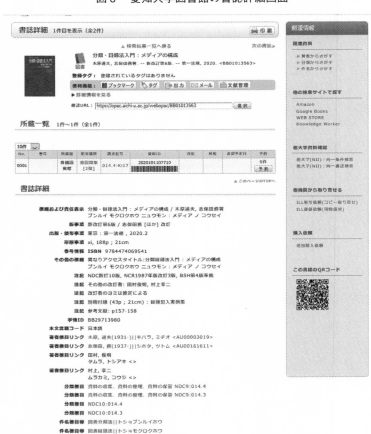

（3）所蔵登録

　新たな書誌データ作成後か、既に書誌データが存在する場合、いずれにしても、所蔵登録を最後に行う必要がある。

・所蔵登録の流れ

①書誌検索

　求める書誌データが存在→書誌確認（同定）へ

　（求める書誌データが存在しない→書誌データ作成へ）

②書誌確認（同定）

　情報源と照合して、確実に同じ書誌であり、さらに、修正の必要がないか判断する。

③所蔵登録

　所蔵データ（各図書館固有のデータ）を入力し、登録する。

　例えば、次のような入力フィールドがある。

　LOC：配置コード

　CLN：請求記号

　RGTN：登録番号

6　典拠データの登録

（1）　著者名典拠データ

　著者名典拠データセットを検索し、完全に一致する目的の著者データが存在しなければ、修正またはデータ登録する必要がある。著者名典拠データの入力は以下のとおりである。

　①　著者名典拠修正：著者名典拠データの内容を変更する必要がある場合、該当データを修正する。

　②　著者名典拠流用入力：ある程度類似した著者名典拠データがある場合、類似したデータを流用して登録する。

　③　著者名典拠新規入力：著者名典拠データが未登録で、類似したデータもない場合、新規に入力して登録する。

（2）　統一書名典拠データ

　統一書名典拠データセットを検索し、完全に一致する目的の統一書名データが存在しなければ、修正またはデータ登録する必要がある。統一書名典拠データの入力は以下のとおりである。

① 統一書名典拠修正：統一書名典拠データの内容を変更する必要がある場合、該当データを修正する。
② 統一書名典拠流用入力：ある程度類似した統一書名典拠データがある場合、類似したデータを流用して登録する。
③ 統一書名典拠新規入力：統一書名典拠データが未登録で、類似したデータもない場合、新規に入力して登録する。

付録：

「NACSIS-CAT/ILLの軽量化・合理化について（最終まとめ）」（これからの学術情報システム構築検討委員会　2018年10月19日）（抜粋）

CAT2020以降の運用における「目録情報の基準」の変更について

1　変更のポイント

　CAT2020の運用にあたって，図書書誌データの作成方法を変更する。本節では変更のポイントを説明し，変更の詳細については操作の流れごとに本章2節以降で説明する。

　ポイント①事前システム登録
・　従来のBOOKに加えて，PREBOOKを導入し，外部機関作成書誌データ（JAPAN/MARC，TRC MARC，US/MARC，UK/MARC，GPO/MARC，DN/MARC）を，事前にシステム登録する。登録の際にはISBN等を用いて同定処理を行い，BOOKまたはPREBOOK上で同一と判定された書誌データは重複して登録しない[1]。なお，登録をとりやめた書誌データからはOTHN，NBN，LCCN，GPON（以下，OTHN等），SH，CLSを抽出し，登録済みの書誌データに自動的に追記する。なお，各種MARCは参照データセットとして従来どおりの提供も継続する。
・　外部機関作成書誌データをシステム登録するために，NACSIS-CATで採用するものとは異なる目録規則で作成された書誌データの存在を許容する。
　ポイント②所蔵登録時の書誌データの自動移行
・　PREBOOKの書誌データに所蔵登録を行うと，当該書誌データは自動的にBOOKに移行する。

ポイント③出版物理単位での書誌作成

- 書誌作成単位を「固有のタイトル」の有無に関わりなく，出版物理単位に変更する。
- VOLグループの繰り返し（いわゆるVOL積）の記述を禁止する。
- 書誌構造リンク形成（親書誌データとのリンク形成）を任意とする。

ポイント④書誌並立の許容

- 同一の資料に対する複数の書誌データの存在を許容し，この時の書誌データの間の関係を並立として定義する。

ポイント⑤CAT2020移行日前に作成の書誌データとの共存

- 第４版以前の「目録情報の基準」をもとにCAT2020移行日前に作成された書誌データは，CAT2020移行日以降もBOOKに残し，所蔵登録も認める。既存のVOLグループの繰り返しが記述された書誌データも残し，所蔵登録を認める。ただし，新たなVOLの追加は禁止する。
- 既存の書誌データにあるVOLグループの繰り返しを，一括して遡及的に分割することは行わない。

ポイント⑥参加館間のレコード調整の廃止

- CAT2020移行日前の図書書誌修正ルールにおいて発見館が修正できない場合は，新規に書誌データを作成することとし，参加館間のレコード調整は廃止する[2]。
- 重複書誌データを再定義（書誌データの内容がほとんど同一で，違いが無視できる場合）し，これらをNIIで統合処理する[3]。

ポイント⑦並立書誌データの自動同定・グループ化（RELATIONテーブルへの登録）

- 並立書誌データ間の関連付けを記述するRELATIONテーブルを導入し，並立書誌データを相互に関連付けする。

ポイント⑧典拠データの自動リンク形成

- 外部機関作成著者名典拠IDをもとに，著者名典拠データとのリンク形成を行う。

注）
1 ）登録条件は，「２外部機関作成書誌データのシステム投入時における事前処理」参照
2 ）書誌修正項目の詳細は，「４書誌データの新規登録・修正」参照
3 ）前述の並立書誌データか，重複書誌データかの判断は「５書誌データの品質管理」参照

Ⅸ　目録の維持，管理

　目録システムを含め，図書館サービス技術全面を掌握する専門家を職場に置き，図書館職員全体の合意で下記のことを決めておく必要がある。以下ではOPACに照準を置いて論述する。Ⅱ章4（3）③参照。

①どの種の目録をもってサービスをするか。コンピュータ目録を軸とするが，利用者に必要な台数のコンピュータ端末を提供できるか。カード目録をどのように残し，どのように遡及入力を図るか。

②どのような図書館情報管理システムを入れ，自館の目録（OPAC）と連携させるか。特にNCR2018年版と関係づけることが重要である。

③導入した図書館情報管理システムをどの程度カスタマイズし，どの業務まで包摂するか。

④書誌ユーティリティによるか，それ以外の方法（外部委託など）によるか。特にCAT2020を実働するNACSIS-CATへの参画を強めあるはそれへの参入を果していない館の場合可能性を追求していく必要がある。

⑤MARCレコードでは，どのMARCを採用するか。

⑥民間MARC採用の場合，整理委託含みか。整理委託のみの採用があるか。

⑦自館入力（一部資料で発生する場合を含む）マニュアルとスタッフの整備。

⑧OPACインターフェースの設計，維持管理関係システムの決定と備え。

⑨Web-OPACにつなぐ場合の技術，対処判断力の確保。その習得研修機会を設ける。

⑩その他

　こうした基盤的な準備を経て閲覧目録がなるが，利用者の実用に供するには，さらに次のような用意が必要である。

1　OPAC利用方法に関する表示

（1）利用一般関係

　OPAC以外の検索機能も兼ねるコンピュータ端末の場合，利用IDの要・不要を告知。要の場合，ID入手法，その手続きの指示。利用時間制限等の通知。

（2）機器作動関係

①デスクトップ初期画面（スイッチON・OFFのボタン指示から）。

②操作開始の指示（タッチパネルかキーボードか。文字配列具合表示）。
③OPACアイコン表示。Web-OPACへの転進可能の場合，その方法の指示。
④取得書誌情報の安定化法（紙などへの出力法など）の指示。
⑤その他

2　OPAC入力画面に関する告知

上記1の（2）②の画面で示すか，用紙マニュアルに記し備え付けておく。

（1）入力方法
①入力文字：仮名入力か，ローマ字入力か。
②文字変換：漢字変換できるか，変換しての入力が必要か。
③上記①，②のいずれにおいても，二つ以上の読み，表示が並存する場合，そのいずれからも入力でき，結果を得ることができるか。または固有，統一の形によるべきか告知。
　例）（　）内の検索語で左側の語に到着できるか。またその逆はどうか。
　　　日本（ニホン；ニッポン）
　　　米谷（コメタニ，コメヤ，マイタニ，ヨネタニ，ヨネヤ）
　　　ワタナベ　ジロウ（渡辺；渡邊；渡邉　―　次郎，治朗，二郎，…）
　　　シマサキ（島崎；島﨑；嶋崎；嶋﨑）←　シマザキ

（2）検索フィールド
①検索枠を設けるか：自由入力，書誌事項枠へ入力か。
②検索画面の精粗：簡易検索，詳細検索。

3　OPAC出力画面に関する告知

これについても，上記1の（2）②の画面か，備え付けマニュアルで告知する。

（1）書誌レコード，書誌事項に関する説明
①本タイトル（データ番号），責任表示（その読み），版，出版，形態，シリーズ，ISBNなど
②標目指示
③所在記号
④典拠コントロール（統一著者名，統一書名など）
上記以外に，これに類する事項の説明。

（2）書誌レコードの表示一般に関する説明
　①変体仮名を平仮名に変え，漢字を常用漢字に変えている場合は，その件を
　　説明。
　②複数の書誌レコードをリスト化して表示する場合，その配列順。
　③その配列上，仮名と漢字，濁音・促音，ローマ字などをどう扱うか。
　④著者の配列では，西洋人の場合も姓を第一の配列要素とするか。

付 資料1 NDC新訂10版 一般補助表〈地理区分〉（抜粋）

-1	日 本		-152	長野県［信濃国］
-11	北海道地方 ＊蝦夷は，ここに		-153	岐阜県［飛驒国．美濃国］
-111	道北：宗谷総合振興局ほか［北見 国］		-154	静岡県［伊豆国．駿河国．遠江国］
			-155	愛知県［尾張国．三河国］
-112	道東：根室振興局ほか［根室国. 釧路国］		-156	三重県［伊勢国．伊賀国．志摩国］
			-16	近畿地方
-113	十勝総合振興局［十勝国］		-161	滋賀県［近江国］
-114	上川総合振興局ほか［日高国］		-162	京都府［山城国．丹波国．丹後国］
-115	道央：石狩総合振興局ほか［石狩国］		-163	大阪府［和泉国．河内国．摂津国］
-116	道西：留萌総合振興局［天塩国］		-164	兵庫県［播磨国．但馬国．淡路国．
-117	後志総合振興局ほか［後志国. 胆振国］			西摂．西丹］
			-165	奈良県［大和国］
-118	道南：渡島総合振興局ほか［渡島 国］		-166	和歌山県［紀伊国］
			-17	中国地方
-119	千島列島［千島国］ ＊北方四島		-171	山陰地方
-12	東北地方 ＊奥羽は，ここに収める		-172	鳥取県［因幡国．伯耆国］
-121	青森県［陸奥国］		-173	島根県［出雲国．石見国．隠岐国］
-122	岩手県［陸中国］		-174	山陽地方 ＊瀬戸内地方は，ここに
-123	宮城県［陸前国］		-175	岡山県［備前国．備中国．美作国］
-124	秋田県［羽後国］		-176	広島県［安芸国．備後国］
-125	山形県［羽前国］		-177	山口県［周防国．長門国］
-126	福島県［岩代国．磐城国］		-18	四国地方 ＊南海道は，ここに
-13	関東地方 ＊坂東は，ここに収める		-181	徳島県［阿波国］
-131	茨城県［常陸国］		-182	香川県［讃岐国］
-132	栃木県［下野国］		-183	愛媛県［伊予国］
-133	群馬県［上野国］		-184	高知県［土佐国］
-134	埼玉県［武蔵国］		-19	九州地方 ＊西海道は，ここに
-135	千葉県［上総国．下総国．安房国］		-191	福岡県［筑前国．筑後国．豊前国］
-136	東 京 都		-192	佐賀県［肥前国］
-137	神奈川県［相模国］		-193	長崎県［壱岐国．対馬国．西肥］
-14	北陸地方		-194	熊本県［肥後国］
-141	新潟県［越後国．佐渡国］		-195	大分県［豊後国．北豊］
-142	富山県［越中国］		-196	宮崎県［日向国］
-143	石川県［加賀国．能登国］		-197	鹿児島県［薩摩国．大隅国］
-144	福井県［越前国．若狭国］		-199	沖縄県［琉球国］
-15	中部地方：東山・東海地方			
-151	山梨県［甲斐国］			

-2　　アジア. 東洋　＊シルクロードはここ
　　　　に
-21　　　朝　　　　鮮
-22　　　中　　　　国
-23　　　東南アジア
-24　　　インドネシア
-25　　　イ ン ド　＊南アジアは, ここに
-27　　　西南アジア. 中東 [中近東]
-29　　　アジアロシア

-3　　　ヨーロッパ. 西洋
-33　　　イギリス. 英国　＊イギリス連邦
-34　　　ドイツ. 中欧
-345　　　　ス イ ス　＊アルプス
-346　　　　オーストリア
-347　　　　ハンガリー
-348　　　　チ ェ コ
-349　　　　ポーランド
-35　　　フランス
-358　　　　ベネルックス. ベルギー
-359　　　　オランダ
-36　　　スペイン [イスパニア]　＊南欧
-369　　　ポルトガル
-37　　　イタリア
-38　　　ロシア　＊独立国家共同体はここ
-389　　北ヨーロッパ　＊スカンジナビア
-3892　　　　フィンランド
-3893　　　　スウェーデン
-3894　　　　ノルウェー
-3895　　　　デンマーク
-3897　　　　アイスランド
-39　　　バルカン諸国　＊東欧はここに
-391　　　ルーマニア
-392　　　ブルガリア
-393　　　セルビア. コソボ. モンテネグロ
　　　　　　　　＊ユーゴスラビアはこの記号を
-3931　　　　　セルビア
-3932　　　　　モンテネグロ
-3933　　　　マケドニア
-3934　　　　ボスニア・ヘルツェゴビナ
-3935　　　　クロアチア

-3936　　　　スロベニア
-394　　　アルバニア
-395　　　ギリシア
-4　　　アフリカ
-41　　　北アフリカ
-42　　　エジプト
-43　　　マグレブ諸国 (アルジェリアなど)
-44　　　西アフリカ (ギニアなど)
-45　　　東アフリカ (エチオピアなど)
-48　　　南アフリカ (南ア共和国など)
-49　　　インド洋のアフリカ諸島
-5　　　北アメリカ
-51　　　カ ナ ダ
-53　　　アメリカ合衆国
-55　　　ラテンアメリカ [中南米]
-56　　　メ キ シ コ
-57　　　中央アメリカ [中米諸国]
-59　　　西インド諸島 (キューバなど)
-6　　　南アメリカ
-61　　　北 部 諸 国 [カリブ沿海諸国]
-62　　　ブラジル　＊アマゾンはここに
-63　　　パラグアイ
-64　　　ウルグアイ
-65　　　アルゼンチン
-66　　　チ　　　リ
-67　　　ボ リ ビ ア
-68　　　ペ ル ー
-7　　　オセアニア. 両極地方
-71　　　オーストラリア
-72　　　ニュージーランド
-73　　　メラネシア (フィジーなど)
-74　　　ミクロネシア (グァムなど)
-75　　　ポリネシア (トンガなど)
-76　　　ハ ワ イ
-77　　　両 極 地 方
-78　　　北極. 北極地方
-79　　　南極. 南極地方

付　資料2　NDC新訂10版　日本史〈時代区分〉

*新設の記号にはプラス記号「＋」が付されている。

210　日　本　史　General history of Japan
* 日本学は，ここに収める
.01　　国史学．日本史観 → : 121.52
.02　　歴史補助学
* 系譜→288.2；紋章→288.6
.023　　年代学．紀年法
* 年号，国号は，ここに収める
210.025　　考　古　学
* ここには，日本全般に関するもので時代を特定しないものを収める
* 特定の地域全般に関するものおよび個々の遺跡・遺物に関するものは，211/219に収める；ただし，個々の遺跡・遺物に関するものでも一国の歴史に関係ある遺跡・遺物は，日本史の特定の時代に収める　例：215.4静岡県の考古遺跡一覧
.027　　古　銭　学
.028　　金石学：金石文，金石誌
.029　　古文書学．花押 → : 210.088
.03　　参考図書［レファレンスブック］
.038　　歴史地図
.08　　叢書．全集．選集
.088　　史料．日記．古文書→ : 210.029
.09　　有職故実．儀式典例 → : 288.4；322.1；385/386
* 時代を問わず，ここに収める
.091　　譲位．践祚．即位．大嘗祭
.092　　元服．年賀
.093　　立太子．立后．女御入内．御産
.094　　大喪．服忌．触穢
.095　　改　元
.096　　節会．朝賀
.097　　親王・将軍宣下．任大臣．除目
.098　　供御．膳部．装束．服色．調度．輿車
.099　　御幸啓．御成
* 明治以後の御幸啓は，288.48に収める
.1　　通史
* 法制史 →322.1
.12　　文化史

.17　　災異史
.18　　対外交渉史
* 相手国による地理区分
.19　　戦争史 → : 391.2
<2/.7　　時代史>
.2　　原始時代
.23　　旧石器時代［先土器時代］
.25　　縄文時代［新石器時代］紀元前約1万年－紀元前4世紀
.27　　弥生時代 紀元前3世紀-紀元後3世紀
.273　　邪馬台国
.3　　古代 4世紀－1185　古代国家の成立，氏族社会，奴隷制社会
* 古事記，日本書紀→ : 913.2
.32　　古墳時代 4世紀-591
* 大和時代は，ここに収める
210.33　　飛鳥時代　592-645　推古・舒明・皇極紀，聖徳太子
.34　　大化改新時代　645-710　孝徳から文武紀，壬申の乱　672
.35　　奈良時代　710-784　元明から光仁紀，律令制
* 天平時代は，ここに収める
.36　　平安時代　784-1185．平安初期 784-876　桓武から清和紀，弘仁・貞観時代，薬子の変　810
.37　　平安中期　876-1068．摂関時代［藤原時代］陽成から後冷泉紀，延喜天暦の治，承平天慶の乱 935-941
.38　　平安後期 1068-1185．院政時代．源平時代　後三条から二条紀，前九年の役 1051-1062，後三年の役 1083-1087，保元の乱 1156，平治の乱 1159
.39　　六波羅時代［平氏時代］1166-1185　六条・高倉・安徳紀
.4　　中世　1185-1600．前期封建時代　守護制
.42　　鎌倉時代　1185-1333

付 資料 3　NDC新訂10版　一般補助表〈言語区分〉

-1　日　本　語

-2　中　国　語
-29　その他の東洋の諸言語
　　　　＊中国語→ -2；日本語→ -1
-291　朝鮮語［韓国語］
-292　アイヌ語
-2929　古アジア諸語［極北諸語］：ギリヤーク語，チュクチ語
　　　　＊エスキモー・アレウト諸語→ -951
-293　チベット・ビルマ諸語
　　　　＊シナ・チベット諸語には，この記号を使用する
-2931　ヒマラヤ諸語
　　　　＊西夏語には，この記号を使用する
-2932　チベット語．ゾンカ語
-2935　ビルマ語［ミャンマー語］．ロロ語［彝語］
　　　　＊アッサム語→ -2985
-2936　カム・タイ諸語：タイ語［シャム語］
-29369　ラオ語［ラオス語］．シャン語．アホム語．カレン語群
　　　　＊ミャオ・ヤオ諸語には，この記号を使用する
〈-2937／-2939　オーストロ・アジア諸語〉
-2937　モン・クメール諸語：ベトナム語［安南語］
-2938　クメール語［カンボジア語］．モン語
-2939　ムンダー諸語．ニコバル島諸語
-294　オーストロネシア諸語［マライ・ポリネシア諸語］
-2941　高山族諸語
-2942　ムラユ語［マレー語．マライ語］．インドネシア語
-2943　ジャワ語．パラオ語．スンダ語．マラガシ語［マダガスカル語］．テトゥン語
-2944　フィリピノ語［タガログ語］
-2945　ポリネシア諸語：マオリ語，ヌクオロ語，サモア語，ツバル語，トンガ語
-2946　メラネシア諸語：フィジー語
-2947　ミクロネシア諸語：キリバス語，ナウル語，マーシャル語
-295　アルタイ諸語
　　　　＊ウラル・アルタイ諸語には，この記号を使用する
　　　　＊ウラル諸語→ -936；朝鮮語［韓国語］→ -291
-2953　ツングース諸語：女真語，満州語
-2955　モンゴル諸語：モンゴル語［蒙古語］，カルムイク語，ブリヤート語
-2957　チュルク諸語：トルコ語，アゼルバイジャン語，ウズベク語，カザフ語，キルギス語，トルクメン語
-2958　ウイグル語．突厥語

-296　ドラビダ諸語：タミル語，テルグ語
　　　　＊インド諸語→ -298
-2969　カフカース諸語：グルジア語
-297　セム・ハム諸語［アフロ・アジア諸語］
　　　　＊セム諸語には，この記号を使用する
　　　　＊ハム諸語→ -942
-2971　アッカド語：アッシリア語，バビロニア語
-2972　カナン語群．フェニキア語
-2973　ヘブライ語
　　　　　＊イディッシュ語→ -499
-2974　アラム語
-2975　シリア語
-2976　アラビア語
-29769　マルタ語
-2978　エチオピア諸語：アムハラ語，ティグリニャ語
-298　インド諸語
　　　　＊ドラビダ諸語→ -296
-2981　オリヤー語．マラーティー語．グジャラート語．ロマニー語［ロマ語］．シンド語［シンディー語］
　　　　＊-2983／-2989以外のインド諸語には，この記号を使用する
-2983　ヒンディー語
-2984　ウルドゥー語
-2985　パンジャーブ語．アッサム語．ベンガル語
-2986　ネパール語
-2987　シンハラ語．ディベヒ語
-2988　サンスクリット［梵語］．ベーダ語
-2989　パーリ語．プラークリット
-299　イラン諸語
-2993　ペルシア語
-2998　その他のイラン諸語：アベスタ語，オセット語，パシュトー語，クルド語，タジク語
-2999　アルメニア語，ヒッタイト語，トカラ語

〈-3／-4　ゲルマン諸語〉
　　　　＊ゲルマン諸語〈一般〉→-49

-3　英　　　語
　　　＊アメリカ英語には，この記号を使用する

-4　ドイツ語
-49　その他のゲルマン諸語
　　　　＊ゲルマン諸語〈一般〉，ルクセンブルク語には，この記号を使用する
-491　低地ドイツ語，フリジア語［フリースランド語］

-492　フラマン語
-493　オランダ語［蘭語］
-4939　アフリカーンス語
-494　北欧語
-495　アイスランド語. 古ノルド語
-496　ノルウェー語
-497　デンマーク語
-498　スウェーデン語
-499　イディッシュ語
-4999　ゴート語

〈-5／-7　ロマンス諸語〉
　　　　＊ラテン語→ -92：ロマンス諸語〈一般〉→ -79

-5　フランス語
-59　プロバンス語
　　　＊オック語には，この記号を使用する
-599　カタロニア語

-6　スペイン語
-69　ポルトガル語
　　　＊ブラジル語には，この記号を使用する
-699　ガリシア語

-7　イタリア語
-79　その他のロマンス諸語
　　　＊ロマンス諸語〈一般〉には，この記号を使用する
-791　ルーマニア語. モルドバ語
-799　レト・ロマンス諸語

-8　ロシア語
　　　＊スラブ諸語〈一般〉→ -89
-89　その他のスラブ諸語
　　　＊スラブ諸語〈一般〉には，この記号を使用する
-891　ブルガリア語. マケドニア語
-892　セルビア語. クロアチア語. ボスニア語. モンテネグロ語
-893　スロベニア語
-894　ウクライナ語. ベラルーシ語
-895　チェコ語［ボヘミア語］
-896　スロバキア語
-897　ソルブ語［ベンド語］
-898　ポーランド語

-899　バルト諸語：古プロシア語，ラトビア語［レット語］，リトアニア語

-9　その他の諸言語
-91　ギリシア語
-919　近代ギリシア語
-92　ラテン語
　　　＊ロマンス諸語→ -5／ -7
-93　その他のヨーロッパの諸言語
-931　ケルト諸語
-932　アイルランド語．スコットランド・ゲール語
-933　ブルトン語．ウェールズ語．コーンウォール語
-934　アルバニア語
-935　バスク語
-936　ウラル諸語
　　　＊アルタイ諸語→ -295
-9361　フィンランド語［スオミ語］
　　　＊フィン・ウゴル諸語には，この記号を使用する
-9362　エストニア語
-9363　サーミ語［ラップ語］
-937　ウゴル諸語：ハンガリー語［マジャル語］
-938　サモエード諸語
-94　アフリカの諸言語
　　　＊アフリカーンス語→ -4939；セム諸語，セム・ハム諸語［アフロ・アジア諸語］
　　　　→ -297；マラガシ語→ -2943
-942　古代エジプト語．コプト語
　　　＊ハム諸語には，この記号を使用する
-943　ベルベル諸語
-944　クシ諸語：ソマリ語
-945　チャド諸語：ハウサ語
-946　ナイル・サハラ諸語
-947　ニジェール・コルドファン諸語：バントゥ諸語，スワヒリ語
-948　コイサン諸語：コイ語，サン語
-95　アメリカの諸言語
-951　エスキモー・アレウト諸語：エスキモー語［イヌイット語］，アレウト語
　　　＊古アジア諸語→ -2929
-952　北米インディアン諸語．南米インディアン諸語：カリブ諸語
-97　オーストラリアの諸言語
　　　オーストラリア先住民語，タスマニア諸語
-979　パプア諸語
-99　国際語［人工語］
-991　エスペラント
-993　イード．ボラピューク．オクツィデンタル．ノビアル

付 資料4　NDC新訂10版　相関索引（部分）

トシヨ

土壌安定化（土木工学）	511.36	図書館財政	011.4
土壌汚染（公害）	519.5	図書館サービス	015
土壌化学	613.53	図書館施設	012
土壌学	613.5	図書館情報学	010
土壌気候	613.55	図書館職員	013.1
土壌形態学	613.54	図書館職員養成	010.7
図書受入法	014.2	図書館職員倫理	013.1
土壌細菌学	613.56	図書館資料	014.1
土壌試験	613.58	図書館資料収集	014.1
土壌侵食	613.51	図書館税	011.4
土壌生成	613.54	図書館政策	011
土壌動物	481.76	図書館製本	014.66
土壌微生物学	613.56	図書館設備	012.8
土壌物理学	613.52	図書館相互協力	011.3
土壌分析	613.58	図書館相互貸借	015.13
土壌分類	613.57	図書館組織	013.2
図書解題	025	図書館調査	013.5
図書学	020	図書館統計	013.5
図書貸出	015.1	図書館ネットワークシステム	011.3
図書館	010	図書館の自由	010.1
図書館員	013.1	図書館備品	012.9
図書館会計	013.4	図書館評価法	013.5
図書館家具	012.9	図書館分館制	011.38
図書館学	010	図書館法	011.2
図書館学教育	010.7	図書館奉仕	015
図書館活動	015	図書館網	011.3
図書館管理	013	図書館用品（図書館管理）	013.6
図書館機械化	013.8	（図書館設備）	012.9
図書館基準	011.2	図書館予算	013.4
図書館教育	010.7	図書館利用教育	015.23
（学校教育）	375.18	図書館利用法	015
図書館協議会	013.3	図書館論	010.1
図書館行政	011.1	図書記号法	014.55
図書館経営	013	図書形態	022.5
図書館計画	011.3	図書材料	022.6
図書館建築	012	図書史	020.2
図書館広報活動	013.7	図書収集	024.9
図書館コンソーシアム	011.3	図書整理法	014

付 資料5　日本著者記号表（部分）

Mu		N	O		P	R		Sa	Se		Sh	So		Su
Mu	11	**N**	**O**	11	**P**	**R**	11	**Sa**	**Se**	11	**Sh**	**So**	11	**Su**
Mub	12	Nac	Obat	12	Paci	Rae	12	Sac	Seb	12	Shak	Sob	12	Suc
Muc	13	Nag	Obe	13	Pad	Ram	13	Sad	Sec	13	Shar	Soc	13	Sud
Mud	14	Nagai	Obi	14	Pae	Ran	14	Sae	Sed	14	She	Socr	14	Sudo
Mudai	15	Nagam	Och	15	Pag	Rane	15	Sag	See	15	Shi	Sod	15	Sue
Mue	16	Nagano	Oct	16	Pain	Rann	16	Sagar	Seg	16	Shibah	Sodani	16	Sueh
Muf	17	Nagao	Od	17	Pal	Rao	17	Sai	Sei	17	Shibak	Sode	17	Suem
Mng	18	Nagaok	Oe	18	Palm	Rau	18	Saigo	Seim	18	Shibat	Sodeo	18	Suen
Mugi	19	Nagar	Of	19	Pam	Rax	19	Saij	Sein	19	Shibay	Sodo	19	Sueo
Muh	21	Nagas	Og	21	Pan	Re	21	Saik	Sej	21	Shibu	Soe	21	Sug
Mui	22	Nagasaw	Ogas	22	Pɔp	Reb	22	Sain	Sek	22	Shibut	Soej	22	Sugad
Muk	23	Nagat	Ogat	23	Par	Ree	23	Sait	Seke	23	Shibuy	Soem	23	Sugai
Mukai	24	Nagato	Ogaw	24	Parke	Reg	24	Saitam	Seki	24	Shibuz	Sof	24	Sugam
Mukas	25	Nagay	Ogi	25	Parm	Rei	25	Saito	Sekid	25	Shid	Sog	25	Sugan
Muki	26	Nage	Ogu	26	Pas	Rem	26	Saj	Sekig	26	Shide	Sogan	26	Sugao
Muko	27	Nagoy	Oh	27	Pat	Ren	27	Sak	Sekigu	27	Shig	Sogaw	27	Sugaw
Muku	28	Nai	Ohashi	28	Pau	Rep	28	Sakag	Sekih	28	Shige	Sogo	28	Sugawar
Mul	29	Naito	Ohi	29	Pay	Reu	29	Sakai	Sekij	29	Shigen	Sogu	29	Sugay
			Oi	31	Pe	Rh	31	Sakak	Sekik	31	Shih	Soj	31	Suge
Mure	67	Neu	On..		Peas	Ri	32	Sakam	Sekiko	32	Shii	Sok	32	Sugi
Muri	68	New	Onu	68		Rib	33	Sakamu	Sekim	33	Shik	Sol	33	Sugie
Murn	69	Nez	Oo	69	Pit	..h	34	Sakao	Sekimu	34	Shiki	Soll	34	Sugih
							35	Sakao	Sekin	35	Shim	Solt	35	Sugii
Muro	71	Ni	Or	71	Pl	Ros		Sakas	Sekine	36	Shimad	Som	36	Sugik
Murob	72	Nii	Os	72	Ple	Rose	72	Sass..	Sekino	37	Shimae	Somi	37	Sugim
Muroi	73	Nij	Osak	73	Plo	Ross	73	Sass..	Sekio	38	Shimam	Somo	38	Sugimo
Murok	74	Nil	Osan	74	Plum	Rot	74	Sasaj	..iS	39	Shimamu	Somu	39	Sugimu
Muros	75	Nim	Ose	75	Plun	Rou	75	Sasak	Se..					
Murot	76	Nin	Oshi	76	Pas	Roum	76	Sasam	Seo		..iman	Son	41	Sugin
Muroy	77	Nippon	Oshim	77	Poll	Row	77	Sasao	Seok	77	Sh..	Sond	42	Sugino
Murp	78	Nir	Oshit	78	Pom	Rowe	78	Sasaok	Sej	78	Shioy	Soto..		..gio
Murr	79	Nis	Osu	79	Pon	Roy	79	Sasay	Seq	79	Shioz	Sotoz	79	Suso
Mus	81	Nishi	Ot	81	Pop	Ru	81	Sase	Ser	81	Shir	Sou	81	Susu
Musashi	82	Nishih	Otak	82	Por	Rud	82	Sass	Serg	82	Shirais	Soul	82	Susukid
Muse	83	Nishik	Otaki	83	Port	Rug	83	Sat	Seri	83	Shirak	Soup	83	Sut
Mush	84	Nishim	Otani	84	Pos	Ruh	84	Sati	Sern	84	Shiran	Sous	84	Suto
Mushi	85	Nishin	Ote	85	Pott	Rum	85	Sato	Serr	85	Shiras	Sout	85	Suu
Musl	86	Nishio	Oto	86	Pou	Run	86	Satom	Serv	86	Shirat	Souv	86	Suv
Muso	87	Nishiw	Ots	87	Pow	Rur	87	Satomu	Ses	87	Shiray		87	Suw
Muss	88	Nit	Otsuk	88	Pr	Rus	88	Satsu	Sess	88	Shiri		88	Suy
Must	89	Niw	Otsuki	89	Prau	Russ	89	Satt	Sesu	89	Shiro		89	Suyam
Mut	91	No	Ou	91	Pre	Rut	91	Sau	Set	91	Shishi	Sov	91	Suz
Mute	92	Nod	Our	92	Pres	Ruy	92	Sav	Seth	92	Shit	Sovi	92	Suzak
Muto	93	Nog	Ow	93	Pri	Ry	93	Saw	Seto	93	Shiz	Sow	93	Suzu
Mutsu	94	Nom	Oy	94	Pro	Rye	94	Sawai	Sett	94	Shizu	Soy	94	Suzuk
Mutsumi	95	Nomu	Oyam	95	Pru	Ryn	95	Sawam	Seu	95	Sho	Soz	95	Suzukaw
Muw	96	Nor	Oz	96	Pu	Ryo	96	Sawan	Sev	96	Shoj		96	Suzuki
Muy	97	Nos	Ozaw	97	Pur	Ryok	97	Sawar	Sew	97	Show		97	Suzum
Muz	98	Noz	Oze	98	Put	Ryu	98	Saway	Sey	98	Shr		98	Suzun
Muze	99	Nu	Ozo	99	Py	Ryut	99	Say	Sex	99	Shu		99	Suzut

付 資料 6　物的な面での図書各部の名称

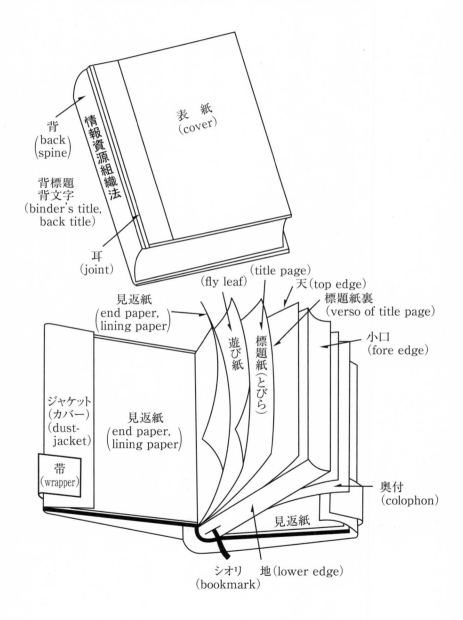

付 資料 7　　冊子目録（例）

鈴木淳・マグウェイ山田久仁子編著『ハーバード燕京図書館の日本古典籍』八木書店，2008，p.226 より

226

和書之部

一、総記

【図書】

001　正斎書籍考 *Seisai shojakukō*　2 巻首巻 1 巻　　　　　TJ 120/3432
近藤正斎（*Kondō, Seisai*）著。中本 3 冊。18.3×12.4 cm。文政 6（1823）年
正月、江戸須原屋茂兵衛、同和泉屋庄次郎、京都植村藤右衛門、大坂河内屋
源七郎（蔵版）刊、後印。見返し「摂城書肆前川文栄堂新鐫」。「浪華書林前
川文栄堂蔵版略目」1 丁を付。

002　伝教大師将来目録 *Dengyō Daishi shōrai mokuroku* TJ 1873.1/6300.1
最澄（*Saichō*）著。特大本 1 冊。29.0×20.3 cm。模刻本。序、文政 4 年
（1821）真超。跋、文政 4 年亮照。「比叡山浄土院蔵版」。「天台僧正徳勝ベツ
ォールド蔵書印」。

003　近代著述目録 *Kindai chojutsu mokuroku*　　　　TJ 9644.6/4470
堤朝風（*Tsutsumi, Asakaze*）編、英平吉（*Hanabusa, Heikichi*）補。横
本 1 冊（巻 5 のみ存）。7.9×17.9 cm。天保 7 年（1836）□□刊、江戸和泉屋
金右□□、英□□刊、後印。蔵書印「菅氏蔵本」。

004　官籍目録 *Kanseki mokuroku*　存 2 巻　　　　　　TJ 9660/6174
写 2 冊存。18.0×14.1 cm。江戸時代後期写。外題「昌平学□録解題」「昌平
学地誌目録」。昌平坂学問所の蔵書目録の一部で、各冊見返しの記載「四部、
国書、番外、記録、地誌、献部、納部、異国」のうち、記録、地誌に相当。
蔵書印「祠官清水彦介」「清水尚志堂蔵書」。

【事典・事彙】

005　訓蒙図彙 *Kinmō zui*　21 巻目録 1 巻　　　　　TJ 5858/5490a
中村惕斎（*Nakamura, Tekisai*）編、下河辺拾水（*Shimokōbe, Shūsui*）画。
半紙本合 2 冊。22.6×15.7 cm。寛政元年（1789）3 月改刻、京都谷口勘三郎
他 8 軒後印。序、寛文 8 年（1668）中丸光、寛文 6 年惕斎。跋、寛文 9 年春
荘端隆。題簽「増補頭書訓蒙図彙大成」。

付 資料 8　単一記入制目録のための標目選定表

（NCR1987年版改訂 3 版　標目付則 2 ）

標目指示中から，単一記入制目録の標目（基本標目）を一つずつ特定するために用いる。

A　個人または団体の著者標目を基本標目とするもの
　　～これによって特定した標目は標目指示で「au」を冠して記録する。

指示する標目	事　　例
(1)　著者（直接の責任を持つもの）が 1 の場合	
・ 1 　著作一般 その著者（原初的な著作者） 改作者，脚色者等 編纂者	原初的な著作，その翻訳・注釈 改作書，小説等を戯曲化したもの等 辞書，目録等。編纂によってできた著作
・ 2 　一団体主宰の催しの記録類 主宰団体	その団体が主宰する会議の会議録等 その団体主宰の展覧会，博覧会の出品目録等
・ 3 　独立の会議の記録類 その会議（名）	主宰団体を頂かない会議の議事録
・ 4 　法律，条例等 国，地方公共団体等	
(2)　著者（直接の責任を持つもの）が 2 の場合 主な著者，または最初の著者	(1)が二人，または 2 団体，あるいは一人と 1 団体等による共著作である場合

B　タイトル標目を基本標目とするもの
　　～これによって特定した標目は標目指示で「tu」を冠して記録する。

(1)　統一タイトルの規定で規定するもの 統一タイトル	無著者名古典等
(2)　著者（直接責任を持つもの）が不明な著作 本タイトル	ただし前項（無著者名古典）の場合を除く
(3)　著者（同上）の数が 3 以上の著作 本タイトル	『学校教育と図書館』（志保田務，北克一，山本順一編著）の場合，「学校教育と図書館」が標目

付 資料 9　基本件名標目表（BSH）第 4 版（抜粋）

＜標目・参照語の配列＞

1.　五十音順
2.　「日本―歴史」においては，細目，地理区分の順。時代細目を年代順に配列した。これはBSH 4 版第 1 刷の本表と異なるが，同表序説 9 (8) c, d にならい，かつ第 2 刷（以後）によったものである。

（件名標目のあとの⑧はNDC新訂 8 版，⑨はNDC新訂 9 版を指す。参考用に正式に付記されたもの）

ガッコウシシ　**学校司書**　⑧*017* ⑨*017*
　　　　　　　　　　TT：学校 34. 図書館 183
　　　　　　　　　　BT：学校図書館

ガッコウトシ　**学校図書館**＊　⑧*017* ⑨*017*
　　　　　　　　　　UF：図書館（学校）
　　　　　　　　　　TT：学校 34. 図書館 183
　　　　　　　　　　BT：学校. 図書館
　　　　　　　　　　NT：学級文庫. 学校司書. 司書教諭. 図書館教育
　　　　　　　　　　RT：児童図書館

ケンポウ　　　**憲法**＊　⑧*323* ⑨*323*
　　　　　　　　　　NT：憲法―日本. 憲法―日本（明治）. 憲法改正. 公共の福祉. 国家
　　　　　　　　　　　　と個人. 司法権. 主権. 人権. 請願. マグナカルタ

ケンメイヒョ　**件名標目**＊　⑧*014.49* ⑨*014.49*
　　　　　　　　　　UF：シソーラス
　　　　　　　　　　TT：資料整理法 130
　　　　　　　　　　BT：件名目録法

コウキョウト　公共図書館　→**図書館（公共）**

コクゴ　　　　国語　→**日本語**

サクインホウ　**索引法**＊　⑧*007.53* ⑨*007.53*
　　　　　　　　　　TT：情報科学 121. 資料整理法 130
　　　　　　　　　　BT：情報検索. 資料整理法
　　　　　　　　　　NT：パンチカード

ザッシ　　　　〔雑誌〕＜一般細目＞
　　　　　　　　　　特定主題に関する雑誌・紀要に対して，その主題を示す件名標目のも
　　　　　　　　　　とに，一般細目として用いる。（例：**映画―雑誌**）

ザッシ　　　　**雑誌**＊　⑧*014.75 ; 050* ⑨*014.75 ; 050*
　　　　　　　　　　SN：この件名標目は，雑誌に関する著作および総合雑誌にあたえる。
　　　　　　　　　　UF：紀要
　　　　　　　　　　TT：図書館資料 184. マス　コミュニケーション 224
　　　　　　　　　　BT：逐次刊行物. マス　コミュニケーション
　　　　　　　　　　NT：コミック誌. 週刊誌. タウン誌

　　　　　　　　　　　RT：ジャーナリズム

　　　　　　　　　　　SA：各主題，分野のもとの細目**―雑誌**をも見よ。（例：**映画―雑誌**）

　　―サクイン　**雑誌―索引***　⑧027.5　⑨027.5

　　　　　　　　　　　SN：この件名標目は，一般の雑誌記事索引にあたえる。

　　　　　　　　　　　UF：記事索引．雑誌記事索引

　　　　　　　　　　　SA：各主題，分野のもとの細目**―書誌**をも見よ。（例：**化学―書誌**）

ザッシキジサ　雑誌記事索引　**→雑誌―索引**

サンコウギョ　参考業務（図書館）**→レファレンス　ワーク**

サンコウトシ　**参考図書***　⑧015.2　⑨015.2

　　　　　　　　　　　UF：レファレンス　ブック

　　　　　　　　　　　TT：図書館資料 184．図書館奉仕 185

　　　　　　　　　　　BT：図書．レファレンス　ワーク

シジョウロン　**市場論**　⑧331.845　⑨331.845

　　　　　　　　　　　TT：経済学 60

　　　　　　　　　　　BT：流通

　　　　　　　　　　　NT：マーケティング

　　　　　　　　　　　RT：配給

シショキョウ　**司書教諭**　⑧017　⑨017

　　　　　　　　　　　TT：学校 34．図書館 183

　　　　　　　　　　　BT：学校図書館

ジジョデン　**自叙伝**　⑧289　⑨289

　　　　　　　　　　　UF：自伝

　　　　　　　　　　　TT：伝記 168

　　　　　　　　　　　BT：伝記

シチョウカク　**視聴覚資料***　⑧014.77；375.19；379.5　⑨014.77；375.19；379.5

　　　　　　　　　　　UF：図書以外の資料

　　　　　　　　　　　TT：図書館資料 184

　　　　　　　　　　　BT：図書館資料

　　　　　　　　　　　NT：紙芝居．幻灯．ビデオ　ディスク．標本．模型．レコード．録音
　　　　　　　　　　　　　資料．録音図書

ジドウトショ　**児童図書館***　⑧016.28　⑨016.28

　　　　　　　　　　　UF：図書館（児童）

　　　　　　　　　　　TT：図書館 183

　　　　　　　　　　　BT：図書館

　　　　　　　　　　　NT：ストーリー　テリング

　　　　　　　　　　　RT：学校図書館

シャカイキョ　**社会教育***　⑧379　⑨379

　　　　　　　　　　　TT：教育 47

　　　　　　　　　　　BT：教育

　　　　　　　　　　　NT：公民館．サークル活動．識字運動．社会教育施設．女性団体．青

少年教育. 青少年施設. 青少年団体. 成人教育. 青年教育. 読書運動.
図書館（公共）. ＰＴＡ

RT：生涯学習

ショウガイガ　**生涯学習**　⑧379　⑨379

UF：生涯教育

TT：教育 47

BT：教育

NT：独学

RT：社会教育

ショウガイキ　生涯教育　**→生涯学習**

ジョウホウカ　**情報科学***　⑧007　⑨007

NT：コンピュータ. 情報管理. 情報検索. 情報工学. 情報処理. 情報
センター. 情報利用法. 情報理論. データ通信. ドキュメンテーショ
ン. 図書館情報学

ジョウホウカ　**情報管理***　⑧007.5；336.17　⑨007.5；336.17

TT：情報科学 121

BT：情報科学

NT：システム設計. システム分析. データ管理. データ処理（コン
ピュータ）. プログラミング（コンピュータ）

RT：ドキュメンテーション

ジョウホウケ　**情報検索***　⑧007.5　⑨007.58

UF：ＩＲ

TT：情報科学 121

BT：情報科学

NT：索引法. データベース

ジョウホウコ　**情報工学***　⑧548　⑨548

TT：情報科学 121

BT：情報科学

ジョウホウリ　**情報理論***　⑧007.1　⑨007.1

UF：サイバネティックス

TT：情報科学 121

BT：情報科学

NT：アルゴリズム. エントロピー(情報科学). 音声処理. 可視化技術.
形式言語. 言語情報処理. コンピュータ　グラフィックス. 人工知
能. 図形情報処理. ハイパーテキスト. パターン認識. ファジー理
論

ショシガク　　**書誌学***　⑧020　⑨020

NT：官版. 刊本. 稀書. 古刊本. 写経. 写本. 書誌. 蔵書印. 蔵書票.
造本. 図書収集

RT：図書. 図書館情報学

ショセキ　書籍　→**図書**

ショモツ　書物　→**図書**

シリョウカン　資料管理　→**資料整理法．ドキュメンテーション．特殊資料**

シリョウセイ　**資料整理法**　*⑧014 ⑨014*
UF ：資料管理．図書整理法

シリョウブン　**資料分類法**　*⑧014.4 ⑨014.4*
UF ：図書分類法
TT ：資料整理法 130
BT ：資料整理法

シリョウモク　**資料目録法**　*⑧014.3 ⑨014.3*
UF ：図書目録法．排列
TT ：資料整理法 130
BT ：資料整理法
NT ：MARC

センモントシ　**専門図書館***　*⑧018 ⑨018*
SN ：この件名標目は，図書館の種類としての専門図書館に関する著作にあたえる。情報提供サービスを主とする機関には，**情報センター**をあたえる。
UF ：図書館（専門）
TT ：図書館 183
BT ：図書館
NT ：音楽図書館

ダイガクトシ　**大学図書館***　*⑧017.7 ⑨017.7*
UF ：図書館（大学）
TT ：図書館 183
BT ：図書館

チクジカンコ　**逐次刊行物***　*⑧014.75；050 ⑨014.75；050*
UF ：定期刊行物
TT ：図書館資料 184
BT ：図書館資料
NT ：雑誌．新聞．年鑑

チズ　［地図］＜地名のもとの主題細目＞
一州，一国または一地方の一般地図および地形図に対して，地名のもとに，主題細目として用いる。（例：**日本―地図．神戸市―地図**）

チズ　**地図***　*⑧014.78；290.38；448.9 ⑨014.78；290.38；448.9*
SN ：一州，一国または一地方の一般地図および地形図は，**―地図**を地名のもとの細目として用いる。
TT ：地理学 165．図書館資料 184
BT ：地理学．特殊資料
NT ：古地図．世界地図．地形図．地図学

SA ：各地名のもとの主題細目—地図（例：**日本—地図. 神戸市—地図**）
　　をも見よ。

チョシャキゴ　著者記号　**→図書記号**

デンキ　　　**伝記**＊　*⑧280　⑨280*
　　　　SN ：この件名標目は，多数人にわたる伝記にあたえる。
　　　　SN ：個人の伝記は，各個人名を件名標目とする。
　　　　UF ：偉人—伝記
　　　　NT ：逸話. 英雄—伝記. 系譜. 自叙伝. 肖像. 人名. 生活記録. 姓氏.
　　　　　　墓誌. 紋章

ドキュメンテ　**ドキュメンテーション**＊　*⑧007.5　⑨007.5*
　　　　UF ：資料管理. ドクメンテーション. 文献情報活動
　　　　TT ：情報科学 121
　　　　BT ：情報科学
　　　　RT ：情報管理

トクシュシリ　**特殊資料**＊　*⑧014.7　⑨014.7*
　　　　UF ：資料管理. 図書以外の資料
　　　　TT ：図書館資料 184
　　　　BT ：図書館資料
　　　　NT ：楽譜. クリッピング. 古文書. 地図. パンフレット. マイクロ写
　　　　　　真

ドクショ　　　**読書**＊　*⑧019　⑨019*
　　　　TT ：図書館資料 184
　　　　BT ：図書
　　　　NT ：速読法. 読書感想文. 読書指導. 読書調査. 読書法

ドクショウン　**読書運動**＊　*⑧015.6；379　⑨015.6；379*
　　　　TT ：教育 47
　　　　BT ：社会教育
　　　　NT ：読書会

ドクショカイ　**読書会**＊　*⑧015.6；379.5　⑨015.6；379.5*
　　　　TT ：教育 47
　　　　BT ：読書運動

ドクショシド　**読書指導**＊　*⑧019.2；375.85　⑨019.2；375.85*
　　　　TT ：学校 34. 教育学 48. 図書館 183. 図書館資料 184. 日本語 192
　　　　BT ：国語科. 読書. 図書館教育

ドクショチョ　**読書調査**＊　*⑧019.3　⑨019.3*
　　　　TT ：図書館資料 184
　　　　BT ：読書

トショ　　　　**図書**＊　*⑧020　⑨020*
　　　　UF ：書籍. 書物. ペーパー　バックス. 本
　　　　TT ：図書館資料 184

BT ：図書館資料

NT ：絵入り本. 貸本屋. 刊本. 稀書. 古刊本. 古書. 参考図書. 児童
図書. 写本. 書籍商. 書評. 蔵書印. 蔵書票. 造本. 著作権. 読書.
図書目録. 図書目録（図書館）. 豆本

RT ：出版. 書誌学

トショイガイ　図書以外の資料　→**視聴覚資料. 特殊資料**

トショウンヨ　図書運用法　→**図書館奉仕**

トショカイダ　**図書解題**＊　⑧*025* ⑨*025*

UF ：解題書目

TT ：書誌学 127. 図書館資料 184

BT ：書誌. 図書目録

トショカン　　**図書館**＊　⑧*010：016* ⑨*010：016*

NT ：学校図書館. 刑務所図書館. 国立図書館. 視聴覚ライブラリー.
児童図書館. 情報センター. 専門図書館. 大学図書館. 短期大学図
書館. 点字図書館. 電子図書館. 図書館（公共）. 図書館員. 図書
館家具. 図書館機械化. 図書館行政. 図書館協力. 図書館経営. 図
書館計画. 図書館情報学. 図書館の自由. 図書館用品. 図書館利用.
病院図書館. 文書館

トショカン　　図書館（学校）　→**学校図書館**

トショカン　　**図書館（公共）**＊　⑧*016.2* ⑨*016.2*

UF ：公共図書館

TT ：教育 47. 図書館 183

BT ：社会教育. 図書館

NT ：家庭文庫

トショカン　　図書館（児童）　→**児童図書館**

トショカン　　図書館（専門）　→**専門図書館**

トショカン　　図書館（大学）　→**大学図書館**

トショカンガ　図書館学　→**図書館情報学**

トショカンカ　図書館活動　→**図書館奉仕**

トショカンカ　図書館管理　→**図書館経営**

トショカンキ　**図書館教育**＊　⑧*015：375.18* ⑨*015：375.18*

TT ：学校 34. 図書館 183

BT ：学校図書館

NT ：読書感想文. 読書指導

トショカンギ　**図書館行政**＊　⑧*011.1* ⑨*011.1*

TT ：図書館 183

BT ：図書館

トショカンケ　**図書館経営**＊　⑧*013* ⑨*013*

UF ：図書館管理

TT ：図書館 183

　　　　　　　BT　：図書館
トショカンケ　**図書館建築**＊　⑧*012*　⑨*012*
　　　　　　　UF　：図書館施設
　　　　　　　TT　：建築 75
　　　　　　　BT　：公共建築
トショカンシ　図書館施設　**→図書館建築**
トショカンジ　**図書館情報学**　⑧*010*　⑨*010*
　　　　　　　UF　：図書館学
　　　　　　　TT　：情報科学 121. 図書館 183
　　　　　　　BT　：情報科学. 図書館
　　　　　　　RT　：書誌学
トショカンシ　**図書館資料**＊　⑧*014.1*　⑨*014.1*
　　　　　　　NT　：郷土資料. 視聴覚資料. 資料選択法. 資料保存. 政府刊行物. 逐
　　　　　　　　　　次刊行物. 地方行政資料. 点字図書. 特殊資料. 図書. 図書館資料
　　　　　　　　　　収集
トショカンホ　**図書館奉仕**＊　⑧*015*　⑨*015*
　　　　　　　UF　：図書運用法. 図書館活動
　　　　　　　NT　：自動車文庫. 資料貸出. ストーリー　テリング. 図書館間相互貸
　　　　　　　　　　借. レファレンス　ワーク
トショカンリ　**図書館利用**＊　⑧*015*　⑨*015*
　　　　　　　TT　：図書館 183
　　　　　　　BT　：図書館
　　　　　　　NT　：情報利用法. 文献探索
トショキゴウ　**図書記号**＊　⑧*014.55*　⑨*014.55*
　　　　　　　UF　：著者記号
　　　　　　　TT　：資料整理法 130
　　　　　　　BT　：資料整理法
トショセイリ　図書整理法　→　**資料整理法**
トショセンタ　図書選択法　→　**資料選択法**
トショブンル　図書分類法　→　**資料分類法**
トショモクロ　**図書目録**＊　⑧*025；026；027；028；029*　⑨*025；026；027；028；029*
　　　　　　　UF　：書目
　　　　　　　TT　：図書館資料 184
　　　　　　　BT　：図書
　　　　　　　NT　：書誌の書誌. 全国書誌. 図書解題
　　　　　　　SA　：各件名標目のもとの細目**—書誌**（例：**経済学—書誌. 神戸市—書
　　　　　　　　　　誌**）をも見よ。
トショモクロ　**図書目録（出版社）**＊　⑧*025.9*　⑨*025.9*
　　　　　　　UF　：出版目録. 販売目録（図書）
　　　　　　　TT　：情報産業 122

```
                  BT ：出版
トショモクロ    図書目録（書籍商）*　⑧025.9 ⑨025.9
                  UF ：販売目録（図書）
                  TT ：情報産業 122. 図書館資料 184
                  BT ：書籍商
トショモクロ    図書目録（図書館）*　⑧029 ⑨029
                  UF ：蔵書目録（図書館）
                  TT ：図書館資料 184
                  BT ：図書
トショモクロ    図書目録法　→資料目録法
ニホン          日本*　⑧291 ⑨291
                  UF ：日本―社会. 日本―文化. 日本文化
  ―アンナイ    日本―案内記　→日本―紀行・案内記
  ―ガイコウ    日本―外交　→日本―対外関係
  ―ギカイ      日本―議会　→国会
  ―キコウ      日本―気候　→気候―日本
  ―キコウ      日本―紀行・案内記*　⑧291.09 ⑨291.09
                  UF ：日本―案内記. 旅行案内（日本）
                  TT ：日本―地理 190
                  BT ：日本―地理
                  NT ：温泉. 国民休暇村. 史跡名勝
                  SA ：各地方名のもとの細目―紀行・案内記（例：神戸市―紀行・案内
                       記）をも見よ。
  ―キョウイ    日本―教育*　⑧372.1 ⑨372.1
                  TT ：教育47
                  BT ：教育
                  NT ：往来物. 学童疎開. 学徒勤労動員. 学徒出陣. 私塾. 寺子屋. 藩
                       学
  ―ギョウセ    日本―行政　⑧317 ⑨317
  ―ケイザイ    日本―経済*　⑧332.1 ⑨332.1
                  UF ：日本経済
                  NT ：株仲間. 日本―産業. 日本―商業
  ―ケンポウ    日本―憲法　→憲法―日本. 憲法―日本（明治）
  ―コウギョ    日本―工業*　⑧509.21 ⑨509.21
  ―コウギョ    日本―鉱業　→鉱業―日本
  ―コウツウ    日本―交通　→交通―日本
  ―コウワン    日本―港湾　→港湾―日本
  ―コクサイ    日本―国際関係　→日本―対外関係
  ―コクボウ    日本―国防*　⑧392.1 ⑨392.1
  ―ザイセイ    日本―財政　→財政―日本
```

―サンギョ　　**日本―産業**＊　⑧*602.1*　⑨*602.1*
　　　　　　　　　TT：日本―経済 188
　　　　　　　　　BT：日本―経済
―サンシギ　　日本―蚕糸業　　→**蚕糸業―日本**
―シゲン　　　日本―資源　　→**資源―日本**
―シャカイ　　日本―社会　　→**日本**
―シャシン　　**日本―写真集**＊　⑧*291.08*　⑨*291.087*
―シュウキ　　日本―宗教　　→**宗教―日本**
―ショウギ　　**日本―商業**＊　⑧*672.1*　⑨*672.1*
　　　　　　　　　UF：商業―日本
　　　　　　　　　TT：日本―経済 188
　　　　　　　　　BT：日本―経済
―ジョウヤ　　日本―条約　　→**条約―日本**
―ショクブ　　日本―植物　　→**植物―日本**
―ジンコウ　　**日本―人口**＊　⑧*334.31*　⑨*334.31*
―ジンコウ　　**日本―人口―統計書**　⑧*358.1*　⑨*358.1*
―スイサン　　日本―水産業　　→**水産業―日本**
―セイジ　　　**日本―政治**　⑧*312.1*　⑨*312.1*
　　　　　　　　　NT：沖縄問題. 公職追放. 天皇制. 日本―対外関係
―タイガイ　　**日本―対外関係**＊　⑧*210.18；319.1*　⑨*210.18；319.1*
　　　　　　　　　SN：この件名標目は，日本の対外関係一般に関する著作にあたえる.
　　　　　　　　　SN：相手国のある場合は，日本―対外関係―○○で表す.
　　　　　　　　　UF：日本―外交. 日本―国際関係
　　　　　　　　　TT：日本―政治 189. 日本―歴史 191
　　　　　　　　　BT：日本―政治. 日本―歴史
―タイガイ　　**日本―対外関係―アメリカ合衆国**＊　⑧*319.1053*　⑨*319.1053*
　　　　　　　　　UF：日米関係
―チクサン　　日本―畜産業　　→**畜産業―日本**
―チシ　　　　日本―地誌　　→**日本―地理**
―チシツ　　　日本―地質　　→**地質―日本**
―チズ　　　　**日本―地図**＊　⑧*291.038*　⑨*291.038*
　　　　　　　　　UF：日本地図
　　　　　　　　　RT：絵図
―チメイジ　　日本―地名辞典　　→**地名辞典―日本**
―チリ　　　　**日本―地理**＊　⑧*291*　⑨*291*
　　　　　　　　　UF：日本―地誌. 日本地理
　　　　　　　　　NT：城下町. 日本―紀行・案内記
―テツドウ　　日本―鉄道　　→**鉄道―日本**
―デンキ　　　日本―伝記　　→**伝記―日本**
―デンセツ　　日本―伝説　　→**伝説―日本**

　　―トウケイ　**日本―統計書**　⑧*351*　⑨*351*
　　　　　　　　SN：この件名標目は，日本の一般的な統計にあたえる。
　　　　　　　　SN：特定主題に関する日本の統計は，その件名標目のもとに，**―統計**
　　　　　　　　　　書を細目として表す。(例：**日本―教育―統計書**)
　　―ネンカン　日本―年鑑　**→年鑑**
　　―ノウギョ　**日本―農業***　⑧*612.1*　⑨*612.1*
　　―フウゾク　**日本―風俗***　⑧*382.1*　⑨*382.1*
　　―ブンカ　　日本―文化　**→日本**
　　―ボウエキ　**日本―貿易***　⑧*678.21*　⑨*678.21*
　　　　　　　　SN：この件名標目は，日本の貿易事情に関する著作にあたえる。
　　　　　　　　SN：相手国の特定されている場合は，日本―貿易―〇〇で表す。
　　―ボウエキ　**日本―貿易―中国***　⑧*678.21*　⑨*678.21022*
　　　　　　　　UF：日中貿易
　　―ホウリツ　日本―法律　**→法律―日本**
　　―ホウレイ　日本―法令　**→法令集**
　　―リンギョ　日本―林業　**→林業―日本**
　　―レキシ　　**日本―歴史***　⑧*210*　⑨*210*
　　　　　　　　UF：国史．日本史．日本歴史
　　　　　　　　NT：郷土研究．公家．国号．日本―対外関係．日本―歴史―近世．日
　　　　　　　　　　本―歴史―近代．日本―歴史―原始時代．日本―歴史―古代．日本
　　　　　　　　　　―歴史―史料．日本―歴史―中世．年号．武士．封建制度．有職故
　　　　　　　　　　実
　　―レキシ　　**日本―歴史―史料***　⑧*210.088*　⑨*210.088*
　　　　　　　　TT：日本―歴史 191
　　　　　　　　BT：日本―歴史
　　　　　　　　NT：金石・金石文．詔勅．宣命．木簡
　　―レキシ　　**日本―歴史―年表***　⑧*210.032*　⑨*210.032*
＜BSH第 4 版第 2 刷による歴史的配列＞
　　―レキシ　　**日本―歴史―原始時代***　⑧*210.2*　⑨*210.2*
　　　　　　　　UF：原始時代（日本）
　　　　　　　　TT：日本―歴史 191
　　　　　　　　BT：日本―歴史
　　　　　　　　NT：縄文式文化．弥生式文化
　　―レキシ　　**日本―歴史―古代***　⑧*210.3*　⑨*210.3*
　　　　　　　　UF：古代史（日本）
　　　　　　　　TT：日本―歴史 191
　　　　　　　　BT：日本―歴史
　　　　　　　　NT：金印．国造．都城．渡来人．日本―歴史―奈良時代．日本―歴史
　　　　　　　　　　―平安時代．日本―歴史―大和時代．風土記．任那．邪馬台国
　　―レキシ　　**日本―歴史―大和時代***　⑧*210.32*　⑨*210.32*

```
            UF ：大和時代
            TT ：日本―歴史 191
            BT ：日本―歴史―古代
            NT ：壬申の乱（672）. 大化の改新（645-50）
―レキシ    日本―歴史―奈良時代*  ⑧210.35 ⑨210.35
            UF ：奈良時代
            TT ：日本―歴史 191
            BT ：日本―歴史―古代
            NT ：遣唐使. 国司. 条里制. 律令
―レキシ    日本―歴史―平安時代*  ⑧210.36 ⑨210.36
            UF ：平安時代
            TT ：日本―歴史 191
            BT ：日本―歴史―古代
            NT ：院政. 荘園. 僧兵. 藤原氏（奥州）
―レキシ    日本―歴史―中世*  ⑧210.4 ⑨210.4
            UF ：中世史（日本）. 封建時代（日本）
            TT ：日本―歴史 191
            BT ：日本―歴史
            NT ：守護・地頭. 荘園. 日本―歴史―鎌倉時代. 日本―歴史―南北朝
               時代. 日本―歴史―室町時代. 倭寇
―レキシ    日本―歴史―鎌倉時代*  ⑧210.42 ⑨210.42
            UF ：鎌倉時代
            TT ：日本―歴史 191
            BT ：日本―歴史―中世
            NT ：元寇（1274-81）. 御家人. 承久の乱（1221）
―レキシ    日本―歴史―南北朝時代*  ⑧210.45 ⑨210.45
            UF ：南北朝時代（日本）. 吉野朝時代
            TT ：日本―歴史 191
            BT ：日本―歴史―中世
            NT ：建武中興（1333-36）
―レキシ    日本―歴史―室町時代*  ⑧210.46 ⑨210.46
            UF ：足利時代. 戦国時代（日本）. 東山時代. 室町時代
            TT ：日本―歴史 191
            BT ：日本―歴史―中世
            NT ：一向一揆. 応仁の乱（1467-77）
レキシ     日本―歴史―安土桃山時代*  ⑧210.48 ⑨210.48
            UF ：安土時代. 織田豊臣時代. 桃山時代
            TT ：日本―歴史 191
            BT ：日本―歴史―近世
            NT ：太閤検地. 文禄・慶長の役（1592-98）
```

レキシ　　　　**日本―歴史―近世**＊　⑧210.5　⑨210.5
　　　　　　　UF ：近世史（日本）
　　　　　　　TT ：日本―歴史 191
　　　　　　　BT ：日本―歴史
　　　　　　　NT ：朱印船. 日本―歴史―安土桃山時代. 日本―歴史―江戸時代. 日
　　　　　　　　　本人町. 農民一揆
―レキシ　　　**日本―歴史―江戸時代**＊　⑧210.5　⑨210.5
　　　　　　　UF ：江戸時代. 徳川時代. 封建時代（日本）
　　　　　　　TT ：日本―歴史 191
　　　　　　　BT ：日本―歴史―近世
　　　　　　　NT ：赤穂義士. 大奥. 石高. 鎖国. 参勤交代. 島原の乱（1637-38）.
　　　　　　　　　庄屋・名主. 大名. 町人. 天保の改革（1841-43）. 天領. 日本―歴
　　　　　　　　　史―幕末期. 藩政
―レキシ　　　**日本―歴史―幕末期**＊　⑧210.58　⑨210.58
　　　　　　　UF ：幕末
　　　　　　　TT ：日本―歴史 191
　　　　　　　BT ：日本―歴史―江戸時代
　　　　　　　NT ：ええじゃないか. 長州征伐（1864-66）
―レキシ　　　**日本―歴史―近代**＊　⑧210.6　⑨210.6
　　　　　　　UF ：近代史（日本）
　　　　　　　TT ：日本―歴史 191
　　　　　　　BT ：日本―歴史
　　　　　　　NT ：軍閥. 士族. 台湾―歴史―日本統治時代. 朝鮮―歴史―日韓併合
　　　　　　　　　時代（1910-45）. 日本―歴史―昭和時代. 日本―歴史―大正時代.
　　　　　　　　　日本―歴史―平成時代. 日本―歴史―明治時代. 明治維新
―レキシ　　　**日本―歴史―明治時代**＊　⑧210.6　⑨210.6
　　　　　　　UF ：明治時代
　　　　　　　TT ：日本―歴史 191
　　　　　　　BT ：日本―歴史―近代
　　　　　　　NT ：お雇い外国人. 堺事件（1868）. 自由民権運動. 西南の役（1877）.
　　　　　　　　　大逆事件（1910）. 台湾出兵（1874）. 太政官. 日露戦争（1904-05）.
　　　　　　　　　日清戦争（1894-95）. 萩の乱（1876）. 戊辰の役（1868）
―レキシ　　　**日本―歴史―大正時代**＊　⑧210.69　⑨210.69
　　　　　　　UF ：大正時代
　　　　　　　TT ：日本―歴史 191
　　　　　　　BT ：日本―歴史―近代
　　　　　　　NT ：米騒動（1918）. 板東俘虜収容所
―レキシ　　　**日本―歴史―昭和時代**＊　⑧210.7　⑨210.7
　　　　　　　UF ：現代史（日本）. 昭和時代
　　　　　　　TT ：日本―歴史 191

```
              BT ：日本―歴史―近代
              NT ：太平洋戦争（1941-45）．日中戦争．日本―歴史―昭和時代（1945
                  年以後）．満州事変（1931）
―レキシ    日本―歴史―昭和時代（1945年以後）*　⑧210.76 ⑨210.76
              UF ：戦後史（日本）
              TT ：日本―歴史 191
              BT ：日本―歴史―昭和時代
―レキシ    日本―歴史―平成時代　⑧210.76 ⑨210.76
              UF ：現代史（日本）
              TT ：日本―歴史 191
              BT ：日本―歴史―近代
```

ニホンエイガ　日本映画　→**映画―日本**

ニホンエンゲ　日本演劇　→**演劇―日本**

ニホンオンガ　日本音楽　→**邦楽**

ニホンガ　　**日本画***　⑧721 ⑨721
```
              TT ：絵画 21．美術 205
              BT ：絵画．日本美術
              NT ：浮世絵．絵巻物．大津絵．歌仙絵．花鳥画．紅毛画．山水画．障壁画．
                  水墨画．鳥羽画．南画．俳画．美人画．屏風絵．風俗画．大和絵
```

　―ガシュウ　**日本画―画集***　⑧721.08 ⑨721.087
```
              SN ：この件名標目は，日本の多数画家の画集にあたえる。
              SN ：個人の画集には，原則として件名標目をあたえない。
              TT ：絵画 21
              BT ：絵画―画集
```

ニホンギキョ　日本戯曲　→**戯曲（日本）**

ニホンケイザ　日本経済　→**日本―経済**

ニホンケンチ　**日本建築***　⑧521 ⑨521
```
              UF ：建築―歴史―日本．建築（日本）．建築史（日本）
              TT ：建築 75．美術 205
              BT ：建築．日本美術
              NT ：寺院建築．書院造．神社建築．数寄屋造．茶室．武家屋敷．町屋
              RT ：建築―日本
              SA ：個々の建造物名（例：桂離宮）も件名標目となる。
```

ニホンゴ　　**日本語***　⑧810 ⑨810
```
              UF ：国語
              NT ：かな．漢字．国語学．国語教育．国語国字問題．時事用語．神代
                  文字．日本語―アクセント．日本語―音韻．日本語―外来語．日本
                  語―会話．日本語―敬語．日本語―構文論．日本語―古語．日本語
                  ―作文．日本語―辞典．日本語―書簡文．日本語―俗語．日本語―
                  同音異義語．日本語―発音．日本語―反対語．日本語―文法．日
```

本語―方言. 日本語―類語. 日本語教育（対外国人）. 日本語調査.
女房詞

―ホウゲン	**日本語―方言**＊ ⑧*818* ⑨*818*	
	TT：日本語 192	
	BT：日本語	
	NT：琉球語	
ニホンゴキョ	日本語教育 **→国語教育**	
ニホンコクケ	日本国憲法 **→憲法―日本**	
ニホンシ	日本史 **→日本―歴史**	
ニホンシ	日本詩 **→詩（日本）**	
ニホンシソウ	**日本思想**＊ ⑧*121* ⑨*121*	
	UF：日本精神. 日本哲学	
	TT：東洋思想 180	
	BT：東洋思想	
	NT：古学派. 国学. 儒学. 転向. 水戸学	
	SA：個々の思想家・哲学者名（例：**西田幾太郎**）も件名標目となる。	
ニホンショウ	日本小説 **→小説（日本）**	
ニホンジン	**日本人**＊ ⑧*389.1；469.91* ⑨*382.1；469.91*	
	TT：人類学 134	
	BT：民族	
	RT：日本民族	
ニホンジン	**日本人（外国在留）**＊ ⑧*334.4；334.51* ⑨*334.4；334.51*	
	UF：在外邦人	
	TT：社会問題 111. 人文地理 132	
	BT：移民・植民	
ニホンジン	**日本人（ブラジル在留）**＊ ⑧*334.462；334.51* ⑨*334.462；334.51*	
	UF：ブラジル在留邦人	
	TT：社会問題 111. 人文地理 132	
	BT：移民・植民	
ニホンジンメ	日本人名辞典 **→人名辞典―日本**	
ニホンシンワ	日本神話 **→神話―日本**	
ニホンチズ	日本地図 **→日本―地図**	
ニホンチメイ	日本地名辞典 **→地名辞典―日本**	
ニホンチョウ	**日本彫刻**＊ ⑧*712.1* ⑨*712.1*	
	UF：彫刻―日本	
	TT：彫刻 163. 美術 205	
	BT：彫刻. 日本美術	
	NT：日本彫刻―図集	
ニホンチリ	日本地理 **→日本―地理**	
ニホンテツガ	日本哲学 **→日本思想**	

ニホンビジュ　**日本美術***　⑧*702.1* ⑨*702.1*

　　　　　　　UF ：美術（日本）

　　　　　　　TT ：美術 205

　　　　　　　BT ：東洋美術

　　　　　　　NT ：庭園―日本. 日本画. 日本建築. 日本彫刻. 日本美術―図集. 日
　　　　　　　　　　本美術―歴史

ニホンブヨウ　**日本舞踊***　⑧*769.1；774.9* ⑨*769.1；774.9*

　　　　　　　UF ：歌舞伎舞踊. 舞踊（日本）. 舞

　　　　　　　TT ：舞踊 213

　　　　　　　BT ：舞踊

　　　　　　　NT ：家元. 剣舞. 幸若舞

ニホンブンカ　日本文化　**→日本**

ニホンブンガ　**日本文学***　⑧*910* ⑨*910*

　　　　　　　UF ：国文学

　　　　　　　NT ：漢文学. 戯曲（日本）. 紀行文学. 記録文学. 国文. 詩（日本）.
　　　　　　　　　　詩歌. 小説（日本）. 随筆. 大衆文学. 日記文学. 日本文学―作家.
　　　　　　　　　　日本文学―評論. 日本文学―歴史. 翻訳文学. 物語文学. 琉球文学

　―サッカ　　**日本文学―作家***　⑧*910.28* ⑨*910.28*

　　　　　　　TT ：日本文学 193

　　　　　　　BT ：日本文学

　　　　　　　NT ：歌人. 劇作家. 詩人. 俳人

　―ヒョウロ　**日本文学―評論***　⑧*910.4* ⑨*910.4*

　　　　　　　TT ：日本文学 193

　　　　　　　BT ：日本文学

　―レキシ　　**日本文学―歴史***　⑧*910.2* ⑨*910.2*

　　　　　　　UF ：国文学史. 日本文学史

　　　　　　　TT ：日本文学 193

　　　　　　　BT ：日本文学

　　　　　　　NT ：日本文学―歴史―江戸時代. 日本文学―歴史―近代. 日本文学―
　　　　　　　　　　歴史―古代. 日本文学―歴史―中世. 文学地理. 文学碑

＜BSH第4版第2刷による歴史的配列＞

　―レキシ　　**日本文学―歴史―古代***　⑧*910.23* ⑨*910.23*

　　　　　　　UF ：上代文学. 大和文学

　　　　　　　TT ：日本文学 193

　　　　　　　BT ：日本文学―歴史

　　　　　　　NT ：記紀歌謡. 日本文学―歴史―奈良時代. 日本文学―歴史―平安時
　　　　　　　　　　代

　　　　　　　SA ：個々の古典文学作品名（例：**万葉集**）も件名標目となる。

　―レキシ　　**日本文学―歴史―奈良時代***　⑧*910.23* ⑨*910.23*

　　　　　　　TT ：日本文学 193

　　　　　　　　　BT ：日本文学―歴史―古代
　―レキシ　　**日本文学―歴史―平安時代*** ⑧*910.23* ⑨*910.23*
　　　　　　　　　UF ：王朝文学. 平安文学
　　　　　　　　　TT ：日本文学 193
　　　　　　　　　BT ：日本文学―歴史―古代
　―レキシ　　**日本文学―歴史―中世*** ⑧*910.24* ⑨*910.24*
　　　　　　　　　UF ：中世文学（日本）
　　　　　　　　　TT ：日本文学 193
　　　　　　　　　BT ：日本文学―歴史
　　　　　　　　　NT ：狂言. 五山文学. 説話文学. 日本文学―歴史―鎌倉時代. 日本文
　　　　　　　　　　　　学―歴史―室町時代. 謡曲. 歴史物語
　―レキシ　　**日本文学―歴史―鎌倉時代*** ⑧*910.24* ⑨*910.24*
　　　　　　　　　UF ：鎌倉文学
　　　　　　　　　TT ：日本文学 193
　　　　　　　　　BT ：日本文学―歴史―中世
　―レキシ　　**日本文学―歴史―室町時代*** ⑧*910.24* ⑨*910.24*
　　　　　　　　　UF ：室町文学
　　　　　　　　　TT ：日本文学 193
　　　　　　　　　BT ：日本文学―歴史―中世
　　　　　　　　　NT ：お伽草子
　―レキシ　　**日本文学―歴史―江戸時代*** ⑧*910.25* ⑨*910.25*
　　　　　　　　　UF ：江戸文学. 上方文学. 近世文学（日本）
　　　　　　　　　TT ：日本文学 193
　　　　　　　　　BT ：日本文学―歴史
　　　　　　　　　NT ：浮世草子. 仮名草子. 草双紙. 滑稽本. 洒落本. 人情本. 咄本.
　　　　　　　　　　　　読本
　―レキシ　　**日本文学―歴史―近代*** ⑧*910.26* ⑨*910.26*
　　　　　　　　　UF ：近代文学（日本）
　　　　　　　　　TT ：日本文学 193
　　　　　　　　　BT ：日本文学―歴史
　　　　　　　　　NT ：日本文学―歴史―昭和時代. 日本文学―歴史―昭和時代（1945年
　　　　　　　　　　　　以後）. 日本文学―歴史―大正時代. 日本文学―歴史―平成時代.
　　　　　　　　　　　　日本文学―歴史―明治時代. プロレタリア文学
　―レキシ　　**日本文学―歴史―明治時代*** ⑧*910.26* ⑨*910.261*
　　　　　　　　　UF ：明治文学
　　　　　　　　　TT ：日本文学 193
　　　　　　　　　BT ：日本文学―歴史―近代
　―レキシ　　**日本文学―歴史―大正時代*** ⑧*910.26* ⑨*910.262*
　　　　　　　　　UF ：大正文学
　　　　　　　　　TT ：日本文学 193

	BT ：日本文学—歴史—近代	
—レキシ	**日本文学—歴史—昭和時代**＊	⑧*910.26* ⑨*910.263*
	UF ：昭和文学	
	TT ：日本文学 193	
	BT ：日本文学—歴史—近代	
—レキシ	**日本文学—歴史—昭和時代（1945年以後）**＊	⑧*910.26* ⑨*910.264*
	UF ：戦後文学	
	TT ：日本文学 193	
	BT ：日本文学—歴史—近代	
—レキシ	**日本文学—歴史—平成時代**	⑧*910.26* ⑨*910.264*
	TT ：日本文学 193	
	BT ：日本文学—歴史—近代	
ニホンブンガ	日本文学史　→**日本文学—歴史**	
ニホンホウセ	日本法制史　→**法制史—日本**	
ニホンミンゾ	**日本民族**＊	⑧*389.1；469.91* ⑨*382.1；469.91*
	UF ：大和民族	
	TT ：人類学 134	
	BT ：民族	
	RT ：日本人	
ニホンリョウ	日本料理　→**料理（日本）**	
ホン	本　→**図書**	
レファレンス	レファレンス　ブック　→**参考図書**	
レファレンス	**レファレンス　ワーク**＊	⑧*015.2* ⑨*015.2*
	UF ：参考業務（図書館）	
	TT ：図書館奉仕 185	
	BT ：図書館奉仕	
	NT ：参考図書. 文献探索	

付 資料10　基本件名標目表（BSH）第4版　分類記号順標目表（部分）

第4版第1刷では『分類体系順標目表』とタイトルされている［誤記］。要注意

000　総　記

〔002	**知識. 学問. 学術**〕	
002	学問	
	国際交流	
	国際文化交流	377.6
	人文科学	
	地域研究	
002.7	情報利用法	007.1
〔007	**情報科学**〕	
007	情報科学	
007.1	意味論	801.2
	エントロピー（情報科学）	
	音声処理	548.2
	画像通信	547.457
	形式言語	
	言語情報処理	
	シミュレーション	336.1；417；509.6；548.7
	情報利用法	002.7
	情報理論	
	シンボル	141.2；288.9
	ファジー理論	410.9
007.13	人工知能	
	パターン認識	
	文字認識	007.63；548.2
007.3	情報センター	018
	情報と社会	
007.35	情報産業	
007.5	情報管理	336.17
	ドキュメンテーション	
007.53	索引法	
007.58	情報検索	
007.6	可視化技術	
	コンピュータ	548.2
	システム工学	509.6
	情報処理	
	データ処理（コンピュータ）	
	ハイパーテキスト	
	バーコード	
	パーソナル　コンピュータ	548.295
	ホームページ	
	ＤＴＰ	021.49
007.609	データ管理	336.57
007.61	システム設計	509.6
	システム分析	509.6
007.63	文字認識	007.13；548.2
007.632	エキスパート　システム	
007.634	オペレーティング　システム	
	MS─DOS	
007.635	漢字処理（コンピュータ）	
007.636	機械翻訳	
007.637	図形情報処理	
007.64	アルゴリズム	410.1；410.9；418
	テレビ　ゲーム	798.5
	プログラミング（コンピュータ）	
007.642	コンピュータ　グラフィックス	
007.65	記憶装置	548.23
	光学記憶装置	547.336；548.237
	磁気記録	547.333；548.235
	ハードディスク	548.235
	パンチカード	
	光ディスク	548.235
	フロッピーディスク	548.25
	CD─ROM	548.237
	ICカード	548.232；549.7
	ICメモリ	548.232；549.7
007.7	インターネット	547.4833
	高度情報通信システム	547.4833
	構内情報通信システム	547.4835
	コンピュータ　ネットワーク	547.483
	データ通信	547.48；694.5
	データベース	
	付加価値通信網	547.4833
〔010	**図書館. 図書館学**〕	
010	電子図書館	
	図書館	016
	図書館情報学	
010.1	図書館の自由	
010.242	アレクサンドリア図書館	
〔011	**図書館政策. 図書館行財政**〕	
011.1	図書館行政	
011.3	図書館協力	
	図書館計画	
〔012	**図書館建築. 図書館設備**〕	
012	図書館建築	
012.89	自動車文庫	015.5
012.9	図書館家具	
	図書館用品	013.6
〔013	**図書館管理**〕	
013	図書館経営	
013.1	図書館員	
013.6	図書館用品	012.9

付 資料11　基本件名標目表（BSH）第4版　階層構造標目表（部分）

183＜図書館＞
図書館
・学校図書館
・・学級文庫
・・学校司書
・司書教諭
・・図書館教育
・・・読書感想文
・・・読書指導
・刑務所図書館
・国立図書館
・視聴覚ライブラリー
・児童図書館
・・ストーリー　テリング
・情報センター
・専門図書館
・・音楽図書館
・大学図書館
・短期大学図書館
・点字図書館
・電子図書館
・図書館（公共）
・・家庭文庫
・図書館員
・図書館家具
・図書館機械化
・図書館行政
・図書館協力
・・図書館間相互貸借
・図書館経営
・図書館計画
・図書館情報学
・図書館の自由
・図書館用品
・図書館利用
・・情報利用法
・・文献探索
・病院図書館
・文書館
・・公文書
・・・書式

184＜図書館資料＞
図書館資料
・郷土資料
・視聴覚資料
・・紙芝居
・・幻灯
・・ビデオ　ディスク
・・標本
・・模型

・・・船舶模型
・・・鉄道模型
・・・模型自動車
・・・模型飛行機
・レコード
・録音資料
・録音図書
・資料選択法
・資料保存
・・脱酸処理
・政府刊行物
・逐次刊行物
・・雑誌
・・・コミック誌
・・・週刊誌
・・・タウン誌
・新聞
・・・学校新聞
・・機関紙
・・新聞印刷
・・新聞記者
・・新聞社
・・新聞編集
・・通信社
・・報道写真
・・年鑑
・地方行政資料
・点字図書
・特殊資料
・・楽譜
・・クリッピング
・・古文書
・・地図
・・・古地図
・・・・絵図
・・・世界地図
・・・地形図
・・・地図学
・・パンフレット
・・マイクロ写真
・図書
・・絵入り本
・・貸本屋
・・刊本
・・稀書
・・古刊本
・・・インキュナブラ
・・・元版
・・・宋版
・・古書

付 資料12 NCR1987年版とNCR2018年版による書誌の比較

NCR1987年版による書誌コード **NCR2018年版による書誌コード**

海を渡ってきた漢籍：江戸の書誌学入門 /
髙橋智著
東京：日外アソシエーツ, 2016
221p：挿図；19cm. － （図書館サポート
フォーラムシリーズ）
発売：紀伊國屋書店
主な漢籍レファレンスブック：p204-207
関係略年表：p208-212
ISBN 978-4-8169-2610-5：¥3200＋税

出力形ISBN（例；某図書館におけるユーザー
インターフェース）
海を渡ってきた漢籍：江戸の書誌学入門／髙
橋智著 1.5A3. Apply.
東京　日外アソシエーツ　2016
211p. 19cm
ISBN 978-4-8169-2610-5

キャリア種別：冊子
表現種別：テキスト
言語：日本語
優先タイトル：日本目録規則 || ウミ オ ワタッ
テキタ カンセキ
創作者：髙橋智 || タカハシ, サトシ, 1967-
BSH：図書—日本—歴史—江戸時代
NDC 020.

体現形　　　　　　　　　　入力形

属性	エレメント	記述
属性	タイトル：本タイトル	海を渡ってきた漢籍
	タイトル：タイトル関連情報	江戸の書誌学入門
	責任表示：本タイトルに関係する責任表示	髙橋智著
	出版表示：出版地	東京
	出版表示：出版者	日外アソシエーツ株式会社
	出版表示：出版日付	2016.6.25
	頒布表示：頒布地	東京
	頒布表示：頒布者	株式会社紀伊國屋書店
	著作権日付	©2016
	シリーズ表示：シリーズの本タイトル	図書館サポートフォーラムシリーズ
	刊行方式	単巻資料
	機器種別	機器不用
	キャリア種別	冊子
	数量	221p
	大きさ	19cm

	体現形の識別子	ISBN 978-4-8169-2610-5
	入手条件	3200円＋税
	連絡先情報	〒143-8550　東京都大田区大森北1-23-8第3下川ビル
関連	体現形から表現形への関連：典拠形アクセスポイント	髙橋，智 ‖ タカハシ，サトシ, 1957-. 海を渡ってきた漢籍
	体現形間の関連	上位（体現形）：図書館サポートフォーラムシリーズ．－東京：日外アソシエーツ

表現形

	エレメント	記述
属性	表現種別	テキスト
	表現形の日付	2016
	表現形の言語	日本語
	内容の言語	本文は日本語
	表記法：文字種	漢字及び仮名
	表記法：図	図あり
	付加的内容	藩校・大名家蔵書等目録一覧：p200-203 主な漢籍レファレンスブック：p204-207 関係略年表：p208-212 索引あり
関連	表現形から著作への関連：典拠形アクセスポイント	髙橋，智 ‖ タカハシ，サトシ, 1957-. 海を渡ってきた漢籍

著作

	エレメント	記述
属性	著作の優先タイトル	海を渡ってきた漢籍 ‖ ウミ　オ　ワタッテキタ　カンセキ
	著作の日付	2016
関連	著作と個人との関連：創作者	著者：髙橋，智 ‖ タカハシ，サトシ,1957-
	典拠形アクセスポイント	髙橋，智 ‖ タカハシ，サトシ, 1957-. 海を渡ってきた漢籍

個人

	エレメント	記述
属性	個人の優先名称	髙橋，智 ‖ タカハシ，サトシ
	個人の異形名称	Takahashi, Satoshi
	個人と結びつく日付：生年	1957

	職業	大学教員
	性別	男性
	個人と結びつく国	日本
	所属	慶應義塾大学
	個人の言語	日本語
典拠形アクセスポイント		髙橋, 智 ‖ タカハシ, サトシ, 1957-

参 考 文 献

　ここに掲げる文献は，現在入手可能な図書を中心に選んだものである。さらに研究したい方は，この後部に示す文献目録（雑誌所載のもの）を用いて参考文献を検索されたい。

　なお本書をまとめるにあたって，これらの著書・論文をいろいろな面で参考にさせていただいた。

図書（出版年順，以下同じ）

［規則, 基準類］

日本図書館協会編『基本件名標目表 第4版』日本図書館協会, 1999

Anglo-American cataloging rules, second edition, 2002 revision, 2005 update. American Library Association, 2005.

日本図書館協会編『日本目録規則 1987年版 改訂3版』日本図書館協会, 2006

ISBD : International Standard Bibliographic Description. recommended by the ISBD Review Group ; approved by the Standing Committee of the IFLA Cataloguing Section（IFLA series on bibliographic control, v.44）De Gruyter Saur, c2011 Consolidated ed　https://www.ifla.org/publications/international-standard-bibliographic-description,（accessed 2018-08-24）

RDA : Resource Description & Access. Developed in a Collaborative Process led by the Joint Steering Committee for Development of RDA（JSC）, representing the American Library Association … ［et al.］. American Library Association , Canadian Library Association , CILIP: Chartered Institute of Library and Information Professionals 2015 revision, includes changes and updates through April 2015

もり・きよし原編, 日本図書館協会改訂『日本十進分類法 新訂10版』日本図書館協会, 2014

もりきよし原編, 日本図書館協会分類委員会改訂『日本十進分類法 新訂10版簡易版』日本図書館協会, 2018

日本図書館協会目録委員会編『日本目録規則 2018年版』日本図書館協会, 2018

［情報資源組織論関係］

渋川雅俊『目録の歴史』勁草書房, 1985（図書館情報学シリーズ, 9）

チャン, L. M.『目録と分類』上田修一［ほか］訳, 勁草書房, 1987

志保田務『日本における図書館目録法の標準化と目録理論の発展に関する研究』学芸図書, 2005

根本彰, 岸田和明編『情報資源の組織化と提供』東京大学出版会, 2013,（シリーズ図書館

情報学, 2）

蟹瀬智弘『NDCへの招待：図書分類の技術と実践』樹村房, 2015

志保田務『情報資源組織論：よりよい情報アクセスを支える技とシステム 第2版』ミネルヴァ
　　書房, 2016

榎本裕希子, 石井大輔, 名城邦孝著『情報資源組織論 第2版』学文社, 2019,（ベーシック
　　司書講座・図書館の基礎と展望, 3）

田窪直規編著『情報資源組織論 3訂』樹村房, 2020.3（現代図書館情報学シリーズ, 9）

柴田正美, 高畑悦子著『情報資源組織論 3訂版』日本図書館協会, 2020.3,（JLA図書館情
　　報学テキストシリーズ, Ⅲ-9）

長田秀一著『情報資源組織化の理論と展開』サンウェイ出版, 2020（現代図書館情報学シリー
　　ズ, 9）

[情報資源組織演習関係]

ラザー, J. C., ビーベル, S.C.『議会図書館排列規則』鳥海恵司訳, 早川図書, 1983

千賀正之『検索入門：J-Bise & Japan MARC対応』日本図書館協会, 1991

ゴーマン, M.『コンサイスAACR2』志保田務, 岩下康夫訳. 日本図書館協会, 1996

ハンター, E. J.『コンサイスAACR2R：プログラム式演習』志保田務, 岩下康夫共訳, 日
　　本図書館研究会, 1998

吉田憲一編『資料組織演習 改訂版』日本図書館協会, 2007,（JLA図書館情報学テキストシリー
　　ズ, Ⅱ-10）

和中幹雄編『情報資源組織法演習』日本図書館協会, 2014,（JLA図書館情報学テキストシリー
　　ズ, Ⅲ-10）

北克一, 村上泰子『資料組織演習：書誌ユーティリティ, コンピュータ目録 改訂第2版』M.B.A,
　　2008

那須雅煕著『情報資源組織論及び演習 第2版』学文社, 2016（ライブラリー図書館情報学, 9）

竹之内禎ほか編著『情報資源組織演習：情報メディアへのアクセスの仕組みをつくる』ミネ
　　ルヴァ書房, 2016（講座・図書館情報学, 11）

宮沢厚雄著『目録法キイノート』樹村房, 2016

小西和信, 田窪直規編著『情報資源組織演習 改訂』樹村房, 2017（現代図書館情報学シリー
　　ズ, 10）

小林康隆編著『NDCの手引き：「日本十進分類法」新訂10版入門』日本図書館協会, 2017（JLA
　　図書館実践シリーズ, 32）

木原通夫, 志保田務著『分類・目録法入門：メディアの構成 新改訂第6版』第一法規, 2020

宮沢厚雄著『分類法キイノート 第3版補訂』樹村房, 2020

［学校図書館メディアの構成関係］

志村尚央編著『学校図書館メディアの構成』樹村房，2003（学校図書館実践テキストシリーズ，
　　2）

小田光宏編著『学校図書館メディアの構成』樹村房，2004（司書教諭テキストシリーズ，
　　02）

高鷲忠美ほか『学校図書館メディアの構成（放送大学教材）第2版』放送大学教育振興会，
　　2005

伊藤民雄，金沢みどり『図書館資料論・専門資料論』学文社，2006（図書館情報学シリーズ）

木原通夫，志保田務『分類・目録法入門：メディアの構成 新改訂第6版』第一法規，2020

「シリーズ学校図書館学」編集委員会編『学校図書館メディアの構成』全国学校図書館協議会，
　　2010

北克一，平井尊士編著『学校図書館メディアの構成』放送大学教育振興会，2012

［NACSS-CAT, CAT2020関係］

蟹瀬智弘著『やさしく詳しいNACSIS-CAT』樹村房，2017

国立情報学研究所『目録情報の基準 第5版』国立情報学研究所，2020

国立情報学研究所『目録システムコーディングマニュアル（CAT2020 対応版)』国立情報学
　　研究所，2020

［関係専門辞書，ハンドブック関係］

ヤング，H. 編『ALA図書館情報学辞典』丸山昭二郎ほか監訳. 丸善，1988

図書館情報学ハンドブック編集委員会編『図書館情報学ハンドブック第2版』丸善，1999

『最新図書館用語辞典』柏書房，2004

日本図書館学会用語辞典編集委員会編『図書館情報学用語辞典第4版』丸善，2013

日本図書館協会図書館ハンドブック編集委員会編『図書館ハンドブック第6版補訂2版』日
　　本図書館協会，2016, p.279-351

文献目録類

日本図書館学会研究委員会編『図書館ネットワークの現状と課題』日外アソシエーツ，1991，
　　（論集・図書館学研究の歩み，11）

北克一，芝勝徳, 志保田務「書誌情報の標準化とOPAC」『図書館界』45（1），1993，p.123-142

吉田暁史「オンライン時代の主題検索：分類索引法文献レビュー」『図書館界』1993,45（1），
　　p.143-150

緑川信之『本を分類する』勁草書房，1999

田窪直規「書誌情報とその標準化」『図書館界』2001,53（3），p.364-376

吉田憲一「資料の主題検索」『図書館界』2001,53（3），p.377-386

渡邊隆弘「書誌コントロールと目録サービス」『図書館界』2010，61（5），p.556-571

谷口祥一，鴇田拓哉「書誌情報とメタデータ：理論，ツールのわが国における展開」『図書館界』2010，61（5），p.572-580

松井純子「書誌コントロールと図書館目録」『図書館界』2018，70（1），p.287-304

橋詰秋子，谷口祥一「書誌情報とメタデータ：理論，ツールの2010年代のわが国における展開」『図書館界』2018，70（1），p.305-314

その他の参考資料

上田修一『書誌ユーティリティー』日本図書館協会，1991，（図書館員選書，18）

宮澤彰『図書館ネットワーク：書誌ユーティリティの世界』丸善，2002

「特集図書館システムと評価」『情報の科学と技術』2002,52（9）

和中幹雄，古川肇，永田治樹訳『書認レコードの機能要件』日本図書館協会，2004,p.121※発表資料https://www.ifla.org/files/assets/cataloguing/frbr/frbr-ja.pdf（参照 2020-08-24）に掲載

鹿島みづき，山口純代，小嶋智美著：愛知淑徳大学図書館インターネット情報資源担当編『パスファインダー・LCSH・メタデータの理解と実践：図書館員のための主題検索ツール作成ガイド』紀伊國屋書店，2005

「特集図書館とWeb2.0」『情報の科学と技術』2006,56(11)

松井純子，河手太士「『図書館目録の将来設計：主題検索機能の提供を中心に』『図書館界』2008，60（2），p.102-113 ※発表資料 https://www.jstage.jst.go.jp/article/toshokankai/60/2/60_KJ00006767244/_pdf/-char/ja（参照 2020-08-24）に掲載

田辺浩介「Project Next-Lプロトタイプで実現する『新しい目録』：FRBRと『Web2.0』の実装」『現代の図書館』2008，46（3），p.196-213

工藤絵理子，片岡真「次世代OPACの可能性：その特徴と導入への課題」『情報管理』2008，51（7），p.480-498

久保山健「次世代OPACを巡る動向：その機能と日本での展開」『情報の科学と技術』2008，58(12)，p.602-609

渡邊隆弘「『次世代OPAC』への移行とこれからの目録情報」『図書館界』2009，61（2），p.146-159,

片岡真「ティスカバリ・インターフェース（次世代OPAC）の実装と今後の展望」『カレントアウェアネス』2010，No.305，p.11-15

古川肇「書誌レコードおよび典拠レコードに関する規則の成立：RDAの完成」『資料組織化研究-e』57, 2010. 2，p.13-32

廣瀬怜奈，松村敦，宇田則彦「分類体系と位置情報を組み合わせたディスカバリインターフェースの開発：検索結果の構造的理解を目指して」『情報知識学会誌』2011,21（2），p.131-136

片岡真ほか「図書館の検素インターフェースとユーザ支援技術『メディア教育研究』2011，
　7（2），p.19-31

「特集 多様化する図書館システム」『情報の科学と技術』2011，61（5）

上田修一，蟹瀬智弘『RDA入門：目録規則の新たな展開』日本図書協会，2014，（ JLA図書
　館実践シリーズ，23）

Barbara B. Tillett, Library of Congress著『RDA資源の記述とアクセス:理念と実践』酒并由
　記子ほか訳，樹村房．2015

Dong-Geun Oh著「国内標準分類法の発展と維持：韓国十進分類法の経験から」『資料組織化
　研究-e』69，志保田務，家禰淳一訳，孫誌衔協力，2016. 10, p.42-55

Pat Riva, Patrick Le Bœuf, Maja Žumer著『IFLA図書館参照モデル：書誌情報の概念モデル』
　和中幹雄，古川肇訳者代表．樹村房，2019

伊藤洪二著『図書館のための和漢古書目録法入門』樹村房，2019

U-PARL編『図書館がつなぐアジアの知：分類法から考える』東京大学出版会，2020

索　引

〈和　文〉

あ

い

う

え

お

か

き

〈欧　文〉

014　　　情報資源組織法 ／ 志保田務，高鷲忠美編著 ; 前川和子，
　　　　家禰淳一共著. ― 第3版
　　　　東京 ： 第一法規, 2021
　　　　10, 354p ： 21cm ＋ 別冊（42p ： 21cm）
　　　　ISBN　978-4-474-07255-8

　　　　t1. ジョウホウシゲンソシキホウ　a1. シホタ, ツトム　a2. タカワシ, タダヨシ　a3. マエカワ, カズコ
　　　　a4. ヤネ, ジュンイチ　s1. 資料目録法　s2. 資料分類法　s3. 件名目録法
　　　　① 014

分析表：コンピュータ入力用データシート記録例

ア）情報資源組織法　／　志保田務，高鷲忠美編著　；　前川和子，家禰淳一共著

イ）第3版

エ）東京 ： 第一法規, 2021

オ）10, 354p ： 21cm ＋ 別冊（42p ： 21cm）

ク）ISBN　978-4-474-07255-8

t1. ジョウホウシゲン ソシキホウ　a1. シホタ, ツトム　a2. タカワシ, タダヨシ　a3. マエカワ, カズコ　a4. ヤネ, ジュンイチ

s1. 資料目録法　s2. 資料分類法　s3. 件名目録法　① 014

図書記号は下記による。

日本著者記号法 ： アルファベットによる二数字表　／　もり きよし著. － 改訂版

東京 ： 日本図書館協会, 1974

12. 20p ： 22cm

●著者略歴と執筆分担一覧

志保田　務（しほた　つとむ）

桃山学院大学名誉教授　日本図書館研究会理事・図書館サービス研究グループ代表・国際図書館情報学会日本支部（I-LISS JAPAN）会長・図書館を学ぶ相互講座主宰。博士（図書館情報学）。

1978年桃山学院大学社会学部，文学部，経営学部教授，総合研究所長，情報センター長を歴任。元日本図書館協会図書館学教育部会長。主な著書は『日本における図書館目録法の標準化と目録理論の発展に関する研究』（学芸図書）ほか多数。

【編著代表】

前川　和子（まえかわ　かずこ）

前大手前大学教授

慶應義塾大学文学部卒業。大阪教育大学大学院教育学研究科修士課程，筑波大学大学院図書館情報メディア研究科博士後期課程単位取得満期退学。大阪大谷大学准教授を経て2015年３月まで大手前大学教授。現職：桃山学院大学特別研究員。博士（経済学）。主な著書は『図書館実習Q&A』（共著）（日本図書館協会），『情報資源組織論：よりよい情報アクセスを支える技とシステム』（共著）（ミネルヴァ書房）など。

【Ⅵ，Ⅶ，別冊 目録記入実例集】

中村　惠信（なかむら　よしのぶ）

神戸松蔭女子学院大学教授

大阪府立大学学術情報センター図書館，大阪府公文書館，大阪府立大学羽曳野図書センターを経て，2012年より現職。奈良大学非常勤講師。主な著書は『情報サービス：概説とレファレンスサービス演習』（共著）（学芸図書），『資料・メディア総論：図書館資料論・専門資料論・資料特論の統合化』（共編著）（学芸図書），『情報資源組織論：よりよい情報アクセスを支える技とシステム』（共編著）（ミネルヴァ書房）など。

【別冊 目録記入実例集】

田村　俊明（たむら　としあき）

紀伊國屋書店勤務

同志社大学法学部法律学科卒業。大阪工業大学大学院知的財産研究科知的財産専攻修了。大阪市立大学学術情報総合センター勤務を経て，2010年４月より現職。武庫川女子大学非常勤講師。

【Ⅱ，Ⅲ，Ⅴ】

園田　俊介（そのだ　しゅんすけ）
愛知県津島市立図書館館長
中央大学大学院文学研究科博士後期課程（東洋史学）単位取得後，麻布大学非常勤講師。2007年より現職。愛知学院大学司書講習講師を兼務。主な著書は『津島市立図書館編年資料集成：1895-2015』（津島市立図書館），『図書館情報資源概論』（分担編集）（ミネルヴァ書房）など。
【Ⅶ】

柳　　勝文（やなぎ　かつふみ）
龍谷大学文学部教授
早稲田大学第一文学部卒業。同志社大学大学院アメリカ研究科博士課程前期課程修了。国際日本文化研究センター（図書関係事務）などを経て現職。
【Ⅸ】

向畑　久仁（むこはた　ひさひと）
営農デザイナー
大阪産業大学経営学部卒業。画家，博物館・図書館勤務を経て現職。『分類・目録法入門＜新改訂第5版＞－メディアの構成－』（共改訂）（第一法規）など。
【Ⅰ（図版作成）】

家禰　淳一（やね　じゅんいち）
愛知大学教授
堺市立図書館，奈良大学准教授を経て2019年より現職。博士（経営学）
大阪市立大学大学院創造都市研究科修士課程修了，桃山学院大学大学院経営学研究科博士後期課程修了。主な著書は『図書館サービス概論』（共編著）（学芸図書），『情報資源組織論：よりよい情報アクセスを支える技とシステム』（共著）（ミネルヴァ書房）など。
【Ⅷ】

平井　尊士（ひらい　たかし）
武庫川女子大学元教授
兵庫大学講師，准教授を経て，武庫川女子大学教授。理化学研究所戎崎計算宇宙物理研究室客員研究員も務める。主な著書は『教育方法・技術論』（学芸図書），『現代人の社会とこころ』（弘文堂社），『学校図書館メディアの構成』（共著）（放送大学教育振興会），『情報サービス』（学芸図書）など。2017年12月逝去。
【Ⅱ，Ⅶ】

高鷲　忠美（たかわし　ただよし）
八洲学園大学元教授
東京学芸大学元教授
【元版編著】

サービス・インフォメーション
━━━━━━━━━━━━━━━ 通話無料 ━━━

①商品に関するご照会・お申込みのご依頼
　　　　　TEL 0120 (203) 694／FAX 0120 (302) 640
②ご住所・ご名義等各種変更のご連絡
　　　　　TEL 0120 (203) 696／FAX 0120 (202) 974
③請求・お支払いに関するご照会・ご要望
　　　　　TEL 0120 (203) 695／FAX 0120 (202) 973

●フリーダイヤル（TEL）の受付時間は、土・日・祝日を除く
　9:00〜17:30です。
●FAXは24時間受け付けておりますので、あわせてご利用ください。

情報資源組織法　第3版
（別冊・目録記入実例集）

2021年3月30日　　初版発行　　ⒸＣ

編　著　　志保田務・高鷲忠美

改　訂　　志保田務・前川和子・家禰淳一

発行者　　田　中　英　弥

発行所　　第一法規株式会社
　　　　　〒107-8560　東京都港区南青山2-11-17
　　　　　ホームページ　https://www.daiichihoki.co.jp/

組織法第3版　ISBN 978-4-474-07255-8　C2000 (3)

情報資源組織法 第3版 別冊

目録記入 実例集

志保田務・高鷲忠美
[編著]

【第3版】
前川和子・中村惠信

●使い方●

　この実例集は，「情報資源組織演習」の参考に実例を示したものである。テキストの指示に従って実例を見ることにより，理解を深めることができるようにしている。なお，実例としてあげている書籍の情報は，発行当時の奥付などに記載されている情報による。

※この実例集は本体から取り外してもご利用いただくことができます。なお，取り外しの際の破損については，お取替えいたしかねますのでご承知おきください。

第一法規

目　　次

1．記入例の情報源は，和書は表紙または標題紙と奥付（ただし一部省略），洋
　書は標題紙，逐次刊行物は前表紙を示した。
2．記述様式は特に様式を示していない場合は，標準の記述様式によった。
3．各例題番号のあとには，ポイントとなることを示した。

1　NCR1987年版改訂３版による：記述ユニット方式

分類記入

> 014.32
> 日本目録規則　／　日本図書館協会目録委員会編. －　2018年版
> 東京　：　日本図書館協会，2018. －　xi. 761p　；　27cm
> ISBN 978-4-8204-1814-6.

件名記入

> シリョウ　モクロクホウ（資料目録法）
> 日本目録規則　／　日本図書館協会目録委員会編. －　2018年版
> 東京　：　日本図書館協会，2018. －　xi. 761p　；　27cm
> ISBN 978-4-8204-1814-6

著者記入

> ニホン　トショカン　キョウカイ
> 日本目録規則　／　日本図書館協会目録委員会編. －　2018年版
> 東京　：　日本図書館協会，2018. －　xi. 761p　；　27cm
> ISBN 978-4-8204-1814-6

タイトル記入

> ニホン　モクロクキソク
> 日本目録規則　／　日本図書館協会目録委員会編. －　2018年版
> 東京　：　日本図書館協会，2018. －　xi. 761p　；　27cm
> ISBN 978-4-8204-1814-6

書誌データ

> 日本目録規則　／　日本図書館協会目録委員会編. －　2018年版
> 東京　：　日本図書館協会，2018. －　xi. 761p　；　27cm
> ISBN 978-4-8204-1814-6
>
> t1．ニホン　モクロクキソク　　a1．ニホン　トショカン　キョウカイ
> s1．資料目録法　　①　014.32

『日本目録規則 2018年版』標題紙裏に記載の書誌データより（※大きさを追加）

2 NCR2018年版による書誌データ
　　（『日本目録規則 2018年版』標題紙裏に記載の書誌データより）

日本目録規則 ／ 日本図書館協会目録委員会編. － 2018年版
東京 ： 日本図書館協会, 2018. － xi, 761p ； 27cm
ISBN 978-4-8204-1814-6
キャリア種別：冊子
表現種別：テキスト
言語：日本語
優先タイトル：日本目録規則 || ニホン　モクロク　キソク
創作者：日本図書館協会. 目録委員会編 || ニホン　トショカン　キョウカイ. モクロク　イインカイ
BSH4：資料目録法
NDC10：014.32

3 タイトル関連情報，責任表示

資料・メディア総論

図書館資料論・専門資料論・資料特論の統合化

第2版

志保田務・山本順一 監修・編著

中村恵信・前川和子・渡邊隆弘 編著

平井尊士・谷本達哉・高鷲忠美・佐藤毅彦・藤原是明
泉谷治・垣口弥生子・笠井詠子・河手太士
北西英里・寿初代・高市英明・都築泉・西岡清統・浜田行弘・向畑久仁

学芸図書株式会社

資料・メディア総論　第2版
図書館資料論・専門資料論・資料特論の統合化
監修・編著者 ⓒ志保田務・山本順一

2001年 6 月22日　発　行
2007年11月25日　第 2 版

編著者　ⓒ中村恵信・前川和子・渡邊隆弘

発行者　学芸図書株式会社
　　　代表者　市川武史

発行所　学芸図書株式会社
〒101-0052　東京都千代田区神田小川町 2 - 1　木村ビル 2 F
TEL 03-3291-3023　FAX 03-3219-6112
http://www15.ocn.ne.jp/~gakugei/
ISBN978-4-7616-0397-7

<執筆者一覧>
（監著者○、編著者○、五十音順）

泉谷　治　（和泉市立図書館）Ⅰ部1.2
垣口弥生子（元大阪府立中之島図書館室長）Ⅲ部1.1
笠井詠子　（帝塚山学院大学非常勤講師）
　　　　　Ⅱ部2.2（自然科学の書誌解題）Ⅲ部3.1
河手太士　（大阪樟蔭女子大学附属図書館司書）Ⅲ部2.1
北西英里　（大阪府立人福祉センター点字図書館職員）Ⅰ部2.3
寿　初代　（元和泉市立図書館長）Ⅲ部1.2
佐藤毅彦　（甲南女子大学教授）Ⅲ部2.2/2.3
○志保田務　（桃山学院大学教授・博士＜図書館情報学＞）
　　　　　序/Ⅰ部1～3/6.1/Ⅲ部Ⅰ/Ⅲ部2.2
高市英明　（兵庫大学情報科学センター室員）Ⅲ部2.1/3.3
高鷲忠美　（元東京学芸大学教授、八州学園大学教授）Ⅲ部4.3
都築　泉　（大阪工業大学准教授）Ⅲ部3.2
谷本達哉　（羽衣国際大学准教授）序/Ⅰ部4/5/6.3/6.4/Ⅱ部2.1
○中村恵信　（大阪府立大学羽曳野図書センター課長補佐）
　　　　　Ⅰ部2.3/4/6.1/Ⅲ部1.3
浜田行弘　（関西学院大学）Ⅱ部2.2（書誌解題：自然科学）
平井尊士　（兵庫大学情報科学センター長）序/Ⅰ部2～3/Ⅱ部1
藤原是明　（中部学院大学准教授）
　　　　　Ⅱ部2.2（書誌解題：人文/社会/一般/図書館情報学）
○前川和子　（大阪大谷大学准教授）Ⅰ部3/5/6.2
向畑久仁　（元帝塚学園大学図書館課長）カバー/image picture
○山本順一　（筑波大学図書館情報メディア研究科教授）
　　　　　Ⅰ部2/4/6.4/Ⅱ部3.1～3.8/Ⅲ部4.1/4.2
○渡邊隆弘　（帝塚山学院大学准教授）Ⅱ部3.9

（編集協力）
井上祐子　（元学校図書館司書）
内藤朱美　（大阪大谷大学非常勤講師）
西岡清統　（元堺女子短期大学非常勤講師）

資料・メディア総論　：　図書館資料論・専門資料論・
資料特論の統合化　/　志保田務，山本順一監修・編著；中村
恵信［ほか］編著. — 第 2 版
東京　：　学芸図書，2007
226p　；　21cm
ISBN 978-4-7616-0397-7

t1. シリョウ メディア ソウロン　a1. シホタ, ツトム　a2. ヤマモト, ジュンイチ
a3. ナカムラ, ヨシノブ　s1. 図書館資料　① 014.1

4　総合タイトルのない図書　内容細目

新潮現代文学 49 ——————————

幽霊
さびしい王様

—————————— 北　杜　夫

新潮社版 ——————————

装画・下田義寛
口絵写真・平川嗣朗
外箱写真・田村邦男
© Morio Kita
Printed in Japan 1978

乱丁・落丁本は小社通信係御逆
付下さい。送料小社負担にてお取
替えいたします。

製本所　大口製本株式会社
印刷所　株式会社光邦

発行所　株式会社 新潮社
発行者　佐藤亮一
　　　〒162　東京都新宿区矢来町七一
　　　業務部・〇三(二六六)五一一一
　　　編集部・〇三(二六六)五四一一
　　　振替・東京 四—八〇八

著者　北　杜　夫

定価一二〇〇円

昭和五十三年十月十五日　発行
昭和五十三年十月 十 日　印刷

幽霊・さびしい王様
〈新潮現代文学 49〉

幽霊　；　さびしい王様　／　北　杜夫著
東京　：　新潮社，　1978
400p　；　20cm. —　(新潮現代文学　；　49)
内容：　幽霊．さびしい王様

t1. ユウレイ　t2. サビシイ オウサマ　a1. キタ, モリオ　① 913.6

目次

幽霊

さびしい王様

解説　　　　篠田一士

年譜

5　　136　　390　　397

4

5 タイトルが情報源によって異なるもの

岡野他家夫

近代日本名著と文献

有明書房・刊

日本近代名著と文献

文学博士 岡野他家夫

昭和 42 年 11 月 1 日　印　刷　￥ 3,500
昭和 42 年 11 月 10 日　発　行

日 本 近 代 名 著 と 文 献

著　者　　岡 野 他 家 夫
発行者　　松 野 近 二 郎

東京都文京区本郷 6 ― 8（東大正門前）

発行所　有　明　書　房

日本近代名著と文献　／　岡野他家夫著
東京　：　有明書房，　1967
353p，　図版20枚　；　25cm
タイトルは奥付と背による，標題紙には「近代日本名著と文献」
とあり

t1. ニホン キンダイ メイチョ ト ブンケン　t2. キンダイ ニホン メイチョ ト ブンケン
a1. オカノ，タケオ　s1. 資料目録　① 028

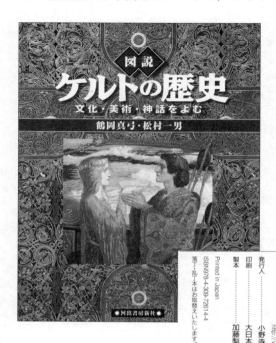

一九九九年　八月二五日初版発行
二〇一一年　三月三〇日7刷発行

著者……………鶴岡真弓・松村一男
装幀・デザイン……日高達雄＋伊藤香代
発行………………河出書房新社
　　東京都渋谷区千駄ヶ谷二-三二-二
　　電話　〇三-三四〇四-一二〇一（営業）
　　　　　〇三-三四〇四-八六一一（編集）
　　http://www.kawade.co.jp/
発行人……………小野寺優
印刷………………大日本印刷株式会社
製本………………加藤製本株式会社
Printed in Japan
ISBN978-4-309-72614-4
落丁・乱丁本はお取替えいたします。

図説｜ケルトの歴史──文化・美術・神話をよむ

ふくろうの本

```
図説ケルトの歴史　：　文化・美術・神話をよむ　／　鶴岡真弓,
松村一男著. ─ 初版
東京　：　河出書房新社, 1999
143p　；　22cm. ─（ふくろうの本）
タイトルは奥付，表紙，背による．標題紙には「ケルトの歴史」
とあり
ISBN 978-4-309-72614-4


t1. ズセツ ケルト ノ レキシ　t2. ケルト ノ レキシ　a1. ツルオカ, マユミ　a2. マツムラ, カズオ
s1. 西洋史─古代　①　230.3
```

7 本タイトル，外国語によるタイトル，注記（タイトル他），標目指示
〈t1.〉

An Introduction to
Brazil

C.ワグレー著
山本正三訳

二宮書店

Printed in Japan 1971

検 印
廃 止

昭和四十六年八月二〇日　第一刷発行

定価　一八〇〇円

訳　　者　　山　本　正　三

発行者　　二　宮　愛　二

印　　刷　　㈱工友会印刷所

製　　本　　小　林　製　本　所

発行所　　東京都目黒区中目黒五ノ二六ノ一〇

株式
会社　二　宮　書　店

電話　東京　七一一局〈八六三六大代〉

3039—5701—5754

（乱丁、落丁本はお取りかえいたします）

An introduction to Brazil ／ C. ワグレー著 ；
山本正三訳
東京 ： 二宮書店, 1971
315, 8 p ； 22cm
本文は日本語
タイトルは標題紙による，背表紙には「Brazil」とあり
ブラジルに関する文献. ブラジルの小説： p 302-315

t1. アン イントロダクション トゥ ブラジル a1. ワグレー, C.
a2. ヤマモト, ショウゾウ s1. ブラジル ① 302.62

平成八年十月二十五日　初版第一刷発行

「ムカつく」子どもの本当の心理

著　者　富田富士也

発行者　竹村欣三

発行所　佼成出版社
〒一六六　東京都杉並区和田二ー七ー一
電話（〇三）五三八五ー二一三一七（出版部）
　　　（〇三）五三八五ー二一三二三（営業部）
振替　東京〇〇一七〇ー二ー七六

印刷所　日本写真印刷株式会社
製本所　和田製本工業株式会社

ISBN4 - 333 - 01819 - 6 C 0037

「ムカつく」子どもの本当の心理（わけ）　：　今、父親と
して知っておきたいこと　／　富田富士也著．　— 初版
東京　：　佼成出版社，　1996
229p　；　19cm
ISBN　4-333-01819-6

t1. ムカツク コドモ ノ ホントウ ノ ワケ　t2. ムカツク コドモ ノ ホントウ ノ シンリ
a1. トミタ, フジヤ　s1. 児童心理学　① 371.45

アカウンタビリティ入門

平成13年7月10日　初版発行

著　者　碓　氷　悟　史
発行者　山　本　時　男
発行所　㈱中央経済社

〒101-0051　東京都千代田区神田神保町1-31-2
電　話　03（3293）3371（編集部）
　　　　03（3293）3381（営業部）
http://www.chuokeizai. co. jp/
振替口座　00100-8-8432
印　刷㈱　文　昇　堂
製　本／㈲経文社井上製本

© 2001
Printed in Japan

＊頁の「欠落」や「順序違い」などがありましたらお取り替えいた
しますので小社営業部までご送付ください。（送料小社負担）
ISBN4-502-18382-2　C1034

アカウンタビリティ入門　：　説明責任と説明能力　／

碓氷悟史著. ─ 初版

東京　：　中央経済社，2001

3，9，334p　；　21cm

英語のタイトル：　Accountability

ISBN 4-502-18382-2

t1. アカウンタビ リティ ニュウモン

① 316.1

第２水準

第３水準

アカウンタビリティ入門　＝　Accountability　／

碓氷悟史著. ─ 初版

東京　：　中央経済社，2001

3，9，334p　；　21cm

本タイトルのタイトル関連情報：　説明責任と説明能力

ISBN 4-502-18382-2

t1. アカウンタビ リティ ニュウモン a1. ウスイ, サトシ s1. 知る権利

① 316.1

桜百景

1994年3月25日　初版第1刷発行
1995年2月25日　初版第2刷発行
1997年3月25日　初版第3刷発行
1999年3月25日　初版第4刷発行
2004年3月25日　初版第5刷発行

■著者─────森田敏隆©

■発行者────赤平覚三

■印刷所───凸版印刷株式会社

■製本所───凸版印刷株式会社

■写植────株式会社三山綜合システム

■発行所────株式会社クレオ
東京都渋谷区道玄坂1-21-6
電話03-3464-3025〈代表〉FAX.03-3464-0875
http://www.creo-pb.co.jp/
振替・00120-3-539376

桜百景　：　森田敏隆写真集　／　森田敏隆著．　─　初版
東京　：　クレオ，1994
111p　；　26×26cm
英語のタイトル：　Cherry blossoms
ISBN 4-906371-39-6

t1. サクラ ヒャッケイ　t2. モリタ トシタカ シャシンシュウ　a1. モリタ, トシタカ　s1. さくら

　（桜）─写真集　① 748　② 627.73

11 責任表示（その他の著者，監訳者〈別法〉）

ソニア・アンダマール、テリー・ロヴェル、
キャロル・ウォルコウィッツ著／奥田暁子監訳
樫村愛子・金子珠理・小松加代子訳
現代フェミニズム思想辞典

2000年3月31日第1刷発行

発行者　石井昭男
発行所　株式会社 明石書店 〒113-0034 東京都文京区湯島 2-14-11
Tel（03）5818-1171　Fax（03）5818-1174　振替 00100-7-24505
本文印刷所　美研プリンティング
製本所　難波製本

定価はカバーに表示してあります。
ISBN 4-7503-1267-3
落丁・乱丁本はお取り替えいたします

現代フェミニズム思想辞典　／　ソニア・アンダマール
[ほか] 著　;　樫村愛子 [ほか] 訳
東京　:　明石書店，2000
22，507p　;　20cm
原タイトル：　A concise glossary of feminist theory
その他の著者：　テリー・ロヴェル，キャロル・
ウォルコウィッツ
監訳：　奥田暁子
ISBN 4-7503-1267-3
t1. ゲンダイ フェミニズム シソウ ジテン a1. アンダマール, ソニア
a2. カシムラ, アイコ s1. 女性問題―辞典 ① 367.1

木原通夫・志保田務

分類・目録法入門
新改訂第6版
―メディアの構成―

志保田務
田村俊明
村上幸二
改訂

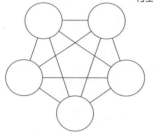

第一法規

分類・目録法入門（新改訂第6版）―メディアの構成―
（別冊付録：目録記入実例集）

1987年 4 月20日	初版発行	
1991年 7 月10日	改訂版発行	
1996年 9 月30日	新改訂版発行	
1999年 4 月15日	新改訂第 2 版発行	
2002年 4 月 5 日	新改訂第 3 版発行	
2005年 5 月10日	新改訂第 4 版発行	
2007年 3 月20日	新改訂第 5 版発行	
2020年 2 月10日	新改訂第 6 版発行	

著 者 木原通夫，志保田務
（新改訂 ©志保田務，田村俊明，村上幸二）
発 行 者 田 中 英 弥
発 行 所 第一法規株式会社
〒107-8560 東京都港区南青山 2-11-17
ホームページ https://www.daiichihoki.co.jp/

分類・目録-新 6 ISBN978-4-474-06954-1 C2000（2） ©2020

分類・目録法入門 ： メディアの構成 ／ 木原通夫，
志保田務著. ― 新改訂第6版 ／ 志保田務 ［ほか］ 改訂
東京 ： 第一法規， 2020
11, 188p ； 21cm ＋ 別冊（43p ； 21cm）
ISBN 978-4-474-06954-1

t1. ブンルイ モクロクホウ ニュウモン a1. キハラ, ミチオ a2. シホタ, ツトム
s1. 資料分類法 s2. 資料目録法 ① 014.3 ② 014.4

13 複製本，責任表示，図版，大きさ〈縦長本〉，注記

表紙 | 原本奥付 | 複製本奥付
（カバー裏面）

森林太郎立案
東京方眼圖

明治四十二年八月十二日印刷
明治四十二年八月十五日發行

東京方眼圖

發行所
立案者　森　林　太　郎
發行者　和　田　靜　子
印刷所
印刷者
手　塚　猛　昌

〔實價金六拾錢〕

春　陽　堂

東京市日本橋通り四丁目九番地
拜借印刷株式會社
東京市芝區琴平町十五番地
東京市日本橋區通り三丁目二番地

特選　名著複刻全集　近代文学館　昭和46年5月

特選 名著複刻全集 近代文学館

昭和46年 6 月20日　印刷
昭和46年 7 月 1 日　発行
（第 2 刷）
森　鷗外立案
東京方眼圖 一枚圖付
春陽堂版

刊　　行　財団法人　日　本　近　代　文　学　館
東京都目黒区駒場 4 - 3 -55
代表者　塩　田　良　平

編　　集　特選名著複刻全集近代文学館・編集委員会
代表者　稲　垣　達　郎

総発売元　株式会社　図　書　月　販
東京都新宿区市ヶ谷本村町35　千代田ビル
代表者　中　森　蒔　人

製　　作　株式会社　ほるぷ出版
東京都千代田区麹町 3 - 2　相互第 1 ビル
代表者　荒　井　正　大

東　京　連　合　印　刷　株　式　会　社
東京都千代田区麹町 3 - 2　相互第 1 ビル
代表者　長　尾　義　輝

東京方眼圖　／　森林太郎立案
東京　：　日本近代文学館，1971
174p　：　部分図28枚，全図 1 枚　；　22×9cm. —　（特選
名著複刻全集近代文学館　／　特選名著複刻全集近代文学館編
集委員会編）
春陽堂版（明治42年刊）の複製
発売：　図書月販

t1. トウキョウ ホウガンズ　t2. トクセン メイチョ フッコク ゼンシュウ キンダイ ブンガク カン
a1. モリ, オウガイ（森鷗外）　s1. 東京都―地図　①　918.6

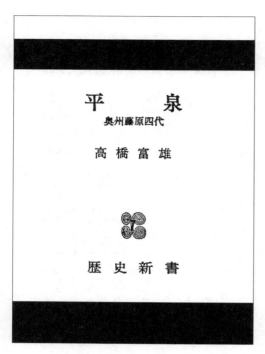

教育社歴史新書 〈日本史〉 7

平　泉——奥州藤原四代

一九七八年五月一日　第一刷
一九九三年五月一日　新装第八刷

■定価はカバーに表示します。

著者————高橋富雄
発行者————高森圭介
発行所————株式会社　教育社
販売＝教育社出版サービス株式会社
〒102　東京都千代田区富士見二—一一—一〇　丸十ビル
電話〇三—三二六四—五四七七（代）
印刷＝株式会社　教育社
落丁本・乱丁本はお取り替えいたします。

ISBN4-315-40158-7 　　Ⓒ高橋富雄　1978

平　泉
奥州藤原四代

高 橋 富 雄

歴 史 新 書

文中に「新装1986年7月」の表示あり

平泉 ： 奥州藤原四代 ／ 高橋富雄著. — ［新装］
［東村山］ ： 教育社 ： 教育社出版サービス（発売），［1986］
227p，図版1枚 ； 18cm. — （教育社歴史新書. 日本史
； 7）
ISBN 4-315-40158-7

t1. ヒライズミ　a1. タカハシ, トミオ　s1. 日本—歴史—平安時代
s2. 藤原氏（奥州）① 210.38

ドイツ図書館学の遺産
古典の世界

河井弘志 著

発行　京都大学図書館情報学研究会
発売　日本図書館協会

『ドイツ図書館学の遺産：古典の世界』

2001年4月1日　初版第1刷発行　　　　　　　　本体　6,000円（税別）

著　者　河井弘志
発行所　京都大学図書館情報学研究会
　　　　〒606-8501 京都市左京区吉田本町
　　　　京都大学大学院教育学研究科図書館情報学研究室
　　　　電話 075-753-3077

発　売　日本図書館協会
　　　　〒104-0033 東京都中央区新川1-11-14
　　　　電話 03-3523-0811

印刷　㈱天理時報社　天理市稲葉町80　　　　ISBN 4-8204-0101-7 C3000　￥6000E

ドイツ図書館学の遺産　：　古典の世界　／　河井弘志著.
― 初版
京都　：　京都大学図書館情報学研究会　：　日本図書館協
会（発売），2001
10, 375p　；　22cm
ISBN 4-8204-0101-7

tl. ドイツショカンガク ノ イサン　al. カワイ,ヒロシ　s1. 図書館―ドイツ
① 010.234

新リア王　／　髙村薫著
東京　：　新潮社，　2005
2冊　；　20cm
ISBN　4-10-378404-0
ISBN　4-10-378405-9

t1. シンリア オウ　a1. タカムラ, カオル　①　913.6

ナショナル ジオグラフィック
フォトグラフス

里 程 標
THE MILESTONES

NATIONAL
GEOGRAPHIC
WASHINGTON, D.C.

ナショナル ジオグラフィック
フォトグラフス
里程標

2000年3月3日初版　1刷

著者	レア・ベンデービッド－ヴァル
	ロバート・A・ソビエツェク
	キャロル・ナッガー
	アン・H・ホイ
	フェルディナンド・プロツマン
	フレッド・リッチン
発行人	土谷　晃逸
翻訳	椿　　正晴
	尾澤　和幸
発行	日経ナショナル ジオグラフィック社
	〒102-0093　東京都千代田区平河町2-7-6
	電話 (03) 5210-8505
発売	日経BP出版センター
印刷・製本	凸版印刷

ISBN4-931450-05-9
本書の無断複写複製（コピー）は、特定の場合を除き、
著作者・出版社の権利侵害になります。

里程標 ： ナショナル ジオグラフィック フォトグラフス
／ レア・ベンデービッド－ヴァル［ほか］著 ；
椿正晴, 尾澤和幸訳. — 初版
東京 ： 日経ナショナルジオグラフィック社, 2000
335p ； 31cm
原タイトル： The milestones
発売： 日経BP出版センター
ISBN 4-931450-05-9

t1. リテイ ヒョウ a1. ベンデービッドヴァル, レア a2. ツバキ, マサハル
a3. オザワ, カズユキ ① 748

広げる知の世界
大学でのまなびのレッスン

発行日 ──── 2005年5月30日　初版1刷

　　　　　　2008年4月25日　初版4刷

定価 ───── 1600円＋税

著者 ───── 朝尾幸次郎、石川慎一郎、石川有香、北尾S.キャスリーン、北尾謙治、実松克義、

　　　　　　島谷　浩、西納春雄、野澤和典、早坂慶子

発行者 ──── 松本　功

発行所 ──── 株式会社ひつじ書房

　　　　　　〒112-0002 東京都文京区千石2-1-2　大和ビル2F

　　　　　　電話番号 03-5319-4916　ファックス番号 03-5319-4917

　　　　　　郵便振替 00120-8-142852

印刷所 ──── 株式会社シナノ

装丁 ───── 中山デザイン事務所

ご意見、ご感想など、弊社までお寄せください。
toiawase@hitsuzi.co.jp
http://www.hituzi.co.jp/

ISBN4-89476-242-0 C1081　Printed in Japan
ISBN978-4-89476-242-8

広げる知の世界
大学でのまなびのレッスン

北尾謙治
実松克義
石川有香
早坂慶子
西納春雄
朝尾幸次郎
石川慎一郎
島谷　浩
野澤和典
北尾S.キャスリーン

ひつじ書房

広げる知の世界　：　大学でのまなびのレッスン　／　朝尾

幸次郎［ほか］著

東京　：　ひつじ書房，2005

162p　；　26cm　＋　CD-ROM 1枚（12cm）

ISBN 4-89476-242-0

tl. ﾋﾛｹﾞﾙ ﾁ ﾉ ｾｶｲ al. ｱｻｵ, ｺｳｼﾞﾛｳ sl. 学習法 ① 377.9

NCR
プログラム式演習と基本概念の分析
日本目録規則1987年版改訂2版への手引き

志保田 務・岩下康夫・遠山 潤 共著

学 芸 図 書 株 式 会 社

NCR プログラム式演習と基本概念の分析
　―日本目録規則1987年版改訂2版への手引き―

2005年11月30日　初版発行

著　者　　志 保 田　　　務
　　　　　岩 下　康　夫
　　　　　遠　山　　　潤

発行者　　学芸図書株式会社
　　　　　代表者　市 川 武 史

発行所　　学芸図書株式会社
〒101-0052　東京都千代田区神田小川町2-1　　木村ビル2F
TEL03-3291-3023・3887　FAX03-3219-6112
http://www 1.biz.biglobe.ne.jp/ GAKUGEI/

©志保田　務・岩下康夫・遠山　潤 2005

NCRプログラム式演習と基本概念の分析　：　日本目録規則
1987年版改訂2版への手引き　／　志保田務［ほか］共著.
― 初版
東京　：　学芸図書，2005
219p　；　21cm
共著者：　岩下康夫，遠山潤
ISBN 4-7616-0384-4

t1. エヌ シー アール プログラム シキ エンシュウト キホン ガイネン ノ ブンセキ
a1. シホタ，ツトム s1. 図書目録法 ① 014.32

20 統一タイトル（標目指示〈t1.〉）

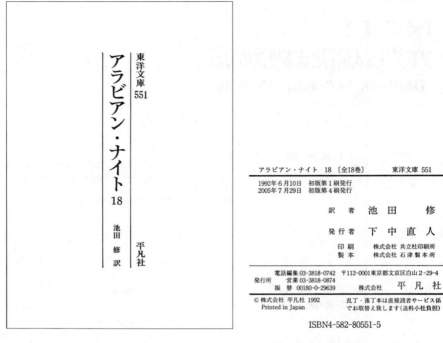

東洋文庫
551

アラビアン・ナイト

18

池田 修 訳

平凡社

アラビアン・ナイト　18　〔全18巻〕　　東洋文庫　551

1992年 6 月10日　初版第 1 刷発行
2005年 7 月29日　初版第 4 刷発行

訳　者　池　田　　修

発行者　下　中　直　人

印　刷　株式会社 共立社印刷所
製　本　株式会社 石津製本所

電話編集 03-3818-0742　〒112-0001東京都文京区白山 2-29-4
発行所　営業 03-3818-0874
振　替　00180-0-29639　　株式会社　平　凡　社

© 株式会社 平凡社 1992
Printed in Japan

乱丁・落丁本は直接読者サービス係
でお取替え致します(送料小社負担)

ISBN4-582-80551-5

（無著者名古典としての固有のタイトル「アラビアン・ナイト」の参照に関しては32bに掲載）

アラビアン・ナイト　／　池田修訳
東京　：　平凡社，1966-1992
18冊　；　18cm. ―　〔東洋文庫〕

t1. センイチヤ モノガタリ(千一夜物語) a1. イケダ, オサム

シリーズ 近世の身分的周縁 1
民間に生きる宗教者

二〇〇〇年（平成十二）六月一日 第一刷発行

編 者 高埜利彦

発行者 林 英男

発行所 株式
会社 吉川弘文館

郵便番号 一一三〇〇三三
東京都文京区本郷七丁目二番八号
電話〇三—三八一三—九一五一（代表）
振替口座〇〇一〇〇—五—二四四

印刷＝ティグ
製本＝石毛製本

© Toshihiko Takano 2000. Printed in Japan
ISBN4-642-06551-2

シリーズ 近世の身分的周縁 全6巻 巻数順に毎月1冊刊行中

① 民間に生きる宗教者 高埜利彦編 二八〇〇円

② 芸能・文化の世界 横田冬彦編 〈12年6月発売〉 二九〇〇円

③ 職人・親方・仲間 塚田 孝編 〈12年7月発売〉 二八〇〇円

④ 商いの場と社会 吉田伸之編 〈12年8月発売〉 二八〇〇円

⑤ 支配をささえる人々 久留島 浩編 〈12年9月発売〉 二八〇〇円

⑥ 身分を問い直す 久留島高埜塚田横田吉田 編 〈12年10月発売〉 二五〇〇円

21A 単行レベルの記録

民間に生きる宗教者 ／ 高埜利彦編
東京 ： 吉川弘文館，2000
12, 272p ； 20cm． — （シリーズ近世の身分的周縁
； 1)
ISBN 4-642-06551-2

t1. ミンカン ニ イキル シュウキョウシャ a1. タカノ, トシヒコ
s1. 宗教—日本 s2. 日本—歴史—近世 ① 210.5

21B 集合レベルの記録（多段階記述様式：第1巻のみの記録）

```
シリーズ近世の身分的周縁
東京 ： 吉川弘文館，2000
6冊 ； 20cm
1： 民間に生きる宗教者 ／ 高埜利彦編. ― 12, 272p
ISBN 4-642-06551-2

t1. シリーズ キンセイ ノ ミブンテキ シュウエン 1 t2. ミンカン ニ イキル
シュウキョウシャ a1. タカノ, トシヒコ s1. 日本―歴史―近世
s2. 宗教―日本 ① 210.5
```

21C 集合レベルの記録（簡略多段階記述様式：第1巻のみの記録）

```
シリーズ近世の身分的周縁
1： 民間に生きる宗教者 ／ 高埜利彦編
東京 ： 吉川弘文館，2000
12, 272p ； 20cm
ISBN 4-642-06551-2

t1. シリーズ キンセイ ノ ミブンテキ シュウエン
t2. ミンカン ニ イキル シュウキョウシャ
a1. タカノ, トシヒコ s1. 日本―歴史―近世 s2. 宗教―日本
① 210.5
```

論集・図書館情報学研究の歩み　●第20集●

21世紀の図書館と図書館員

編集/日本図書館情報学会研究委員会

論集・図書館情報学研究の歩み　第20集
21世紀の図書館と図書館員

2001年1月26日　第1刷発行

編　集／日本図書館情報学会研究委員会
発行者／大高利夫
発行所／日外アソシエーツ株式会社
　〒143-8550 東京都大田区大森北1-23-8 第3下川ビル
　電話(03)3763-5241(代表)　FAX(03)3764-0845
　URL　http://www.nichigai.co.jp/
発売元／株式会社紀伊國屋書店
　〒163-8636 東京都新宿区新宿3-17-7
　電話(03)3354-0131(代表)
　ホールセール部(営業)　電話(03)5469-5918

印刷・製本／光写真印刷株式会社

© 日本図書館情報学会　2001
不許複製・禁無断転載　　　　　　　　　《中性紙三菱クリームエレガ使用》
(落丁・乱丁本はお取り替えいたします)
ISBN4-8169-0180-9(シリーズ)
ISBN4-8169-1646-6　　　　　　　　　*Printed in Japan, 2001*

目　次

22A　集合レベルの記録 （多段階記述様式）

論集・図書館情報学研究の歩み　／　日本図書館情報学会研究
委員会編.　—　東京　：　日外アソシエーツ，　1996-
　　冊　；　22cm
20：　21世紀の図書館と図書館員.　—　2001.　—　186p
ISBN 4-8169-1646-6

t1. ﾛﾝｼｭｳ ﾄｼｮｶﾝ ｼﾞｮｳﾎｳｶﾞｸ ｹﾝｷｭｳ ﾉ ｱﾕﾐ 20
t2. ﾆｼﾞｭｳ ｲｯｾｲｷ ﾉ ﾄｼｮｶﾝ ﾄ ﾄｼｮｶﾝｲﾝ a1. ﾆﾎﾝﾄｼｮｶﾝｼﾞｮｳﾎｳｶﾞｯｶｲ
s1. 図書館 s2. 図書館員 ① 010.8 ② 010.4

22B　単行レベルの記録

21世紀の図書館と図書館員
東京　：　日外アソシエーツ，　2001
186p　；　22cm.　—　（論集・図書館情報学研究の歩
み　／　日本図書館情報学会研究委員会編　；　第20集）

t1. ﾆｼﾞｭｳ ｲｯｾｲｷ ﾉ ﾄｼｮｶﾝ ﾄ ﾄｼｮｶﾝｲﾝ
t2. ﾛﾝｼｭｳ ﾄｼｮｶﾝ ｼﾞｮｳﾎｳｶﾞｸ ｹﾝｷｭｳ ﾉ ｱﾕﾐ 20
a1. ﾆﾎﾝ ﾄｼｮｶﾝｼﾞｮｳﾎｳ ｶﾞｯｶｲ

22C　構成レベルの記録 （分出記録様式）

図書館と目録，その関係　：　この一世紀　／　志保田務 ［著］
（21世紀の図書館と図書館員.　—　東京　：　日外アソシエーツ，
　　2001.　—　p113—141.　—　（論集・図書館情報学研究の
歩み　／　日本図書館情報学会研究委員会編　；　第20集））

t1. ﾄｼｮｶﾝ ﾄ ﾓｸﾛｸ ｿﾉ ｶﾝｹｲ a1. ｼﾎﾀ, ﾂﾄﾑ
a2. ﾆﾎﾝ ﾄｼｮｶﾝｼﾞｮｳﾎｳ ｶﾞｯｶｲ s1. 図書目録法 ① 014.3

図書以外の資料（23—28）

23　地図資料

名古屋市史跡名勝地図　［地図資料］　／
名古屋市教育委員会編.　—　1：35000
［名古屋］　：　名古屋市教育委員会，　1972
地図1枚　：　5色刷　；　60 × 86cm　（折りたた
み21cm）

t1. ナゴヤシ　シセキ　メイショウ　チズ
a1. ナゴヤシキョウイクイインカイ
s1. ナゴヤシ（名古屋市）— 地図　① 291.55

24　楽　　譜

オータム　［楽譜］　／　ジョージ・ウインストン.
—　ピアノ　ソロ
東京　：　ドレミ楽譜出版社, 1985
60p　；　30cm
タイトルは楽譜第1ページから
ISBN 4-8108-1821-7

t1. オータム　a1. ウインストン，ジョージ
① 763

25　録音資料

Sonata for arpeggione and piano in A minor,
D.821 ［録音資料］　／　Franz Schubert.
Fantassiestücke, op.73　；　5 stücke　；　im Volkston,
op.102　／　Robert Schuman ; Martha Argerich,
piano ; Mischa Maisky, cello
［Hamburg］　：　Poly Gram, 1985
録音ディスク1枚（54分）：　ディジタル, 1.4m/s,
ステレオ　；　12cm
Philips 412 230-2

t1. Sonata for arpeggione and piano in A minor
t2. Fantassiestücke ① 764

26　映像資料

```
Piano concerto, no. 1 E minor, op.11 ［映像資料］
= ピアノ協奏曲第 1 番　ホ短調　作品　11　／
Chopin ; Stanislav Bunin, piano ; Tadeuz
Trugala, conductor ; Symphony Orchestra of
the National Philharmonic, Warsaw
［東京］ ：　NHK, 1986
ビデオディスク 1 枚（45分）：　CLV, カラー
68LC103
発売：　CBS/Sony
t1. ピアノ　キョウソウキョク 1
a1. ショパン，フレデリック　フランシス
a2. ブーニン，スタニスラフ　① 764
```

27　点字資料

```
マタイによる福音書　［点字資料］
東京 ：　日本聖書協会，［197-］
1 冊 ；　28cm. ― （点字口語新約聖書 ；　 1 ）


t1. マタイ　ニ　ヨル　フクインショ　t2. テンジ
コウゴ　シンヤク　セイショ 1　s1. 聖書―新約
―福音書 ① 193.61
```

28　マイクロ資料

```
国語学資料集成　［マイクロ資料］
東京 ：　雄松堂フイルム出版, 1973
マイクロフィルムリール54巻 ；　35mm
静嘉堂文庫所蔵本を電子複写したもの


t1. コクゴガク　シリョウシュウセイ　s1. 国語学
① 810.8
```

29 典拠ファイル(カード)：
著者名

ナツメ，ソウセキ
夏目漱石

国立国会図書館著者名典拠録　1979
本名：夏目金之助

30 典拠ファイル(カード)：
件名

バドミントン

(出典)　　　広辞苑
(最初の資料名) バドミントン競技　川端昇市著
旺文社　1978

31 分類目録の件名索引
(カード)

ケッコン
(結婚)
男性・女性問題　367.4
統　　　計　358
民　　　俗　385.4
民　　　法　324.62
倫　　　理　152.2

32 参 照 (を見よ)

a 著 者

```
    ナツメ, キンノスケ
      (夏目金之助)
        ナツメ, ソウセキを見よ
          (夏目漱石)
```

b タイトル
（統一タイトルの場合）

```
    アラビアン・ナイト
      センイチヤ　モノガタリを見よ
        (千一夜物語)
```

c 件 名

```
    ホン（本）
      トショ（図書）を見よ
```

33 参 照 （をも見よ）

a 著 者

クリモト，カオル
（栗本　薫）
　　ナカジマ，アズサをも見よ
　　（中島　梓）

ナカジマ，アズサ
（中島　梓）
　　クリモト，カオルをも見よ
　　（栗本　薫）

b 件 名

ジドウトショカン（児童図書館）
　　ガッコウトショカン(学校図書館)をも見よ

ガッコウトショカン（学校図書館）
　　ジドウトショカン(児童図書館)をも見よ

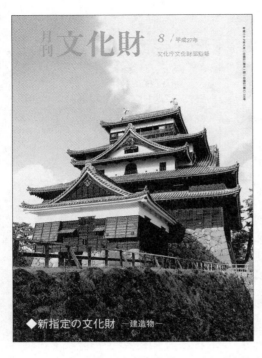

月刊 文化財　八月号　（六二三号）

平成二十七年八月一日発行

定価七七一円　本体七一四円

監　修　文化庁文化財部
発行所　第一法規株式会社

107-8560

東京都港区南青山二―一一―一七
☎〇三―三四〇四―二三五一（大代表）

本誌掲載記事の無断転載を禁じます。

監修が文化財保護委員会から文化庁文化財保護部（1968年7月から）へ，さらに文化庁文化財部（2001年1月から）へ変更

月刊文化財　／　文化庁文化財部監修. ― 創刊号（昭和38年10月）-
東京　：　第一法規, 1963-
　冊　；　26cm
責任表示の変更：　文化財保護委員会（1号-57号）→文化庁文化財保護部（58号-447号）→文化庁文化財部（448号-）
継続前誌：　季刊文化財　／　文化財保護委員会
ISSN 0016-5948

t1. ゲッカン ブンカザイ

Cataloging and Classification
An Introduction

Lois Mai Chan
University of Kentucky

Cataloging and classification : an introduction / Lois Mai Chan
New York : McGraw-Hill, c1981
26, 397p, ill. ; 24cm. — (McGraw-Hill series in library education / Jean Key Gates, consulting editor)
Bibliography : p377-384
Includes index
ISBN 0-07-010498-0

t1.Cataloging and classification t2.McGraw-Hill series in library education al. Chan, Lois Mai s1.図書目録法 s2.図書分類法 ① 014.3 ② 014.4

McGraw-Hill Book Company
New York St. Louis San Francisco Auckland Bogotá
Hamburg Johannesburg London Madrid Mexico Montreal
New Delhi Panama Paris São Paulo Singapore Sydney
Tokyo Toronto

36 AACR2R2002による洋資料記入例（基本記入方式）：以下44まで同様
（件名標目はLibrary of Congress subject headings. 10th ed.による）

Chan, Lois Mai.
　　Cataloging and classification : an introduction / Lois Mai Chan. — New York : McGraw-Hill, c1981.
　　xxvi, 397 p. : ill. ; 24 cm.　—　(McGraw-Hill series in library education / Jean Key Gates, consulting editor)
　　Bibliography :　p. 377-384.
　　Includes index.
　　ISBN 0-07-010498-0

　　1. Cataloging.　2. Classification — Books. I. Title. II. Series.

（著者基本記入）

NDL-OPAC

FMT	BK
LDR	cam a22004933u 4500
001	000003148446
003	JTNDL
005	19881215000000.0
007	ta
008	881202s1981 xxu|||| ||||||||||eng
010	|a 80015695
020	|a 0070104980
040	|a JTNDL |c JTNDL
050 4	|a Z693
0820	|a 025.3
084	|a UL631 |a UL651 |2 kktb
090	|a UL631-A52
1001	|a Chan, Lois Mai. |9 A
24510	|a Cataloging and classification : an introduction / Lois Mai Chan.
260	|a New York : |b McGraw-Hill, |c c1981.
300	|a xvi, 397 p. : ill. ; 24 cm.
4900	|a McGraw-Hill series in library education
500	|a Includes index.
504	|a Bibliography: p. 377-384.
65004	|6 880-01 |a 図書目録法.
65004	|6 880-02 |a 図書分類 (主題区分)
65004	|a Cataloging.
65004	|a Classification -- Books.
88004	|6 650-01/$1 |a Tosyomokurokuho.
88004	|6 650-01/(B |a Tosyomokurokuho.
88004	|6 650-02/$1 |a Tosyobunrui.
88004	|6 650-02/(B |a Tosyobunrui.
SYS	005818479

（洋書書誌詳細情報）

37 一個人の著作

LIBRARY AUTOMATION
PLANNING GUIDES SERIES, NO.1

**PUBLIC
ACCESS TO
ONLINE
CATALOGS**

SECOND EDITION

JOSEPH R. MATTHEWS

NEAL-SCHUMAN PUBLISHER, INC.
NEW YORK   LONDON

Matthews, Joseph R.
    Public access to online catalogs / Joseph R. Matthews.
– 2nd ed. – New York : Neal-Schuman, c1985.
    ix, 497 p. : ill. ; 23 cm. – (Library automation planning
guide series ; no.1)
    Bibliography : p. 475-491.
    Includes index.
    ISBN 0-9182-1289-8

    Ⅰ. Title. Ⅱ. Series.

---

38 二人の著作

LIBRARY AND
INFORMATION CENTER
MANAGEMENT

Fouth Edition

Robert D. Stueart

Barbara B. Moran

1993

LIBRARIES UNLIMITED, INC.

Englewood, Colorado

Stueart, Robert D.
    Library and information center management / Robert D.
Stueart, Barbara B. Moran. – 4th ed. – Englewood, Colo. :
Libraries Unlimited, 1993.
    xix, 402 p. ; 24 cm. – (Library science text series)
    Includes bibliographies and index.
    ISBN 1-56308-134-2 (pbk)

    I. Moran, Barbara B. Ⅱ. Title. Ⅲ. Series.

39 四人以上の著作

```
Books,
Libraries
and Electronics

Essays on the Future
of Written Communication


by
Efrem Sigel
Erik Barnouw
Anthony Smith
Dan Lacy
Robert D. Stueart
Lewis M. Branscomb



Knowledge Industry Publications, Inc.
White Plains, NY and London
```

```
Books, libraries, and electronics : essays on the
  future of written communication  /  by Efrem
  Sigel ... [et al.]. — White Plains, N.Y. :
  Knowledge Industry Publications, c1982.
  139 p.  ;  24 cm. — (Communications
  library)
  Bibliography :  p. 135-136.
  ISBN  0-8389-0704-0

  I. Sigel, Efrem.
```

40 複数の個人による著作の合集

```
A A C R,  D D C,  M A R C
    and   friends

  The role of CIG in
bibliographic control



  Edited by

  John Byford

  Keith V. Trickey

  Susi Woodhouse



Library Association Publishing

  London
```

(Verso of t.p.)

```
© Library Association Publishing Ltd 1993

Published by
Library Association Publishing Ltd
7 Ridgmount Street
London WC1E 7AE

First published 1993

ISBN 1-85604-023-2
```

```
AACR, DDC, MARC and friends  :  the role of CIG in bibliographic
control  /  edited by John Byford, Keith V. Trickey, Susi
Woodhouse. — London  :  Library Association Publishing,
1993.
xii, 130 p.  ;  23 cm.
Includes index.
ISBN  1-85604-023-2

I . Byford, John.   II. Trickey, Keith V.   III. Woodhouse, Susi.
```

41　編者の下に製作された著作

```
IFLA Publications 76

Measuring    Quality

International Guidelines for Performance
Measurement in Academic Libraries

IFLA Section of University Libraries
& other General Research Libraries


Roswitha Poll and Peter te Boekhorst

in collaboration with
Ramon Abad Hiraldo, Aase Lindahl,
Rolf Schuursma Gwenda Thomas,
and John Willemse


K · G · Saur
Munchen
```

(Verso of t.p.)

```
© 1996 by International Federation of Library Associations
and Institutions, The Hague, The Netherlands
Alle Rechte vorbehalten / All Rights Strictly Reserved
K. G. Saur Verlag GmbH & Co. KG, München 1996
A Reed Reference Publishing Company
Printed in the Federal Republic of Germany
ISBN 3-598-21800-1
ISSN 0344-6891 (IFLA Publications)
```

＊著者表示を整理して考えること。

```
Measuring quality  :  international guidelines for performance
  measurement in academic libraries / IFLA Section of
  University Libraries & Other General Research Libraries  ;
  [edited by] Roswitha Poll and Peter te Boekhorst. — Munchen
  : K. G. Saur, 1996.
  171 p.  ;  22 cm.  —  (IFLA publicatons,  ISSN 0344-6891  ;
  76)
  Includes bibliographies.
  ISBN  3-598-21800-1

  I. IFLA Section of University Libraries & Other General
Research Libraries.  II. Poll, Roswitha.  III. Boekhorst, Peter te.  IV.
Series.
```

42　一括記入

```
INTRODUCTION TO CATALOGING

VOL. 1

DESCRIPTIVE CATALOGING


JOHN J. BOLL




McGRAW-HILL BOOK COMPANY

New York
```

```
INTRODUCTION TO CATALOGING

VOL. 2

ENTRY HEADINGS


JOHN J. BOLL




McGRAW-HILL BOOK COMPANY

New York
```

```
Boll, John J.
    Introduction to cataloging  /  John J. Boll.
 —  New York  :  McGraw-Hill, c1970-1974.
    2 v.  ;  28 cm.  —  (McGraw-Hill series in
    library education)
    Includes index.
    Contents : v. 1. Descriptive cataloging.  —
 v. 2. Entry headings.

    I. Title.
```

43 一団体の著作

Higher education:
who pays? who benefits?
who should pay?

A Report and Recommendations by
The Carnegie Commission on Higher Education
JUNE 1973

MCGRAW-HILL Book Company
New York

Carnegie Commission on Higher Education.
　　Higher education : who pays? who benefits?
who should pay? : a report and recommendations
/ by the Carnegie Commission on Higher Education.
— New York : McGraw-Hill, 1973.
　　ix, 190 p. ; 23 cm.
　　Bibliography : p. 187-190.
　　ISBN 0-07-010079-9

　　1. Universities and colleges-Finance.
I. Title.

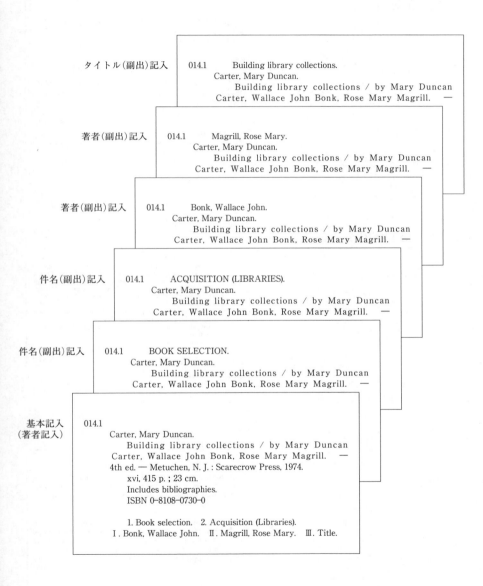

タイトル(副出)記入

014.1   Building library collections.
       Carter, Mary Duncan.
          Building library collections / by Mary Duncan
       Carter, Wallace John Bonk, Rose Mary Magrill. —

著者(副出)記入

014.1   Magrill, Rose Mary.
       Carter, Mary Duncan.
          Building library collections / by Mary Duncan
       Carter, Wallace John Bonk, Rose Mary Magrill. —

著者(副出)記入

014.1   Bonk, Wallace John.
       Carter, Mary Duncan.
          Building library collections / by Mary Duncan
       Carter, Wallace John Bonk, Rose Mary Magrill. —

件名(副出)記入

014.1   ACQUISITION (LIBRARIES).
       Carter, Mary Duncan.
          Building library collections / by Mary Duncan
       Carter, Wallace John Bonk, Rose Mary Magrill. —

件名(副出)記入

014.1   BOOK SELECTION.
       Carter, Mary Duncan.
          Building library collections / by Mary Duncan
       Carter, Wallace John Bonk, Rose Mary Magrill. —

基本記入
(著者記入)

014.1
       Carter, Mary Duncan.
          Building library collections / by Mary Duncan
       Carter, Wallace John Bonk, Rose Mary Magrill. —
       4th ed. — Metuchen, N. J. : Scarecrow Press, 1974.
       xvi, 415 p. ; 23 cm.
       Includes bibliographies.
       ISBN 0–8108–0730–0

       1. Book selection.   2. Acquisition (Libraries).
      Ⅰ. Bonk, Wallace John.   Ⅱ. Magrill, Rose Mary.   Ⅲ. Title.

45 印刷カード

a 国立国会図書館

西欧民衆教育史　民衆は教育にどのようにかかわって来たか
平野一郎　松島鈞編
名古屋　黎明書房　1981.4
291p　21cm
執筆：平野一郎ほか

1.セイオウ　ミンシュウ　キョウイクシ　a1.ヒラノ,イチロウ
(1929生) a2. マツシマ, ヒトシ　s1. ヨーロッパ―教育―
歴史　① FB63　Ⓝ 372.3

2700円

FB63-21　　　　　　　　　　　　　　　　　　JP81-28210

62.06.02　　4　　337100　　1 0 5 1

b LC（MARC21から）

King, Edward Thorp, 1895-
　　Genealogy of some early families in Grant and Pleasant
districts, Preston County, West Virginia, also the Thorpe
family of Fayette County, Pennsylvania, and the Cunningh-
am family of Somerset County, Pennsylvania / [by Edward
Thorp King] .—Baltimore : Genealogical Pub. Co., 1977.
. 233 p. : 23 cm
　　On cover : Some early families in Grant and Pleasant
districts, Preston County, West Virginia
　　On spine : Early families in Grant & Pleasant districts
　　Reprint of the 1933 ed.
　　Includes indes.

(Continued on next card)

77-70367

77　　　MARC

King, Edward Thorp, 1895-　　　—Genealogy of some early
families in Grant and Pleasant districts, Preston County,
West Virginia, also the Thorpe family⋯1977. (Card 2)
　　ISBN 0-8063-0761-7

　　1.Preston Co., W Va.—Genealogy. 2.Registers of births. etc—West Vir-
ginia—Preston Co. I .Title: Genealogy of some early families in Grant and
Pleasant districts⋯ II .Title: Some early families in Grant and Pleasant
districts⋯ III.Title: Early families in Grant & Pleasant districts.

F247.P9K6　1977　　　　929'.3754'82　　　　77-70367

MARC

Library of Congress　　　　77

（続きカード）

c JAPAN/MARCから
（J-BISC）

```
シリョウ ソシキホウ
資料組織法　木原通夫 [ほか] 共著　第 6 版
東 京　　第一法規　2007.3
316p　　21cm
付（別冊　57p）：目録記入実例集
参考文献：p307-308
ISBN：978-4-474-02291-1

1. シリョウ ソシキホウ al. キハラ, ミチオ
s1. 図書分類 s2. 図書目録法（1）UL611（N）014
                                    2730円
                              JP21295840
```

d OCLCから

```
Tyson, Alan.
    Beethoven studies / edited by Alan
Tyson. — London ; New York : Cambridge
University Press, 1982.
    xii, 298 p.  : music ; 24 cm.
    V·3 has imprint : Cambridge  [England]
; New York : Cambridge University
Press.
    220058352
    ISBN  0-521-24131-6

  1. Beethoven, Ludwig van, 1770-1827.
--Criticism and interpretation.

                                77-30191r86
```

e 旧Utlasから

```
Mansell, Nigel, 1953-
    In the driving seat : a guide to the Grand Prix
circuits / Nigel Mansel and Derick Allsop. — London :
Stanley Paul, 1989.
    174 p. : col. ill, maps ; 29 cm.

    Includes index.
    ISBN: 0091738180 : £15.95 : CIP rev.
    900813-1

  1. Racetracks (Automobile racing)  2. Automobile racing.
  1. Allsop, Derick.  II. Title.
                                    ★★★  1-85213755
★★★★ UTLAS ★★                       ★★★★★
```

46　件名目録例

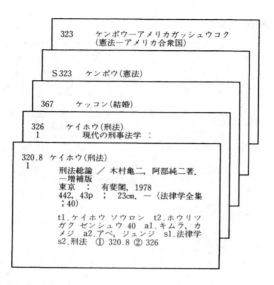

```
323      ケンポウ―アメリカガッシュウコク
         (憲法―アメリカ合衆国)


S 323    ケンポウ(憲法)


367      ケッコン(結婚)


326      ケイホウ(刑法)
 1           現代の刑事法学　：


320.8  ケイホウ(刑法)
 1
       刑法総論 ／ 木村亀二, 阿部純二著.
       ―増補版
       東京　：　有斐閣, 1978
       442, 43p　；　23cm. ― (法律学全集
       ；40)

       t1.ケイホウ ソウロン　t2.ホウリツ
       ガク ゼンシュウ 40　a1.キムラ, カ
       メジ　a2.アベ, ジュンジ　s1.法律学
       s2.刑法　① 320.8 ② 326
```

47　分類目録例

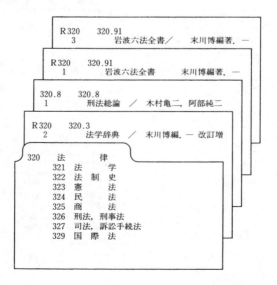

```
R 320     320.91
  3          岩波六法全書／　　末川博編著. ―


R 320     320.91
  1          岩波六法全書　　末川博編著. ―


320.8     320.8
  1          刑法総論 ／ 木村亀二, 阿部純二


R 320     320.3
  2          法学辞典 ／　末川博編. ― 改訂増


320    法　　　律
       321 法　　　学
       322 法　制　史
       323 憲　　　法
       324 民　　　法
       325 商　　　法
       326 刑法, 刑事法
       327 司法, 訴訟手続法
       329 国　際　法
```

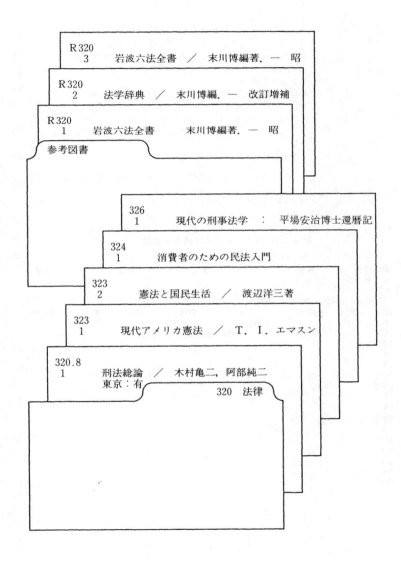

R320		
3	岩波六法全書　／　末川博編著. ― 昭	

R320		
2	法学辞典　／　末川博編. ― 改訂増補	

R320		
1	岩波六法全書　　末川博編著. ― 昭	

参考図書

326		
1	現代の刑事法学　：　平場安治博士還暦記	

324		
1	消費者のための民法入門	

323		
2	憲法と国民生活　／　渡辺洋三著	

323		
1	現代アメリカ憲法　／　Ｔ．Ｉ．エマスン	

320.8		
1	刑法総論　／　木村亀二, 阿部純二	
東京：有		

320　法律

NCR1987年版改訂3版による記入の構成要素と原則（本法）の記録様式（第2水準，改行を用いる方法による）

（□記号は「字あけ」を示す）

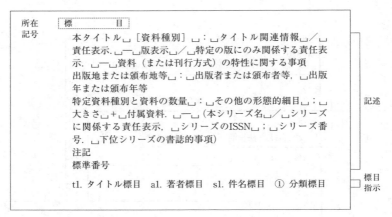

NACSIS-CAT図書書誌詳細表示画面の画面構成

```
画面名称　モード表示　　　　　　ファイル名　　　レコード転送番号／ヒット件数
メッセージ
>:
<ID>RECST/MARC:  CRTDT:  RNWDT:
GMD:   SMD:   YEAR:        CNTRY:      TTLL:     TXTL:      ORGL:      REPRO:
VOL:              ISBN:          PRICE:          XISBN:
ISSN:        NBN:        NDLCN/LCCN:     GPON:
OTHN:
TR:
ED:
PUB:
PHYS:
VT:
CW:
NOTE:
PTBL:
AL:
UTL:
CLS:
SH:
REM:
```

memo

memo

memo

memo